사도행전

송로

제1권 기도에 힘쓰더라

사도행전 속으로
Into the Acts 1. They All Joined in Prayer

지은이 이재철
펴낸곳 주식회사 홍성사
펴낸이 정애주
국효숙 김의연 김준표 박혜란 송민규 오민택
오형탁 임영주 주예경 차길환 허은

2010. 7. 23. 초판 발행   2023. 9. 15. 16쇄 발행

등록번호 제1-499호 1977. 8. 1.
주소 (04084) 서울시 마포구 양화진4길 3   전화 02) 333-5161   팩스 02) 333-5165
홈페이지 hongsungsa.com   이메일 hsbooks@hongsungsa.com
페이스북 facebook.com/hongsungsa
양화진책방 02) 333-5161

ⓒ 이재철, 2010

• 잘못된 책은 바꿔 드립니다.   • 책값은 뒤표지에 있습니다.

ISBN 978-89-365-0828-9 (04230)
ISBN 978-89-365-0531-8 (세트)

1 기도에 힘쓰더라

사도행전 1, 2장

이재철

서문
참된 교회를 그리며

저는 주일 예배 시간에 늘 '순서설교'를 합니다. 순서설교는 제가 만든 용어로, 문자 그대로 성경을 순서대로 설교하는 것입니다. 강해설교도 성경의 순서를 따르지만 일반적으로 본문을 넓게 잡기에 각 구절에 대한 비중이 떨어지기 쉽습니다. 그러나 순서설교는 본문을 한두 구절씩 짧게 잡는 것이 특징입니다. 그러다 보니 성경 가운데 책 한 권의 설교를 끝내기 위해서는 상당한 햇수가 필요합니다. 그런데도 제가 목회를 시작한 이래 20여 년 동안 계속 순서설교를 해온 까닭이 있습니다. 1년에 주일은 52일밖에 없습니다. 그러므로 목회자가 한 교회에서 평생 목회해도 주일 예배 시간에 성경 66권의 내용을 모두 심도 있게 설교하는 것은 물리적으로 불가능합니다. 주일 예배는 물론이고 새벽 기도회, 수요 성경 공부, 구역 성경 공부 등에 빠짐없이 참석하는 교인은 예외겠지만, 주일 예배에만 참석하는 대다수 교인은 결국 일주일에 한 번 설교자가 선호하거나 의도하는 구절에 대한 설교만 듣게 됩니다. 그렇게 해서는 하나님의 말씀이신 성경 전체를 바르게 이해하고 세상에서 하나님의 말씀을 좇아 사는 것은 지극히 어려운 일입니다. 그와 같은 단점을 보완하기 위해 매주일 본문 구절의 깊이와 성경 전체의 넓이를 동시에 추구하자는 것이 순서설교입니다. 다시 말해 주일마다 각 구절을 깊이 있게 다루면서, 그 깊이만큼 해당 구절을 창으로 삼아 성경 전체를 들여다보고, 예배가 끝난 뒤에는 그 구절을 안경으로 쓰고 일주일 동안 세상에서 살자는 것입니다.

성경은 창세기부터 요한계시록까지 거미줄보다 더 정교하고 치밀하게 얽혀 있습니다. 그리고 성경 각 구절은 그 전체를 들여다보는 신비로운 창입니다. 똑같은 풍경도 창의 모양과 색깔에 따라 다르게 보이듯이, 성경을 들여다보는 창이 많고 다양할수록 성경 전체에 대한 이해가 더 깊어지고 넓어지기 마련입니다. 제가 순서설교를 선호하는 까닭이 여기에 있습니다. 구약성경의 초점이 '오실 예수'에, 신약성경의 초점이 '오신 예수'에 맞추어져 있기에, 즉 성경 전체의 초점이 '오직 예수' 한 분이시기에 순서설교와 절기설교는 상충하지 않습니다. 성경의 모든 구절이 예수님을 들여다보기 위한 창이기 때문입니다. 특정 절기와는 무관해 보이는 구절로 그 절기를 묵상함으로써 오히려 성경의 오묘함을 더 깊이 확인할 수 있습니다.

100주년기념교회 주일 예배 설교 텍스트로 사도행전을 선택한 데엔 두 가지 이유가 있습니다. 저의 첫 목회지였던 '주님의교회'에서 요한복음 순서설교를 끝으로 10년 임기를 마친 것이 첫 번째 이유입니다. 목회의 장소와 형태 그리고 목적은 달라져도 목회의 영속성이 단절되는 것은 아니기에 요한복음에 이어 사도행전을 선택하였습니다. 두 번째 이유는 100주년기념교회로 저를 불러내신 주님께서 제게 부여하신 소명이 한국 교회의 출발점인 양화진외국인선교사묘원 묘지기이기 때문입니다. 이미 출판된 요한복음 설교집 〈요한과 더불어〉의 주제가 '주님과 동행'이라면 〈사도행전 속으로〉의 주제는 복음의 결과인 '교회 되기'이므로, 한국 교회의 출발점인 양화진에서 사도행전을 통해 참된 교회의 의미를 되새기기 위함입니다. 2005년 7월 10일 100주년기념교회 창립과 동시에 사도행전 1장 1절부터 순서설교를 시작한 이래 만 5년을 맞는 현재에도 사도행전을 계속 설교하고 있습니다. 주님께서 제 건강과 여건을 허락하신다면, 100주년기념교회에서 목회하는 동안 사도행전 순서설교를 끝내는 것이 제 소박한 바람입니다.

부족하기 짝이 없는 사람을 늘 변함없이 당신의 도구로 사용해 주시는 주님께 감사드릴 뿐입니다.

2010년 7월 양화진에서

이재철

차례

서문_ 참된 교회를 그리며 5

사도행전 1장

1. 행하시며 (행 1:1-2) 13
2. 가르치시기를 23
3. 택하신 사도들 34
4. 성령으로 명하시고 45
5. 기록하였노라 59
6. 데오빌로여 70
7. 살아 계심을 나타내사 (행 1:3-5) 81
8. 하나님 나라 93
9. 함께 모이사 105
10. 기다리라 (행 1:4-8) 116
11. 알 바 아니요 (행 1:6-8) 127
12. 내 증인이 되리라 138
13. 권능을 받고 149
14. 본 그대로 (행 1:8-11) 160
15. 갈릴리 사람들아 종교개혁 주일 171
16. 기도에 힘쓰더라 (행 1:12-14) 182
17. 백이십 명 (행 1:12-15상) 감사 주일 193
18. 여자들과 대강절 첫째 주일 204
19. 제 곳으로 (행 1:15하-26) 대강절 둘째 주일 214
20. 항상 우리와 함께 (행 1:21-26) 대강절 셋째 주일 225
21. 마음을 아시는 주 대강절 넷째 주일 236

사도행전 2장

22. 다 같이 한 곳에 (행 2:1-4) 성탄절 249
23. 하늘로부터 신년 주일 260
24. 성령의 충만함을 272
25. 다른 언어들로 (행 2:1-21) 283
26. 제삼 시니 (행 2:14-21) 295
27. 주의 이름을 306
28. 하나님께서 (행 2:22-36) 317
29. 풀어 살리셨으니 328
30. 어찌할꼬 (행 2:37-42) 340
31. 삼천이나 351
32. 나눠 주며 (행 2:43-47) 사순절 첫째 주일 361
33. 떡을 떼며 사순절 둘째 주일 373

부록

100주년기념교회 담임목사 취임사 386
용인순교자기념관 위임 취임사 390

일러두기
* 〈사도행전 속으로〉 제1권은 2005년 7월 17일부터 2006년 3월 12일까지 100주년기념교회 이재철 목사가 주일 예배에서 설교한 내용을 묶어 낸 것입니다.
* 본문에 인용한 성경 구절은 개역개정판 성경을 기본으로 하였고, 그 외의 역본을 따랐을 경우 별도 표기하였습니다.
* 본문에 인용한 찬송가는 새찬송가를 기본으로 하였습니다.

사도행전 1장

삶의 현장으로 돌아온 제자들이 가장 먼저 한 일은 기도였습니다.
우리말 '오로지 힘쓰다'로 번역된 헬라어 '프로스카르테레오 $προσκαρτερέω$'는
'자신을 붙들어 맨다'는 의미입니다. 예루살렘으로 돌아온 제자들은
그곳에 모여 있는 형제자매들과 더불어 무엇보다 먼저 기도에 열중하였습니다.
대체 무엇을 기도하기 위함이었겠습니까?

1. 행하시며

> 사도행전 1장 1-2절
> 데오빌로여 내가 먼저 쓴 글에는 무릇 예수께서 **행하시며** 가르치시기를 시작하심부터 그가 택하신 사도들에게 성령으로 명하시고 승천하신 날까지의 일을 기록하였노라

지난주 초 모 일간지에 게재된 소설가 황석영 씨의 대담 내용 중에 "일상의 삶은 가장 위대한 화면畵面"이란 표현이 있었습니다. 1990년대에 5년 동안 수감 생활을 했던 그는 교도소에서 엄청난 분량의 책을 읽었지만, 일상의 삶을 일탈한 책 읽기의 결과로 남은 것은 무의미한 관념뿐이었습니다. 세상에서 사람들과 서로 부대끼며 살아가는 가운데 책을 읽는 것이 삶에 유익을 가져다주는 독서지, 삶과 유리된 책 읽기는 공허한 관념의 유희에 지나지 않았던 것입니다. 관념만을 좇아서는 혹 어설픈 철학자가 될 수 있을지 몰라도 소설가가 될 수는 없습니다. 소설이란 사람의 삶을 다루는 장르

이기에, 삶을 떠나서는 소설 자체가 성립될 수 없습니다. 이런 의미에서 '일상의 삶은 가장 위대한 화면'이라는 황석영 씨의 화두는 소설가다운 깨달음이라 할 수 있습니다. 그런데 이것은 비단 소설가뿐 아니라, 실은 세상 모든 사람에게 적용되는 화두입니다.

　한 인간이 어떤 인격과 소양을 지녔는지 가감 없이 보여 주는 화면은 당사자의 일상의 삶입니다. 일상의 삶보다 인간의 실상을 더 구체적으로 비추어 주는 화면은 없습니다. 크리스천이라고 해서 예외는 아닙니다. 크리스천인 우리가 과연 얼마나 참된 신앙을 지녔는지는, 일상의 삶이라는 화면을 통해 여지없이 드러납니다. 우리의 신앙 상태를 보여 주는 화면은 결코 예배당 안에 있지 않습니다. 예배당 안에서는 누구나 거룩해질 수 있습니다. 우리의 신앙을 확인시켜 주는 화면은 언제나 예배당 밖에 있습니다. 예배당 밖에서 이루어지는 우리 일상의 삶을 통해 주님께서 투영될 때 우리는 진정한 크리스천일 수 있습니다. 그러나 안타깝게도 많은 크리스천이 이 사실을 간과한 채, 신앙과 일상의 삶이 서로 괴리되어 있습니다.

　마태, 마가, 누가, 요한의 사복음서가 쓰이기 전에, 로마서와 고린도전후서, 갈라디아서 같은 교리서가 나타나기 전에 주님의 삶이 먼저 있었음을 잊어서는 안 됩니다. 복음서가 무엇입니까? 복음서란 이 땅에 오신 주님의 삶에 대한 기록입니다. 예수님은 이 땅에 오셔서 당신의 삶이라는 화면을 통해 당신께서 삼위일체 하나님이심을, 인간을 구원할 구원자이심을 친히 보여 주셨고, 그 삶에 대한 구체적인 기록이 복음서입니다. 그렇다면 교리서란 또 무엇입니까? 교리서란 주님께서 보여 주신 주님의 삶에 대한 해석입니다. 만약 주님의 삶이 선행되지 않았다면 복음서와 교리서는 아예 존재할 수도 없었을 것입니다. 복음서와 교리서가 절대적 의미를 지닌다면, 그것은 전적으로 그보다 선행했던 주님의 삶으로 인함입니다. 여기서 특기할 것은 그 복음서와 교리서 한가운데에 사도행전이 자리 잡고 있다는 사실입니다. 복음서와 사도행전 그리고 교리서, 이 순서가 던져 주는 메시지를 이해하는 것이 중요합니다.

사도행전은 주님을 좇는 '사도들의 행전'이란 의미로, '행전'이란 '행실 행行'에 '전기 전傳', 즉 '행함의 기록'이란 뜻입니다. 이 행함의 기록이 복음서와 교리서 사이에 위치하고 있습니다. 주님의 복음을 믿는 사람이라면 주님을 좇아 행하는 사람이어야 하고, 그 삶의 토대는 성경적 교리, 즉 성경 말씀이어야 함을 일깨워 주기 위함입니다. 이런 관점에서 주님을 믿는 우리의 삶은 복음과 교리가 한데 어우러지는 위대한 화면입니다. 세상 사람들은 우리 일상의 삶이라는 화면을 통해 구원자이신 주님을 만나고, 또 주님께서 보여 주신 삶의 의미를 해석하고 이해하게 됩니다. 따라서 우리 일상의 삶이 복음서와 교리서를 연결하는 사도행전이 될 때, 우리의 신앙은 공허한 관념이 아닌 새로운 삶의 모판이 될 수 있습니다. 복음서와 교리서 사이에 유다서나 요한계시록이 아닌, 인간의 행함의 기록인 사도행전이 자리 잡은 이유가 여기 있습니다. 물론 그와 같은 삶의 원동력이 예수 그리스도이심은 두말할 나위가 없습니다.

사도행전의 첫머리인 오늘의 본문은 다음과 같이 막이 오르고 있습니다.

> 데오빌로여 내가 먼저 쓴 글에는 무릇 예수께서 행하시며 가르치시기를 시작하심부터 그가 택하신 사도들에게 성령으로 명하시고 승천하신 날까지의 일을 기록하였노라(행 1:1-2).

사도행전은 의사이면서 누가복음의 기자記者인 누가가 데오빌로라는 사람에게 보낸 편지 내용입니다. 본문에서 '내가 먼저 쓴 글'이란 누가가 데오빌로를 위해 사도행전에 앞서 써 보낸 누가복음을 일컫습니다. 누가는 데오빌로에게 자신의 첫 번째 편지인 누가복음을 상기시키는 것으로 사도행전을 시작하면서, 누가복음의 핵심을 "예수께서 행하시며 가르치시기를 시작하심부터 그가 택하신 사도들에게 성령으로 명하시고 승천하신 날까지의 일을 기록"한 것이라고 규정하고 있습니다. 한마디로 자신이 먼저 쓴 누가복음은 이 땅에 오신 주님이 보여 주신 삶에 대한 기록이란 것입니다.

이 시간 우리가 유의할 바는 누가가 예수님의 삶을 '예수께서 행하시며 가르치시기를 시작하심부터'라고 설명하면서, '행하시며'라는 동사를 가장 먼저 사용하였다는 점입니다. 예수님께서 이 땅에 오셔서 가장 먼저 한 일은 가르치신 것이 아니었습니다. 가르치시기 전에 예수님은 행해야 할 것을 먼저 행하셨습니다. 예수님의 가르치심이 더없이 소중한 것은, 그 가르치심이 그보다 선행된 당신의 행하심에 뿌리를 내리고 있기 때문입니다. 만약 주님의 행하심이 선행되지 않았다면 그분의 가르치심은 2천 년의 시간과 공간을 뛰어넘기는커녕, 이미 2천 년 전 이스라엘의 허공으로 흔적도 없이 사라져 버렸을 것입니다. 행함을 결여한 가르침은 관념의 유희일 따름입니다.

예수님은 인간을 가르치시기 전에, 성자 하나님이시면서도 비천한 인간의 육체를 입고 이 세상에 강림하는 성육신을 먼저 행하셨습니다. 그리고 인간 세상에서 죄로 더럽혀진 인간과 부대끼며 인간의 친구로 먼저 사셨습니다. 구원자이신 예수님은 죄인이 받아야 하는 세례를 받으실 필요가 전혀 없었습니다. 그럼에도 죄인인 세례자 요한 앞에 친히 무릎을 꿇고 먼저 세례를 받으셨습니다. 이렇듯 주님께서는 가르침을 시작하시기 전에 먼저 행해야 할 것을 철저하게 행하셨습니다. 그와 같은 주님의 삶은 인간을 섬기고 사랑하시는 삼위일체 하나님을 보여 주는 위대한 화면이었기에, 그 뒤에 따른 그분의 가르치심은 공허한 관념의 유희가 아닌, 사람과 세상을 살리는 하나님의 말씀 자체였습니다.

그렇다면 예수님의 행하심의 궁극적인 목적은 무엇이었습니까?

1998년 6월 21일 주님의교회에서 10년에 걸친 임기를 마친 저는 그해 9월 22일, 당시 미자립 교회였던 스위스 제네바한인교회를 3년 동안 섬기기 위해 한국을 떠났습니다. 제네바에 도착한 지 엿새 만에 시 당국으로부터 거주 허가가 났으니 필요한 수속을 밟으라는 통보를 받았습니다. 이튿날인 9월 29일, 절차에 따라 지정된 병원에서 엑스레이 촬영을 마친 저는 국제경찰서로 갔습니다. 한국에서는 외국인의 국내 거주와 관련된 업무를 법무부에서 담당하지만 제네바에서는 국제경찰서 소관이었습니다. 국제경찰서에서 모든 수속이 끝나자 담당 경찰관은, 제가 제출한 거주허가신청서 사본에 필요한 직인과 스탬프를 찍은 뒤 돌려주었습니다. 이를테면 그 사본은 2, 3주 후 정식 거주증이 발급되기까지 유효한 임시 거주증인 셈입니다. A4용지 크기의 사본을 받는 순간, 처음에는 제 눈을 의심하였습니다. 몇 번이고 다시 보았지만 사본 한가운데에 'étranger'(에트랑제)란 붉은 스탬프가 찍혀 있었습니다. 그것은 제게 충격과 더불어 신선한 감동을 안겨 주었습니다.

프랑스어 '에트랑제'는 '외국인'이란 의미입니다. 프랑스어를 모국어로 사용하는 제네바에서 한국인인 저는 부인할 수 없는 외국인이므로, 제출한 서류에 외국인을 의미하는 '에트랑제' 스탬프가 찍힌 것은 조금도 이상한 일이 아닙니다. 그럼에도 그 붉은 스탬프가 제게 충격과 동시에 신선한 감동으로 다가온 것은, 대학에서 프랑스어를 전공했고 또 알베르 카뮈Albert Camus의 소설 《이방인》에 깊은 감명을 받았던 터라 그 단어가 '외국인' 이상의 의미를 주었기 때문입니다. 카뮈는 인간의 부조리를 고발하는 소설 제목을 '에트랑제'로 붙일 때, 그 단어를 '이방인'이라는 의미로 사용했습니다. 물론 이방인 역시 외국인을 뜻하기도 하지만, 카뮈에게 그 단어는 이 세상과는 전혀 어울리지 않고 융화될 수도 없는 '국외자局外者' 다시 말해 '아웃사이더outsider'란 의미였습니다.

저는 이 세상을 살면서 스스로를 '이방인'이거나 '아웃사이더'라고 여겨 본 적이 없었습니다. 언제 어디서나 '인사이더insider'가 되려고 최선을 다하며 살았습니다. 그러나 한국을 떠나 머나먼 스위스 땅에 둥지를 틀고서야 스위스 국적법상으로나 하나님의 법상으로나 내 실체가 '이방인'임을 뼈저리게 절감하였습니다. 죄와 사망의 한가운데에 삶의 뿌리를 내리고 있던 저는 하나님 앞에서 변명의 여지조차 없는 이방인이었고, 하나님 나라에 전혀 어울리지 않는 국외자였습니다. 진리와 생명에 관한 한 저는 철저한 아웃사이더에 지나지 않았습니다. 이 세상에서 아웃사이더로 외로이 살다 죽어 간, 소설 《이방인》의 주인공 뫼르소Meursault와 하나님 나라의 아웃사이더로 날마다 사망의 골짜기로 떨어져 내리던 저 사이에는 어떤 차이도 있을 수 없었습니다.

그런데 주님께서 저를 하나님 나라의 인사이더로 건져 올려 주셨습니다. 주님께서 십자가 위에서 당신의 생명을 제물 삼아 저의 죗값을 대신 치러 주심으로 저를 주님 안에서 하나님의 자녀가 되게 해주신 것입니다. 제게 그만한 가치나 자격이 있어서가 아니었습니다. 하나님의 나라에 관한 한 저는 무자격의 이방인에 지나지 않지만, 오직 주님의 사랑과 은총이 그 일을 이루셨습니다. 제네바 국제경찰서가 찍어 준 '에트랑제'라는 붉은 낙인은 본래 하나님 앞에서 아웃사이더에 지나지 않던 저의 실상과, 그럼에도 불구하고 제게서 이방인의 낙인을 제거하고 생명의 인사이더로 불러 주신 주님의 은총을 다시 한 번 생생하게 확인시켜 준 것입니다.

예수님께서 행하시고 이루시고자 한 궁극적 목적이 바로 이것입니다. 당신의 생명을 던져 하나님 나라의 아웃사이더이던 우리를 인사이더로 건져 올리시는 것입니다. 이 일을 위해 예수님께서 이 땅에 오셨고, 예수님의 전 생애는 이 일에 집중되었습니다. 예수님께서 당신이 누구인지 먼저 우리에게 가르쳐 주시고 우리가 이해한 다음에야 우리를 위해 당신의 생명을 내어놓으신 것이 결코 아닙니다. 예수님은 이미 2천 년 전에 우리를 위해 십자가의 제물이 되심으로 우리의 생명을 먼저 구해 내셨습니다. 그리고 2천 년이 지난 지금 당신이 누구신지 우리에게 가르쳐 주고 계십니다. 그래서 그분의 가르치심은 공허한 관념이 아니라 우리 생명의 원천이며, 그분의 삶 자체가 우리에게 복음입니다. 이 복음을 진정으로 믿는다면 이제 남은 것은 우리 삶이 그 복음에 뒤이은 사도행전이 되는 것, 다시 말해 우리 일상의 삶이 예수 그리스도의 복음을 투사하는 화면이 되는 것 외에 무엇이 또 있겠습니까?

사도행전이라는 책 제목은 헬라어 '프락세이스 아포스톨론 $Πράξεις\ Ἀποστόλων$'을 우리말로 직역한 것입니다. 우리말 '행전'은 그것이 단수인지 복수인지 구별되지 않지만, 헬라어 '프락세이스'는 '행함, 행실, 행위'를 뜻하는 '프락시스 $πρᾶξις$'의 복수형입니다. 그래서 영어 성경은 이 단어를, 행동을 의미하는 단수형 'act'가 아닌 복수형 'acts'로 정확하게 번역하고 있습니다. 믿음이란 일시적인 감정에 따라 한 번 주님을 좇아 'act' 하는 것으로 그치는 것이 아닙니다. 믿음이란 일상의 삶이 주님을 좇는 'acts'로 지속되는 것입니다. 그때 우리 삶은 예수 그리스도를 비추는 생명의 화면이자, 이 세상을 새롭게 하는 진정한 사도행전이 될 수 있습니다.

한글 성경은 교회를 뜻하는 헬라어 '에클레시아 $ἐκκλησία$'를 '가르칠 교敎'

자와 '모일 회會' 자를 사용하여 교회, 즉 '가르치는 모임'이라는 뜻으로 번역하였습니다. 한국 교회가 세계 교회 역사상 유례없이 성경 공부에 열심인 것은 이와 무관하지 않을 것입니다. 믿지 않는 사람들조차도 교회 하면 으레 '가르치는 곳'을 연상할 정도입니다. 그러나 교회의 역사를 밝혀 주는 사도행전의 첫머리인 오늘의 본문을 통해, 누가는 예수님을 설명하면서 '행하시며'라는 동사를 가장 먼저 사용하였습니다. 이미 살펴본 것처럼, 예수님의 가르치심보다 행하심이 선행되었음을 분명히 한 것입니다. 따라서 교회는 세상을 가르치려 하기 전에 먼저 주님을 좇아 사는 사람들의 모임이어야 합니다. 그때 교회는 주님의 생명이 넘치는 복음의 화면일 수 있습니다. 주님을 좇는 삶을 결여한 성경 공부는 황석영 씨의 표현을 빌리자면 공허한 관념의 유희에 지나지 않고, 크리스천에게 그보다 더 백해무익한 인생 낭비는 없습니다.

100주년기념교회 창립에 즈음하여 많은 분들로부터 축복의 글을 받았습니다. 그 가운데 두바이한인교회 신철범 목사님의 글도 있는데, 신 목사님은 다음과 같은 기도문으로 끝을 맺고 있었습니다.

> 100주년기념교회가 주님께서 주어 되시고, 사람은 동사가 되는 교회이게 하소서.

교회의 의미를 단 한 문장으로 이보다 더 잘 표현할 수는 없을 것 같습니다. 교회는 주님을 주어로 모시고, 인간은 그 주어와 전적인 종속 관계를 이루는 동사가 되는 사람들의 모임입니다. 크리스천이란 교회의 주어이신 주님의 동사가 되기 위해 예배당 안에서는 말할 것도 없고 예배당 밖 일상에서도 자신의 손과 발을, 자신의 삶을 온전히 내어 드린 사람입니다. 교회는 오직 주님께서 주어 되실 때에만 참된 교회일 수 있습니다. 오늘날 크고 작은 교회를 막론하고 내홍을 겪지 않는 교회가 드문 것은 교회의 주어와 동사의 위치가 바뀌었기 때문입니다. 동사는 주어에 종속된 역할에 충실할 때만 그 의미와 가치가 부여되고, 또 극대화됩니다.

사랑하는 교우 여러분!
양식이 없어 주림이 아니며 물이 없어 갈함이 아니요, 오직 영적 기갈로 인해 시달리던 우리에게 주님께서 100주년기념교회를 허락해 주셨습니다. 그러나 100주년기념교회는 건물이나 제도가 아닌, 이 교회를 이루고 있는 우리 자신들임을 결코 잊지 마십시다. 이 교회가 진정 교회다운 교회가 되느냐의 여부는 전적으로 우리 자신의 삶에 달려 있음을 기억하십시다. 부족한 우리를 100주년기념교회로 불러 모으신 주님의 은혜에 감사드리면서, 이제부터 우리 자신을 주님 안에서 act가 아닌 acts로, 사도행전으로 일구어 가십시다. 우리 일상의 삶이 길이요 진리요 생명이신 주님을 세상에 투사하는 위대한 복음의 화면이 되게 하십시다. 우리의 주어이신 주님을 위해 우리의 손과 발을, 우리의 머리와 심장을, 우리의 온 삶을 주님의 동사로 내어놓으십시다. 그것만이 내가 살고, 우리가 살고, 민족을 살리고, 인류를 살리는 길입니다. 알고 계십니까? 이를 위해 주님께서 한국 교회 행전의 산 현장인 양화진으로 우리를 불러내셨습니다.

주님! 우리는 우리의 허물과 부족함을 너무나도 잘 알고 있습니다. 그런데도 주님께서는 미천한 우리를 이곳으로 부르시고, 우리로 하여금 100주년 기념교회를 이루게 하셨습니다. 이제 우리는 낮고 겸손한 마음으로 주님을 우리의 주어로 모십니다. 우리 자신을 주님의 동사로 내어놓습니다. 우리 삶이 주님 안에서 이 시대를 위한 사도행전으로 일구어지게 하옵소서. 우리 일상의 삶이 주님의 사랑과 생명의 빛을 이 어둔 세상에 비추는 가장 위대한 화면이 되게 하옵소서. 이 넓고 넓은 세상에서 우리를 이곳 양화진으로 불러내신 주님의 뜻이, 예배당 밖 우리 일상의 삶에서 온전히 이루어지게 하옵소서. 아멘.

2. 가르치시기를

사도행전 1장 1-2절
데오빌로여 내가 먼저 쓴 글에는 무릇 예수께서 행하시며 **가르치시기를** 시작하심부터 그가 택하신 사도들에게 성령으로 명하시고 승천하신 날까지의 일을 기록하였노라

 1981년 한국 개신교 20개 교단과 26개 기독 기관 및 단체가 참여하여 초교파적으로 결성된 한국기독교100주년기념사업협의회는, 선교 100주년이 되던 1985년을 전후하여 거국적으로 각종 기념행사를 주관하였고, 나아가 한국 교회의 미래를 위해 뜻있는 일을 많이 하였습니다. 이를테면 1885년 4월 5일 한국 최초의 선교사 언더우드와 아펜젤러 부부가 한국에 첫발을 디뎠던 인천 제물포항에 높이 36미터의 '한국기독교100주년기념탑'을 세웠고, 맹인들의 개안開眼을 위해 서울 등촌동 520평의 대지 위에 4층 건물의 '실로암안과병원'을 설립하였습니다. 이곳 양화진에 방치되어 있던 '선교사묘역'을 공

원화하고 지금 우리가 예배당으로 사용하고 있는 '선교기념관'을 건립하였을 뿐 아니라, 경기도 용인에 '한국기독교순교자기념관'을 세우기도 했습니다. 그중에서 수익 사업체인 실로암안과병원은 100주년기념사업회에서 분리하여 독립기관이 되게 했고, 인천 부둣가의 100주년기념탑은 인천시에 기증하였습니다. 따라서 현재 법적으로 100주년기념사업협의회의 명의로 남아 있는 기관은 양화진외국인선교사묘역과 용인순교자기념관이고, 100주년기념사업협의회는 이 두 곳의 관리 및 보존과 관련된 제반 사항을 모두 우리 교회에 위임하였습니다.

양화진에 대해서는 우리가 이미 많은 것을 알고 있으므로 새삼스럽게 설명이 필요 없을 것입니다. 용인순교자기념관은 10만 5천 평의 임야에 조성된 1,450평의 대지 위에 총 건평 360평의 3층 건물로 이루어져 있고, 그 속에는 개신교 역사 100년을 거쳐 오는 동안 일제강점기와 6·25전쟁 중에 순교한 분들의 영정과 관련 유물이 전시되어 있습니다. 전시실 외에도 회의실과 집회실이 갖추어져 있고, 야외에는 야외 기도처와 집회장 그리고 공원이 조성되어 있습니다. 양화진이 지난 세월 이 땅을 위해 자신의 생애를 바친 외국인들을 기념하는 공간이라면, 용인순교자기념관은 신앙을 지키기 위해 죽음을 마다하지 않은 한국인들을 기리는 공간입니다. 이런 의미에서 양화진과 용인순교자기념관은 120년에 걸친 한국 개신교의 정신과 얼이 응집된 역사의 현장이요, 개신교 최고의 성지입니다. 이 두 곳을 통해 우리는 주님을 좇는 크리스천으로서 우리가 과연 지켜야 할 본질이 무엇이며, 미련 없이 버려야 할 것은 또 무엇인지를 확연히 분별하게 됩니다.

이렇듯 한국 개신교 역사상 가장 중요한 두 성지를 하나님께서 우리에게 맡기셨습니다. 우리로 하여금 선교 100주년의 바통을 이어 선교 200주년을 향해 가도록 하나님께서 100주년기념교회를 세우신 것입니다. 생각하면 할 수록 막중한 책임과 사명감을 느끼게 됩니다.

100주년기념교회 창립을 위한 준비 예배를 드릴 때 이미 말씀드렸습니다만, 우리 교회 헌금의 50퍼센트는 교회 유지를 위해, 나머지 50퍼센트는 교회 바깥 세계를 위해 사용될 것입니다. 그리고 교회 바깥 세계를 위해 사용될 헌금의 최우선 순위는, 하나님께서 우리에게 맡겨 주신 양화진과 용인순교자기념관에 주어질 것입니다. 우리가 하나님께 바치는 헌금이 선교 200주년을 향한 한국 교회의 미래를 위해 그토록 의미 있게 사용된다는 것은 분명 감격스러운 일입니다. 그러나 우리가 돈으로만 양화진과 순교자기념관을 지킬 수 있다고 생각한다면 너무나도 어리석은 오판입니다. 하나님께서 필요하신 것이 단지 돈이라면, 하나님은 결코 우리를 부르시지 않았을 것입니다. 하나님께서 미천한 우리를 부르시고, 미약한 우리로 하여금 양화진과 순교자기념관을 책임질 100주년기념교회를 이루게 하신 것은, 우리의 돈이 아니라 우리의 삶을 필요로 하시기 때문입니다. 양화진과 용인순교자기념관에 응집되어 있는 신앙 선조들의 신앙과 얼이 우리의 삶을 통해 이 시대에, 그리고 선교 200주년을 향해 계승되기를 원하시는 것입니다. 바꾸어 말해 100주년기념교회를 이루고 있는 우리 일상의 삶이 길이요 진리요 생명이신 예수 그리스도를 세상에 비추어 주는 화면이 되기를, 예배당 밖 우리의 삶이 이 시대를 위한 사도행전이 되기를 원하시는 것입니다. 이 사실을 깨닫는다면 우리는 언제 어디서나 주님의 가르치심 속에 거하지 않으면 안 됩니다.

교회의 역사와 주님을 좇는 사도들의 행함의 역사를 밝혀 주는 사도행전의 첫머리는 그 막이 이렇게 오르고 있습니다.

데오빌로여 내가 먼저 쓴 글에는 무릇 예수께서 행하시며 가르치시기를 시작하심부터 그가 택하신 사도들에게 성령으로 명하시고 승천하신 날까지의 일을 기록하였노라.

사도행전의 기록자인 누가는 수신자인 데오빌로에게, 자신이 사도행전보다 앞서 써 보냈던 누가복음을 상기시키는 것으로 사도행전의 막을 열었습니다. 그는 예수님의 삶을 '예수께서 행하시며 가르치시기를 시작하심부터'라고 설명하면서 '행하시며'라는 동사를 가장 먼저 사용하였는데, 그 이유와 의미에 대해서는 지난 시간에 상세히 살펴보았습니다.

본문에서 누가가 주님께 대해 두 번째 사용한 동사는 '가르치셨다'는 것입니다. 어린 자식은 부모와 함께 살면서도 부모의 언행을 다 이해하지 못합니다. 수준 차이 때문입니다. 주님과 우리의 차이는 창조주와 피조물의 차이입니다. 그 차이는 부모 자식 사이와는 비교 자체가 불가능한 엄청난 차이입니다. 이 땅에 오신 주님께서 단지 행해야 할 것을 행하기만 하셨다면, 우리는 그분의 행하심을 눈으로 보고도 무엇 하나 그 의미를 제대로 이해하지 못했을 것입니다. 그러나 주님께서는 행하심만으로 그치지 않고, 당신의 행하심과 관련하여 우리가 알아야 할 모든 것을 몸소 자상하게 가르쳐 주셨을 뿐 아니라, 바울과 같은 당신의 종들을 통해서도 가르쳐 주셨습니다. 인간을 가르치는 것은 주님의 주요 사역 중 하나였고, 이와 같은 주님의 모습을 본받아 교회와 크리스천들은 모든 면에서 세상을 가르치려 자임하고 있습니다.

그러나 착각해서는 안 됩니다. 예수님께서 가르치셨다는 누가의 기록은 철저하게 예수님의 입장에서 표현한 것입니다. 따라서 인간의 입장에서 본다면, 인간은 인간을 가르치시는 주님께 먼저 배우려는 자리를 지키지 않으면 안 됩니다. 크리스천이 주님을 좇아 행하는 것은 크리스천의 첫 번째 의무지만, 그 행함의 토대와 지향점이 주님의 가르치심이 아닐 경우, 인간의 행함이 열심일수록 인간은 그 행함으로 인해 도리어 주님으로부터 더욱 멀어질 따름입니다.

주님께서 제자들에게 명령하셨습니다.

> 그러므로 너희는 가서 모든 민족을 제자로 삼아 아버지와 아들과 성령의 이름으로 세례를 베풀고 내가 너희에게 분부한 모든 것을 가르쳐 지키게 하라 볼지어다 (마 28:19-20상).

주님께서는 분명히 제자들에게 사람들을 가르치라고 명령하셨습니다. 그러나 주님께서 처음부터 제자들에게 이런 명령을 내리신 것은 결코 아니었습니다. 무려 3년 동안이나 제자들과 함께 숙식하며 밤낮으로 제자들을 가르치신 다음, 주님께서 이 세상을 떠나 승천하기 직전에야 제자들에게 가르칠 것을 명령하셨습니다. 가르치기 위해서는 가르치는 것보다 먼저 배우는 것이 더 중요하기 때문입니다. 그것도 '주님께서 분부하신 것', 다시 말해 주님께서 가르치신 것을 가르치라 명령하셨습니다. 주님께서 가르쳐 주신 것 아니고는 인간과 세상을 가르칠 수도, 살릴 수도 없습니다. 주님의 가르치심 없이 우리 일상의 삶이 세상에 주님을 투영하는 화면이 될 수는 더더욱 없습니다. 그렇다면 우리에게 남은 것은 언제나 주님의 가르치심을 진지하게 받아들이고, 그러기 위해 항상 두 가지 사항을 유념해야 합니다.

주님의 가르치심을 받기 위해서는 첫째, 상처 받는 것을 두려워하지 말아야 합니다. 1970년을 전후하여 한국 교회가 세속적인 물질주의에 오염되기 시작하면서, 즉 교회가 교인보다 교인들의 헌금을 더 중시하면서, 교회는 교인들의 귀에 거슬리는 진리의 선포를 스스로 삼가려 애써 왔습니다. 오래도록 교인들이 듣기 좋아하는 말만 해온 것입니다. 그 결과 오늘날 크리스천들의 두드러진 특징은 상처 받기를 거부한다는 것입니다. 대수롭지 않은 말에도 상처를 받고, 조그만 상처에도 몸살을 치르며, 그로 인해 특정인과의 인간관계를 아예 단절해 버리기도 합니다. 그러나 잊지 마십시오. 상처 받지 않고 주님의 가르치심을 받는 길이란 없습니다. 누구든 그런 길이 있다고 말한다면, 그것은 곪을 대로 곪은 환부를 찢거나 도려내지 않고도 깨끗하게 치유할 수 있다는 것처럼 전혀 사리에 닿지 않는 거짓말에 불과합니다.

히브리서 4장 12-13절은 주님의 가르치심인 하나님 말씀의 특성을 다음과 같이 전합니다.

> 하나님의 말씀은 살아 있고 활력이 있어 좌우에 날 선 어떤 검보다도 예리하여 혼과 영과 및 관절과 골수를 찔러 쪼개기까지 하며 또 마음의 생각과 뜻을 판단하나니 지으신 것이 하나도 그 앞에 나타나지 않음이 없고 우리의 결산을 받으실 이의 눈앞에 만물이 벌거벗은 것같이 드러나느니라.

주님의 가르치심이신 말씀은 마치 확대경과도 같아, 우리 마음속 깊은 곳에 감추어진 죄와 욕망의 찌꺼기마저도 여지없이 드러나게 합니다. 그 말씀은 이 세상의 어떤 수술용 메스보다 예리하여, 우리 심령에 가득 찬 죄와 욕망의 고름 덩어리를 가차 없이 찢고 도려냅니다. 그 외에는 우리를 살릴 도리가 없는 탓입니다.

하나님의 말씀이 임한 예레미야는 회개를 촉구하는 하나님의 말씀을 유대 백성들에게 전했습니다. 그러나 백성들은 하나님의 말씀을 듣기는커녕 오히려 예레미야에게 갖은 핍박을 다했습니다. 견디다 못한 예레미야는 더 이상 하나님의 말씀을 입에 담지 않으리라 굳게 결심했지만, 그 결심은 번번이 무너지고 말았습니다. 그 이유를 스스로 이렇게 밝혔습니다.

'이제는 주님을 말하지 않겠다. 다시는 주의 이름으로 외치지 않겠다' 하고 결심하여 보지만, 그때마다 주의 말씀이 나의 심장 속에서 불처럼 타올라 뼛속에까지 타들어 가니, 나는 견디다 못해 그만 항복하고 맙니다 (렘 20:9, 표준새번역).

예레미야가 자신의 결심과 달리 하나님께 항복할 수밖에 없었던 것은 주님의 말씀이, 주님의 말씀을 등지려는 예레미야의 심장과 뼛속까지 불태워 버린 화상 때문이었습니다. 그래서 예레미야는 "어찌하여 저의 고통은 그치지 않습니까? 어찌하여 저의 상처는 낫지 않습니까?"(렘 15:18, 표준새번역) 하고 절규하기도 했습니다. 그의 상처는 주님의 말씀에 의해 불태워지고 도려내진 그릇된 심령의 상처였고, 그의 고통은 죄의 고름투성이인 유대 백성의 심령을 주님의 말씀으로 자신이 찢어 주어야 하는 고통이었습니다. 예레미야가 위대한 선지자가 된 것은 우연이 아닙니다. 주님의 가르치심인 말씀에 의한 고통과 상처를 피하지 않았기에 그는 위대한 선지자로 우뚝 설 수 있었습니다. 만약 그 상처를 두려워하여 외면해 버렸다면 결코 이룰 수 없는 존재적 변화였습니다.

지식은 아무리 쌓아도, 지식을 쌓는 당사자의 심령에 상처를 입히지 않습니다. 지식이란 두뇌 창고에 축적되는 정보에 지나지 않습니다. 그러나 주님의 가르치심인 진리의 말씀은 본래 인간의 심령에 새겨져 인간의 심령을 찢기 위해 존재합니다. 진리에 의해 그릇된 것들이 찢어지고 도려내진 상처 속에만 새 생명이라는 진주가 잉태됩니다. 이 사실을 깨닫는 사람에게는 상처가 더 이상 상처나 아픔이 되지 않습니다. 그것은 상처이기 이전에 보다 성숙한 생명을 위한 필수적 발판인 까닭입니다. 도대체 오늘의 허물이 찢어지지 않고 어떻게 내일의 생명이 오늘보다 나을 수 있겠습니까? 그래서 주님의 가르치심 속에 거하는 사람에게 말씀에 의한 찢어짐은 아픔이 아니라 새 생명의 희열이요, 그 희열을 가능케 해주는 주님의 말씀은 이 세상의 어떤 꿀보다 달고 유익한 생명의 송이꿀이 됩니다.

주님의 가르치심 속에서 살아가기 위해서는 둘째, 언제 어디서나 겸손해야 합니다. 겸손하다는 것은 한마디로 자신의 연약함을 아는 것입니다. 자신이 형편없이 연약한 존재임을 자각한 사람만 영원하신 주님의 가르치심을 변함없이 좇을 수 있습니다. 스스로 강하다고 생각하는 한 인간은 주님을 이용하려고만 들 뿐, 주님의 가르치심에 자신을 온전히 맡기지 못합니다. 사도 바울은 역설적으로 자신이 가장 약할 때 가장 강하다고 고백했습니다. 자신의 약함을 깨달으면 깨달을수록 전능하신 주님의 가르치심에 자신을 더욱더 의탁할 수밖에 없기 때문입니다. 주님의 직계 제자가 아니면서도 바울이 사도행전의 주인공이 될 수 있었던 것은 이와 같은 그의 겸손함과 무관하지 않습니다. 주님께서 때로 우리의 사지에서, 우리의 삶에서 온 힘이 빠지게 하시는 이유가 바로 이것입니다. 우리의 의지와 무관하게 우리에게서 힘이 빠지고 그로 인해 우리 자신의 연약함과 한계를 통감하지 않을 수 없을 때, 우리는 비로소 주님의 가르치심에 전적으로 귀를 기울이게 됩니다.

지난 주일은 우리 교회가 7월 10일 창립된 후 처음 맞는 주일이었습니다.

제게는 교회 창립 이후 담임목회자 자격으로 처음 설교하는 날이었습니다. 2001년 제네바한인교회를 떠난 뒤 담임목회자로 4년 만에 처음 하는 설교니만큼 긴장감 속에서 얼마나 많은 준비를 해야 했겠습니까? 주일 이틀 전인 7월 15일 금요일에 하루 종일 설교를 구상하고, 그날 밤 늦게 설교 도입 부분의 원고 작성을 마쳤습니다. 그리고 다음 날인 토요일 아침 8시 30분부터 시작하여 10시간 30분 만인 저녁 7시경, 나머지 원고 작성을 막 끝내려는 순간이었습니다. 갑자기 전화벨이 울렸고, 받고 보니 잘못 걸려 온 전화였습니다. 저는 수화기를 내려놓고 작업을 마저 끝내려고 다시 컴퓨터 화면을 들여다보았습니다. 그런데 이게 웬일입니까? 화면에 있어야 할 설교 원고가 보이지 않는 것이었습니다.

처음에는 설마 했지만, 원고의 종적은 묘연하기만 했습니다. 검색엔진을 통해 모든 파일과 폴더를 샅샅이 뒤졌지만 어디서도 원고를 찾을 수 없었습니다. 저는 단지 잘못 걸려 온 전화벨 소리에 수화기를 들었다 놓았을 뿐이었습니다. 그 몇 초 사이에 설교 전문이, 어떤 흔적도 없이 송두리째 실종되어 버린 것입니다. 1998년부터 컴퓨터로 설교문을 작성한 이래 처음 겪는 불가사의한 일이었습니다. 생각해 보십시오. 이틀에 걸쳐 진액을 짜듯이 준비한 설교문이 종적없이 몽땅 날아가 버렸다면 얼마나 황당한 일이요, 얼마나 힘 빠지는 일입니까? 저는 텅 빈 컴퓨터 화면을 바라보며 망연자실할 수밖에 없었습니다.

그때 갑자기 저의 힘을 빼놓은 분이 주님이시라는 각성과 동시에, 제게 겸손할 것을 명하시는 주님의 임재를 느꼈습니다. 저는 스스로의 연약함을 망각한 채 자신의 능력만으로 첫 설교를 준비한 어리석음을 회개하고, 주님의 가르치심을 겸손하게 간구하며 다시 설교문을 작성하기 시작했습니다. 그리고 그제야 사도행전 본문을 통해 주님께서 제게 가르쳐 주시려는 바를 더 정확하고 바르게 깨달을 수 있었습니다. 마침내 두 번째 설교문이 완성되어 그 원고를 다시 읽으며, 당신의 방법으로 첫 번째 원고를 폐기시키고 내게서 교만의 힘을 빼어 놓으신 뒤에야 100주년기념교회 담임목회자로 첫 강단에 서게 하신 주님께 얼마나 감사를 드렸는지 모릅니다. 주님의 가르치심 없이 제 능력만으로 어찌 감히 바른 설교를 할 수 있으며, 바른 목회인들 가능하겠습니까? 두 번씩이나 설교문을 작성하느라 밤잠을 설친 제 육체는 주일 예배가 시작될 즈음 지칠 대로 지친 상태였지만, 사도 바울의 고백처럼 저의 약함을 가장 크게 절감한 그날, 저는 주님의 가르치심 속에서 그 어느 때보다 강할 수 있었습니다.

작금 우리나라는 정치, 경제, 사회적으로 그 어느 때보다 어려움에 처해 있습니다. 특히 여야를 막론하고 국정을 책임진 정치인들이 당리당략에 따라 벌이는 이전투구를 보노라면, 저들에게 과연 애국심이 눈곱만큼이라도 있을까 하는 의구심과 함께, 그들의 정치력 속에서 살아가야 하는 국민으로서 하루에도 몇 번씩이나 힘이 빠지곤 합니다. 그러나 역사의 주관자가 전능하신 하나님임을 진정으로 믿는다면, 오늘 우리의 힘을 빼놓으시는 분 또한 주님임을 믿어야 합니다. 지금이야말로, 실은 주님보다 우리 자신과 우리 자신의 것을 더 신봉해 온 우리가 주님 앞에서 철저하게 겸손해질 때요, 우리의 연약함을 주님 앞에 고백할 때입니다. 어떤 의미에서든 교만의 힘이 빠진 사람만 주님의 가르치심 속에서 강철보다 더 강한 진리의 삶을 살 수 있습니다.

사랑하는 교우 여러분!

주님을 진정 믿는다면 주님의 말씀이 우리의 심령을 찢는 상처를 두려워하지 마십시다. 밤이나 낮이나, 예배당 안에서나 밖에서나 겸손한 마음을 견지하십시다. 때로 까닭 없이 우리 인생의 힘을 빼놓는 상황을 도리어 기쁘게 받아들이십시다. 이제부터 주님의 가르치심에 귀를 기울이십시다. 언제 어디서나 주님의 가르치심 속에 우리 자신을 온전히 내어 맡기십시다. 그때 우리가 입으로 단 한 마디 말도 하지 않는다 해도, 주님의 가르치심 속에 거하는 우리의 삶 자체가 세상을 향한 위대한 가르침이 될 것입니다. 그 이유는 어렵지 않습니다. 주님의 가르치심 속에 살아가는 우리 일상의 삶을 통해 주님께서 친히 이 세상을 가르치실 것이기 때문입니다.

보십시오. 이 양화진에 누워 있는 분들은 더 이상 말이 없지만, 주님께서 그들이 남긴 삶의 족적을 당신의 화면 삼아 오늘도 우리에게 얼마나 많은 것을 가르쳐 주고 계십니까?

나를 가르치기 위해 이 땅에 오신 주님! 이 세상 그 어떤 수술용 메스보다 예리한 주님의 말씀으로 돌처럼 굳은 나의 심령을 찢으시고, 더러운 죄와 욕망의 덩어리를 도려내 주소서. 주님보다 나 자신과 나 자신의 것을 더 믿던 교만한 나의 힘을 빼주소서. 주님의 가르치심 속에 온전히 거하는 우리 일상의 삶 자체가, 이 세상을 향한 주님의 위대한 가르침이 되게 하소서. 양화진과 용인순교자기념관에 새겨진 정신과 얼이 우리의 삶을 통해 이 세상으로 스며들게 하옵소서. 아멘.

3. 택하신 사도들

사도행전 1장 1-2절
데오빌로여 내가 먼저 쓴 글에는 무릇 예수께서 행하시며 가르치시기를 시작하심부터 그가 **택하신 사도들**에게 성령으로 명하시고 승천하신 날까지의 일을 기록하였노라

아브라함의 손자인 야곱에게는 열두 명의 아들이 있었습니다. 하나님께서는 그들 가운데 넷째인 유다로 하여금 구원의 정통성을 잇게 하셨습니다. 유다의 행실이 형제 중에 가장 모범적이기 때문은 아닙니다. 그는 며느리를 창녀인 줄 알고 동침할 정도로 부도덕한 면이 있었습니다. 패륜悖倫이란 말이 있습니다. 이는 인간이 마땅히 지켜야 할 도리를 짓밟는 행위를 일컫는데, 며느리와 동침한 시아버지라면 패륜아라 불러도 틀림이 없을 것입니다. 그런 인간이 어떻게 그리스도의 족보에 이름이 오르는 신앙 선조로 하나님의 선택을 받을 수 있었겠습니까? 혹 어떤 이는 이렇게 설명할지도 모릅니

다. 열두 형제 가운데 궂은일에 앞장서는 사람은 언제나 유다뿐이었다고 말입니다. 훌륭한 지적이긴 하지만 그것만으로는 미흡합니다. 창세기 25장 21절에 의하면 쌍둥이 에서와 야곱이 어머니 리브가의 태 속에 있을 때, 이미 그때 하나님께서는 유다의 아버지인 야곱을 당신의 도구로 선택하셨습니다. 아직 이 세상에 태어나기도 전에, 하나님과 사람들 앞에서 그 어떤 선행을 행하기도 전에 말입니다. 따라서 야곱과 유다가 어떻게 하나님의 사람으로 선택받을 수 있었는지 우리는 설명할 길이 없습니다.

2천 년 전 예루살렘에 지성과 교양을 겸비한 미모의 처녀들이 얼마나 많았겠습니까? 2천 년 전이라면 로마제국이 지중해 세계를 지배하던 시절입니다. 로마제국의 수도 로마에는 예루살렘의 처녀들이 감히 넘볼 수도 없는, 명문대가의 요조숙녀들이 또 얼마나 많았겠습니까? 그러나 2천 년 전 인간의 모습으로 이 땅에 오신 성자 하나님, 곧 예수님의 어머니로 선택된 여인은 이스라엘 변방의 빈민촌 나사렛에 살던 마리아였습니다. 어떻게 그 일이 가능할 수 있었는지 우리는 알 도리가 없습니다.

교회의 역사와 주님을 좇아 살던 사람들의 행적을 전해 주는 사도행전 첫머리에서, 예수님에 대한 세 번째 설명은 '사도들을 택하셨다'는 것입니다. 이 땅에 오신 주님께서는 친히 당신의 사도들을 선택하셨습니다. 그런데 주님의 선택을 받은 사람들의 면면을 보면 잘난 사람이라곤 한 명도 없었습니다. 갈릴리의 비천한 어부, 아니면 매국노로 지탄과 멸시의 대상이던 세리였습니다. 주님께서 어부와 세리만 사랑하셨고, 당시 어부와 세리가 그들뿐이었기 때문이 아닙니다. 폭 12킬로미터에 길이 21킬로미터로 바다처럼 넓은 갈릴리 호수 주변의 남정네는 모두 어부였고, 사람 사는 곳엔 어디든 세리가 있었습니다. 그런데도 왜 그들만 사도로 주님의 선택을 받았는지 우리는 그 까닭을 알지 못합니다. 더욱이 크리스천을 색출, 연행, 핍박하기를 천직으로 알던 바울이 사도행전의 주인공으로 택함 받은 데 이르러서는 아예 입을 다물 수밖에 없습니다.

우리 역시 마찬가지 아닙니까? 이 세상에는 아직까지도 길이요 진리요 생명이신 주님을 알지 못하는 사람이 더 많습니다. 그러나 우리는 하나님의 자녀로 택함을 입어 이 시간 이 자리에 있습니다. 우리가 믿지 않는 사람들보다 더 도덕적이거나 윤리적이었던 것은 아니지 않습니까? 주님의 택하심을 받기 전, 믿지 않는 사람들과 우리는 아무런 차이가 없지 않았습니까? 도리어 여러 면에서 우리가 더 못하지 않았습니까? 그런데도 어떻게 우리가 하나님의 자녀로 선택받아 이 자리에 있게 되었는지 과연 누가 논리적으로 설명할 수 있겠습니까? 우리는 단지, 그것은 신비스러운 하나님의 뜻이라고 겸손하게 고백할 수 있을 뿐입니다. 절대자이신 하나님의 절대적인 뜻이 아니고서야 어찌 우리가 감히 하나님의 자녀로 선택받을 수 있었겠습니까? 그렇다면 우리가 우리를 선택하여 주신 하나님의 뜻에 부응하는 삶을 살기 위해서는, '하나님의 뜻'이 무엇인지 좀더 구체적으로 이해할 필요가 있습니다.

2주 전부터 시작된 수요 성경 공부를 통해 우리는 고린도전서를 배우고 있습니다. 고린도전서를 기록한 사도 바울은 고린도전서 1장 1절을 통해 자신을 소개하기를, "하나님의 뜻을 따라 그리스도 예수의 사도로 부르심을 받은 바울"이라 하였습니다. 예수님의 대적이던 자신이 사도로 선택받은 것은 전적으로 하나님의 뜻이었다는 것입니다. 바울 역시 자신의 피택被擇에 대해 하나님의 뜻 외의 해답은 없었습니다. 중요한 사실은 바울이 하나님의 '뜻'을 헬라어 '델레마 $\theta \acute{\epsilon} \lambda \eta \mu \alpha$'로 표기했는데, 이 단어는 '소망하다'라는 의미의 동사 '델로 $\theta \acute{\epsilon} \lambda \omega$'에서 파생되었다는 것입니다. 소망은 믿음과 불가분의 관계에 있습니다. 믿음은 소망을 낳고, 소망은 믿음을 더욱 공고히 합니다. 믿음과 소망은 별개의 것이 아니라 마치 동전의 양면처럼 믿음의 또 다른 표현이 소망이고, 소망의 또 다른 이름이 믿음인 것입니다. 따라서 특정인을 선택하여 부르시는 하나님의 뜻이란, 곧 그 인간에 대한 하나님의 소망이요 하나님의 믿음임을 알 수 있습니다.

선택이란 버림의 결과입니다. 선택의 대상은 언제나 복수거나 다수입니다. 그 가운데서 하나를 선택한다는 것은 나머지 모두를 포기하는 것을 의미합니다. 단 하나의 선택을 위해 나머지를 주저하지 않고 다 포기할 수 있는 것은, 자신이 선택한 하나가 나머지 모두보다 자신에게는 낫다는 믿음 때문입니다. 똑같은 가게에 진열되어 있는 많은 옷들 중에 어떤 사람은 밝은색 옷을 선택하고, 어떤 사람은 어두운 색 옷을 선택하며, 또 어떤 사람은 비싼 옷을, 어떤 사람은 싼 옷을 선택하기도 합니다. 이 경우 누구도 '왜 하필이면 그런 색 옷을 샀느냐' '왜 그 가격에 그런 옷이냐'는 식으로 남을 비난할 수 없습니다. 그 옷을 구입한 사람은 자신의 형편과 기호에 그것이 가장 적합하다는 믿음으로 선택했기 때문입니다.

인간에 대한 하나님의 선택 또한 하나님의 믿음에 기인합니다. 이 사실을 깨닫고 나면 그동안 우리가 설명할 수조차 없던 것을 밝혀내고 이해하게 됩니다. 왜 하나님께서 야곱이 이 세상에 태어나기도 전에 어머니 태 속의 핏덩이 야곱을 선택하셨는가? 왜 며느리와 동침한 패륜아 유다를 선택하셨는가? 왜 달동네 나사렛의 빈민 마리아를 성모 마리아로 선택하셨는가? 왜 무식한 갈릴리의 어부와 지탄의 대상이던 세리를 당신의 사도로 선택하셨는가? 왜 예수님의 대적이던 바울을 사도행전의 주인공으로 선택하셨는가? 왜 믿지 않는 자보다 더 못했던 우리를 하나님의 자녀로 선택하셨는가? 그 대답은 오직 한 가지뿐입니다. 야곱을 믿으셨고, 유다를 믿으셨고, 마리아를 믿으셨고, 제자들을 믿으셨고, 바울을 믿으셨고, 형편없는 죄인이던 우리를 믿으셨기 때문입니다.

　인간은 흔히 하나님에 대한 인간의 믿음을 절대시합니다. 물론 하나님에 대한 인간의 믿음은 중요합니다. 그러나 인간이 하나님을 믿기 전에 하나님께서 먼저 인간을 믿어 주셨다는 점을 간과해서는 안 됩니다. 생각해 보십시오. 하나님께서 더러운 인간을 믿어 주시지 않았다면, 어떻게 인간을 위해 당신의 독생자를 이 추악한 세상에 보내셨겠습니까? 예수 그리스도께서 인간을 믿어 주시지 않았던들, 어떻게 인간을 살리기 위해 당신 자신을 십자가의 제물로 내어놓으셨겠습니까? 인간이 하나님을 믿기 이전에, 인간을 믿어 주시는 삼위일체 하나님의 믿음이 십자가의 구원을 완성하신 것입니다. 하나님의 그 믿음이 마리아와 바울을 선택하셨고, 우리를 선택해 주셨습니다. 우리가 비록 추악한 죄인일망정 먼저 우리를 당신의 자녀로 선택하고 은혜를 베풀어 주면, 우리가 주님 안에서 하나님의 자녀답게 살아가리라는 하나님의 소망이요 믿음이었습니다.

　그렇다면 이제 우리는 인간의 믿음이 무엇을 의미하는지 명쾌하게 정의할 수 있습니다. 믿음이란 우리가 하나님을 믿기 전에 먼저 우리를 믿어 주신 하나님의 믿음에 대한 우리의 응답입니다. 우리 믿음의 유일한 토대이자 동력이 우리를 먼저 믿어 주신 하나님의 믿음인 것입니다. 이 사실을 깨달았다면, 이제 우리에게 남은 것은 우리를 믿어 주신 하나님의 믿음에 부응하는 믿음의 삶을 사는 것입니다. 바로 이것이 우리를 당신의 믿음으로 선택해 주신 하나님의 뜻입니다.

　오늘 본문은 주님께서 당신의 믿음으로 왜 우리를 선택하셨는지, 그 까닭을 밝혀 주고 있습니다.

> 예수께서 행하시며 가르치시기를 시작하심부터 그가 택하신 사도들에게 성령으로 명하시고.

주님께서는 우리를 당신의 사도로 선택하셨습니다. 우리를 선택하신 까닭이 당신의 사도로 쓰시기 위함인 것입니다. 사도란 주님의 직계 제자를 뜻하지만, 실은 이 세상에서 크리스천으로 살아가는 우리 모두를 의미합니다. 주님께서 우리를 당신의 사도로 선택하신 것은, 우리가 주님의 은혜를 힘입어 이 세상에서 주님의 사도로 살아갈 수 있으리라는 주님의 믿음과 소망 때문이었습니다.

사도使徒를 뜻하는 헬라어 '아포스톨로스 $ἀπόστολος$'는 '보낸다'는 의미의 동사 '아포스텔로 $ἀποστέλλω$'에서 유래합니다. 즉 사도란 보냄을 받은 사람입니다. 하지만 아무 뜻도 목적도 없이 가는 사람을 사도라 부르지 않습니다. 사도란 자신을 보낸 이의 메시지를 품고 가는 사람입니다. 그 메시지 없이는 아무리 열심히 달려가도 참된 의미의 사도일 수 없습니다. 주님께서 우리를 당신의 사도로 선택하신 것은, 우리로 하여금 예수 그리스도의 메시지를 품고 이 세상을 살아가게 하시기 위함입니다. 지난 시간에 살펴본 것처럼 예배당 밖 우리 일상의 삶 속에서, 길이요 진리요 생명이신 예수 그리스도의 가르치심을 좇아 살아가는 것입니다. 지금 우리의 몸이 예배당에 있다 해도 우리의 심령이 세상의 메시지로 가득 차 있다면, 우리는 이 순간 세상 한가운데 있는 것과 조금도 다를 바 없습니다. 그러나 우리가 예수 그리스도의 메시지를 품은 주님의 사도로 살아간다면, 우리가 이 세상 어디에 있든 바로 그곳이 아름다운 예배당이 될 것입니다.

바울은 고린도전서 1장 2절을 통해 고린도에 있는 교회를 '하나님의 교회'라 불렀습니다. 교회를 뜻하는 헬라어 '에클레시아 $ἐκκλησία$'는 '부름 받은 사람들'이란 뜻입니다. 그러나 이 용어를 성경이나 교회가 처음 사용한 것은 아닙니다. 신약성경이 쓰이기 1천 년 전 고대 그리스 시대부터 시작하여 신약성경이 기록되던 로마제국 시대에도 각 도시마다 에클레시아가 있었습니다. 당시의 에클레시아는 도시의 제반 문제를 논의하고 관할하기 위해 구성된 시민 대표들의 모임으로, 우리말 '민회民會'나 '공의회公議會'로 번역할 수 있습니다. 그런데 2천 년 전 주님을 좇는 사람들이 자신들의 모임을 가리켜 에클레시아라 공포하고 나섰습니다. 그것도 단순히 민회나 공의회를 뜻하는 에클레시아가 아니라, 하나님의 에클레시아라는 것이었습니다. 당시 사람들은 당연히 의아해하며 서로 반문하였을 것입니다. 대체 저 에클레시아는 뭘 하는 집단이야? 듣도 보도 못한 하나님의 에클레시아라니 그게 무슨 말이야? 그리고 사람들은 스스로 하나님의 에클레시아를 자처하는 크리스쳔들의 삶을 주시했을 것입니다. 만약 당시의 크리스쳔들이 세상의 메시지, 다시 말해 욕망의 메시지를 품고 살았다면, 세상 사람들은 하나님의 에클레시아를 자처하는 그들을 상종 못할 정신병자로 취급하였을 것입니다. 그러나 듣도 보도 못한 하나님의 에클레시아에 의해 결국 세상이 새로워진 것은, 당시의 크리스쳔들이 자신들을 하나님의 에클레시아로 선택해 주신 주님의 믿음에 부응하여 주님의 메시지를 품은 주님의 사도로 이 세상을 살았기 때문입니다.

그렇다면 주님의 믿음에 의한 일방적인 선택으로 구원을 얻은 우리 역시 주님의 믿음에 믿음의 삶으로 응답해야 하지 않겠습니까? 주님의 메시지를 품은 사도로서 이 세상을 새롭게 할 하나님의 에클레시아로 우리 자신을 세워 감이 마땅하지 않겠습니까?

2002년 월드컵축구대회에서 한국 축구 대표팀은 4강 진출이라는 전대미문의 기록을 세웠고, 어쩌면 다시는 불가능할지도 모를 그 대기록이 출중한 지도력의 히딩크 감독으로 인해 실현되었음을 아무도 부인하지 않았습니다. 잘 아시다시피 그 후 히딩크 감독은 현재까지 네덜란드 아인트호벤 팀의 감독을 맡고 있고, 우리나라의 이영표 선수는 바로 그 팀의 레프트 윙백으로 유럽에서 명성을 날리고 있습니다. 얼마 전 일시 귀국한 이영표 선수에게 물어보았습니다. 축구 선진국에 비해 전력이 현격히 떨어지던 한국 팀을 히딩크 감독이 4강까지 진출시킬 수 있었던 비결이 당시 출전 선수의 입장에서 보기에 무엇이라고 생각하느냐고 말입니다. 이에 대한 그의 대답이 대단히 감동적이었습니다.

프로 선수들은 아무도 눈치채지 못하게 자신의 베스트를 다하지 않을 수도 있고, 자기 기량 이상의 투혼을 발휘할 수도 있다고 합니다. 히딩크 감독의 최대 장점은 한국 선수들로 하여금 월드컵 경기 내내 후자가 되게 한 것입니다. 열한 명의 선수들이 경기마다 자기 기량 이상의 투혼으로 온몸을 내던진 것입니다. 선수들이 그렇듯 아낌없이 자신을 내던질 수 있었던 동기는, 선수 개개인에 대한 히딩크 감독의 믿음이었습니다. 그라운드에 나선 선수들은 자신들을 굳게 믿고 있는 히딩크 감독을 믿었고, 그 믿음에 보답하고자 모든 선수가 자기 기량 이상의 투혼을 발휘해 4강 진출이라는 기적과도 같은 대기록이 결과적으로 뒤따른 것입니다. 그 말을 듣고서, 당시 한국 대표팀의 경기를 보며 전·후반 90분 내내 어떻게 선수들이 저토록 사력을 다해 경기장을 누빌 수 있을까 하고 품었던 의구심이 비로소 해소되었습니다. 자신들을 믿어 주는 감독의 믿음에 부응하기 위해 모든 선수가 온몸을 던져 한국 축구 역사상 새로운 기록을 수립할 수 있었다면, 우리를 믿어 주시고 당신의 사도로 선택해 주신 주님의 믿음에 응답하여 우리의 삶을 바칠 때 어찌 이 세상에 새로운 생명의 역사가 일어나지 않겠습니까? 그 좋은 예가 사도행전입니다. 사도행전은 주님의 믿음에 믿음으로 응답한 사람들을 통하여 주님께서 이 세상을 새롭게 하신 역사의 책입니다.

우리가 지금 예배드리고 있는 양화진 건너편에는 한국 천주교의 성지인 절두산이 있습니다. 현재 절두산 성당이 자리 잡고 있는 언덕의 본래 이름은 그 모양이 누에의 머리를 닮았다 하여 잠두봉蠶頭峰이었습니다. 그런데 대원군이 그 언덕에서 1만여 명의 천주교인을 참수형에 처한 이래 절두산으로 불리고 있습니다. 그 절두산 성지에 있는 꾸르실료 교육관 지하 입구에 다음과 같은 내용의 현판이 붙어 있습니다.

그리스도는 당신만을 믿습니다.

김수환 추기경의 글입니다. 저는 양화진을 거쳐 절두산을 산책할 때마다 이 글귀를 마음속에 되새기곤 합니다. 연약한 미물에 지나지 않는 인간에게, 전능하신 주님께서 오늘도 우리를 믿어 주고 계신다는 것보다 더 큰 격려와 소망은 없습니다.

사랑하는 교우 여러분!

우리가 주님을 알기도 전에 주님께서 우리를 먼저 믿어 주시지 않았습니까? 그래서 우리를 위해 당신의 생명을 십자가의 제물로 내어놓으시지 않았습니까? 우리가 세상 사람들보다 더 부도덕하고 더 패역한 삶을 살았지만, 그래도 우리를 먼저 믿어 주시고 하나님의 자녀로 불러 주시지 않았습니까? 여전히 부족하고 허물투성이임에도 변함없이 우리를 믿어 주시고, 이 어두운 세상에서 100주년기념교회를 이루는 당신의 사도로 우리를 선택해 주시지 않았습니까? 우리의 믿음이 아니라, 오직 주님의 믿음이 이 모든 일을 이루시지 않았습니까? 주님의 믿음이 아니었던들, 이 가운데 그 무엇도 우리에겐 불가능하지 않았겠습니까? 그렇다면 주님의 이 믿음에 우리가 믿음으로 응답할 때, 주님께서 당신의 변함없는 믿음으로 우리를 책임져 주시지 않겠습니까? 유한한 인간에 지나지 않는 축구 감독의 믿음과 선수의 믿음이 어우러져도 전대미문의 대기록이 세워진다면, 전능하신 주님의 믿음과 우리의 믿음이 한데 어우러질 때 어찌 이 땅에 새로운 창조의 대역사가 일어나지 않겠습니까?

이제 우리 모두 예수 그리스도를 품고 세상이라는 경기장으로 나아가십시다. 그 경기장에서 매일매일의 삶이라는 경기마다, 우리 인생의 감독이신 예수 그리스도의 지시를 좇아 우리의 온 삶을 던지십시다. 언제 어디서나 주님의 선수로, 주님의 선택받은 이 시대의 사도로, 마땅히 져야 할 십자가를 기꺼이 지십시다. 우리의 주님이신 예수 그리스도의 믿음에 우리의 믿음으로 응답하십시다. 그때 우리의 삶은, 우리의 가정과 일터는, 우리의 교회는, 이 시대를 위한 신新사도행전으로 일구어질 것입니다. 과거에 우리를 믿으셨고, 지금 우리를 믿고 계시고, 앞으로도 변함없이 우리를 믿으실 주님의 믿음이, 우리의 삶을 통해 이 세상을 친히 새롭게 하실 것이기 때문입니다.

주님께서 말씀하셨습니다. "자기 아들을 아끼지 아니하시고 우리 모든 사람을 위하여 내주신 이가 어찌 그 아들과 함께 모든 것을 우리에게 주시지 아니하겠느냐?" 그러나 주님, 우리는 이 말씀을 믿지 못했습니다. 우리가 하나님을 믿기도 전에 하나님께서 우리를 먼저 믿어 주셨기에 당신의 독생자를 내어 주셨고, 앞으로도 우리를 믿어 주실 것이기에 당신의 전능하신 능력으로 계속 우리의 삶을 책임져 주실 것임을 믿지 못했습니다. 그래서 주님의 선택을 받았음에도 주님의 메시지를 품고 살아가는 사도가 되지 못했음을 고백드리오니 용서하여 주옵소서.

이제 주님의 믿음에 우리의 믿음으로 응답하는 사도가 되기를 원합니다. 이 세상이라는 경기장에서 우리 인생의 감독이신 주님의 믿음에 부응하여, 주님을 위해 우리의 온 삶을 던지게 하옵소서. 천지를 창조하신 주님을 위해 마땅히 져야 할 십자가를 기꺼이 지게 하옵소서. 우리를 믿으시는 주님의 믿음을 힘입어, 우리 일상의 삶이 전대미문의 생명의 대역사를 일구어 가게 하옵소서. 아멘.

4. 성령으로 명하시고

사도행전 1장 1-2절
데오빌로여 내가 먼저 쓴 글에는 무릇 예수께서 행하시며 가르치시기를 시작하심부터 그가 택하신 사도들에게 **성령으로 명하시고** 승천하신 날까지의 일을 기록하였노라

7월 10일 우리 교회가 창립된 뒤 오늘로 4주밖에 되지 않지만, 뜻밖에도 벌써 많은 교우님들이 출석하고 계십니다. 이런 상황을 조금이라도 예측했던들 창립 주일부터 전임 교역자를 모셨을 텐데, 아직도 교역자는 저 혼자뿐이라 여러모로 미흡한 점이 많습니다. 특히 지금은 연중이라 교육 전도사님을 즉각 모시고 타 교회와 같은 형태의 '교회 학교'를 당장 개설할 수 있는 형편이 아니어서, 어린 자녀를 데리고 나오시는 교우님들께는 송구스러운 마음 금할 길이 없습니다. 하지만 저는 우리가 미흡한 만큼 성령님의 역사는 오히려 더 크다는 사실을 믿습니다. 더욱이 지금이야말로 우리가 기존

형태의 교회 학교에 대해 근본적으로 다시 생각해 볼 적기임을 깨닫고 있습니다.

근래 학교의 폐단을 지적하는 소리가 많이 들립니다. 우리 자녀들에게 학교란 학문의 연마를 위해 절대적으로 필요한 곳입니다. 그러나 아이들이 교사나 친구에게 나쁜 언어와 행동을 배우는 곳 또한 학교입니다. 집에서라면 전혀 접하지 못할 몹쓸 것들을 학교에서 친구들을 통해 배우고 있습니다. 같은 또래들이 집단적으로 모여 있는 학교가 긍정적인 면과 부정적인 면을 동시에 지니고 있는 것입니다. 따라서 자녀 교육을 학교에만 맡기려는 것보다 더 어리석은 짓은 없습니다. 지식의 습득은 학교 교사들에게 맡기더라도 인성 교육과 정서 함양에 대한 책임은 전적으로 부모가 져야 합니다. 부모가 책임지려 하지 않는 자녀의 인격과 정서를 어떻게 부모도 아닌 학교 교사가 책임질 수 있겠습니까?

교회 학교도 마찬가지입니다. 교회에서 같은 또래 아이들끼리 모인다는 것은 분명 긍정적인 일이지만, 그만큼 부정적 측면도 있음을 간과해서는 안 됩니다. 일반적으로 교회 학교의 모든 프로그램은 아이들의 흥미에 초점이 맞추어져 있습니다. 프로그램의 중심과 무게가 하나님에게 있는 것 같지만 실은 아이들의 재미에 집중되어 있는 것입니다. 그 결과 예배가 절대자이신 하나님께 대한 절대적인 굴복의 시간이라는 가장 중요한 신앙 훈련이 결여되고 있는 것이 현실입니다. 교회 학교를 거친 자녀들이 청년기를 지나면서 대다수가 교회를 등지는 것은 이와 같은 교회 학교의 현실과 무관하지 않습니다. 어린 시절 교회 학교를 다녔어도 절대자이신 하나님과 하나님의 말씀에 절대적으로 굴복하는 삶이 몸에 배지 못한 젊은이들이, 그 어느 때보다 자신을 더 신봉하는 청년기에 하나님을 외면하는 것은 당연할 결과일 수밖에 없습니다.

제 아이들이 아주 어렸을 때의 일입니다. 성인 예배에 참석해서도 졸지언정 예배가 끝날 때까지 꼼짝 않고 자리를 지키는 제 아이들을 보고 많은 부모들이 어떻게 그럴 수 있느냐며 의아해했습니다. 그것은 제가 목사라 그렇게 시킨 것이 아니었습니다. 아이들이 갓 태어났을 때부터 제 아내가 예배 시간마다 아이를 가슴에 품고 있었기 때문입니다. 아이들이 커가면서 칭얼대도, 엄마 품을 빠져나가려 기를 써도, 다른 아이들처럼 자기 하고 싶은 대로 하려 안간힘을 다해도, 아내는 예배가 끝날 때까지 아이가 잠들지 않는 한 꼭 품고 있었습니다. 이 세상에는 절대자가 존재하고, 인간에겐 절대자에게 절대적으로 굴복해야 할 시간이 있음을 아이들의 영혼에 각인시켜 주기 위해서였습니다. 어린아이에게도 영혼이 있다면, 예배 시간 내내 자신의 자유를 인정하지 않고 자신을 꼭 품고 있는 어머니에 의해 어찌 아이의 영혼 또한 절대자에게 굴복하지 않겠습니까? 어린아이에게 절대자이신 하나님께 굴복하는 훈련을 시키는 것보다 더 좋은 신앙 교육이 어디 있겠습니까? 어릴 때부터 자신도 모르게 절대자에게 굴복하는 훈련을 거듭하면, 그 영혼이 자라면서 하나님의 절대적인 말씀에 절대적으로 굴복하며 살아갈 것임은 두말할 나위도 없지 않겠습니까?

그러므로 영아와 유아 그리고 유치부 이전의 자녀를 데리고 오는 교우님들은 가급적 예배 시간 내내 아이를 가슴에 꼭 품고 예배드리시기를 권합니다. 처음에는 부모와 아이 모두 힘들겠지만 얼마 지나지 않아 서로 익숙해질 것입니다. 아이들의 영혼이 머지않아 절대자에게 굴복해야 함을 터득할 것이기 때문입니다. 유치부 이상의 자녀라면 자녀를 부모 곁에 앉히고 그 자녀의 심령에, 예배 시간은 절대자에게 절대 굴복하는 시간임을 부모의 예배 모습으로 각인시켜 주십시오. 그리고 예배가 끝난 뒤 집으로 돌아가는 길에, 혹은 저녁 식사를 함께 하며, 오늘 예배 시간을 통해 하나님께서 주신 말씀의 의미가 무엇인지 아이들에게 설명해 주십시오. 자녀에게 부모보다 더 좋은 신앙 교사는 없습니다. 부모가 편하게 예배드리기 위해 자녀들을 교회 학교에만 맡기려는 것은, 자식을 학교에만 맡긴 채 바른 인격의 소유자가 되기를 바라는 것과 같습니다. 이 세상에서 자식의 영혼을 책임질 신앙 교사는 부모밖에 없습니다.

아이들의 옆자리에 앉으신 교우님들은 예배 시간에 아이들에게 사탕을 주거나 열쇠고리를 흔드는 식으로 아이를 어르지 마시기 바랍니다. 곁에서 아이들이 무슨 짓을 하든, 예배 시간 내내 절대자에게 온 영혼을 다해 굴복하는 본을 아이들에게 보여 주십시오. 그러나 예배 시간이 끝나면, 곁에 있는 아이들과 눈을 맞추고 칭찬과 격려를 아끼지 마십시오. 오늘 우리 시대의 가장 큰 약점은 아이들이 어른들을 배울 기회가 전혀 없다는 것입니다. 어른들의 경륜이 아이들에게 계승될 수 없는 안타까운 실정입니다. 이제라도 아이들의 부모를 포함하여 우리 모두가 절대자에게 절대 굴복하면서 서로 사랑하는 모습을 보인다면, 우리 자녀들은 예배를 통해 우리의 신앙을 배울 것이요, 우리 교회 자체가 가장 이상적인 교회 학교가 될 것입니다. 따라서 금년 말까지 기존 형태의 교회 학교 없이 우리 자녀들과 함께 예배드리면서, 자녀들과 더불어 하나님께 굴복하는 훈련을 다같이 해보십시다. 그리고 그 결과를 함께 지켜보십시다. 그 과정에서 잘 적응하지 못하는 아이들을 위해서는 9월 첫째 주부터 영아부, 유치부, 초등부 교사들이 수고해 주시도록 하겠습니다.

한국 교회 청년부의 경우도 긍정적인 면과 부정적인 면을 함께 지니고 있습니다. 청년 집회의 특징은 열정적이고 뜨겁다는 것입니다. 그것은 분명 긍정적인 면입니다. 열정을 결여한 청년은 더 이상 청년일 수 없습니다. 그러나 청년 집회의 인도자 대부분이 사회 경험이 없는 젊은이들이라는 것은 매우 부정적인 면입니다. 인도자나 참석자나 세상을 모르기는 매한가지라 집회의 뜨거움이 예배당 안에서만 맴돌 뿐, 그 열정이 사회를 변화시키는 힘으로 이어지지 못하고 있습니다. 세상을 경험하지 못한 젊은이들의 신앙 열정이, 그들의 발이 이 냉혹한 현실 세상에 닿기도 전에 식어 버리고 마는 것입니다. 따라서 금년 말까지 별도의 청년 집회 역시 갖지 않으려고 합니다. 그 대신 9월부터 시작되는 청년부 조별 성경 공부의 조장을 삶의 경험이 풍부한 어른들께 맡기려고 합니다. 말씀을 좇아 살기 위해 세상에서 고민하는 가운데 말씀의 참의미와 능력을 체득한 어른들을 통해, 우리 청년들이 절대자의 말씀에 절대 굴복하는 신앙을 익히게끔 돕기 위함입니다. 세상을 변화시키는 힘은 청년들의 열정이 아니라, 절대자이신 하나님의 절대적인 말씀이기 때문입니다.

우리가 4주째 상고하고 있는 사도행전 본문에서 예수님에 대한 네 번째 설명은, 당신이 택하신 사도들에게 '성령으로 명하셨다'는 것입니다. 일반적으로 이것을 주님이 제자들에게 마지막으로 남기신 명령, 즉 땅끝까지 이르러 주님의 증인이 되라는 최후의 지상명령으로 이해하는 경향이 있습니다. 그러나 사도행전의 기자인 누가가 본문에서 예수 그리스도의 전 생애를 단 몇 단어로 설명한 것을 감안한다면, 이것은 예수님의 마지막 명령을 포함하여 주님께서 제자들에게 행하신 모든 말씀을 통칭하는 표현임을 알게 됩니다. 주님의 말씀이 그 말씀을 좇아 살아야 할 인간에겐 바로 주님의 명령이기 때문입니다.

여기서 유의할 것은 주님께서 그냥 명하신 것이 아니라 '성령으로 명하셨다'는 것입니다. 헬라어 원문의 뜻을 그대로 옮기면 '성령님을 통해' 혹은 '성령님을 의지하여' 말씀하셨다는 것입니다. 인간의 육체를 입고 이 땅에 오신 예수님의 모든 말씀이 곧 하나님의 말씀일 수 있었던 것은, 예수님은 오직 하나님의 영이신 성령님을 통해 말씀하셨기 때문입니다. 예수님은 성령님을 이렇게 소개하셨습니다.

> 그러나 진리의 성령이 오시면 그가 너희를 모든 진리 가운데로 인도하시리니 그가 스스로 말하지 않고 오직 들은 것을 말하며 장래 일을 너희에게 알리시리라(요 16:13).

성령님은 무엇이든 자의로 말씀치 않고 언제나 하나님이 친히 하시는 말씀만을 전하십니다. 따라서 그 성령님을 통한 예수님의 모든 말씀은 당연히 하나님의 말씀이셨습니다. 예수님은 성령님과 관련하여 또 이렇게 말씀하셨습니다.

> 보혜사 곧 아버지께서 내 이름으로 보내실 성령 그가 너희에게 모든 것을 가르치고 내가 너희에게 말한 모든 것을 생각나게 하리라(요 14:26).

예수님이 승천하신 이후 오늘날까지 우리에게 하나님의 말씀을 가르치는 분도 성령님이요, 생각나게 하는 분도 성령님입니다. 성령님을 떠나서는 우리가 하나님의 말씀과 연결될 길이 없습니다. 그렇다면 성령님께서 우리에게 친히 하나님의 말씀을 가르쳐 주신다는 것이 무슨 뜻인지, 한 교우님의 고백을 통해 구체적으로 알아보겠습니다.

안녕하세요? 장안동에 살고 있는 김경미입니다. 저는 딸 넷, 밑으로 아들 하나, 5남매의 맏딸입니다. 어릴 때부터 구하기 전에 모든 것을 부족함

없이 누리며 살았고, 그런 상황에 만족했고, 다른 무엇을 구할 필요조차 느끼지 못하며 자랐습니다. 지금도 친정에서는 한 달이 멀다 하고 찾아오는 제삿날이면, 아버지 삼형제분이 검은 두루마기까지 차려입고 늦은 밤 근엄한 예를 올리시지요. 제가 속하고 자란 이런 환경에서 교회를 간다든가, 하나님을 찾고 만난다든가 하는 것이 얼마나 생소하고 어려운 일이었는지 말씀드리고 싶습니다.

고등학교 2학년이던 1973년, 친한 친구가 고등부 회장으로 있는 효자동의 어느 교회에 우연히 따라가게 되었습니다. 어색한 분위기를 참고 제일 뒷줄에 앉아 있는데 목사님께서 이상한 말씀을 하시는 것이었어요. 떡 다섯 개와 물고기 두 마리로 5천 명이 먹고도 열두 바구니나 남았다는 동화에나 나옴직한 이야기였는데, 목사님은 그 이야기가 사실이니 무조건 믿어야 한다며 단상을 마구 두드리는 것이었어요. 한데, 제게 더욱 놀라운 사실은 그런 설교를 듣는 사람 중 누구 하나 의심스러운 표정을 짓는 사람이 없었다는 것입니다. 전 갑자기 이상한 나라에 소리 소문도 없이 빠져 버린 듯한 기분이 들면서 더 이상 그 자리에 앉아 있을 수가 없어 벌떡 일어나 밖으로 나와 버렸습니다. 그날 일이 제게는 적지 않은 충격으로 남았고, 주위에 기독교인이 없어서인지 그 이야기를 하면 모두 어이없어하며 혹시 그 물고기가 고래가 아니겠냐며 웃고들 했지요. 그 기억은 그동안 무관심했던 교회나 기독교인들을 못마땅해하고 피해야 하는 존재로 인식하게 된 결정적 계기가 된 것 같습니다. 기독교인 하면 그 이상한 이야기를 믿는 사람들, 교회란 그런 이상한 사람들의 집단, 이렇게 간단히 정의하고 마음의 벽을 높이 쌓아 갔습니다. 기독교 재단인 대학에 들어가서도 채플 시간에는 출석만을 위해 자리에 앉아 강냉이 먹기에만 바빴습니다. 결혼 후, 아파트에서 반상회를 할 때도 교패가 붙어 있는 집 문 앞에서는 미련 없이 발길을 돌리곤 했지요.

그런 시간이 지나고 1991년, 제게 또 한 번의 우연한 기회가 찾아와 망설임 끝에 당시 논현동 YMCA에 있던 주님의교회에 발을 들여놓게 되었습니다. 비기독교인으로서 밖에서 비판적으로만 생각했던 교회의 많은 부정적인 부분들이 새롭게 인식되고, 차분하면서도 따뜻한 마음과 체계적 질서가 느껴지는 곳이었지요. 주기도문과 사도신경이 뭔지도 모르던 저는 생소한 분위기의 교회가 낯설었지만, 이제껏 살면서 겪은 만남들과는 다른 독특한 분위기와 그러한 그룹의 구성원이 되었다는 사실이 재미나고 신기하기도 했습니다. 하지만 교회에서 기도할 때마다 하나님이 어떤 분이고, 무엇을 하시는 분인지 그 존재 자체에 대해 의식조차 하지 못했고 알려고 하지도 않았습니다. 제 안온한 생활에서 하나님이라는 낯선 존재에게 내어 드릴 빈자리는 없다고 생각했죠.

그렇게 밀어 넣은 한 발을 도로 빼지도, 나머지 한 발을 마저 들여놓지도 못하는 난감한 상황으로 6개월쯤 지나 등록을 하고, 목사님의 새신자 심방을 받게 되었습니다. 딴 세상 사람같이 멀게만 느껴지던 목사님이 우리 집에 오신다는 사실은 왠지 어색하고 망설여지는 일이었지요.

심방 날, 구역 권찰이라며 어떤 여집사님이 먼저 찾아오셨고, 저는 처음 본 그분에게 다과를 준비하며 툴툴거렸습니다. "성경에 그 떡하고 생선 이야기만 없다면 그런대로 교회를 다닐 만할 거예요. 그런 얘기를 적어놓고 어떻게 사람들에게 전도를 하는 건지, 그런 걸 읽으면 누가 교회를 다니겠어요? 교회 온 사람들마저 쫓아내려고 쓴 글이 아니겠어요?" 하고 마음속에 있던 말을 거침없이 쏟아 놓았지요. 잠시 후 목사님이 오시고 어색한 가운데 기도와 찬송을 마친 뒤, 목사님은 하나님께서 우리 집에 주시는 말씀이 마태복음 14장 15절부터 21절까지라고 말씀하셨습니다. 전 부지런히 그곳을 찾아 펼쳤습니다. 물론 그 본문이 오병이어의 기적에 관한 내용이라는 사실은 전혀 몰랐지요.

그 말씀을 읽는 동안 제가 느꼈던 감정을 어떻게 표현할 수 있을까요? 갑자기 무언가 차고 날카로운 얼음 조각 같은 것이 제 몸을 위부터 죽 훑으며 내려가는, 서늘하고도 오싹한 느낌이었다고나 할까요? 뭐라고 설명할 수도 표현할 수도 없지만 지금도 그때의 느낌을 방금 전 일처럼 생생히 기억하고 있습니다. 성경을 읽은 뒤 이어진 목사님의 말씀은 제 마음을 순식간에 20년 전으로 거슬러 올라가게 하시고, 그 자리에서 다시 저를 돌려세워 새로운 시각에서 새로운 발견으로 새로운 하나님을 만날 수 있게 해주셨습니다. 그날 목사님은 그 성경 말씀의 참뜻을 설명해 주시면서, 예수님께서 그들에게 넘치도록 베풀어 주신 은혜는 기적의 기록이라는 단순한 설명에서 그치지 않고, 그 기적이 언제 어디서 비롯되었는지 차근차근 알려 주셨습니다.

"때도 저문 저녁, 빈들에서 과연 그들은 그들 자신을 위해 무엇을 할 수 있었을까요? 우리가 그토록 믿는 우리의 능력과 계획은 우리가 어려울 때 과연 얼마나 우리를 지켜 줄 수 있을까요? 우리의 한계를 절감하고, 들었던 두 손을 내려놓는 바로 그때가 모든 것을 가능케 하시는 하나님을 만나고 그분에게 우리의 자리를 내어 드리는 은혜의 순간이 아닐까요?"

무슨 일이든 조금이라도 주관적이거나 감성적인 면은 철저히 배제하고, 오직 객관적이고 논리적인 사실에만 초점을 맞추어 그것이 최고의 지성이고 이상인 양 믿고 살아온 저에게, 그날의 경험은 살면서 처음 느껴 보는 낯선 일이었지요.

넘어진 그 자리에서 다시 일으켜 주시는 하나님을 만나고 얼마 지나지 않아, 그러니까 교회를 다니기 시작한 지 일 년쯤 지난 1992년 말, 일곱

살이던 작은아이가 수영을 배우다 귀에 물이 들어갔고, 치료차 찾아간 이비인후과에서 큰 병원으로 가보라는 다급한 이야기를 들었습니다. 별 생각 없이 찾아갔던 신촌 세브란스병원에서 여러 차례 검사 끝에 나온 병명은 소아암의 일종인 '신경아세포종'이라는 것이었어요. 그것도 허리 아래쪽에서 자란 혹이 척추를 끼고 번져 폐까지 올라가, 이미 손을 쓰기에 너무 늦은 4기 말이라고 했습니다.

아무도 건드리지 못할 거라 생각한 저의 견고하고도 안락하던 생활은 순식간에 끝을 알 수 없는 나락으로 떨어져 버리고 하루하루 그 깊이를 더해 가는 것만 같았습니다. 항암제를 맞아 머리가 빠진 아이의 말간 눈을 바라볼 자신이 없어 밤새도록 병동 계단에 쭈그려 앉아 울기만 했습니다. 목숨을 주어도 아깝지 않을 아들을 위해 우는 것 외에 제가 할 수 있는 일은 정말 아무것도 없었습니다. 아무도 손을 내밀어 주지 않는 빈들, 그 어둠의 끝에서 저는 처음으로 하나님의 보살핌과 인도하심을 구하게 되었습니다. 쥐었던 두 손을 편 것은 하나님께 대한 나의 믿음으로가 아니라, 아무것도 할 수 없는 극한상황에서 더 이상 버틸 힘이 없어 내리게 된 마지막 선택이었다고나 할까요? 하지만 그것은 문밖에서 망설이는 우리의 연약함을 미리 아시고 먼저 문을 열어 우리를 맞아들이시는 하나님의 사랑을 진심으로 깨닫는 순간인 동시에, 접었던 우리의 두 손을 하나님의 손길로 펴시고 그 위에 또 다른 오병이어의 기적을 보여 주시는 하나님의 사랑을 확인하는 순간이기도 했습니다.

그 아이는 건강하게 자라 올해 스무 살, 고등학교를 졸업하고 대학에 들어갔습니다. 성경에 문자로만 기록되어 있던 오병이어의 기적은 그저 스쳐 지나가는 전설 같은 이야기가 아니라, 제 삶의 중심이 밑바닥부터 흔들리고 제가 가진 모든 것이 움켜쥔 제 손가락 사이로 빠져나갈 때, 아름답고 오묘한 계획으로 찾아와 베풀어 주시는 위로와 사랑입니다. 하나님은 누구도 줄 수 없는 그 위로와 사랑을 날마다 제게 베풀어 주고 계십니다. 지금 이 자리에 서 있는 순간까지도 제 모든 삶에 하나님의 크고 작은 손길과 기적이 미치지 않는 곳이 과연 있을까요? 그런 하나님을 찬양하고 사랑합니다.

김경미 자매님이 주님의교회에 등록했던 1991년 당시 저는 매주 금요일에 새신자 심방을 하였습니다. 월요일 아침 그 주간 금요일에 심방할 새신자의 명단과 일정이 확정되면, 화요일 새벽 기도회 시간부터 그 가정들을 위해 기도하고, 기도 중에 성령님께서 제 마음을 감동해 주시는 성경 말씀으로 각 가정을 심방하였습니다. 김경미 자매님 댁에서 오병이어의 말씀을 나눈 것도 같은 방법을 통해서였습니다. 성령님께서는 미천한 저를 도구 삼아 오병이어 때문에 하나님을 믿지 못하던 자매님의 심령을, 바로 그 말씀으로 믿도록 사로잡아 주신 것입니다.

1993년 4월 16일, 아이에 대한 모든 항암 치료가 다 무위로 돌아가고 마침내 마지막으로 수술을 결행하던 날의 김경미 자매님을 저는 아직도 잊지 못합니다. 그날 오후 늦게 신촌 세브란스병원을 찾았을 때 일곱 시간에 걸친 대수술을 받은 아이는 그때까지 회복실에서 의식불명이었고, 병실에서 아이를 기다리는 친척들 얼굴엔 초조하고 불안한 기색이 역력했습니다. 그런데 누구보다도 불안에 떨어야 할 김경미 자매님은 도리어 평강의 얼굴이었습니다. 사랑하는 외아들이 소아암 말기로 하루하루 죽어 가는 것을 바라보는 어미의 심정이 왜 찢어지지 않았겠습니까? 얼마나 많은 낮과 밤을 눈물로 지냈겠습니까? 그러나 자매님의 얼굴은 그 눈물의 빈들에서 자신을 사로잡아 주신 하나님의 말씀에 힘입어, 아들의 생사를 전능하신 하나님께 믿고 맡긴 사람만 누릴 수 있는 평강이었습니다. 그리고 모두가 불가능하리라 생각했던 그 마지막 수술을 통해 아이는 생명을 되찾았습니다.

성령님께서 우리에게 하나님의 말씀을 친히 가르치고 생각나게 해주신다는 것은, 이처럼 시간과 공간 그리고 인간이 상상할 수 있는 모든 방법을 초월하여 하나님의 말씀을 일깨워 주시는 것입니다. 성경 말씀이 얼마나 방대합니까? 성령님께서 역사하시지 않았다면 어찌 김경미 자매님 댁을 심방하면서 오병이어의 본문을 함께 나눌 수 있었겠습니까? 성령님께서 그렇게 역사하시지 않았던들, 일 년여 뒤 그녀가 어찌 그 사망의 골짜기를 오직 믿음으로 아이와 함께 극복할 수 있었겠습니까? 성령님께서는 이와 같이 우리 각자에게 시간과 공간을 초월하여 신묘불측神妙不測한 방법으로 친히 말씀해 주고 계십니다.

그렇다면 과연 누가 성령 충만한 사람이겠습니까? 두말할 것도 없이 성령님께서 일깨워 주시는 하나님의 말씀을 절대적으로 받아들이고, 그 말씀에 굴복하는 사람입니다. 만약 김경미 자매님이 심방받던 날 또다시 접하게 된 오병이어의 성경 말씀 앞에서 '아, 이 교회와 목사도 황당하기는 마찬가지구나' 하고 예전처럼 돌아서 버렸다면, 이후 그녀와 아이의 삶은 전혀 다르게 전개되었을 것입니다. 그러나 평소 말도 되지 않는다고 여기던 오병이어의 말씀을 하나님의 절대적인 말씀으로 받아들이고 그 말씀에 굴복함으로써 그녀는 소아암 4기의 어린 아들을 살리시는 하나님의 오병이어의 능력을 체험할 수 있었습니다.

믿음이란 나를 창조하신 하나님을 내 인생의 절대자로 모시고 그분께 굴복하는 것이요, 절대자이신 하나님께 굴복한다는 것은 그 하나님의 절대적인 말씀에 절대적으로 굴복하는 것입니다. 이것이 오늘의 본문이 주님께서

'성령으로 명하셨다'고 증언하는 이유입니다. 하나님의 절대적인 명령 앞에 인간의 절대적인 굴복 외의 것은 있을 수 없습니다. 이런 의미에서 예배는, 절대자이신 하나님과 하나님의 절대적인 말씀에 대한 인간의 절대적인 굴복의 행위입니다.

생각해 보십시오. 대한민국의 많고 많은 교회 가운데 우리는 이 시간 100주년기념교회에서 예배드리고 있습니다. 성령님의 역사가 아니고 어찌 이것이 가능한 일이겠습니까? 총 66권으로 이루어진 방대한 분량의 성경 말씀 중에서, 우리가 지금 사도행전 1장 1-2절에 기록된 하나님의 말씀을 상고하고 있다는 것 자체가 성령님의 역사가 아니고 무엇이겠습니까? 그렇다면 우리를 이 시간 이곳으로 부르신 성령님께서 본문을 통해 우리 각자가 깨달아야 할 하나님의 말씀을 우리 각자의 심령에 친히 각인시켜 주시지 않겠습니까?

사랑하는 교우 여러분!

바로 그 하나님의 말씀에 절대적으로 굴복하십시다. 이 자리에서만이 아니라, 일주일 내내 우리 삶으로 굴복하십시다. 절대자이신 하나님의 말씀에 절대적으로 굴복하는 우리의 삶이 우리 자녀들에게 평생의 이정표가 되게 하십시다. 그때 우리 교회는 진정한 교회 학교의 효시를 이룰 것이요, 우리 모두는 해 저문 빈들과도 같은 이 어둔 세상에서 우리의 자녀와 이 사회를 살리는 오병이어의 신앙 교사가 될 것입니다.

주님, 오늘 김경미 자매님을 통해 참으로 귀한 간증을 들었습니다. 시간과 공간 그리고 인간이 상상할 수 있는 모든 방법을 초월하여 김경미 자매님에게 말씀하신 성령님께서 실은 우리 각자에게도 언제나 말씀해 주셨고, 이 시간도 우리 각자의 심령에 하나님의 말씀을 새겨 주고 계심을 감사드립니다. 그 말씀에 굴복하게 하옵소서. 예배당 밖 우리 일상의 삶이 절대자이신 하나님과 하나님의 말씀에 절대적으로 굴복하는 예배가 되게 하옵소서. 굴복하되, 사랑하는 자녀들과 더불어 굴복하게 하옵소서. 그와 같은 우리 삶으로 인해 우리 자녀들의 삶과 교회에, 이 사회에 오병이어의 은총이 영육 간에 날마다 충만하게 하옵소서. 아멘.

5. 기록하였노라

사도행전 1장 1-2절
데오빌로여 내가 먼저 쓴 글에는 무릇 예수께서 행하시며 가르치시기를 시작하심부터 그가 택하신 사도들에게 성령으로 명하시고 승천하신 날까지의 일을 **기록하였노라**

누가는 사도행전을 시작하면서 자신이 기록한 누가복음의 핵심, 즉 이 땅에 육신을 입고 오신 예수 그리스도의 생애를 다섯 개의 동사만으로 표현하였습니다. 행하셨고, 가르치셨고, 사도들을 택하셨고, 성령으로 명하셨고, 승천하셨다는 것입니다. 예수님의 생애에 대해 이보다 더 간결하고도 적확한 표현은 없을 것입니다. 누가는 누가복음을 기록한 당사자이기에, 자신이 기록한 누가복음의 진수를 이렇듯 불과 다섯 개의 동사로 명쾌하게 정리할 수 있었습니다. 우리는 지난 4주 동안 이 다섯 동사 가운데 순서에 따라 네 개 동사에 관하여 깊이 생각해 보았습니다. 마지막 남은 동사는 주님께서 승천하셨다는 것입니다. 이 단어가 주님께서 이루신 십자가의 죽음과 부활을 포함하고 있음은 물론입니다. 이 단어와 관련해서는 사도행전 1장 3-11절이 주님의 부활과 승천에 대해 상세하게 증언하고 있으므로 그때 살펴보도록 하겠습니다.

교회의 역사와 주님을 좇는 사람들의 행적을 밝혀 주는 사도행전의 첫머리를, 누가는 왜 예수 그리스도의 생애를 다섯 단어로 정리하는 것으로 시작했을까요? 교회와 크리스천의 삶의 근거가 바로 이 다섯 단어에 있기 때문입니다. 주님께서 행하신 대로 행하고, 주님의 가르치심을 따르고, 주님의 택하심을 입은 사도답게 주님의 메시지를 좇아 이 세상을 살고, 성령님의 명령에 절대 굴복하면서, 이 세상을 살되 삶의 궁극적 목적을 세상이 아닌 영원하신 하나님 나라에 두는 사람이 크리스천이요, 그와 같은 사람들의 모임이 교회입니다. 따라서 예배당 밖 우리 일상의 삶이 길이요 진리요 생명이신 주님을 이 세상에 비추는 복음의 화면이 된다는 것은, 우리의 삶으로 이 다섯 단어를 구현해 가는 것을 의미합니다.

이 시간 우리가 유의할 바는, 이 중요한 사실을 누가의 기록을 통해 알게 되었다는 것입니다. 만약 누가의 기록이 없었다면 우리는 주님을 믿는다는 것이 구체적으로 무엇을 뜻하는지 명쾌하게 알 수 없을뿐더러, 우리 삶의 이정표가 되는 사도들의 행적과 초대교회를 통한 주님의 역사도 전혀 알지 못할 것입니다. 우리가 이 혼탁한 세상에서 크리스천으로 살아갈 수 있는 것은, 복음서가 증언하는 예수 그리스도를 믿는 사람들의 삶 속에, 또한 그들의 삶을 통해, 주님께서 얼마나 크게 역사하시는지 사도행전이 생생하게 증거해 주기 때문입니다. 우리는 이 귀중한 기록을 남긴 누가에게 고마움을 느끼면서, 우리를 위해 누가로 하여금 누가복음과 사도행전을 쓰게 하신 성령님께 깊이 감사드리지 않을 수 없습니다.

기록의 중요성은 참으로 지대합니다. 기록은 시간과 공간을 뛰어넘습니다. 한반도에서 21세기를 살고 있는 우리가 수천 년 전 이집트에 거주한 사람들의 역사를 들여다볼 수 있는 것은 그들이 남긴 기록 덕분입니다. 인간에 대한 기록이 이처럼 중요한 의미를 지닌다면 하물며 주님과 관련된 기록이야 두말해 무엇하겠습니까? 인간에 대한 기록은 사실 혹은 정보 전달로 끝나지만, 주님과 관련된 기록은 그 자체가 언제나 인간의 심령을 움직이는 주님의 도구가 될 수 있습니다.

제 아버님께서는 1963년 초에 하나님의 부르심을 받으셨습니다. 그 후 40여 년이 지난 지금까지도 신앙과 관련된 아버님의 글들은 제 가슴을 뭉클하게 합니다. 세상을 떠나실 당시 아버님은 54세였고, 저는 우리 나이로 15세였습니다. 이제 세월이 흘러 제 나이 57세가 되었습니다. 아버님께서 이 세상에 사셨던 것보다 제 나이가 세 살이나 더 많습니다. 그런데도 아버님의 글이 주는 감동은 그대로입니다. 제 나이 70, 80이 되어도 아버님의 글은 변함없이 제 옷깃을 여미게 할 것입니다. 왜냐하면 저를 사랑하시던 아버님이 남기신 믿음의 글들이기 때문입니다. 1996년 86세를 일기로 주님의 부르심을 받은 제 어머님의 글 역시, 구구절절이 저 자신을 위한 믿음의 거울이 됩니다.

일반적으로 한국인은 기록과 거리가 멉니다. 대부분의 사람들이 일주일 내내 단 한 줄의 기록도 남기지 않고 살아갑니다. 세상을 떠난 사람들의 유품을 정리해도, 기록다운 기록이 전혀 없는 경우가 허다합니다. 참으로 안타까운 일이 아닐 수 없습니다. 주님 안에서 남기는 기록은 단순한 글자의 조합이 아닙니다. 그것은 자기 삶을 자신의 죽음 이후까지 이 세상에 연장시켜 줍니다. 내가 이 세상을 떠난 뒤에도, 내가 남긴 몇 줄의 글을 통해 누군가의 인생이 주님 안에서 새로워진다면 얼마나 가슴 설레는 일입니까?

이런 의미에서 저는 여러분께 하루에 단 몇 줄이라도 주님 안에서 누군가를 위한 기록을 남기시기를 권합니다. 기록을 위한 기록이 아니라, 진리를 좇는 삶에서 배어나는 생명의 흔적을 기록해 보십시오. 주님께서 베푸신 은총을, 주님께서 주신 깨달음을, 주님을 향한 나의 회개를, 주님의 사랑 때문에 사랑할 수밖에 없는 사람을 향한 마음을 겸허한 마음으로 기록해 보십시오. 그 사랑의 글을, 곤히 잠든 아내의 머리맡에 살며시 놓아두십시오. 아직 퇴근 전인 남편의 책상 위에 올려놓으십시오. 등교하는 자녀의 가방에 넣어 주십시오. 사랑하는 부모님의 옷장에 넣어 드리십시오. 사랑해야만 하는 사람에게 우편으로 부쳐 드리십시오.

긴 글이 아니어도 상관없습니다. 명문장이 아니라도 괜찮습니다. 명필이 아니라 해도 문제될 것은 전혀 없습니다. 사람을 사랑하기 위해 주님 안에서 쓰인 글이기만 하면 됩니다. 그런 글은 언젠가는 누군가의 심령을 움직이는 성령님의 도구로 쓰입니다. 우리가 이 세상을 떠나 우리 영혼이 하나님의 품에 안긴 뒤에도, 우리의 삶이 우리가 남긴 사랑의 기록을 통해 후손들과 공유된다는 것은 얼마나 감격스러운 일입니까? 그래서 우리는 천국뿐만 아니라 이 땅에서도 영원히 사는 것입니다. 마치 누가의 삶이 누가복음과 사도행전 속에서 오늘도 살아 있듯 말입니다.

그러나 오해하지 마십시다. 기록이 중요하기는 하지만, 크리스천이 이 세상에서 주님과 사람을 위해 할 수 있는 것 가운데 가장 중요한 것은 결코 아닙니다. 오늘의 본문에서 '기록하였다'고 번역된 헬라어는 '행하다'라는 의미의 '포이에오 $\pi o \iota \acute{\varepsilon} \omega$'입니다. 누가가 예수님의 생애를 다섯 개 동사로 설명하면서 가장 먼저 '행하시며'라고 표현할 때 사용한 헬라어와 똑같은 단어입니다. 2천 년 전 누가가 자신이 사랑하는 데오빌로, 그러나 공간적으로 멀리 떨어져 있는 데오빌로를 위해 행할 수 있는 최선의 일이 그에게 주님에 대한 기록을 써 보내는 것이었습니다. 다시 말해 데오빌로에 대한 누가의 사랑이 그 상황에서 기록의 형태로 드러난 것입니다. 따라서 누가의 기록보다 더 중요한 것은 인간에 대한 누가의 사랑입니다. 만약 누가에게 인간에 대한 사랑이 없었더라면 데오빌로에게 글을 써 보내지도 않겠지만, 혹 썼다 하더라도 그 글이 사료의 가치는 지닐망정 우리의 마음을 변화시키는 성령님의 도구가 되지는 못했을 것입니다. 누가의 기록이 시간과 공간을 초월하여 생명의 말씀이 되는 것은, 그 기록이 주님 안에서 이루어진 사랑의 결과물인 까닭입니다. 오직 사랑만이 생명의 통로가 되고, 생명은 사랑과 구별되지 않습니다. 생명이신 하나님께서 곧 사랑이시기 때문입니다.

'사랑 장'이라 불리는 고린도전서 13장은 사랑이 구체적으로 무엇을 의미하는지 일목요연하게 설명해 줍니다. 그 가운데 사랑은 '오래 참는다'는 내용이 있습니다. 이것은 단순히 오랜 시간 혹은 오랜 세월 인내하는 것을 의미하지 않습니다. 우리말 '오래 참는다'로 번역된 헬라어 '마크로뒤메오 $\mu\alpha\kappa\rho o\theta\upsilon\mu\acute{\epsilon}\omega$'는 동사 '뒤오 $\theta\acute{\upsilon}\omega$'에서 파생되었는데, '희생하다' '제물로 바치다'라는 뜻입니다. 사랑이란 소극적인 인내를 뛰어넘어 적극적인 자기희생이며, 자신을 제물로 내어놓는 행위입니다. 구약시대의 제사를 생각해 보십시오. 사람들은 자신의 죄를 대속하기 위해 하나님께 소나 양을 제물로 바쳤습니다. 제물로 바친다는 것은 제물을 죽이는 것입니다. 소나 양이 제물로 희생당하는 대신 사람이 사는 것입니다. 그래서 사람들은 그 제사를 '희생 제사'라 불렀습니다. 사랑도 이와 똑같습니다. 이 세상에 태어난 자식은 부모의 희생으로 성장합니다. 누구든 나이가 들어서도 부모님 생각만 하면 가슴이 찡해지는 것은, 우리의 생명이 부모님의 희생 속에서 성장하고 보존되었기 때문입니다.

　누가는 자신이 사랑해야 할 데오빌로를 위하여 누가복음 24개 장과 사도행전 28개 장을 기록하였습니다. 총 52개 장에 이르는 장문의 글을 쓴 것입니다. 성경의 각 쪽이 2단으로 짜여 있는 것을 감안하면, 일반 도서의 경우로 따져 대략 100쪽에 이르는 긴 분량의 글을 데오빌로 단 한 사람을 위해 기록한 것입니다. 당시에는 문장의 첨가나 삭제를 쉽게 마음대로 할 수 있는 컴퓨터가 없었습니다. 편리한 필기도구도 없었습니다. 파피루스 줄기를 종과 횡으로 겹쳐 만든 갈대 종이에 새의 깃털로 글을 적었습니다. 그런 원시적인 방법으로 총 52개 장에 이르는 누가복음과 사도행전을 기록한다는 것은 자기희생 없이는 불가능한 일이었습니다. 누가는 데오빌로를 위하여 자신의 시간을, 육체를 기꺼이 희생하였습니다. 이유는 오직 한 가지, 주님 안에서 그를 사랑했기 때문입니다. 그 사랑의 열매가 누가복음과 사도행전이고, 주님께서는 주님 안에서 이루어진 그 사랑의 열매를 당신의 도구로 사용하신 것입니다. 기록이 중요하지만, 기록보다 사랑이 더 중요하다는 것은 이런 연유에서입니다.

　성경의 초점은 예수 그리스도이십니다. 그러나 이 땅에 오신 예수님께서는 당신의 손으로 단 한 줄의 글도 기록하신 적이 없습니다. 그 대신 주님께서는 당신 자신을 희생하셨습니다. 인간을 위해 당신 자신을 십자가의 제물로 내어놓으신 것입니다. 당신 생명의 한 부분이 아니라, 돌아가시기까지 당신 자신을 송두리째 희생하셨습니다. 인간을, 우리를, 사랑하셨기 때문에 죽음마저 마다하지 않으신 것입니다. 그래서 그분의 사랑은 우리를 살리는 생명과 구별되지 않습니다. 주님께서는 이 세상의 어떤 문자로도 단 한 줄의 기록조차 남기지 않으셨지만, 우리는 주님의 사랑을 생생히 알고 그 사랑에 힘입어 그 사랑을 본받으며 살기를 소망하고 있습니다. 주님께서는 당신의 사랑과 생명을 세상의 문자가 아닌, 바로 당신의 삶으로 인간의 심령에 기록해 주셨기 때문입니다. 사랑은 희생임을, 희생의 결과는 찬란한 부활임을, 결코 지워지지 않는 십자가의 죽음과 부활을 통한 당신의 삶으로 기록해 주셨습니다. 이처럼 주님께서 당신의 삶으로 친히 기록해 주신 구원의 역사를 인간이 인간의 문자로 되받아 쓴 것이 바로 성경입니다. 주님께서 당신 자신을 희생하는 삶으로 친히 기록해 주신 생명과 사랑의 내용이 없었던들, 성경은 더 이상 성경일 수 없을 것입니다.

인간의 삶도 마찬가지입니다. 인간이 남길 기록 가운데 가장 귀한 것은 자신의 삶으로 남기는 기록입니다. 삶의 기록이 뒷받침될 때만 문자의 기록 역시 생명을 지닐 수 있습니다. 우리가 의식하든 못하든 인간은 자신의 삶으로 실은 매일 무엇인가를 기록하며 살아갑니다. 개인마다 차이가 있다면 단지 그 기록이 무슨 기록이냐는 것뿐입니다. 잊지 말아야 할 것은, 자기희생을 꺼리는 크리스천은 어떤 경우에도 자신의 삶으로 사랑과 생명을 기록할 수 없다는 사실입니다. 사랑과 생명으로 기록될 수 없는 삶이 사도행전으로 승화될 수는 더더욱 없습니다.

해방되기 전 황해도 해주에 살던 한 여성이 서울로 유학, 이화여자대학 성악과를 고봉경 교수님의 제자로 졸업하였습니다. 독실한 크리스천이던 그녀는 졸업 후 해주로 돌아가 역시 크리스천인 남편과 결혼했는데, 해방과 동시에 남북이 분단되어 어쩔 수 없이 하나님을 부정하는 공산 치하에서 살아야 했습니다. 그녀가 39세가 되던 1960년대 초, 한 살 위인 남편은 예수쟁이란 이유로 반동으로 몰려 처형당했습니다. 그 후 아들 둘마저 처형당하면서 그녀가 겪은 고초는 이루 말할 수 없었습니다. 마침내 79세가 되던 2003년 겨울, 그녀는 신앙의 자유를 찾아 얼어붙은 두만강을 단신으로 건

넜습니다. 그리고 우여곡절 끝에 남한에 입국하여 우리 정부가 제공한 서울 공릉동의 임대아파트에서 쓸쓸한 노년을 보내고 있습니다. 그분은 자신이 북한에서 무려 50년 동안이나 체험한 공산주의를 단 한마디로 표현하였습니다.

"공산당은 사랑이 없어."

참으로 적절한 표현입니다. 다 같이 힘을 모아 생산하고, 생산한 것을 똑같이 분배하여 평등한 사회를 구현하자는 공산주의는 얼마나 이상적인 이론입니까? 그러나 그 속에 사랑이 있을 리 만무합니다. 본래 공산주의는 자신의 희생이 아니라 타인의 희생을 전제로 태동되었기 때문입니다. 그 결과 공산주의는 정치적 야망을 지닌 소수자들의 정치적 도구로 이용되어 수많은 사람에게 고통을 안겨 주었습니다. 자기희생이 수반되지 않는 이념은 그 내용이 이상적일수록 도리어 인간을 더욱 옥죄는 흉기가 될 뿐임을 공산주의 스스로 온 인류에게 입증해 주었습니다.

공산주의에 반하여 기독교는 공생주의共生主義라 할 수 있습니다. 생산의 결과에 상관없이 더불어 주님 안에서 서로 사랑하며 살자는 것입니다. 이것이 가능할 수 있는 것은 기독교는 처음부터 예수 그리스도 안에서 자기희생을 전제로 시작되었기 때문입니다. 그것이 공산주의와 같은 허구의 이념이 아니라 현실적으로 가능한 것임을 사도행전의 초대교회가 증명해 주었습니다. 초대교회 교인들은 자신의 시간과 물질, 인생을 희생해 가며 서로 사랑하였고, 그 결과 초대교회는 세상을 새롭게 하는 생명의 통로가 되었습니다. 생명이신 동시에 사랑이신 주님께서 그 교회를 당신의 도구로 삼아 친히 역사하셨기 때문입니다.

오래전부터 이 땅의 교회가 세상을 새롭게 하기는커녕 세상으로부터 비판의 대상이 된 것은, 자신들의 전매품인 것처럼 사랑을 외치는 교회를 향해 도리어 세상이 "교회에 사랑이 없어"라고 간단하게 부정해 버리는 것은, 교회를 이루는 우리 자신들이 사랑을 말하면서도 정작 자기희생은 꺼리기 때문입니다. 자기희생을 마다하는 한, 공산주의의 구호나 사랑과 공생을 역설하는 기독교의 주장이나 허황하기는 마찬가지입니다.

언제부턴가 교회에서 나눔이란 말이 유행하고 있습니다. 요즘은 기업도 여러 형태의 나눔에 앞장서는데, 나눔 그 자체는 사랑이 아닙니다. 자기 쓸 것 다 쓰고 남은 것을 나눈다면 처분일망정 사랑은 아닙니다. 자기희생을 결여한 나눔은 자선일 수 있으나 성경이 말하는 사랑일 수는 없습니다. 오늘날 그 어느 때보다도 교회에서 나눔이 강조되고 실행되고 있지만, 오히려 교회가 날로 생명과 멀어지는 것은 이와 무관하지 않습니다. 사랑은 오직 자기희생의 모판 위에서 생명의 열매로 거두어집니다.

크리스천들이 자기희생을 꺼리는 이유는 자기희생을 자기 소모로 잘못 인식하기 때문입니다. 희생에는 물론 자기 소모가 따릅니다. 그러나 사람을 사랑하기 위한 자기희생에 뒤따르는 자기 소모는 새로운 생명을 담는 그릇이 된다는 점을 알아야 합니다. 자식은 부모의 희생으로 성장한다고 했습니다. 부모의 생명이 소모되는 만큼 자식이 성장하는 것입니다. 그러나 자식을 위한 생명의 소모는 소모 자체로 끝나지 않습니다. 자식을 위해 자신을 소모하는 가운데 부모는 비로소 인간을, 그리고 인생의 참의미를 터득하게 됩니다. 한마디로, 설익은 생명의 소모를 통해 성숙한 생명을 되돌려 받는 것입니다. 주님 안에서 이루어지는 자기희생도 이와 같습니다. 주님 안에서 누군가를 사랑하기 위해 자기희생을 주저하지 않을 때, 그의 심령에는 자신이 치른 희생과는 비교도 할 수 없는 주님의 사랑과 생명이 흘러넘치게 됩니다. 주님 안에서 단 한 번이라도 진심으로 다른 사람을 사랑해 본 사람이 날이 갈수록 더 많은 사람을 사랑하게 되는 까닭이 여기에 있습니다.

주님 안에서의 자기희생이란 이처럼 자신의 심령을 온통 주님의 사랑과 생명으로 채우는 것을 의미합니다. 그래서 누가는 데오빌로 단 한 사람을 위해 파피루스에 새의 깃털로 원고지 수백 장에 이르는 장문의 편지를 써 보내는 자기희생을 꺼리지 않았고, 나아가 사도 바울과 함께 온 지중해 세계를 누비고 다니며 사람을 사랑하는 자기희생을 기꺼이 감수하였습니다. 그것은 주님과 타인만을 위한 것이 아니라, 바로 자기 생명의 가치를 극대화하는 길임을 누가는 분명히 깨달았기 때문입니다. 그가 데오빌로 한 사람을 사랑하기 위해 자기희생을 무릅쓰며 써 보낸 편지가 성경의 일부가 된 것은 결코 우연이 아니었습니다. 누가복음과 사도행전을 문자로 기록하기 전에, 그의 삶은 이미 주님 안에서 생명과 사랑의 기록으로 엮어지고 있었던 것입니다.

크리스천이란, 주님 안에서 자기 삶의 이력서를 문자가 아닌 삶으로 매일 기록해 가는 사람입니다. 문자로 기록하는 이력서는 얼마든지 위조할 수 있지만, 삶으로 기록하는 이력서는 위조나 변조가 불가능합니다. 그래서 주님께서 우리를 부르시는 날, 우리는 글자로 기록된 이력서가 아니라 우리의 삶으로 새겨진 이력서를 들고 주님 앞에 나아가게 됩니다. 우리가 아무리 많은 것을 지녔어도 이 세상을 떠날 때 가져갈 수 있는 것만이 진정한 의미의 재산이라면, 우리의 참된 재산은 주님 안에서 우리의 삶으로 기록된 이력서밖에 없습니다. 우리의 코끝에서 호흡이 멈추는 순간, 오직 그 이력서만 하나님 앞에 들고 갈 수 있습니다.

사랑하는 교우 여러분!

사람을 사랑하기 위한 자기희생을 두려워하지 마십시다. 아내 혹은 남편을 사랑하기 위해, 형제를 사랑하기 위해, 부모를 사랑하기 위해, 이웃을 사랑하기 위해, 조국을 사랑하기 위해, 인류를 사랑하기 위해, 마땅히 치러야 할 자기희생을 기꺼이 감수하십시다. 서로 사랑하라 명하신 주님의 명령을 좇기 위해 우리의 생명을 소모하여, 도리어 주님의 생명과 사랑으로 채움 받으십시다. 매일매일 주님 안에서 우리 자신의 삶으로 생명과 사랑의 이력서를 기록하십시다. 우리의 승부는 이 세상에서, 이 세상의 것으로 나지 않습니다. 우리의 승부는 오직 그날, 하나님 앞에서, 우리의 삶으로 기록한 이력서로 판가름날 것입니다.

주님! 이 세상을 떠날 때 우리가 지닌 것 가운데 과연 무엇을 가져갈 수 있겠습니까? 아무것도, 정말 아무것도 없습니다. 그날 우리가 가지고 가는 것은 우리의 삶으로 기록한 이력서뿐이요, 그것만이 진정한 우리의 재산임을 평생 잊지 말게 도와주십시오. 주님 안에서 사랑할 수밖에 없는 사람을 위하여 자신을 희생하기를 두려워하지 않도록 도와주십시오. 자기희생 없이는 이웃은 고사하고 가족조차 사랑할 수 없으며, 우리의 모든 외침은 공산주의의 구호처럼 허황할 뿐임을 명심하게 해주십시오. 주님 안에서 자기희생을 기꺼이 감수하는 우리의 심령에 주님의 생명과 사랑이 날로 흘러넘쳐, 우리의 삶이 어두운 세상을 살리는 이 시대의 사도행전이 되게 도와주십시오. 그래서 사람을 사랑하는 것이 곧 우리 생명의 가치를 극대화하는 것임을, 그보다 더 자신을 아끼는 길이 없음을, 우리 자신의 삶으로 날마다 확인하는 기쁨을 누리게 해주십시오. 아멘.

6. 데오빌로여

사도행전 1장 1-2절

데오빌로여 내가 먼저 쓴 글에는 무릇 예수께서 행하시며 가르치시기를 시작하심부터 그가 택하신 사도들에게 성령으로 명하시고 승천하신 날까지의 일을 기록하였노라

우리말은 어느 나라 말보다도 존댓말과 반말의 구분이 두드러집니다. 손윗사람에게 사용하는 존댓말과 아랫사람을 향한 반말의 구분이 확연합니다. 이와 같은 우리말의 이중 구조는 장점과 단점을 함께 지니고 있습니다. 누가 보아도 어른인 분을 높이고 존중하여 존댓말을 사용하는 것은 더없이 아름다운 예의입니다. 그러나 유치원에서 함께 뛰어놀던 아이들이 초등학교에 들어가면 상급생과 대화를 거의 단절하고 지냅니다. 상급생과 대화를 하려면 존댓말을 사용해야 하기 때문입니다. 중학교부터는 더욱 엄격해져 상급생에게 존댓말을 사용하지 않다가는 무슨 봉변을 당할지 모릅니다. 그

렇다고 상급생도 하급생에게 존댓말을 쓰는 것은 아닙니다. 상급생은 어른처럼 반말을 하고, 하급생만 꼬박꼬박 존댓말을 씁니다. 불과 12개월 이내의 시차로 인해 상급생과 하급생 사이에 존댓말과 반말이 확연하게 구분되다 보니, 한 살밖에 차이가 나지 않는 그들 사이에 마음을 털어놓는 대화가 가능할 리 없습니다. 결국 12년에 걸친 초등, 중등, 고등학교 생활 내내 우리 자녀들은 고작 자신과 같은 학년의 아이들하고만 사귀게 됩니다. 우리나라 청소년들이 상급생이나 하급생과 융합하지 못하고 유달리 또래끼리의 집단의식이 강한 것은 존댓말과 반말을 엄격하게 구별하는 우리말의 특징과 무관하지 않습니다.

이런 현상은 대학을 거쳐 사회생활까지 그대로 연장되고 있습니다. 며칠 전 텔레비전을 통해 연예인 박수홍 씨의 재미있는 이야기를 들었습니다. 누군지 기억조차 나지 않는 사람이 다가와 반갑게 손을 내밀며 인사를 건넬 때, 박수홍 씨는 자기 역시 무척 반갑다는 표정으로 상대의 손을 잡고 "아이고, 이게……" "아이고, 얼마 만인지……" 하고 계속 '아이고'만 연발하면서 뒷말은 얼버무린다고 합니다. 이유인즉 상대가 존댓말을 써야 하는 손윗사람인지, 아니면 반말을 해도 좋은 아랫사람인지 모르기 때문이랍니다. 비단 박수홍 씨뿐만 아니라 실은 대부분의 한국인이 이와 같습니다. 일반적으로 한국인은 처음 보는 사람을 만날 때, 자신도 모르게 상대와 자신의 높낮이를 먼저 따집니다. 그래서 상대의 직위나 나이가 자신보다 높으면 존댓말을 사용하고, 반대의 경우엔 자기 편한 대로 말을 합니다.

이와 같은 언어문화는 결과적으로 수직적인 인간관계를 초래, 사람과 사람 사이의 진정한 대화와 사귐을 가로막는 장애가 됩니다. 미국 백악관의 비서관들은 나이에 상관없이, 그들의 상관인 대통령과 경어와 반말의 구분 없이 대화를 나눕니다. 그에 반해 우리나라 청와대 비서관들은 대통령에게 깍듯이 존댓말을 하고, 대통령은 수하인 비서관들에게 편하게 말을 합니다. 이런 언어 구조에서 대통령과 비서관 사이에 과연 격의 없는 대화와 토론이 가능할까요? 형식상으로는 대화와 토론의 모양새를 지니겠지만 대통령의 일방적인 지시로 끝나기가 쉽습니다. 기업체의 경우도 사정은 대동소이합니다. 대부분의 가정에서 부모와 자식 사이의 대화가 원활하지 못한 이유도 여기에 있습니다. 자식과 부모가 사용하는 말이 존댓말과 반말로 확연하게 구분되는 상황에서 부모는 무의식중에 무엇이든 자식에게 명령하게 됩니다. 자식을 자신과 같은 하나의 인격체로 존중하기보다 수직적 관계에서 자기 명령의 대상자로 여기는 것입니다. 이런 구조에서는 자식이 자신의 의사를 부모에게 100퍼센트 털어놓을 수도 없고, 설령 털어놓는다 한들 부모가 받아들이려 하지도 않습니다. 그 결과 어느 시점부터 부모와 자식 사이에 의례적인 인사말을 제외하고 진정한 의미의 대화는 실종되고 맙니다.

우리 사회가 모든 면에 걸쳐 수직적 인간관계로 이루어져 있는 것은 여러 가지 요인이 작용하겠지만, 우리말이 이중 구조로 이루어진 결과이기도 합니다. 그렇다면 우리가 주님의 몸 된 교회에서 한 지체가 된다는 것, 크리스천으로 서로 사랑한다는 것은 우리도 모르게 익숙해진 수직적 인간관계를 극복하는 것임을 알게 됩니다. 비록 직위와 직책, 그리고 연령상 현격한 차이가 있다 해도 역할의 무겁고 가벼움을 떠나 상대를 자신과 동등한 인격체로 존중할 경우에만 진정한 의미의 사랑과 대화가 가능합니다.

이 시간 사도행전 1장 1-2절을 통해 마지막으로 생각해 보고자 하는 것은, 누가가 본문에서 사도행전의 수신자로 직접 거명한 데오빌로에 관해서입니다. 데오빌로는 사도행전뿐 아니라 누가복음의 수신자이기도 했습니다.

우리 중에 이루어진 사실에 대하여 처음부터 목격자와 말씀의 일꾼 된 자들이 전하여 준 그대로 내력을 저술하려고 붓을 든 사람이 많은지라 그 모든 일을 근원부터 자세히 미루어 살핀 나도 데오빌로 각하에게 차례대로 써 보내는 것이 좋은 줄 알았노니 이는 각하가 알고 있는 바를 더 확실하게 하려 함이로라(눅 1:1-4).

누가는 사도행전과 마찬가지로 누가복음의 벽두에서도 수신자가 데오빌로임을 밝혔습니다. 그러나 사도행전에 앞서 기록된 누가복음에서 데오빌로에 대한 호칭과 사도행전에서의 호칭이 동일하지 않음을 알 수 있습니다. 누가복음에서는 '데오빌로 각하'라 부른 데 반해 사도행전에서는 각하의 호칭을 생략하고 그냥 '데오빌로'라고 부르고 있습니다. 우리말 '각하'로 번역된 헬라어 '크라티스토스 $κράτιστος$'는 '가장 고귀한 사람'이라는 의미로, 당시 로마제국에서 총독 이상의 고위 관리에게만 쓰이던 호칭입니다. 그래서 신약성경에서도 데오빌로를 제외하면, 벨릭스 총독과 베스도 총독에게만 이 호칭이 사용되었습니다. 2천 년 전 로마제국은 철저한 계급사회 즉 수직적 사회였고, 식민지 백성이던 유대인들에게 로마제국 총독 이상의 고위 관리는 하늘만큼 지체 높은 사람이었습니다. 유대인인 누가가 누가복음에서 데오빌로를 각하라 불렀다는 것은 두 사람이 도저히 동등해질 수 없는 수직 관계였음을 의미합니다. 그런데 사도행전에서는 그 지체 높은 데오빌로를, 각하란 존칭 없이 다정한 친구 부르듯 그냥 데오빌로라 호칭하며 사도행전의 막을 올리고 있습니다.

이것은 누가복음에 의해 예수 그리스도를 믿게 된 데오빌로와 누가 사이의 수직적 관계가 극복되었음을 일깨워 줍니다. 아랫사람은 윗사람과의 수직적 관계를 허물 수 없습니다. 아랫사람이 일방적으로 수직적 관계를 허물려 하면 그것은 하극상에 지나지 않습니다. 수직적 관계는 오직 윗사람에 의해 극복됩니다. 유대인인 누가가 고위 관리 데오빌로를 친구처럼 다정하게 부를 수 있었던 것은, 주님을 믿게 된 데오빌로 스스로 자신과 누가를 대등한 반열에 두었기 때문입니다. 그렇지 않았다면 누가는 사도행전에서도 데오빌로를 각하라 불러야 했을 것입니다. 데오빌로가 누가를 친구 혹은 형제로 받아들인 것이 자신의 직위 혹은 직책을 포기한 것을 뜻하지는 않습니다. 그는 변함없이 로마제국의 고위 관리였지만, 그리스도 안에서 그의 인간관계와 직책의 의미가 새로워진 것입니다.

복음을 전하는 복음서에서 각하라 불린 데오빌로가, 교회의 역사를 밝혀 주는 사도행전에서는 그냥 데오빌로라 불렸습니다. 이것은, 복음은 지체 높은 사람에게도 전해져야 하지만, 교회는 교회를 이루는 사람들이 신분의 고하를 막론하고 수직적 인간관계를 뛰어넘어 그리스도 안에서 대등한 지체가 되어야 함을 일러 줍니다. 데오빌로라는 이름은 '하나님'을 뜻하는 헬라어 '데오스 θεός'와 '사랑' 혹은 '친구'를 의미하는 '휠로스 φίλος'의 합성어입니다. 직역하면 '하나님을 사랑하는 사람' 또는 '하나님의 사랑을 입은 사람' 또는 '하나님의 친구'가 됩니다. 자신의 지위 고하를 막론하고 수직적 인간관계를 극복, 모든 사람을 자신과 대등한 인격체로 대하고 존중하는 것이 하나님을 사랑하고 하나님의 사랑을 입은 것인 동시에 하나님의 친구가 됨을 데오빌로라는 이름이 역설해 주고 있습니다. 그와 같은 사람들만이 세상과는 달리, 그리스도 안에서 서로 사랑하는 진정한 하나님의 교회를 이룰 수 있기 때문입니다. 수직적 인간관계를 극복하지 않고는 사랑의 공동체인 교회는 가능할 수 없습니다.

바울 사도는 로마 교회(롬 16:16), 고린도 교회(고전 16:20; 고후 13:11), 데살

로니가 교회(살전 5:26)에 편지를 쓰면서 "거룩하게 입맞춤으로 서로 문안할 것"을 명했습니다. 베드로 사도 역시 그의 편지에서 "너희는 사랑의 입맞춤으로 서로 문안하라"(벧전 5:14)는 명령을 빠뜨리지 않았습니다. 계급사회이던 당시, 상류사회의 인사법은 서로 입을 맞추는 것이었습니다. 그러나 그것은 그들 간의 인사법일 뿐, 지위가 낮은 사람과는 입을 맞추어 인사하지 않았습니다. 신분이 비천한 사람들은 지체 높은 사람의 손등이나 발등에 입을 맞추는 것으로 인사를 대신하였습니다. 바로 그와 같은 세상의 인사법이 교회에까지 이어졌습니다. 교회에서 지체 높은 사람들은 자기들끼리만 서로 입 맞추어 인사할 뿐, 신분이 낮은 사람은 거들떠보지도 않았습니다. 바울과 베드로는 그 잘못을 지적하면서, 지위가 낮은 사람과도 격식을 갖추어 거룩하게 입맞춤으로 인사할 것을 명령하였습니다. 한마디로 수직적 인간관계를 극복할 것을 명한 것입니다. 수직적 인간관계의 극복 없이는 교회나 세상 조직이나 다를 바가 전혀 없기 때문입니다.

요즈음 우리는 수요 성경 공부 시간에 고린도전서를 배우고 있습니다. 바울은 고린도전서 1장 9절에서 하나님의 미쁘심, 다시 말해 하나님의 신실하심을 이렇게 증언하였습니다.

> 너희를 불러 그의 아들 예수 그리스도 우리 주와 더불어 교제하게 하시는 하나님은 미쁘시도다.

하나님께서는 우리 각자를 부르셔서 당신의 아들이신 예수 그리스도와 교제하게 해주셨습니다. 세상 부모는 자식들에게 항상 "너보다 나은 친구를 사귀라"고 권합니다. 행여 수준 미달이라 여겨지는 친구를 사귈 경우에는 부모가 가차 없이 자식을 나무랍니다. 그러나 하나님께서는 형편없는 죄인인 우리로 하여금 당신의 아들과 교제토록 해주셨습니다. 혹 형편없는 친구를 거두어 주라고 자식에게 권하는 부모가 세상에 있다고 해도, 부모의 그런 요청에 순순히 응할 자식이 몇 명이나 있겠습니까? 하지만 예수 그리스도께서는 하나님 아버지의 요청에 전적으로 순종하여 우리 같은 죄인을 당신의 친구로 삼아 주셨습니다. 또한 자식에게 수준 미달의 친구를 긍휼히 여기기를 권하는 부모일지라도, 자식이 그 수준 미달의 친구를 평생 동업자로 삼는 것은 결코 원치 않을 것입니다. 만약 그런 경우가 발생한다면 부모는 만사를 제쳐 놓고, 저런 친구와 동업해서는 안 된다고 자식을 만류하고 나설 것입니다. 그러나 하나님 아버지께서는 이와 정반대셨습니다. 바울은 하나님께서 우리를 부르시고 당신의 아들과 교제하게 하셨다고 말하면서 '교제'라는 단어를 헬라어 '코이노니아 κοινωνία'로 표기하였는데, 이 단어는 동역자를 뜻하는 '코이노노스 κοινωνός'에서 유래했습니다. 즉 하나님께서는 미천한 우리를 당신의 아들 예수 그리스도와 단순히 교제하는 차원을 넘어 평생 예수 그리스도의 동역자로 살게 해주신 것입니다. 그리고 예수님께서는 하나님의 그 명령에 순종하여 우리를 당신의 동역자로 삼아 주셨습니다.

한마디로 하나님께서는 하나님과 인간 사이의 수직적 관계를 주님 안에서 수평적 관계로 바꾸어 주셨습니다. 우리가 어떤 상황에서도 절망하지 않고 꿋꿋하게 크리스천으로 살아갈 수 있는 것은, 우리 같은 미물을 당신과 대등한 관계로 대해 주시고 주님의 동역자로 삼아 주신 하나님의 신실하심을 믿기 때문입니다.

하나님과 우리 사이의 수직적 관계를 허물어 주신 하나님의 신실하심을 진정으로 믿는다면, 그 은혜에 대한 우리의 보답은 두말할 것도 없이 사람 사이의 수직적 관계를 극복하는 것으로 나타나야 합니다. 그것만이 우리가 진정한 사랑의 공동체인 교회를 스스로 이룰 수 있는 길입니다.

그러나 서두에서 말씀드렸다시피, 우리 한국인의 의식에 깊이 뿌리내리고 있는 수직적 인간관계가 한국 교회 내에서도 그대로 답습되고 있음은 심히 안타까운 현실입니다. 교회의 직분은 곧 계급이라는 그릇된 인식이 만연되어 있는 것입니다. 거의 모든 크리스천이 교회의 직분은 봉사를 위한 직분이라고 말하면서도, 실제로는 일반 교인보다 서리집사가 높고, 서리집사보다 안수집사가 높으며, 안수집사보다 장로와 목사가 더 높다는 식의 계급으로 받아들이고 있습니다. 그 결과 교인 관계는 대등한 수평적 관계가 아닌 수직적 관계로 경직되어 있습니다. 가톨릭의 하이어라키 hierarchy 즉 철저한 계급제도에 맞서, 모든 사람이 하나님 앞에서 동등한 제사장임을 주창하며 태동된 개신교가 유독 한국에서만은 계급제도의 덫에 빠져 있습니다.

16세기 제네바에서 꽃 피운 장 칼뱅의 종교개혁이 유럽 사람들에게는 주로 교회와 사회를 새롭게 개혁하는 성경적 이념으로 받아들여졌습니다. 따라서 그곳 교인들은 자신들의 교회를 스스로 '개혁교회'라 불렀고, 교회가 지속적인 개혁을 지향하는 만큼 교회의 직분이 계급화될 여지는 적었습니다. 그러나 제네바에서 칼뱅을 돕던 스코틀랜드의 존 녹스는 칼뱅의 개혁교회를 사람의 조직으로 받아들여 스코틀랜드로 돌아가 장로교회를 만들었고, 그 장로교회가 미국으로 건너갔습니다. 장로교회가 교회를 사람의 조직으로 간주했다는 것은 처음부터 교회의 직분이 계급으로 오인될 소지가 있었음을 의미합니다.

그 결과 미국에서 장로교회는 침례교나 감리교에 비해 별로 각광을 받지 못했습니다. 한번 선출된 교인의 대표가 평생 중요한 직분의 영향력을 행사한다는 것은 자유분방한 미국인들로서는 받아들이기 어려웠기 때문입니다. 그래서 오늘날 미국 장로교회의 장로 피선거권은 19세부터 90세까지 주어지고 있습니다. 이를테면 10대를 대표하는 장로가 있는가 하면 90대를 대표하는 장로도 있을 수 있습니다. 전 교인 투표로 선출된 장로는 3년을 시무한 뒤 다시 전 교인 투표를 거쳐 3년을 더 봉사할 수 있고, 6년을 봉사한 뒤엔 반드시 1년을 쉬어야 합니다. 그리고 1년 후 장로로 재봉사하기 위해서는 또다시 전 교인의 투표를 거쳐야 합니다. 하지만 대부분의 경우 당사자가 6년 이상의 봉사를 원치 않고, 3년의 봉사로 끝나는 경우가 허다합니다. 우리나라와 달리 일단 장로로 선출되면 교인을 심방하고, 성경을 가르치고, 교인들의 상담에 응해야 하는 등 사회인으로서 장로직을 수행하기가 여간 힘들지 않기 때문입니다. 이처럼 미국 장로교회는 장로 직분이 10대에서 90대까지 각 연령과 직능을 대표하는 봉사 직분일 뿐 계급이 아님을 분명히 하고 있습니다. 이것은 유럽의 개신교회도 마찬가지입니다. 목사도 전횡을 일삼지 못하도록 목사에 대한 제도적인 견제 장치가 있음은 물론입니다.

그러나 120년 전 미국에서 한국으로 건너온 장로 제도는 한국의 가부장적 제도 및 한국 특유의 수직적 인간관계와 접목되면서 철저한 계급제도로 변질되었습니다. 목사를 포함한 장로를 계급으로 여겼기에 장로에 이르기 위한 과정으로 간주된 서리집사와 안수집사도 계급이 되었고, 성경은 말할 것도 없고 세계 어느 나라에서도 찾아볼 수 없는 권사 직분은 결과적으로 여성을 위한 계급이 되었습니다. 세계 개신교회 중에서 한국 교회만 유독, 시대착오적이며 벌써 용도 폐기해야 했을 낡은 옷을 그대로 입고 있는 것입니다. 오늘날 한국 개신교회의 모든 문제는 따지고 보면, 봉사를 위한 직분이 수직화되고 계급화된 이 낡은 옷에서 초래되고 있습니다. 수직적이고 계급화된 인간관계에서는 참된 사랑이나 봉사가 불가능하고, 그것이 불가능하다면 사람 수가 아무리 많아도 참된 교회를 이룰 수 없습니다.

그렇다면 오늘날 한국 교회 개혁의 궁극적 목표가 무엇이어야 하는지 명백해집니다. 그것은 교회의 수직적 인간관계와 그릇된 계급제도를 극복하는 새로운 옷을 입는 것입니다. 지금처럼 계속 낡은 옷을 입고는, 우리 같은 더러운 죄인을 불러 예수 그리스도와 교제하고 동역하게 하신 하나님의 교회가 될 수 없습니다.

작년에 집권 여당의 원내대표였던 의원이 아파트 분양 원가 공개를 놓고 대통령과 의견이 엇갈리자, 대통령에게 "계급장을 떼고 이야기하자"고 공개 발언하여 구설수에 오른 적이 있습니다. 그것은 어느 모로 보나 여당 원내대표로서 부적절한 발언이었습니다. 그러나 교회에서는 세상의 계급장이든, 그릇된 교회 직분의 계급장이든, 어떤 형태로든 계급장을 떼지 않으면 안 됩니다. 데오빌로가 자신의 각하 계급장을 내려놓고 식민지 백성인 누가와 대등한 관계를 맺는 것으로 사도행전이 시작되듯이, 로마 교회와 고린도 교회 교인들이 자신들의 계급을 의식하지 않고 노예와도 거룩하게 입맞춤으로써 비로소 진정한 교회가 되었듯, 참된 교회는 그 교회를 이루는 사람들이 주님 안에서 각자의 계급장을 내려놓고 수직적 인간관계를 극복하는 것으로 시작됩니다.

100주년기념교회의 사명이 선교 200주년을 향해 선교 100년의 바통을 이어 주는 것이라면, 그 바통은 이미 시효가 지난 낡은 옷을 벗어던지고 한국 교회의 미래에 필요한 새로운 옷을 전해 주는 것으로 드러나야 합니다. 그것은 어느 교단에도 소속되지 않고 초교파 교회로 발족된 우리 교회가 감당해야 할 시대적 사명입니다. 우리 모두 교회 안에서 모든 형태의 계급장을 내려놓으십시다. 주님 안에서 수직적 인간관계를 매일 극복해 가십시다. 그리스도 안에서 다 같은 하나님의 자녀로 진심으로 서로 사랑하며 살아가십시다. 본래의 의미를 상실한 채 이미 교회 계급으로 전락한 기존 직분 제도의 답습 대신, 우리가 서로 어떻게 부르는 것이 교회의 본질에 가장 합당

한 성경적 호칭일지 다 같이 고민해 보십시다. 교회의 봉사 직분이 어떤 경우에도 수직화되거나 계급으로 전락하지 않을 새로운 제도의 옷, 선교 200주년을 향해 물려줄 그 옷이 어떤 형태여야 할지 함께 연구해 보십시다. 그 옷을 우리가 먼저 입고 이 시대의 사도행전을 기록해 가십시다. 그때 우리는 하나님을 진정으로 사랑하는 데오빌로가 될 것이요, 하나님의 사랑을 입는 데오빌로가 될 것이며, 우리를 불러 예수 그리스도와 동역하게 하신 하나님의 진정한 친구 데오빌로가 될 것입니다.

데오빌로가 복음을 접할 때에는 데오빌로 각하였습니다. 그러나 그가 복음을 믿고 난 뒤엔 자신의 계급장을 내려놓음으로 누가와 더불어 사도행전의 막을 여는 참된 교회일 수 있었고, 하나님을 사랑하고 하나님의 사랑을 입는 새로운 데오빌로가 되었습니다.
주님! 이 시간 우리 역시 주님 앞에 모든 형태의 계급장을 내려놓습니다. 우리를 동역자 삼아 주신 주님 안에서 우리 모두 수직적 인간관계를 극복하게 도와주십시오. 이미 시효가 지난 낡은 제도의 옷을 벗어 버리고, 선교 200주년을 내다보며, 한국 교회에 꼭 필요한 새 옷을 지을 수 있는 지혜를 내려 주십시오. 우리 모두 한국 교회 행전의 새로운 장을 여는, 이 시대의 데오빌로로 살아가기에 필요한 은혜를 날마다 베풀어 주십시오. 아멘.

7. 살아 계심을 나타내사

사도행전 1장 3-5절

그가 고난받으신 후에 또한 그들에게 확실한 많은 증거로 친히 **살아 계심을 나타내사** 사십 일 동안 그들에게 보이시며 하나님 나라의 일을 말씀하시니라 사도와 함께 모이사 그들에게 분부하여 이르시되 예루살렘을 떠나지 말고 내게서 들은 바 아버지께서 약속하신 것을 기다리라 요한은 물로 세례를 베풀었으나 너희는 몇 날이 못 되어 성령으로 세례를 받으리라 하셨느니라

누가는 자신이 데오빌로에게 먼저 써 보낸 누가복음을 상기시키는 것으로 사도행전의 막을 올리면서, 누가복음의 핵심인 예수 그리스도의 생애를 다섯 개의 동사로 표현하였습니다. 그 마지막 동사가 '승천하셨다'인데, 이 단어에 주님께서 이루신 십자가의 죽음과 부활이 포함되어 있다고 했습니다. 누가는 본문 3절을 통해 그 사실을 재확인해 주고 있습니다.

그가 고난받으신 후에 또한 그들에게 확실한 많은 증거로 친히 살아 계

심을 나타내사 사십 일 동안 그들에게 보이시며 하나님 나라의 일을 말씀하시니라.

누가는 이 구절을 통하여 누가복음의 궁극적 목적이 예수님의 부활을 전하는 데 있음을 분명하게 밝히고 있습니다.

누가복음은 총 24개 장으로 이루어져 있습니다. 그중에서 주님의 부활에 대한 증언은 누가복음 마지막 장인 24장에만 나타나 있습니다. 주님의 부활과 부활 이후 제자들에게 당신의 살아 계심을 나타내 보이신 내용이 24장 단 한 장에만 기록되어 있는 것입니다. 그 한 장은 누가복음 전체의 24분의 1에 지나지 않습니다. 그러나 누가가 누가복음을 기록한 진정한 이유가 바로 그 한 장에 있습니다. 즉, 누가복음 1장부터 23장까지는 그 마지막 한 장을 위하여 존재하는 것입니다. 만약 마지막 24장이 빠져 있다면 누가복음의 존재 이유가 없고, 설령 존재하더라도 우리 믿음의 대상도 복음도 될 수 없습니다. 예수님의 부활이 없었다면 우리가 예수님을 구원자로 믿어야 할 까닭도, 2천 년 전 지구 반대편에서 죽은 한 인간에 대한 기록을 우리가 복음으로 받아들일 이유도 없습니다. 이런 의미에서 누가가 주님의 부활에 대한 증언으로 누가복음의 막을 내린 것은 너무나도 타당했습니다. 복음서의 핵심이자 결론이 주님의 부활이기 때문입니다.

그런데 예수님의 부활로 누가복음을 끝낸 누가는, 교회의 역사와 주님을 믿는 사람들의 행적을 밝혀 주는 사도행전의 벽두에서 또다시 예수님의 부활을 강조함으로써 본격적으로 본문을 전개하고 있습니다. 이 또한 얼마나 중요한 메시지입니까? 사도행전은 예수 그리스도의 부활을 믿는 것에서 시작합니다. 교회의 존재 이유도, 우리가 주님의 행하심과 가르치심을 좇고 주님께 택함 받은 사도답게 살아가야 할 단 하나의 이유도 주님께서 부활하셨기 때문입니다.

예수님께서 부활하셨다는 것은 누가의 개인적인 혹은 주관적인 신념이 아닙니다. 누가는 오늘 본문을 통해 '주님께서 확실한 많은 증거로 친히 살아 계심을 나타내 보이셨음'을 밝혀 주고 있습니다. 예수 부활에 대한 믿음의 동기가 인간에게 있는 것이 아니라, 부활하신 주님께 있음을 분명히 한 것입니다. 그리고 그 구체적인 예를 누가복음 24장에 소상하게 기록하였습니다. 부활하신 주님께서는 엠마오로 가는 두 제자에게 나타나셨고, 주님의 부활을 믿지 못한 채 마가의 다락방에 숨어 두려움에 떠는 제자들을 찾아오셨고, 부활을 의심하는 제자에게는 못 자국이 선명한 당신의 손과 발을 직접 확인시켜 주셨을 뿐 아니라, 제자들과 식사를 나누며 유훈의 말씀을 남기셨습니다. 그 모든 것은 누가의 표현대로, 제자들에게 주님께서 친히 보여 주신 확고부동한 부활의 증거였습니다.

지금은 고인故人이 되었습니다만, 세계적인 명성을 누린 일본의 소설가 엔도 슈사쿠의 작품 중에 《예수의 생애》와 《그리스도의 탄생》이 있습니다. 잘 아시다시피 '예수'라는 이름은 2천 년 전 인간의 육신을 입고 이 땅에 오신 주님의 히브리식 이름이고, '그리스도'는 '구원자'를 뜻하는 히브리어 '메시아'를 헬라어로 표기한 것입니다. 우리가 주님을 가리켜 예수 그리스도라 부르는 것은, 이 땅에 오신 예수님께서 곧 하나님의 독생자 그리스도이심을 믿는 까닭입니다. 그렇다면 작품 제목이 '예수의 생애'와 '그리스도의 탄생'이 아니라, '예수의 탄생'과 '그리스도의 생애'라 해야 타당할 것 같습니다. 주님께서 그리스도의 공생애를 시작하시기 전에 인간 예수님의 탄생이 선행되었기 때문입니다. 그런데도 엔도 슈사쿠가 굳이 '탄생'과 '생애'의 순서를 바꾸어 '예수의 생애'와 '그리스도의 탄생'이라 한 데는 그럴

만한 이유가 있습니다.

독실한 가톨릭 신자이던 엔도 슈사쿠에게는 평소 지울 수 없는 두 가지 의문이 있었습니다. 예수님에 대한 복음서의 증언을 아무리 읽어 봐도 기적의 이야기를 제외한다면, 예수님은 예수님의 동시대 혹은 그 이전의 선지자나 랍비와 큰 차이가 없어 보였습니다. 예수님과 같은 가르침을 설파한 랍비를 성경에서 만나기란 그리 어려운 일이 아니었습니다. 게다가 예수님은 당신의 죽음 앞에서 너무나도 무력했습니다. 엔도 슈사쿠의 표현을 빌리자면, 예수님은 마치 개처럼 끌려가 봄볕이 내리쬐는 골고다 언덕에서 비참하게 죽었을 따름입니다. 현세에서 그토록 무력한 생애를 살았을 뿐인 예수님이, 돌아가신 뒤에 어떻게 사람들에게 하나님의 아들로, 인류의 구원자로 받아들여질 수 있느냐는 것이 첫 번째 질문이었습니다.

두 번째 질문은 예수님의 제자들에 관한 것이었습니다. 제자들은 비겁하고 겁쟁이였습니다. 그들은 예수님이 체포되자마자 예수님을 배반했고, 혹 자신들에게 가해질지도 모를 핍박에 지레 겁을 먹고 십자가에 못박히신 예수님을 버리고 도망친 그런 같잖은 인간들이었습니다. 그 한심한 인간들이 예수님께서 돌아가신 뒤에 도리어 예수님을 위해 자신들의 목숨을 어떻게 바칠 수 있었는가? 상식적으로 볼 때 상대가 살아 있을 때 배신한 자라면 상대가 죽은 뒤엔 아예 외면하는 것이 인지상정입니다. 그런데 그 비겁한 배신자들이 대체 무슨 까닭으로 예수님 사후 예수님을 향한 그토록 강렬한 신앙의 소유자가 되었는가?

이 두 질문에 대한 해답을 엔도 슈사쿠는 바로 예수님의 부활에서 찾았습니다. 예수 부활이 아니고는 결코 설명할 수 없는 일들이었습니다. 무력하게 돌아가신 예수님이 그리스도가 될 수 있었던 것도, 비겁한 제자들이 주님을 위해 그들의 목숨을 던질 수 있었던 것도, 모두 예수님의 부활로 인함이었습니다. 그래서 엔도 슈사쿠는 자신의 작품명을 '예수의 생애'와 '그리스도의 탄생'이라고 했습니다. 예수님이 당신의 생애 마지막에 보여 준 부활을 믿는 사람에게만 예수님이 그리스도일 수 있다는 의미에서입니다.

부활하신 예수님을 만난 제자들은 그 이후 예수 부활을 증언하는 데 전 생애를 걸었습니다. 그 대가로 그들에게 주어진 것은 세상의 권세나 영광 혹은 부가 결코 아니었습니다. 원형극장에서 사자 밥이 되거나 참수형 혹은 화형을 당하는 것이었습니다. 하지만 그들은 개의치 않았습니다. 그들은 죽음을 두려워하지 않고 주님께서 다시 사셨다고, 예수님께서 부활하셨다고 한결같이 외치며 죽어 갔습니다. 그들은 모두 부활하신 예수님을 진짜 만난 것입니다. 부활하신 주님을 통해 그들이 알던 예수님이 진짜 성자 하나님, 진짜 그리스도이심을 두 눈으로 생생하게 확인한 것입니다. 이렇듯 죽음마저 두려워하지 않는 제자들의 증언 위에 교회가 세워지고, 예수 부활로 인해 그들은 진정한 사도로 탄생할 수 있었습니다. 교회의 역사와 사도들의 행적을 밝혀 주는 사도행전의 첫머리에 누가가 예수님의 부활을 재강조한 까닭이 여기에 있습니다.

희한한 사실은 누가가 이처럼 예수 부활의 중요성을 강조하면서도 본문에서 정작 '부활'이라는 단어를 사용하지는 않았다는 점입니다. 그는 '고난받으신 후에 친히 살아 계심을 나타내사'라는 표현으로 대신하였습니다. 예수 부활을 증언한 누가복음 24장에서도 마찬가지입니다. 누가복음을 기록한 궁극적 목적이 예수 부활의 증언에 있고 그 증언이 24장 한 장에 기록되어 있지만, 거기에도 '부활'이란 단어는 등장하지 않습니다. 이것은 다른 복음서에서도 동일합니다. 복음서 기자들이 예수님에 대해 진정한 의미에서 '부활'을 뜻하는 헬라어 '아나스타시스 ἀνάστασις'를 사용한 적은 단 한 번도 없었습니다. 우리말 개역 성경의 마태복음 27장 53절에 "예수의 부활"이라는 번역이 등장하지만, 우리말 '부활'로 번역된 헬라어 '에게르시스^{ἔγερσις}'는 '자리에서 일어나다'라는 의미로 본래 의미의 부활과는 다른 단어입니다. '죽었다가 다시 살아나다'라는 의미의 부활을 가리키는 헬라어 '아나스타시스'는 사복음서에서 이를테면 "부활이 없다 하는 사두개인들" 하는 식의 일반적 용례로만 단 몇 차례, 그리고 요한복음 11장 25절에서 주님께서 "나는 부활"이라고 당신을 친히 소개하실 때 사용되었을 뿐입니다. 대체 그 이유가 무엇일까요?

  2천 년 전 헬라어를 사용하던 사람들이 '부활'이란 단어에 대해 지니고 있던 보편적 인식 때문이었습니다. 당시 사람들이 부활을 언급하는 것은 두 가지 경우뿐이었습니다. 첫 번째는 부활은 절대로 없다는 의미에서, 두 번째는 부활이란 현실과는 동떨어진 신화나 전설 속 이야기라는 인식에서였습니다. 죽어서 이미 무덤에 장사 지낸 시체가 다시 살아날 수 있다고는 아무도 믿지 않았습니다. 그런 상황에서 복음서 기자들이 부활이란 단어를 사용할 경우, 사람들이 그 부활의 의미를 복음서 기자들이 의도한 바대로 받아들일 리가 없었습니다. 필경 사람들은 제자들이 말하는 부활을 거짓말이나 허황한 신화로 받아들였을 것입니다. 이것이 복음서 기자들이 복음서에서 예수님에 대해 부활이란 단어를 사용하지 않은 이유였습니다. 대신 예수님의 부활을 다른 식으로 표현하였습니다.

  주님께서 십자가에 못박혀 돌아가신 지 사흘째 되는 날 새벽, 여인들이 주님의 무덤을 찾아갔을 때 무덤은 이미 비어 있었습니다. 그 사실을 확인하고 두려움과 근심에 사로잡힌 여인들에게 천사가 이른 말은 다음과 같습니다.

    어찌하여 살아 있는 자를 죽은 자 가운데서 찾느냐 여기 계시지 않고 살아나셨느니라(눅 24:5하-6상).

　누가는 예수님의 부활을 '죽은 자 가운데서 살아나신 것'으로 표현하였습니다. 같은 장면에 대한 마태복음의 기록은 보다 명료합니다.

　그가 여기 계시지 않고 그가 말씀하시던 대로 살아나셨느니라 와서 그가 누우셨던 곳을 보라 또 빨리 가서 그의 제자들에게 이르되 그가 죽은 자 가운데서 살아나셨고 너희보다 먼저 갈릴리로 가시나니 거기서 너희가 뵈오리라 하라(마 28:6-7상).

　그런가 하면 요한복음 20장 9절과 21장 14절 역시 주님의 부활을 "죽은 자 가운데서 살아나신" 것으로 동일하게 표현하였습니다. 우리말 '죽은 자'로 번역된 헬라어 '네크로스 νεκρός'의 본뜻은 '시체'입니다. 즉 복음서 기자들은 예수님의 부활을 '시체 가운데서 살아나신' 것으로 표현한 것입니다. 예수님의 부활이 당시 헬라어 '부활'에 대한 사람들의 보편적 인식처럼 황당한 거짓말이나 허황한 신화가 아니라, 또는 예수님께서 가사假死 상태에 빠졌다가 의식을 회복하신 것이 아니라, 못박힌 예수님께서 실제로 돌아가신 뒤 시신의 상태에서 살아나셨음을 그 누구도 오해할 수 없게끔 정확하게 증언하려 한 것입니다.
　그래서 누가는 오늘의 본문에서도 주님의 부활을, '고난받으신 후에 친히 살아 계심을 나타내샤'로 기록하였습니다. '고난받으셨다'는 헬라어 '파스코 πάσχω'가 '돌아가시어 시신이 되셨다'는 의미의 또 다른 표현임은 두말할 나위가 없습니다. 여기서 우리는 이런 표현과 더불어 사도행전을 본격적으로 전개하는 누가의 의도를 간파할 수 있습니다. 주님의 부활을 단지 상징적 의미 혹은 추상적 개념이나 이론으로 받아들이는 사람은 사도행전의 사람이 될 수 없다는 것입니다. 예수님께서 우리를 위해 실제로 돌아가셨고, 무덤 속 시신의 상태에서 사망의 권세를 깨뜨리고 다시 살아나셨음을 믿는 사람만 참된 교회를 이룰 수 있고, 그 삶이 사도행전으로 엮어질 수 있다는 것입니다. 성경의 핵심이 인간의 죗값을 치르기 위해 돌아가신 예수님이 시신 가운데서 살아나셨다는 데 있고, 기독교의 핵심 또한 바로 거기에 있기 때문입니다.

오늘도 우리는 사도신경으로 우리의 신앙을 하나님 앞에 고백했습니다. 그 가운데 "본디오 빌라도에게 고난을 받으사 십자가에 못박혀 죽으시고, 장사한 지 사흘 만에 죽은 자 가운데서 다시 살아나시며"라는 구절이 있습니다. 우리 역시 2천 년 전 누가와 마찬가지로, 추상적 의미의 부활이 아니라 십자가에 못박혀 돌아가신 주님께서 시신 상태에서 다시 살아나셨음을 믿는다고 주일마다 고백하고 있는 것입니다.

그렇다면 과연 누가 입의 고백으로 그치지 않고, 죽은 자 가운데서 다시 살아나신 주님을 좇아 자신의 삶으로 이 시대의 교회와 사도행전을 이루어 가겠습니까? 언젠가는 자기 자신 역시 공동묘지에 시체로 드러누울 수밖에 없음을 인식한 사람입니다. 자신의 나이와 상관없이 마치 천년만년 살 것 같은 착각에 빠져 살아가는 사람이라면 아무리 사도신경을 외워도, 시신 가운데서 살아나신 예수님과 개인적이고도 인격적인 관계를 맺기가 쉽지 않고, 혹 맺는다 해도 그 관계가 깊어지기 어렵습니다. 하지만 언젠가는 공동묘지에서 시체로 썩어 문드러질 자신의 실체를 단 한 번이라도 통감한 사람은, 예수 그리스도 안에서 예수 그리스도를 힘입어 자신의 삶을 참된 교회와 사도행전으로 일구어 갈 수밖에 없습니다. 시체로 문드러질 자신에게,

시신 가운데서 영원히 살아나신 예수님 이외의 구원자가 있을 수 없고, 사망의 권세를 깨뜨리신 예수 그리스도 안에서만 영원한 생명을 누릴 수 있음을 확실히 아는 까닭입니다.

신약성경의 골로새서 4장 13절에 등장하는 도시 '히에라폴리스Hierapolis'는 '신성한 도시'라는 뜻으로, 현재 터키 '파묵칼레Pamaukkale'의 석회붕石灰棚 위에 건설되었던 고대 도시입니다. 옛사람들은 거대한 석회 절벽 사이로 온천수가 흐르는 등 신비스러운 자연환경을 보며 이곳을 '신성한 도시'로 간주하였고, 먼 도시의 사람조차 죽은 뒤에는 이곳에 묻히기를 원했습니다. 그래서인지 성안은 온통 폐허뿐인데도, 성문 밖 북쪽의 옛 공동묘지 터에는 아직도 약 1,200개에 이르는 갖가지 형태의 석관들과 비석들이 남아 있습니다. 석관들은 예외 없이 뚜껑이 아무렇게나 열려 있어, 아득한 옛 시절에 이미 도굴당했음을 일러 주고 있습니다. 두 번이나 그곳을 찾아갔던 저는 시간 관계상 직접 눈으로 확인해 보지는 못했지만, 그곳에 이런 비문이 적힌 비석이 있다고 합니다.

나 어제 너와 같았으나
너 내일 나와 같으리라

어찌 이것이 2천 년 전 로마제국 사람에게만 해당하는 말이겠습니까? 오늘을 살고 있는 우리 모두는 물론이요, 앞으로 태어날 모든 인간 역시 이와 똑같지 않겠습니까? 오늘 살았다고 내일도 살아 있으리란 보장은 어디에도 없습니다. 자신의 죽음을 인식하지 못한 사람이라고 해서 죽음이 피해 가지 않습니다. 우리 각자 죽음의 날과 시간은 다르겠지만, 그러나 한 가지 분명한 사실은 시계의 초침이 1초 1초 나아갈수록 우리 각자의 그 시각이 우리에게 점점 다가오고 있다는 것입니다. 이 사실을 깨닫는다면, 어찌 시신 가운데서 살아나신 주님을 자기 생의 주인으로 모시고, 그 주님을 좇아 살지 않겠습니까?

2천 년 전 로마의 기독교가 카타콤catacomb, 즉 지하 묘소에서 시작되었다는 것은 참으로 의미심장합니다. 로마 교외의 토양은 응회질로 이루어져 있습니다. 응회질 토양은 간단한 기구만으로도 손쉽게 파 내려갈 수 있는 반면, 일단 공기와 맞닿으면 시간이 흐르면서 돌처럼 굳어지는데, 그 과정에서 응회질 흙이 시체의 썩은 물과 악취를 완벽하게 흡수한다고 합니다. 따라서 우리나라 사람이 삽으로 땅을 파서 관을 내리고 봉분을 조성하는 것보다, 옛날 로마인들이 땅을 파고 내려가 지하 묘소를 만드는 편이 훨씬 쉽고 위생적이었습니다. 그 지하 묘소를 내려가면 미로처럼 얽혀 있는 좁은 복도 좌우 벽에 관들이 4, 5층으로 안치되어 있고, 복도 중간 중간에 작은 공간들이 있습니다. 초기 기독교인들은 바로 그 공간을 예배당 삼아 예배를 드렸습니다. 따라서 그들의 신앙과 예배가 얼마나 역동적이었을지 충분히 짐작할 수 있습니다. 그들은 좌우 벽에 즐비한 관을 보면서 날마다 자신들의 실체를 재확인하지 않았겠습니까?

"나 어제 너와 같았으나, 너 내일 나와 같으리라."

지하 묘소에서 매일 자신들의 실체를 확인하는 만큼, 그들은 시신 가운데서 살아나신 예수 그리스도를 더더욱 믿고 좇지 않았겠습니까? 좌우 사방으로 죽은 사람의 관이 즐비한 지하 묘소 한가운데서 부활의 주님께 예배드리던 그들이, 원형극장의 사자나 화형을 두려워하지 않고 예수 부활의 증인이 된 것은 조금도 이상한 일이 아니었습니다.

죽은 자 가운데서 살아나신 주님께서는 오늘 본문의 증언처럼 우리에게도, 확실한 많은 증거로 친히 당신의 살아 계심을 나타내 주셨습니다. 우리를 죄 가운데서 건져 주셨고, 주님을 알게 해주셨고, 때를 따라 주님께 예배드리게 해주셨으며, 우리로 하여금 100주년기념교회를 이루게 하셨습니다. 주님께서 죽은 자 가운데서 다시 살아나시지 않았던들 결코 있을 수 없는 일들이기에, 주님의 이름으로 이루어진 이 모든 것이 주님께서 우리에게 보여 주신 부활의 증거임에 틀림없습니다. 그중에서도 가장 큰 증거는, 당신의 이름으로 우리를 불러 이곳 양화진선교사묘역 한가운데서 예배드리게 해주셨다는 것입니다. 그래서 우리는 매주일 이렇듯 공동묘지 한가운데서 부활의 주님께 예배드리고 있습니다. 세상에 이보다 더 좋은 예배 처소가 어디에 있겠습니까? 이곳이야말로 21세기판 한국의 카타콤이 아니겠습니까? 그렇다면 우리 또한 로마의 초기 기독교인들처럼 이 묘역에서, 우리를 위해 십자가에 못박혀 돌아가셨다가 시신 가운데서 살아나신 주님 안에서 예수 부활을 삶으로 증거하며 살아가야 하지 않겠습니까? 카타콤의 크리스천을 통해 로마제국을 새롭게 하신 주님께서, 어찌 양화진의 우리를 도구 삼아 이 시대의 새로운 교회 행전과 사도행전을 펼쳐 가시지 않겠습니까?

가만히 귀 기울여 보십시오. 저 묘역에서 들려오는 소리가 있지 않습니까? "나 어제 너와 같았으나, 너 내일 나와 같으리라."

우리를 위해 십자가에 못박혀 돌아가셨다가, 시신의 상태에서 사망의 권세를 깨뜨리고 살아나신 주님께서 우리의 주님 되심을 감사드립니다. 우리에게 확실한 많은 증거로 주님의 살아 계심을 나타내 주신 것을 감사드립니다. 무엇보다도 우리를 이곳, 양화진 묘역 한가운데 심어 주신 것을 진심으로 감사드립니다. 이곳이 21세기 한국의 카타콤이 되게 해주십시오. 이곳에서 언젠가 무덤 속에 드러누울 우리의 실체를 분명히 깨닫게 해주시고, 시신 가운데서 살아나신 예수 그리스도를 온전히 좇으며 살게 해주십시오. 부활하신 예수 그리스도 안에서, 부활하신 예수 그리스도를 힘입어, 부활하신 예수 그리스도를 좇는 우리의 삶을 통해, 부활하신 예수 그리스도의 생명이 이 양화진으로부터 온 사방으로, 온 세계로 스며들게 해주십시오. 아멘.

8. 하나님 나라

사도행전 1장 3-5절
그가 고난받으신 후에 또한 그들에게 확실한 많은 증거로 친히 살아 계심을 나타내사 사십 일 동안 그들에게 보이시며 **하나님 나라**의 일을 말씀하시니라 사도와 함께 모이사 그들에게 분부하여 이르시되 예루살렘을 떠나지 말고 내게서 들은 바 아버지께서 약속하신 것을 기다리라 요한은 물로 세례를 베풀었으나 너희는 몇 날이 못 되어 성령으로 세례를 받으리라 하셨느니라

예수님께서 이 땅에 오시기 600년 전, 하나님께서는 선지자 다니엘을 통해 유대 백성에게 말씀하셨습니다.

하늘의 하나님이 한 나라를 세우시리니 이것은 영원히 망하지도 아니할 것이요 그 국권이 다른 백성에게로 돌아가지도 아니할 것이요 도리어 이 모든 나라를 쳐서 멸망시키고 영원히 설 것이라(단 2:44).

동서양을 막론하고 세상 나라의 주권은 항상 새로 발흥한 강자의 손에 넘어갔습니다. 그러나 하나님께서 세우시는 나라의 주권은 그 누구도 넘볼 수 없는 영원한 주권임을 하나님께서 밝히셨습니다. 당시는 유대가 멸망하여 바빌로니아의 통치하에 있을 때였습니다. 그때부터 유대인들은 하나님의 이 말씀을 근거로 메시아 왕국, 즉 하나님 나라에 대한 꿈을 키워 왔습니다. 그 꿈은 로마제국의 지배를 받던 예수님 시대까지 이어졌습니다. 그들이 꿈꾸는 메시아 왕국이란, 이 땅에 도래한 메시아가 지배 세력인 로마제국을 몰아내고 유대 주권의 회복과 재부흥을 안겨 주는, 철저하게 현세적이고도 정치적인 의미의 왕국이었습니다.

유대인들이 처음에 예수님께 열광한 것은 자신들이 꿈꾸던 메시아 왕국의 가능성을 예수님에게서 엿보았기 때문입니다. 하지만 그들의 기대와는 달리, 예수님께서 유대의 독립을 가져다줄 정치적인 메시아가 아니라는 사실에 실망하여 도리어 빌라도 총독에게 예수님을 국사범國事犯으로 고소하였습니다. 예수님이 로마 황제에게 세금 내는 것을 금하고 스스로 왕이라 칭하였다는 죄목이었습니다. 정치적인 메시아가 아니라는 이유로 유대 민중이 예수님을 고소하면서, 오히려 예수님을 정치적인 국사범으로 몰았다는 것은 크나큰 모순이었습니다. 자고로 자기 집착에 빠진 인간은 자신에 의해 자행되는 자기모순에 이처럼 늘 눈이 어둡습니다.

빌라도 총독은 국사범으로 끌려 온 예수님께 "네가 유대인의 왕이냐"고 물었습니다. 이 질문에 대한 예수님의 답변이 요한복음 18장 36절에 나타나 있습니다.

> 내 나라는 이 세상에 속한 것이 아니니라 만일 내 나라가 이 세상에 속한 것이었더라면 내 종들이 싸워 나로 유대인들에게 넘겨지지 않게 하였으

리라 이제 내 나라는 여기에 속한 것이 아니니라.

예수님께서는 당신의 나라 즉 하나님의 나라는 이 세상의 그 어떤 나라와도 같지 않음을, 아예 이 세상에 속하지도 않았음을 분명히 밝히셨습니다. 예수님의 말씀처럼 만약 하나님의 나라가 이 세상에 속한 나라였다면, 하나님의 독생자이신 예수님이 유대인들의 손에 잡히시는 것을 하나님 나라의 군병들이 보고만 있지 않았을 것입니다. 아니, 먼저 예수님께서 가만히 계시지 않았을 것입니다. 예수님께서 유대인에게 체포당하시던 겟세마네 현장에서의 일입니다. 흥분한 베드로가 예수님을 잡으려는 자를 향해 칼을 휘둘러 그의 귀를 베어 버렸습니다. 그때 주님께서는 베드로를 칭찬하지 않고 되레 크게 나무라셨습니다.

네 칼을 칼집에 도로 꽂아라. 칼을 쓰는 사람은 모두 칼로 망한다. 너희는, 내가 내 아버지께 당장에 열두 군단 이상의 천사들을 내 곁에 세워 주실 것을 청할 수 있다고 생각하지 않느냐?(마 26:52-53, 표준새번역).

예수님 당시 로마제국의 1개 군단은 보병 6,100명과 말 726필의 규모로 이루어져 있었습니다. 따라서 예수님께서 12군단 이상의 천사들을 동원하실 경우 그 규모가 얼마나 엄청나겠습니까? 예수님을 체포하려던 자들이 감히 범접이나 할 수 있겠습니까? 그러나 예수님께서는 그렇게 하시지 않았습니다. 하나님의 나라는 칼로 대변되는 권력을 믿다가 권력으로 망하는 세상에 속한 나라가 아니기 때문입니다.

예수님을 심문한 빌라도 총독은 예수님에게서, 소위 세속적 의미에서의 어떠한 역모의 기미도 찾아볼 수 없었습니다. 예수님이 말하는 하나님의 나라가 세속적 권력 국가를 지향하지 않음을 분명히 알았기 때문입니다. 빌라도 총독은 유대 민중에게 두 번씩이나 예수님의 무죄를 선언했지만, 오히려 유대 민중은 반역자를 방면하는 것은 로마 황제를 반역하는 짓이라며 빌라도를 압박했습니다. 예수님을 그냥 석방할 경우, 빌라도 총독을 반역범의 동조자로 로마 황제에게 고소하겠다는 위협이었습니다. 결국 빌라도 총독은 이에 굴복하여 예수님께 사형을 선고했고, 예수님께서는 십자가 위에서 못박혀 돌아가셨습니다. 그러나 그것은 끝이 아니었습니다.

오늘 본문 3절의 증언입니다.

그가 고난받으신 후에 또한 그들에게 확실한 많은 증거로 친히 살아 계심을 나타내사 사십 일 동안 그들에게 보이시며 하나님 나라의 일을 말씀하시니라.

고난받으신 지 사흘째 되는 날 죽은 자 가운데서 살아나신 주님께서는 이 땅에 40일 동안을 더 머무시며, 제자들에게 하나님의 나라에 관하여 가르쳐 주셨습니다. 하나님의 나라에 대한 유대 민중의 오해로 인해 국사범으로 처형당하셨던 예수님의 관심은, 부활하신 이후에도 오직 하나님의 나라였습니다. 예수님께서 이 땅에 오신 까닭이 하나님의 나라를 전해 주시기 위함이었기 때문입니다. 그리스도의 공생애를 시작하신 예수님께서 인간에게 전하신 최초의 메시지가 마가복음 1장 15절에 기록되어 있습니다.

때가 찼고 하나님의 나라가 가까이 왔으니 회개하고 복음을 믿으라.

하나님의 나라가 얼마나 중요하면 예수님의 첫 번째 메시지가 하나님의 나라였겠습니까? 그런가 하면 예수님께서 우리에게 가르쳐 주신 모범 기도문 역시 이렇게 시작되고 있습니다.

> 하늘에 계신 우리 아버지여 이름이 거룩히 여김을 받으시오며 나라가 임하시오며 뜻이 하늘에서 이루어진 것같이 땅에서도 이루어지이다(마 6:9-10).

하나님의 나라는 죽은 뒤에나 가는 곳이 아니라 이 땅에서부터 일구어 가는 것이요, 그것이 우리 믿음과 기도의 목표가 되어야 함을 주님께서 '주님의 기도'를 통해 분명히 해주셨습니다. 이것이 누가가 '하나님의 나라'를 강조하는 것으로 사도행전의 내용을 본격적으로 전개하는 이유입니다. 교회의 궁극적 목적은 죽은 자 가운데서 다시 살아나신 주님 안에서 하나님의 나라를 일구어 가는 데 있고, 그것이 주님의 부르심을 입은 사도들의 의무이기 때문입니다.

세상의 나라는 영토, 국민, 주권을 필수적인 요건으로 삼고 있습니다. 그 중 어느 하나가 빠져도 나라를 이룰 수 없습니다. 그렇다면 하나님 나라의 영토는 대체 어디입니까? 언제, 어디로 가야 하나님 나라에 입국할 수 있습니까? 2천 년 전 바리새인들이 똑같은 질문을 제기했을 때, 예수님의 답변은 다음과 같았습니다.

> 하나님의 나라는 볼 수 있게 임하는 것이 아니요 또 여기 있다 저기 있다고도 못하리니 하나님의 나라는 너희 안에 있느니라(눅 17:20하-21).

하나님의 나라는 세상의 영토를 필요로 하지 않습니다. 하나님 나라가 세워지는 영토는 우리 각자의 심령이기 때문입니다. 그 조건은 매우 간단합니다. 인간의 생사화복生死禍福에 대한, 인류의 역사에 대한, 우주 만물의 섭리에 대한 하나님의 주권을 인정하는 것입니다. 하나님의 절대주권 속에서 살아가는 사람이라면 그가 누구든 그의 심령에 하나님의 나라가 임합니다. 이 세상 특정 국가의 영토에서 태어나거나 특정 국가 국민의 자식으로 태어난 사람은 모두 해당 국가의 국민이 될 수 있지만, 하나님의 주권을 인정하지 않으면 같은 영토에 있는 사람도 하나님 나라의 백성이 될 수 없습니다. 세상의 주권은 흥망성쇠를 거듭하지만, 영원하신 하나님의 주권은 불변입니다. 그래서 하나님의 주권을 인정하는 사람은 이 세상 어디서도, 어떤 상황에서도 하나님의 나라를 누릴 수 있습니다. 하나님의 나라는 우리의 심령에 임하고, 그 하나님 나라를 제한할 시간과 공간은 이 세상 어디에도 존재하지 않습니다.

하나님께서는 영이십니다. 그러므로 하나님의 주권을 인정하고 그 주권 속에서 살아간다는 것은 영이신 하나님, 다시 말해 하나님의 영이신 성령님의 인도하심 속에서 살아가는 것입니다. 성령님의 인도하심과 도우심이 아니고는 우리의 심령이 하나님의 나라를 얻을 수도, 누릴 수도 없습니다. 그래서 누가는 사도행전 1장 1-8절에서 2절과 5절 그리고 8절을 통해 성령님을 세 번이나 언급하였습니다.

> 그가 택하신 사도들에게 성령으로 명하시고(2절).
>
> 요한은 물로 세례를 베풀었으나 너희는 몇 날이 못 되어 성령으로 세례를 받으리라(5절).
>
> 오직 성령이 너희에게 임하시면 너희가 권능을 받고 예루살렘과 온 유대와 사마리아와 땅끝까지 이르러 내 증인이 되리라(8절).

사도행전의 서두인 이 짧은 단락에서 누가가 성령님을 세 번씩이나 되풀이한 것은, 성령님 안에 거하지 않고는 하나님 나라를 누리고 전하는 교회나 사도의 삶이 불가능하기 때문입니다. 성령님 안에 거한다는 것은 삶의 전반에 걸쳐 성령님을 의식하고 살아가는 것입니다. 즉 자신의 삶에서 일어나는 모든 일이 자신을 위한 성령님의 역사임을 겸허하게 받아들이는 것입니다.

지난달 초에 아프리카 탄자니아의 다르에스살람Dar-es-Salaam에서 사역하고 있는 조남설 선교사님으로부터 메일을 받았습니다. 그분의 허락하에 내용을 읽어 드리겠습니다.

얼마 전 성령님께서 어떤 사건에 저희 가족을 도우미로 사용하셨기에, 목사님과 은혜를 나누고 싶어 이 글을 보내 드립니다.
지난달 다르에스살람 항에 선교 선박 둘로스Doulos호가 정박하여 3주 정도 머물다 갔습니다. 그래서 저희 가족도 말로만 듣던 둘로스호를 둘러볼 기회를 갖게 되었습니다. 둘로스호를 방문하기 전날, 딸 혜연이의 후배 바울이 놀러 왔습니다. 그날 밤 늦게 바울 어머니가 전화를 하여, 집에 갑자기 손님들이 오셨다며 바울을 우리 집에서 좀 재워 달라고 부탁하였습니다. 우리 집에서 잠을 잔 바울은, 이튿날 둘로스호 방문에 우리 가족과 동행하게 되었습니다.
둘로스호 내부를 둘러본 뒤 그곳에서 헌신하고 있는 한국인 형제자매들을 만나 보고 막 떠나려는 즈음, 바울 어머니의 전화를 받았습니다. 자신이 지금 모처에 있는데, 바울을 그곳으로 데려다 주면 좋겠다는 것입니다. 우리 가족은 전혀 예정에도 없던, 우리 집과는 정반대 방향으로 가서 바울을 내려 주었습니다. 아내는 이왕 여기까지 왔으니 슈퍼에서 장을 보자고 했습니다. 장보기를 마치고 귀가하기 위해 운전석의 핸들을 잡았을 때입니다. 이상하게도 평소 제가 늘 다니던 길이 아닌, 해안 길을 따라가고 싶다는 마음이 불쑥 들어 그쪽으로 핸들을 돌렸습니다. 그러자 아내는 왜 다른 길로 가느냐며, 딴 볼일이 있는지 물었습니다. 저는 그냥 이 길로 마음이 쏠렸다고 대답하며 한적한 해안 길로 접어들었습니다. 그 순간 흑인 한 명이 길 한복판에서 두 팔을 번쩍 들고는 제 차를 가로막는 것이었습니다. 이런 경우는 대부분 노상강도이기에 차를 세우지 않는 것이 통례입니다. 그러나 좁은 도로 한가운데서 버티고 서 있는 흑인을 피할 길이 없어 서서히 차를 멈추었습니다. 그러고 보니 흑인 외에 도로 가에 또 한 사람이 보였습니다. 한 동양인이 머리와 팔이 온통 피투성이가 된 채 쭈그려 앉아 있는 것입니다.

그때 혜연이가 소리쳤습니다.

"아빠, 둘로스호에서 인사한 한국분이야!"

그 한국 청년은 홀로 개인 전도를 하기 위해 여기저기를 다니다가 그곳에서 강도에게 봉변을 당한 것입니다. 우리 가족은 급히 청년을 차에 태우고 병원 응급실로 질주했습니다. 이곳에서는 수술 전 반드시 수술비 일부를 선납해야 되는데, 마침 우리에게 약간의 돈이 있어 청년은 응급수술을 받을 수 있었습니다. 얼마 후, 우리의 연락을 받은 둘로스호 관계자들이 병원에 도착하는 것을 보고 우리는 집으로 돌아왔습니다.

제 차가 해안 길로 접어든 순간은, 강도들이 흉기로 한국 청년의 머리와 팔을 찌르고 막 도망간 직후였습니다. 만약 우리가 그곳을 조금 빨리 통과했거나 반대로 늦었더라면 그는 심한 출혈로 목숨을 부지하기 어려웠을 것입니다. 그러나 성령님께서는 그 사건에 저희를 개입시키시려, 전혀 예상치도 않았던 일들을 계속 만드셨습니다. 느닷없는 바울의 방문, 바울을 우리 집에 재워 달라 하고 이튿날엔 엉뚱한 곳으로 아이를 데려다 달라던 바울 어머니의 부탁, 예정에도 없던 아내의 장보기, 갑자기 해안 도로를 따라가고 싶었던 제 마음, 자동차의 속력과 신호등까지…… 생각하면 할수록 성령님의 오묘하신 역사와 완벽한 타이밍에 전율하지 않을 수 없습니다.

강도의 칼에 찔려 머리 뒷부분이 찢어지고 왼쪽 팔목 힘줄 네 개가 끊어진 청년은 수술 뒤 일주일 만에 퇴원하였습니다. 다행히 뇌는 전혀 손상되지 않았고, 팔도 몇 주 뒤면 완전 회복될 수 있다고 했습니다. 그는 저와의 전화 통화에서 이번 사건으로 절묘하신 하나님의 은혜를 체험했다며, 다르에스살람에서 다른 사람은 상상치도 못한 큰 간증과 은혜를 누렸다고 기뻐했습니다.

이 사건을 통하여 저 개인적으로는 자동차의 속력과 신호등의 시간마저도 성령님께서 주관하심을 새삼스레 깨달았기에, 조급함이나 서두름이 없이 삶의 여유를 지니게 되었습니다.

조 선교사님이 그날 해안 길에서 피투성이가 된 한국 청년을 구하게 된 것을 얼마든지 우연의 일치로 치부해 버릴 수도 있습니다. 그러나 조 선교사님은 그렇게 생각하지 않았습니다. 그 전날 밤부터 자기 삶 속에 연이어 일어난 모든 일을, 심지어는 자동차 속도와 신호등 시간마저도 성령님의 역사로 보았습니다. 바로 이것이 성령님 안에 사는 것이요, 영이신 하나님의 절대주권을 인정하는 것입니다. 조 선교사님이 이처럼 자신의 삶 속에서 치밀하게 당신의 역사를 이루어 가시는 성령님을 매순간 의식하며 살아갈 때, 어찌 그분의 마음속에 하나님의 나라가 흥왕하지 않겠습니까? 그분의 고백처럼 삶의 여유를 누림은 말할 것도 없고, 매일 성령님에 의해 엮어지는 삶 자체가 신비로운 기적덩어리로 여겨지지 않겠습니까?

혹 이렇게 질문하는 분이 있을지도 모릅니다. 성령님께서 그처럼 우리의 삶을 주관하고 계신다면, 왜 시간을 좀더 정확하게 조절하셔서 한국 청년이 아예 강도의 습격을 당하지 않도록 지켜 주시지 않았느냐고 말입니다. 물론 전능하신 하나님의 영이신 성령님은 그렇게 하실 수도 있습니다. 만약 성령님이 그렇게 하셨더라면, 그 청년은 자신의 위험을 성령님이 막아 주셨다는 것을 전혀 인식하지 못했을 것입니다. 그러나 강도의 습격으로 목숨이 경각에 달했던 청년은, 절체절명의 순간으로부터 자신을 건져 주시려 전날 밤부터 치밀하게 역사하신 성령님의 실재를 확인하게 되었습니다. 그렇다면 그 청년에게 어느 쪽이 더 유익합니까? 자신은 인식하지도 못한 가운데 강도의 습격을 모면하는 것입니까, 아니면 강도의 습격으로 신비로운 성령님의 실재를 경험하는 것입니까? 물론 후자입니다. 그 경험을 통해 청년은 매사에 걸쳐 자신의 인생을 주관하시는 성령님을 의식하며 살아갈 것이요, 결과적으로 그의 심령은 하나님의 나라로 충만할 것이기 때문입니다.

이것이 중요합니다. 자신의 계획이 이루어질 때는 말할 것도 없고, 자신의 계획이 무참하게 무산되거나 뜻밖의 해를 입는 것 또한 자신을 위한 성령님의 역사임을 믿는 사람이 하나님 나라를 누리고 전하는 사도가 될 수 있고, 참된 교회를 이룰 수 있습니다. 그런 사람의 삶만이 불신자의 삶과 진정으로 구별되는 까닭입니다.

지난 화요일 양재 횃불회관에서 '예수원 설립 40주년 기념 고故 대천덕 신부 추모 음악회'가 서울모테트합창단 주관으로 열렸습니다. 음악회 도중 3년 전에 주님의 부르심을 받은 대천덕(토레이 R. A. Torrey) 신부님의 생전 모습을 기리는 영상이 잠깐 소개되었는데, 그 시작 문구가 대단히 감동적이었습니다.

"우리는 보이지 않는 하나님을 보고 만지기 위해 예수원으로 간다."

예수원이 있는 강원도 황지는 한국의 오지 중의 오지입니다. 그런데도 지난 40년 동안 수많은 사람이 그 오지의 산골짜기를 찾았습니다. 이유는 하나, 보이지 않는 하나님을 보고 만지기 위해서였습니다. 어떻게 그런 일이 그 오지의 예수원에서 가능할 수 있었겠습니까? 성공회 소속의 대천덕 신부님이 일생을 하나님의 절대주권 속에서, 하나님의 영이신 성령님 안에서 사셨기 때문입니다. 오직 당신의 삶을 주관하시는 성령님만을 의식하며 평생 사셨기에, 사람들은 그분의 삶을 통해 배어나는 하나님 나라의 실체를 확인하고, 강원도 오지의 그 불편한 예수원에서 하나님 나라의 생명과 평강을 맛볼 수 있었습니다. 보이지 않는 하나님 나라의 실체를 보고 경험하게 해 주신 대천덕 신부님이야말로 우리 시대의 진정한 교회요, 사도였습니다.

사랑하는 교우 여러분!

하나님을 진정으로 믿는다면, 우주 만물을 주관하시는 하나님의 절대주권을 인정하십시오. 하나님의 영이신 성령님 안에 거하십시오. 여러분의 삶에서 일어나는 모든 일이 여러분을 위한 성령님의 역사임을 믿으십시오. 자동차가 정체되고 신호등이 길어지는 것에도, 성공과 기쁨뿐 아니라 실패와 고통에도 성령님의 뜻이 있음을 겸허하게 받아들이십시오. 그때부터 여러분의 상황에 상관없이 여러분의 삶을 통해 하나님의 나라가 배어날 것이요, 여러분은 이 세상을 정화하는 우리 시대의 진정한 교회와 사도, 이 혼탁한 도심 속의 예수원이 될 것입니다.

우리에게 하나님의 나라를 주기 위해 이 땅에 오셨고, 부활하신 후에도 하나님의 나라를 거듭 가르쳐 주신 주님! 우리 속에 하나님의 나라가 임해 있지 않다면, 설령 우리에게 억만금이 있다 한들 우리는 고작 내일의 시체에 지나지 않음을 깨닫게 해주심을 감사드립니다. 비록 우리에게 지닌 것이 없을지라도 우리 속에 하나님의 나라가 임해 있다면, 우리가 어느 곳에 있든 바로 그곳이 에덴동산임을 알게 해주심도 감사드립니다. 우리의 행복은 외부의 조건이나 상황에 달린 것이 아니라, 우리 심령이 하나님의 나라를 누리고 있는지의 여부로 가려짐을 평생 잊지 않도록 도와주십시오.

나의 생사화복과 인류의 역사와 우주 만물을 주관하시는 하나님의 절대주권을 믿습니다. 절대주권자이신 하나님의 영, 성령님께 나의 삶을 온전히 의탁합니다. 나의 삶에 일어나는 모든 일이 나를 위한 성령님의 역사임을 믿습니다. 성령님에 의해 엮어지고 있는 우리의 삶 자체가 기적 덩어리임도 믿습니다. 우리 모두 성령님의 인도하심 속에서 하나님의 나라를 일구고 전하는 이 시대의 교회와 사도로, 이 혼탁한 도심 속의 예수원으로 살아가는 기쁨을 날마다 누리게 도와주십시오. 아멘.

9. 함께 모이사

사도행전 1장 3-5절
그가 고난받으신 후에 또한 그들에게 확실한 많은 증거로 친히 살아 계심을 나타내사 사십 일 동안 그들에게 보이시며 하나님 나라의 일을 말씀하시니라 사도와 **함께 모이사** 그들에게 분부하여 이르시되 예루살렘을 떠나지 말고 내게서 들은 바 아버지께서 약속하신 것을 기다리라 요한은 물로 세례를 베풀었으나 너희는 몇 날이 못 되어 성령으로 세례를 받으리라 하셨느니라

주후 313년 로마제국 콘스탄티누스 대제가 기독교를 공인하기 전까지 기독교인들은 외부의 박해로 목숨을 잃어야 했습니다. 단지 그리스도를 믿는다는 이유만으로 원형경기장에서 사자의 밥이 되거나 화형을 당했습니다. 기독교가 공인된 이후 외부의 박해는 사라졌지만, 이번에는 그리스도인이 그리스도인을 죽이는 불행이 시작되었습니다. 자신과 다른 교리, 상이한 신앙을 지녔다는 이유로 교회가 교인을 죽이기 시작한 것입니다. 현대신학의 관점에서 본다면 전혀 문제되지 않을 것들로 교회가 주님의 이름으로 얼마

나 많은 사람들을 죽였는지 모릅니다. 지동설을 주장한 갈릴레오 갈릴레이처럼 진실을 말하고도 파문당한 사람 또한 부지기수였습니다.

무엇보다도 끔찍한 것은 중세 500년 동안이나 계속된 무지막지한 종교재판입니다. 조금이라도 다른 생각을 주장하는 사람은 종교재판을 통해 가차 없이 불태워 죽였습니다. 정확한 기록이 없어 추정이 엇갈리지만, 로마 가톨릭교회 내에서조차 종교재판을 통해 화형에 처해진 사람의 수를 최저 수백만 명으로 추산하고 있을 정도입니다. 같은 기간 이른바 마녀 판결을 받아 화형당한 여성의 수만 무려 100만 명에 이른다니, 두말해 무엇하겠습니까? 이 모든 것이 로마 가톨릭교회가 주님의 이름으로 인류에게 범한 치욕적인 과오입니다. 로마 가톨릭교회의 밝은 점은 접어놓고 이 어두운 과오만 본다면, 로마 가톨릭교회는 독일 히틀러의 나치와 다를 바가 없습니다. 이 모든 과오는 자신과 다른 생각을 용납하지 않으려는 데서 비롯되었습니다.

개신교라고 예외인 것은 아닙니다. 1517년 10월 31일, 당시 독일 비텐베르크의 신부이던 마틴 루터는 로마 가톨릭교회의 면죄부 판매에 대해 학문적 토론을 벌일 목적으로, 비텐베르크 대학 게시판이기도 했던 만인성자교회의 문에 〈95개 조항의 논제〉를 게시했습니다. 그것이 세계 역사의 흐름을 뒤바꾸어 놓은 종교개혁의 시발이요, 교황을 정점으로 하는 로마 가톨릭 체제를 탈피하여 하나님 말씀에 기초한 개신교회의 출발점이 되리라고는 마틴 루터 자신도 상상치 못했습니다. 그것은 타락한 교회를 새롭게 하기 위해 하나님께서 마틴 루터를 당신의 도구로 사용하셨기에 가능한 일이었습니다. 독일 비텐베르크에서 점화된 개혁의 열풍은 온 유럽 대륙으로 요원의 불길처럼 퍼져 나갔고, 곳곳에서 개혁의 지도자들이 출현했습니다. 하지만 개혁을 선도하는 지도자들의 신앙과 성경에 대한 이해 및 사고가 모두 동일한 것은 아니었습니다. 지도자들의 생각 차이는 자연히 개혁의 본질과 내용에 영향을 미칠 수밖에 없었습니다.

　이에 종교개혁의 막후 공헌자이던 독일 헤센 지방의 영주 필리프 백작의 주선으로 1529년 10월 1일 마르부르크 회담이 열렸습니다. 독일 지역을 대표하여 마틴 루터와 멜란히톤, 스위스 지역을 대표한 츠빙글리와 외콜람파디우스를 포함한 주요 지도자들이 독일 마르부르크에서 회담을 가졌습니다. 상호 이견을 해소하여, 군대까지 동원한 로마 가톨릭에 효율적으로 맞설 수 있는 프로테스탄트 연합체를 결성하기 위함이었습니다. 그 회담에 상정된 15개 의제 중 복음주의 대강大綱과 관련된 14개 의제에는 지도자들의 의견이 일치했지만, 마지막 의제인 성찬식에 관해 끝내 합의를 보지 못한 채 회담이 결렬되었고, 안타깝게도 프로테스탄트 연합체 결성은 무산되고 말았습니다.

　이와 같은 개혁 지도자들의 의견 불일치는 결과적으로 개신교가 처음부터 끝없는 분열로 치닫는 단서를 제공하였습니다. 만약 1529년의 마르부르크 회담에서 당시 개혁의 쌍벽을 이루던 독일 세력과 스위스 세력이 그리스도 안에서 일치를 이루었던들, 그로부터 12년 후인 1541년부터 본격적으로 제네바의 종교개혁을 이끈 칼뱅이 독자 노선을 추구하지는 않았을 것입니다. 또 1534년 자신의 이혼과 재혼을 반대하는 로마 가톨릭과 결별한 헨리 8세에 의해 태동된 영국 성공회가 전혀 다른 형태로 발전하지도 않았을 것입니다. 이처럼 종교개혁 초기부터 분열하기 시작한 개신교는 오늘날 전 세계적으로 얼마나 많은 교파와 교단이 있는지조차 알 수 없는 지경이 되고 말았습니다. 그중에서도 한국 교회는 분열에 분열을 거듭, 현재 전 세계에서 가장 많은 교파와 교단이 난립하고 있는 실정입니다.

　교황 제도를 하나님의 말씀 위에 두었다 하여 로마 가톨릭교회와 결별한 개신교가 이렇듯 처음부터 분열한 이유는, 개혁의 지도자들이 각자 자신의 생각과 판단을 절대시했기 때문입니다. 다시 말해, 자신과 다른 생각이나 주장을 용납하려 하지 않았기 때문입니다. 그렇다면 그 많은 교파와 교단 가운데 과연 어느 교파와 교단이 참된 교파요, 참된 교단이겠습니까? 아니, 인간에 의해 결성된 하나의 교파나 교단이 영원하고 무한하신 하나님을 온전히 담을 수나 있겠습니까? 그것은 전혀 불가능합니다. 따라서 참된 교회가 되기 위해서는 교회를 이루는 사람들이 교파와 교단의 장벽을 뛰어넘어, 자신과 생각이나 주장이 다른 사람일지라도 수용해야 합니다. 그래야만 자신의 유한함으로 왜곡시킨 주님의 허상이 아니라, 자신과 다른 사람들을 통해서도 역사하시는 주님의 실상을 확인하면서 진정한 교회를 이룰 수 있습니다.

십자가에 못박혀 돌아가신 지 사흘째 되는 날 죽은 자 가운데서 다시 살아나신 예수님께서는 제자들에게 하나님 나라에 대해 가르쳐 주셨습니다. 그리고 그 이후 있었던 일을 오늘의 본문 4절이 전하고 있습니다.

사도와 함께 모이사 그들에게 분부하여 이르시되 예루살렘을 떠나지 말고 내게서 들은바 아버지께서 약속하신 것을 기다리라.

한글 성경은 "사도와 함께 모이사"란 말로 시작하고 있습니다. 그러나 헬라어 원문은 '사도'라는 말이 없이 그냥 '함께 모이사'로 시작합니다. 사도행전은 교회가 어떻게 태동되고 사도들에 의해 어떻게 퍼져 갔는지를 밝혀 주는 기록입니다. 그 사도행전의 본격적인 내용이 '함께 모이사'라는 단어로 전개되고 있는 것은, 바로 그 모임에서 교회가 시작되었음을 일깨워 줍니다.
대체 누가 누구와 함께 모였다는 것입니까? 부활하신 주님께서 당신의 제자들과 함께 모이셨습니다. 부활하신 주님께서는 삼위일체 하나님, 성자 하나님이신 반면, 제자들은 하찮은 죄인에 지나지 않았습니다. 더욱이 그들은 한결같이 무식하고 무지하며 추하고도 보잘것없는 인간들이었습니다. 그런데도 거룩하신 삼위일체 하나님께서 그 하찮은 죄인들과 함께 모여 주셨습니다. 그리고 거기서 교회가 시작되었습니다. 삼위일체 하나님께서 인간과 함께 모여 주시는 분이 아니라면 교회는 존재할 수도, 존재할 까닭도 없습니다. 교회의 동인動因은 인간이 아니라, 인간과 함께 모여 주시는 삼위일체 하나님이십니다.

주님과 함께 모인 제자 중에는 베드로와 요한과 같은 어부가 있는가 하면, 마태와 레위처럼 세리도 있었습니다. 열심당원 시몬 역시 주님의 제자였습니다. 열심당원이란 로마제국으로부터 독립을 쟁취하기 위해 무력마저 불사하는 행동 대원이었습니다. 이렇듯 전혀 이질적인 부류의 인간들이 한자리에 모인다는 것은 상식적으로 있을 수 없는 일이었습니다. 겨울 한파보다 더 매정한 세리로부터 온갖 착취를 당하던 어부들이, 어찌 그 세리들과 거리낌 없이 한자리에 같이 모일 수 있겠습니까? 조국의 독립을 위하여 자기 생을 내던진 열심당원이, 로마제국의 하수인이 되어 동족의 고혈을 짜는 세리와 어떻게 한자리에 앉을 수 있겠습니까? 또한 열심당원이 역사에 대한 의식이 깨어 있는 사람이라면, 갈릴리 어부는 전형적으로 자신의 삶 외에는 관심이 없는 인간이었습니다. 따라서 열심당원과 갈릴리 어부가 같은 모임의 일원이 된다는 것 역시 불가능한 일입니다. 그럼에도 그들은 현실적인 불가능을 뛰어넘어 모두 함께 모였습니다. 바로 그곳에 주님께서 함께 계셨기 때문입니다. 그들만이라면 가당찮은 일이겠지만, 예수 그리스도로 인해 그들은 한데 모일 수 있었습니다.

이것은 이때만의 일이 아니었습니다. 주님께서 이 땅에 계시는 동안 주님의 주위가 늘 이와 같았습니다. 존귀한 산헤드린 의원 니고데모와 아리마대의 거부 요셉 그리고 로마제국 장교인 백부장이 함께 있었는가 하면, 비천한 빈민과 불치병 환자에 밤거리의 창녀도 있었습니다. 그들은 서로 물과 기름 같아 도저히 융화될 수 없는 사이였습니다. 그렇지만 그들 역시 오직 예수 그리스도로 인해 한자리에 함께 모일 수 있었습니다.

본문에서 우리말 '함께 모이사'로 번역된 헬라어 '쉬날리조$συναλίζω$'는 '함께'를 뜻하는 '쉰$σύν$'과 '모으다'라는 뜻의 동사 '할리조$άλίζω$'의 합성어로 '함께 모으다 to gather together'라는 의미입니다. 그 이질적인 인간들이 함께 모일 수 있었던 것은, 주님께서 구심점이 되어 그들을 함께 불러 모으셨기 때문입니다. 그뿐 아니라 '쉬날리조'는 '함께 식사하다'라는 뜻도 있습니다. 주님께서 단지 무미건조한 일회성 이벤트의 일환으로 그들을 소집하신 것이 아니라, 그들과 식사를 나누시며 진정으로 어울려 주셨습니다. 그러한 주님으로 인해 이질적인 제자들은 주님 안에서 서로 조화와 일치를 이루는 진정한 교회가 될 수 있었습니다. 자기와 전혀 다른 사람들과 모이게 하신 분이 주님이시요, 그들과 더불어 교회를 이루는 것이 주님의 뜻임을 그들 모두가 겸허하게 받아들였기 때문입니다.

중요한 것은 '쉬날리조'라는 단어가 성경 전체에서 오늘 본문에서만, 주님에게 국한하여 단 한 번 사용되었다는 사실입니다. 본문 이외의 성경 어디서도, 더욱이 인간에게 이 단어가 사용된 적은 없습니다. 인간의 의지나 능력으로는 이런 일이 불가능하기 때문입니다. 전혀 이질적인 인간들을 한자리에 모으고 조화와 일치를 일구어 내실 수 있는 분은, 그 더러운 인간을 살리기 위해 십자가에서 속죄의 제물이 되어 주신 주님뿐이십니다. 그렇다면 이 사실에서 우리가 얻을 수 있는 메시지가 무엇이겠습니까? 주님만이 만민, 즉 이 세상 모든 부류의 인간을 위한 참된 구원자 되시며, 그 주님을 주인으로 섬기는 교회는 모든 부류의 사람이 한데 모여 주님 안에서 조화와 일치를 이룰 수 있어야 한다는 것입니다. 같은 성향끼리의 사람들만 모인다면, 선교회나 친교회일 수 있어도 교회일 수는 없습니다. 만민을 구원하기 위해 이 땅에 오신 주님께서는 모든 부류의 사람을 한데 불러 주님 안에서 함께 모이게 하시는 분이고, 바로 그 모임이 주님 안에서 주님의 몸 된 교회가 되기 때문입니다.

하나님께서는 아담과 하와를 다르게 만드셨습니다. 만든 시간이 다르고, 사용하신 재료가 다르며, 만들어진 구조가 달랐습니다. 그러나 '다르다'고 해서 어느 한쪽이 '틀린' 것은 아닙니다. 그들은 단지 다를 뿐이었습니다. 그들은 서로 다르기 때문에, 그 다름으로 인해 남자와 여자로 구별되었습니다. 그들이 서로 다른 것은 어느 한쪽이 그릇되어서가 아니라 하나님의 다양하심으로 인함이었습니다. 그러므로 아내와 남편은 서로 다를 수 있습니다. 아니, 반드시 다르기 마련입니다. 남자는 여자가 아니요, 여자는 남자가 아닙니다. 서로 사고방식이 다르고, 행동 양식이 다르며, 인지구조가 판이하게 다릅니다.

부모의 몸에서 태어난 자식도 부모와 같지 않습니다. 쌍둥이조차 100퍼센트 똑같지 않습니다. 하물며 같은 교회에 다닌다고 모든 교인이 다 똑같을 수는 더더욱 없습니다. 백이면 백 다를 수밖에 없습니다. 자신과 똑같은 사람은 이 세상 어디에도 없습니다. 자기 외의 사람은 모두 자신과 다릅니다. 따라서 우리는 자신과 타인의 다름을 인정하고 수용해야 합니다. 사람을 사랑한다는 것은 상대와 자신 사이의 '거리', 다시 말해 상대와 자신의 '서로 다름'을 존중하는 것입니다.

이 사실을 망각할 때, 우리는 자신도 모르게 나와 다른 사람을 부정하는 잘못을 범하게 됩니다. 자신과 타인의 다름을 인정하지 않는 것은, 상대의 전 존재를 부정하는 무서운 폭력입니다. 얼마나 많은 사람이 자신과 상대의 다름을 부정함으로써 상대에게 고통을 안겨 주고 있습니까? 종교재판으로 수백만 명의 그리스도인들을 불태워 죽인 로마 가톨릭교회의 과오와 지난 500년 동안 끊임없이 분열을 거듭해 온 개신교회의 잘못은 모두 여기서 비롯되었습니다. 그것은 어떤 경우에도, 주님 안에서 서로 사랑하고 더불어 조화와 일치를 이룸으로써 스스로 참된 교회가 되어야 할 그리스도인의 모습일 수 없습니다.

자신과 타인의 다름을 인정하고 존중하는 것은, 자기중심적이고 이기적인 인간의 결단이나 의지만으로 불가능합니다. 오직 주님 안에서만 가능합니다. 이 세상의 하고많은 사람들 가운데 내가 왜 그의 곁에 있어야 하는가? 나를 구원하신 주님께서 나를 그의 곁에 두셨기 때문입니다. 왜 하필이면 그가 나의 동료인가? 주님께서 그와 나를 함께 모으셨기 때문입니다. 왜 교단과 교파의 배경이 서로 다른 우리가 더불어 100주년기념교회를 이루어야 하는가? 주님께서 우리를 함께 모으셨기 때문입니다. 이 사실을 인정할 때만, 자기중심적이고 이기적인 우리는 서로의 다름을 수용하고 주님 안에서 진정한 조화와 일치를 이루는 참된 교회가 될 수 있으며, 우리를 불러 모으신 주님의 뜻이 우리의 삶을 통해 구현될 수 있습니다.

2005년 4월 2일 선종한 교황 요한 바오로 2세는 생전에, 진실을 주장하고도 파문당한 갈릴레이에 대해 300년 만에 사면 조치를 내렸습니다. 나아가 수백만 명의 무고한 그리스도인들을 처형한 종교재판의 기록을 공개하였습니다. 그동안 일급비밀 서류로 보관해 온 것이었습니다. 그래서 현재 열두 명의 역사학자들이 무려 4,500뭉치에 이르는 서류 더미를 면밀하게 검토하고 있고, 머지않아 로마 가톨릭교회가 얼마나 많은 사람을 주님의 이름으로 죽였는지 진상이 밝혀질 것입니다. 한때 이 작업의 책임자였던 현재의 교황 베네딕토 16세(요제프 라칭거)는, 그 모든 작업은 "오직 하나님 앞에서 진실을 밝히기 위함"이라고 했습니다. 로마 가톨릭교회가 자신과 다른 생각을 지닌 사람들을 인정하지 못했던 과오를 인류 앞에 겸허히 고백하겠다는 의미였습니다. 다시 말해, 앞으로는 생각이 다른 사람과도 그리스도 안에서 조화와 일치를 이루어 가겠다는 결단의 표시였습니다.

실제로 지금 로마 가톨릭교회의 지붕 아래에서는 보수와 중도 그리고 진보주의자들이 한데 어우러져 있습니다. 예전 같으면 어느 쪽이든 힘 있는 쪽이 종교재판을 통해 반대쪽을 벌써 제거해 버렸을 텐데, 전혀 이질적인 사람들이 도리어 주님 안에서 조화와 일치를 이루며 사이좋게 공존하고 있습니다. 이것은 로마 가톨릭교회가 여러 제도적 모순을 지님에도 과거의 배타적인 잘못에서 벗어나 주님 안에서 만인을 위한 성숙한 교회로 나아가고 있다는 반증이 아닐 수 없습니다.

선교 120년을 맞은 한국 교회는 안타깝게도 보수, 중도, 진보가 여전히 분열과 대립 상태에 있습니다. 그래서 이념, 계층, 세대, 지역별로 찢어질 대로 찢어진 우리 사회의 통합을 위한 교회 본연의 역할을 제대로 감당하지 못하고 있습니다. 이런 가슴 아픈 현실에서 주님께서는 서로 다른 우리를 이곳에 함께 모이게 하셨습니다. 그리고 한국 개신교 역사상 유례 없이 개신교 20개 교단과 26개 기독 기관에 의해 초교파적으로 결성된 한국기독교100주년기념사업협의회의 정신을 계승하고 후대에 전하는 100주년기념교회를 이루게 하셨습니다. 그렇다면 우리 교회가 이 시대의 진정한 교회 행전을 엮어 갈 수 있느냐의 여부는, 전적으로 우리 모두 자신과 다른 교우를 얼마나 수용하고 주님 안에서 조화를 이루느냐에 의해 판가름 날 것입니다. 불과 두 달 전까지만 해도 서로 알지 못하던 우리를 주님께서 이 자리에 함께 모이게 하셨기 때문입니다.

박정관 목사님이 작사·작곡한 찬양곡 가운데 〈형제의 모습 속에〉가 있습니다.

> 형제의 모습 속에 보이는 하나님 형상 아름다워라
> 존귀한 주의 자녀 됐으니 사랑하며 섬기리
>
> 자매의 모습 속에 보이는 하나님 형상 아름다워라
> 존귀한 주의 자녀 됐으니 사랑하며 섬기리
>
> 우리의 모임 중에 임하신 하나님 영광 아름다워라
> 존귀한 왕이 여기 계시니 사랑하며 섬기리

오늘의 본문, 즉 주님께서 한자리에 함께 모이게 하신 사람들이 누구든, 주님 안에서 서로 다름을 존중하며 더불어 주님의 몸 된 교회를 이루어야 한다는 메시지에 얼마나 적합한 노래인지 모르겠습니다.

사랑하는 교우 여러분!
두 달 전에 창립된 우리 교회는 어린이를 포함하여 출석 교인이 벌써 800여 명에 이르고 있습니다. 단기간에 많은 분들이 모이다 보니 우리는 아직 서로 잘 알지 못합니다. 이제 앞으로 함께 신앙생활해 가는 가운데 우리 각자는, 자신과는 전혀 다른 교우님들의 모습을 접하게 될 것입니다. 그때 상대를 부정하지 마십시다. 상대에 대해 실망하지도 마십시다. 오히려 자신과는 판이한 그분들의 모습에서, 여태까지 상상치도 못했던 하나님의 또 다른 아름다운 형상을 확인하십시다. 그 하나님의 형상으로 빚어진 그분들을 주님 안에서 존귀하게 섬기십시다. 전혀 이질적인 주님의 제자들이 주님 안에서 한 지체가 되어 교회의 시발점을 이루었듯, 자신과는 다른 분들과 주님 안에서 조화와 일치를 이루는 진정한 교회 행전을 엮어 가십시다. 그때 우리는 자기 인식의 한계를 뛰어넘어 우주보다 더 크신 하나님의 실상을 비로소 확인할 것이며, 우리 교회를 통해 우리의 가정과 일터 그리고 이 사회를 통합시켜 가시는 하나님의 영광을 보게 될 것입니다.

2천 년 전 민중을 착취하던 세리 마태와 착취당하던 어부 베드로를, 조국의 독립을 위해 생을 불사르던 열심당원 시몬과 자기 안일만을 꾀하던 갈릴리의 요한을, 존귀한 산헤드린 의원과 밤거리의 창녀 막달라 마리아를, 주님 안에서 함께 모이게 하셔서 교회의 막을 여신 주님! 주님께서는 첨예한 분열과 대립의 이 시대에, 서로 다른 우리를 원근 각처에서 불러 모아 100주년기념교회를 이루게 하셨습니다. 남편과 아내가 서로 다르기에 부부의 조화를 이루듯, 우리가 각기 다르기에 주님 안에서 진리의 조화를 이루는 참된 교회가 되게 해주십시오. 자신과 다른 교우님 속에서 하나님의 아름다운 형상을 보게 해주셔서, 자신의 한계로 왜곡시킨 하나님의 허상이 아니라 우주보다 더 크신 하나님의 실상을 볼 수 있게 도와주십시오. 우리 모두 이 분열과 대립의 가슴 아픈 현실에서, 우리의 가정과 일터 그리고 이 사회를 통합시키는 우리 시대의 진정한 교회 행전을 엮어 가게 도와주십시오. 전혀 이질적인 우리를 함께 모이게 하신 주님의 뜻을, 우리의 삶을 도구 삼아 이 땅과 이 시대에 친히 이루어 주십시오. 아멘.

10. 기다리라

사도행전 1장 4-8절

사도와 함께 모이사 그들에게 분부하여 이르시되 예루살렘을 떠나지 말고 내게서 들은바 아버지께서 약속하신 것을 **기다리라** 요한은 물로 세례를 베풀었으나 너희는 몇 날이 못 되어 성령으로 세례를 받으리라 하셨느니라 그들이 모였을 때에 예수께 여쭈어 이르되 주께서 이스라엘 나라를 회복하심이 이때니이까 하니 이르시되 때와 시기는 아버지께서 자기의 권한에 두셨으니 너희가 알 바 아니요 오직 성령이 너희에게 임하시면 너희가 권능을 받고 예루살렘과 온 유대와 사마리아와 땅끝까지 이르러 내 증인이 되리라 하시니라

모든 결과는 과정의 산물입니다. 어떤 경우에도 과정 없는 결과란 있을 수 없습니다. 올해 50세인 사람이 있다면 그는 태어나서 지금까지 50년을 살아왔음을 의미합니다. 그 과정에서 단 일 년만 비어도 그는 현재 50세일 수도, 살아 있는 사람일 수도 없습니다. 가령 그에게 39년째 되는 해가 없다면 그는 38세 되던 해, 즉 12년 전에 이미 죽은 것입니다. 저희 집에서 이 강

대상까지의 거리를 300미터라고 가정할 경우, 주일에 대문을 나선 제가 강대상에 서기 위해서는 반드시 300미터 전 과정을 거쳐 와야 합니다. 만약 299미터에서 멈춘다면, 강대상 바로 앞자리까지는 이르겠지만 이 자리에 설 수는 없습니다. 12시는 11시가 지나야 되고, 월요일이 끝나야 화요일이 시작되며, 가을은 여름 다음에야 찾아오는 법입니다. 세상만사가 이와 같습니다. 결과란 곧 과정의 집합이기에, 과정의 질과 수준이 고스란히 결과의 질과 수준이 됩니다. 지혜로운 사람이 과정을 중요시하는 까닭이 여기에 있습니다. 그런데 누구보다도 과정을 소중히 여기는 분이 하나님이십니다. 우리를 사랑하시는 하나님은 우리에게 늘 최선의 결과를 주기 원하시기 때문입니다.

하나님이 이 세상을 창조하실 때 인간을, 단지 당신께서 사랑하신다는 이유만으로 제일 먼저 창조하시지 않았습니다. 오히려 인간을 사랑하시기에 마지막 날 마지막으로 창조하셨습니다. 하나님께서 사랑을 앞세워 인간을 가장 먼저 만드셨다면, 인간은 아무것도 존재하지 않는 공허하고 혼돈한 흑암 속에서 추위와 배고픔과 막막함으로 떨어야 했을 것입니다. 그것은 자신을 위한 이기심일 뿐, 상대를 위한 참된 사랑일 수 없습니다. 하나님께서는 하늘의 일월성신日月星辰과 산천초목山川草木을 비롯하여 인간에게 필요한 모든 것을 완벽하게 준비하는 과정을 거친 다음에야 인간을 창조하시고, 인간으로 하여금 그 모든 것을 누리며 살게 하셨습니다. 하나님께서 마지막 날 인간을 창조하시기까지의 전 과정이 인간을 향한 하나님의 사랑인 것입니다.

하나님께서는 4천 년 전, 75세가 되기까지 자식을 갖지 못하던 아브라함을 믿음의 조상으로 선택하셨습니다. 그렇지만 그렇게 선택하신 뒤 곧바로 자식을 주신 것은 아니었습니다. 무려 25년 동안이나 믿음의 과정을 거치게 하심으로써 아브라함을 우선 확고한 믿음의 사람으로 세우셨습니다. 믿음의 사람만 믿음의 자녀를 낳아 믿음의 자녀로 기를 수 있고, 그 믿음의 자녀로 인해 결과적으로 믿음의 조상이 될 수 있는 까닭입니다. 만약 아브라함이 그 믿음의 과정을 거치지 않았다면 그는 4천 년 전 중동에서 바람처럼 왔다가 먼지같이 사라져 버렸을 것이고, 우리가 그를 믿음의 조상으로 기리거나 기억해야 할 까닭이 전혀 없을 것입니다. 따라서 하나님께서 아브라함으로 하여금 장장 25년 동안 믿음의 과정을 거치게 하신 것은 그에 대한 지극한 사랑의 발로였음을 알게 됩니다.

주님께서 승천하시기 직전, 제자들에게 마지막으로 남기신 유훈의 말씀을 본문 8절이 전해 줍니다.

　　오직 성령이 너희에게 임하시면 너희가 권능을 받고 예루살렘과 온 유대와 사마리아와 땅끝까지 이르러 내 증인이 되리라 하시니라.

주님의 이 마지막 말씀으로 인해 많은 그리스도인이 땅끝에 관심을 두거나 혹은 땅끝에 대한 부담감을 지니고 있습니다. 그러나 이미 말씀드렸듯이 과정 없는 결과란 있을 수 없습니다. 우리가 정녕 땅끝의 사람이 되려면 먼저 땅끝을 향한 과정에 충실해야 합니다.

주님께서 부활하시자마자 제자들을 땅끝으로 내모신 것이 아닙니다. 제자들로 하여금 먼저 갈릴리로 돌아가게 하셨습니다. 제자들에게 갈릴리는 삶의 터전이었습니다. 제자들의 직업은 어부나 세리 혹은 열심당원 등으로 다양했지만, 공통점은 갈릴리가 그들 모두에게 삶의 현장이었다는 것입니다. 그들은 하나같이 갈릴리에서 태어나 갈릴리에서 잔뼈가 굵은 갈릴리 사람들이었습니다. 그들의 생계가 갈릴리에 달려 있고, 사랑하는 가족도 갈릴리에 있었습니다. 갈릴리를 떠나서는 그들의 존재 자체가 유명무실했습니다. 부활하신 주님께서는 바로 그 삶의 터전, 삶의 현장으로 제자들을 먼저 보내셨습니다. 그리스도인이 된다는 것은 먼 곳을 찾아가 자신을 모르는 사람들 앞에서 일시적인 변신을 꾀하는 것이 아니라, 자기 삶의 현장 즉 자신을 가장 잘 아는 사람들 앞에서부터 그리스도를 본받아 사는 것을 의미하기 때문입니다.

히브리어 갈릴리의 뜻은 '고리'입니다. 모든 인간관계는 고리로 이어져 있습니다. 차이가 있다면 그것이 어떤 고리냐는 것뿐입니다. 어떤 사람과는 돈의 고리로 이어져 있고, 어떤 사람과는 욕망의 고리로 이어져 있는가 하면, 또 다른 사람과는 거짓의 고리로 연결되어 있을 수도 있습니다. 그러나 그리스도인은 주님 안에서 사랑과 진리의 고리로 자신과 타인을 잇는 사람입니다. 주님께서는 요한복음 마지막 장이면서 사복음서의 결론 장인 요한복음 21장을 통해, 제자들의 삶의 현장인 갈릴리에서 제자를 대표한 베드로에게 세 번이나 되풀이하여 물으셨습니다. "요한의 아들 시몬아, 네가 나를 사랑하느냐?" "네가 나를 사랑하느냐?" "네가 나를 사랑하느냐?" 이 질문이 얼마나 중요하면 세 번이나 연이어 거듭하셨겠습니까?

제자들의 삶의 현장인 갈릴리의 의미가 '고리'라는 관점에서 우리는 이 질문의 의미를 이렇게 이해할 수도 있습니다. 네 삶의 현장이 진리의 고리를 이루고 있느냐? 네 가정을 사랑의 고리로 연결하고 있느냐? 네 일터에서 그리스도인으로 살아가고 있느냐? 네 아내 앞에서 그리스도인답게 행동하고 있느냐? 네 남편에게 그리스도인으로 처신하고 있느냐? 네 자식에게 그리스도인의 본을 보이고 있느냐? 네 부모에게 그리스도인의 의무를 다하고 있느냐? 네가 만나는 사람들에게 그리스도인다운 언행을 하고 있느냐?

제자들을 먼저 갈릴리로 돌아가게 하신 주님께서는, 이처럼 제자들이 자기 삶의 현장에서 자신과 관련된 모든 사람들과 바른 고리, 즉 그리스도 안에서 진리와 사랑의 고리로 이어져 있는지 스스로 점검케 하셨습니다. 그 고리를 지니지 못한 사람도 한순간의 결단으로 얼마든지 땅끝까지 나아갈 수 있습니다. 그러나 바른 고리를 지니지 못하고 모든 것이 어설픈 땅끝에서 진리와 사랑으로 사람을 엮을 수는 더욱 없기에, 피차 인생 낭비일 수밖에 없습니다. 그래서 주님께서는 제자들을 먼저 삶의 현장으로 보내시고, 그들의 고리를 점검케 하신 것입니다. 인간관계에서 진리와 사랑의 고리가 아닌 것은 아무리 단단해 보여도 언젠가는 반드시 끊어지고 맙니다. 진리와 사랑의 고리가 아니라면 그 형태가 어떠하든 본질적으로 새끼줄과 다를 바가 없습니다.

삶의 현장인 갈릴리에서 자기 고리를 점검케 하신 주님께서는 제자들과 예루살렘으로 올라오셨습니다. 그렇다면 "예루살렘과 온 유대와 사마리아와 땅끝까지 내 증인이 되리라" 명하신 주님이기에, 예루살렘에서 제자들을 즉시 땅끝으로 보내심이 마땅할 것 같습니다. 그러나 본문 4-5절은 전혀 다른 사실을 전해 줍니다.

> 사도와 함께 모이사 그들에게 분부하여 이르시되 예루살렘을 떠나지 말고 내게서 들은바 아버지께서 약속하신 것을 기다리라 요한은 물로 세례를 베풀었으나 너희는 몇 날이 못 되어 성령으로 세례를 받으리라 하셨느니라.

주님께서는 제자들에게 예루살렘을 떠나지 말고, 아버지께서 약속하신 것을 예루살렘에서 기다리라고 말씀하셨습니다. 이 말씀은 땅끝을 향해 무작정 떠나는 것이 능사가 아님을 일깨워 줍니다. 여기서 '아버지께서 약속하신 것'이란 성령강림, 곧 성령세례였습니다. 이에 대하여는 오순절 성령강림 사건을 다루는 사도행전 2장에서 깊이 생각해 보기로 하겠습니다. 이 시간 우리가 주목하려는 것은, 주님께서 떠나지 말고 기다리라고 명하신 곳이 예루살렘이었다는 점입니다. 예루살렘을 떠나지 말고, 예루살렘에서 성령강림을 기다리라고 명하신 것입니다.

제자들과 예루살렘은 불가분의 관계였습니다. 갈릴리에서 태어나 갈릴리 밖에 모르던 제자들은 주님을 따라다니면서 예루살렘과 밀접한 관계를 맺었습니다. 주님께서 성전에서 가르치신 곳이 예루살렘이었음은 말할 것도 없고, 고난과 부활의 현장 역시 예루살렘이었습니다. 이를테면 예루살렘은 주님의 부르심을 입은 제자들에게 갈릴리 다음가는 삶의 현장이었습니다. 그러나 예루살렘은 그보다 훨씬 중요한 의미를 지니는 곳입니다. 히브리어 예루살렘의 뜻은 '평화의 터전'입니다. 따라서 주님께서 제자들에게 땅끝으로 나아가기 전에 예루살렘을 떠나지 말고 성령강림을 기다리라 명하신 것은, 평화의 터전을 지키면서 그곳에서 성령강림을 기다리라는 의미입니다. 다시 말해, 땅끝으로 나아가기 위해서는 먼저 성령님 안에서 평화의 사람이 되어야 함을 일깨워 주신 것입니다.

부활하신 주님께서는 제자들에게 먼저 갈릴리로 돌아갈 것을 명령하셨습니다. 본문 4절에서는 예루살렘을 떠나지 말고, 예루살렘에서 성령강림을 기다릴 것을 분부하셨습니다. 그리고 본문 8절을 통해 예루살렘을 넘어 유대와 사마리아와 땅끝까지 이르러 주님의 증인이 될 것을 명령하셨습니다. 주님의 이 세 명령을 종합하면 어떤 결론을 얻을 수 있습니까? 땅끝의 사람이 되기 위해서는 반드시 삶의 현장인 갈릴리에서 사랑과 진리의 고리가 되는 것으로 시작하여, 성령님 안에서 평화의 터전인 예루살렘을 거치는 과정을 충실히 이행해야 한다는 것입니다. 바꾸어 말해, 현재 자기 삶의 현장에서부터 자신과 관련된 모든 사람을 성령님 안에서 평화의 고리로 한데 묶을 수 있어야 한다는 것입니다. 진리와 사랑의 가시적 종착역이 곧 평화이기 때문입니다.

한평생 갈릴리 빈민촌에서 살았던 제자들에게는 유대나 사마리아 역시 땅끝이기는 매한가지였습니다. 그들이 삶의 현장에서부터 평화의 고리를 지닌 평화의 사람이 되지 않고 애써 땅끝을 찾아가 보았자, 자신과 전혀 다른 땅끝의 사람들 중 누구와 더불어 화평의 삶을 살 수 있겠습니까? 고작 불화와 다툼밖에 더 일으키겠습니까?

이 말을 뒤집으면, 삶의 현장인 갈릴리에서 시작하여 성령님 안에서 평화의 터전인 예루살렘을 거치는 과정에 충실한 사람의 삶은, 결과적으로 땅끝을 이루게 된다는 것입니다. 땅끝이란 지리적으로 먼 곳만을 의미하지 않습니다. 죽어 가는 영혼이 있는 곳이면 어디든 그곳이 땅끝입니다. 따라서 성령님 안에서 자기 삶의 현장을 평화의 터전으로 일구는 평화의 사람이 있는 곳이라면, 바로 그곳이 죽은 영혼이 살아나는 진정한 땅끝이 아닐 수 없습니다.

평화의 사람이 된다는 것은 거창한 일이 아닙니다. 그것은 성령님 안에서 자신의 마음을 굳게 지키는 것입니다. 이사야 26장 3절을 표준새번역 성경으로 읽어 드리겠습니다.

주님, 주님께 의지하는 사람들은 늘 한결같은 마음을 가진 사람들이니, 그들에게 완전한 평화를 주시기 바랍니다.

평화란 하나님을 의지하는 사람의 흔들림 없는 마음에서 비롯되는 것임을 일깨워 줍니다. 사람들은 평화라고 하면 흔히 황혼의 들녘이나 잔잔한 호수 위를 나는 새들을 연상합니다. 그것은 진정한 의미에서의 평화가 아닙니다. 비바람이 몰려드는 즉시 깨지고 맙니다. 참된 평화의 터전은 몰아치는 폭풍 속에서도 전혀 흔들리지 않는 마음입니다. 마음이 흔들리면 흔들리는 만큼 평화는 깨집니다. 그래서 주님께서는 제자들에게 예루살렘을 떠나지 말고 성령강림을 기다릴 것을 명령하셨습니다. 성령님 안에 거하는 사람의 마음만 평화의 터전으로 일구어질 수 있기 때문입니다. 생각해 보십시오. 천지를 창조하신 주님의 영이 함께하는 사람의 마음을 이 세상 그 무엇이 빼앗거나 뒤흔들 수 있겠습니까? 이후 제자들이 평화의 사도로 땅끝의 사람이 될 수 있었던 것은, 성령님 안에 거하는 그들의 마음이 어떤 인생 폭풍에도 미동조차 않는 확고한 평화의 터전으로 일구어졌기 때문입니다.

우리는 모두 길이요 진리이신 주님의 말씀을 좇는 그리스도인입니다. 그러므로 '땅끝까지 이르러 내 증인이 되리라'는 주님의 마지막 명령을 지켜야 합니다. 불효자식도 부모의 유언 앞에서만은 진지해지는 법이거늘, 하물며 주님을 우리 인생의 주인으로 모신 우리가 어찌 그분의 마지막 명령을 소홀히 할 수 있겠습니까? 우리는 주님의 명령에 따라 반드시 땅끝의 사람이 되어야 합니다. 이 사실을 인정한다면, 우리는 먼저 그 결과를 위한 과정에 충실하지 않으면 안 됩니다.

무엇보다도 우리 삶의 현장인 갈릴리로 당장 돌아가야 합니다. 그 갈릴리에서 아내와의 고리, 남편과의 고리, 부모 자식과의 고리, 동료와 이웃과의 고리가 진리와 사랑으로 이루어져 있는지 점검해야 합니다. 그다음에는 예루살렘을 지켜야 합니다. 즉 우리 삶의 현장을 평화의 터전으로 일구어야 합니다. 누구든 자신이 만나는 사람과 스스로를 평화의 고리로 잇는 평화의 사람이 되어야 합니다. 그러기 위해서는 성령님 안에서, 성령님을 힘입어, 어떤 상황에서도 흔들리지 않는 견고한 마음을 지녀야 합니다.

주님의 몸은 십자가 위에서 피투성이로 찢어졌지만, 주님의 마음은 전혀 흔들리지 않았습니다. 만약 주님의 마음이 조금이라도 흔들렸다면 어찌 당신께 못질하는 군인들을 위해, 저들의 죄를 사하여 달라고 기도하실 수 있었겠습니까? 마지막 호흡이 멎는 순간까지 주님의 심령이 흔들리지 않았기에, 그 참혹한 십자가의 죽음을 받아들이고 평화의 왕으로 부활하실 수 있었습니다. 우리는 바로 그분의 제자요, 그 주님께서 지금 우리와 함께하고 계십니다.

주님께서는 마태복음 마지막 장 마지막 절을 통해 우리 모두에게 굳게 약속하셨습니다.

볼지어다 내가 세상 끝 날까지 너희와 항상 함께 있으리라 (마 28:20하).

육신을 지니고 이 땅에 오신 주님께서는 육신을 지닌 채로 승천하셨습니다. 그런데 어떻게 세상 끝 날까지 우리와 함께 계실 수 있다는 것입니까? 주님께서는 영으로, 성령님으로 우리와 함께 계십니다. 우리는 2천 년 전 제자들처럼 성령강림을 기다릴 필요가 없습니다. 오순절 이 땅에 강림하신 성령님께서는 이미 우리와 함께 계십니다. 성령님께서 우리와 함께 계시지 않는다면, 우리가 지금 이 시간, 영적으로 예배드리는 이 자리에 나와 있을 턱이 없습니다. 우리가 이곳에 있는 것은 우리와 함께하시는 성령님께서 우리를 부르고 인도해 주셨기 때문입니다. 지금 우리 가운데 계신 성령님께서는 내일도, 내년에도, 아니 주님께서 약속하신 대로 세상 끝 날까지 우리와 함께 계실 것입니다. 따라서 남은 것은 성령님 안에서 우리 자신을 평화의 사람으로 곧추세울 수 있도록 우리 마음을 굳게 지키는 것입니다.

오늘은 우리 민족의 명절인 추석입니다. 추석은 가족의 사랑과 형제의 우애를 다지도록 하나님께서 우리 민족에게 특별히 내려주신 뜻깊은 날입니다. 이 세상 60억 인구 가운데 한 혈육으로 태어난다는 것은 결코 우연일 수 없습니다. 하나님의 허락 없이 참새 한 마리도 떨어지지 않는다면, 한 혈육으로 태어났다는 것 자체가 하나님의 뜻이요, 섭리입니다. 그렇기에 혈육은 누구보다도 더 깊이 사랑해야 할 대상입니다. 그런데 어떻습니까? 혹 남보다도 못한 관계를 맺고 있지는 않습니까? 혈육 관계에 대한 권리만 주장할 뿐 의무는 도외시하고 있지는 않습니까? 그렇다면 이번 추석을 계기로 성령님 안에서 다시 시작하십시다. 가장 가까운 혈육을 사랑하며 그들과 더불어 화평을 일구지 못하고는 주님께서 원하시는 땅끝의 사람이 될 수 없습니다.

사랑하는 형제자매 여러분!

이제 우리와 함께 계시는 성령님을 향해 눈을 뜨십시다. 그 성령님을 의지하십시다. 성령님의 도움을 구하십시다. 성령님의 빛을, 인도하심을 따르십시다. 천지를 창조하신 하나님의 영을 의지하여 우리의 연약함을 벗어던지십시다. 전능하신 하나님의 영을 힘입어 한결같은 마음, 그 어떤 인생 폭풍 속에서도 흔들림 없는 마음을 견지하십시다. 그 마음으로 우리의 갈릴리에서, 예루살렘에서 새롭게 시작하십시다. 그 마음으로 우리 삶의 현장에서부터, 우리의 혈육 가운데서부터, 벽에 단단히 박힌 못처럼 흔들리지 않는 사랑과 진리 그리고 평화의 고리가 되십시다. 그때 사람들은 과정에 충실한 우리를 가리켜 땅끝의 증인이라 부를 것입니다.

땅끝은 아프리카에 있지 않습니다. 지구 반대편에 있지도 않습니다. 지구를 한 바퀴 돌면 지금 내가 서 있는 곳이 바로 땅끝입니다. 땅끝은 내 사무실, 아니 우리 집 안방에서 시작됩니다.

주님, 과정 없는 결과가 있을 수 없고, 과정의 질과 수준이 결과의 질과 수준을 결정함을 깨닫게 해주셔서 감사합니다. 하나님께서 내려 주신 민족의 명절 추석을 맞아 내 삶의 현장인 갈릴리에서부터, 내 혈육 가운데서부터, 참된 그리스도인이 되기를 원합니다. 내 삶의 현장을 평화의 터전, 예루살렘으로 일구어 가기를 소망합니다.

이 시간 나와 함께하시는 성령님! 성령님을 내 생의 주인으로 모십니다. 성령님께서 나의 허물을 덮어 주시고, 부족함을 채워 주시며, 견고한 마음을 허락해 주십시오. 성령님 안에서 흔들림 없는 마음으로 내 집 안방에서부터 진리와 사랑, 평화의 고리가 되게 도와주십시오. 날마다 갈릴리와 예루살렘의 과정을 충실하게 거치도록 성령님의 빛으로 인도해 주십시오. 그래서 땅끝이 멀리 있는 것이 아니라, 내 사무실과 내 집 안방이 땅끝의 시발점인 동시에 종착점임을 삶으로 증거하는 기쁨을 누리게 해주십시오. 아멘.

11. 알 바 아니요

> 사도행전 1장 6-8절
> 그들이 모였을 때에 예수께 여쭈어 이르되 주께서 이스라엘 나라를 회복하심이 이때니이까 하니 이르시되 때와 시기는 아버지께서 자기의 권한에 두셨으니 너희가 **알 바 아니요** 오직 성령이 너희에게 임하시면 너희가 권능을 받고 예루살렘과 온 유대와 사마리아와 땅끝까지 이르러 내 증인이 되리라 하시니라

시어머니와 며느리의 갈등은 우리나라만의 문제는 아닙니다. 애당초 남남이던 두 여자, 그것도 나이 든 여자와 젊은 여자가 단지 아들 또는 남편인 한 남자를 매개로 하루아침에 고부姑婦 사이가 되어 평생 살아간다는 것은 어느 모로 봐도 쉬운 일이 아닙니다. 스위스의 심리학자 폴 투르니에도《비밀 Secret》이란 책에서 고부간의 첨예한 갈등을 다룹니다.

갓 결혼한 젊은 맞벌이 부부가 시어머니를 모시고 사는 가정의 경우를 생각해 보십시다. 어느 날, 아들 내외가 출근한 뒤 시어머니는 직장과 집에서 수고하는 며느리에게 보탬이 되는 일을 생각했습니다. 그러고는 며느리가

출근하며 켜둔 세탁기에서 세탁물을 꺼내어 말린 뒤 정성스럽게 다림질을 하고, 하나하나 곱게 개켜 며느리 방 옷장에 가지런히 넣어 두었습니다. 그 일을 하는 내내 시어머니의 마음은, 퇴근 후 옷장을 열어 보고 시어머니의 자상함에 감격해할 며느리의 모습을 상상하는 것으로 마냥 즐겁고 뿌듯했습니다. 그러나 막상 며느리의 반응은 시어머니의 예상과는 전혀 달랐습니다. 도리어 며느리는 시어머니가 자기 방에 마음대로 드나들고 옷장마저 함부로 여닫은 것을 언짢아했습니다. 며느리가 보인 뜻밖의 반응에 하루 종일 며느리를 위해 수고와 정성을 다한 시어머니도 불쾌해졌습니다. 시어머니는 자신의 수고를 몰라주는 며느리를 이해할 수 없었고, 며느리는 자기 방과 옷장을 무단 침범한 시어머니를 이해할 수 없었습니다. 이때부터 고부간에 허물 수 없는 장벽이 생기고 갈등과 대립의 골은 깊어져만 갔습니다.

이 사건은 전적으로 시어머니의 선의에서 비롯되었습니다. 시어머니는 결코 며느리에게 해를 끼치려 한 것이 아닙니다. 단지 며느리를 돕기 위해 세탁물을 손질하고, 며느리 방에 들어가 옷장에 넣어 두었을 뿐입니다. 그런데도 왜 이런 엉뚱한 결과가 초래되었을까요? 이에 대한 폴 투르니에의 진단은 이렇습니다.

며느리에게 자신의 방과 옷장은 일반적인 개념의 단순한 공간이 아니었습니다. 시어머니와 한지붕 아래서 살아야 하는 며느리에게 방과 옷장은 그녀의 존재 자체였습니다. 며느리는 자기 방에 들어가서야 자신의 실체와 대면할 수 있었고, 자신을 지킬 수 있었으며, 그곳에서만 진정한 쉼을 얻고 누릴 수 있었습니다. 이를테면 그녀의 방과 그 속의 집기는 며느리 자신인 동시에 그녀의 인격이었습니다. 그러므로 며느리 입장에서 본다면, 시어머니가 며느리 방에 들어가 마음대로 옷장을 여닫은 것은 며느리의 존재와 인격을 깡그리 짓밟는 것과 같았습니다. 이것이 며느리가 시어머니의 선의를 선의로 받아들이지 않고 도리어 언짢아한 이유입니다. 만약 며느리의 옷을 손질한 시어머니가 그 옷을 며느리의 옷장이 아니라 거실 테이블 위에 올려놓았다면, 퇴근한 며느리는 시어머니의 자상함에 감격했을 것이 분명합니다.

이것은 비단 며느리와 시어머니에게 국한된 이야기가 아닙니다. 사람은 흔히 자신이 사랑하는 사람을 소유하고 지배하려 합니다. 상대에 관한 한 미주알고주알 낱낱이 알려 하고, 시도 때도 없이 간섭하려 합니다. 한마디로 상대가 자유인임을 인정하지 않는 것입니다. 그것은 인간에 대한 속박이요 억압일 뿐, 진정한 사랑이 아닙니다. 그래서 폴 투르니에는 '사랑이란 상대가 홀로 간직하거나 지키고 싶어 하는 시간과 공간 혹은 비밀을 존중해 주는 것'이라 정의하고 있습니다. 그것이 곧 상대의 존재 자체를 존중하는 것이기 때문입니다. 피조물과 피조물의 사랑이 이와 같다면, 하물며 창조주이신 하나님과 피조물인 우리의 사랑이야 두말해 무엇하겠습니까?

사복음서의 마지막 장인 요한복음 21장은, 교회의 역사와 사도들의 행적을 밝혀 주는 사도행전 1장과 맞물려 있다는 점에서 대단히 중요합니다. 그 요한복음 21장의 마지막 단락은 이런 내용을 전합니다. 베드로가 순교할 것을 예고하신 주님께서 베드로에게 주님을 따를 것을 명하셨습니다. 그러자 베드로는 평소 자신이 라이벌로 의식하고 있던 요한의 앞날이 어떻게 될 것인지 궁금하여 견딜 수 없었습니다. 베드로는 즉각 주님께 요한의 앞날에 대해 물었습니다. 주님의 답변은 다음과 같았습니다.

내가 올 때까지 그를 머물게 하고자 할지라도 네게 무슨 상관이냐(요 21:22상).

주님께서는 당신이 요한의 앞날을 어떻게 인도하시든지 그것은 베드로가 상관할 일이 아님을 분명히 하셨습니다. 이것이 사복음서의 마지막 장 마지막 단락의 내용입니다. 그런데 사도행전 1장, 오늘의 본문에서도 같은 의미의 내용이 되풀이되고 있습니다.

그들이 모였을 때에 예수께 여쭈어 이르되 주께서 이스라엘 나라를 회복하심이 이때니이까 하니(6절).

제자들의 관심은 여전히 로마제국의 식민 통치로부터 이스라엘이 정치적 해방을 언제 얻느냐는 것이었습니다. 지난 시간에 살펴본 것처럼 주님께서 제자들에게 예루살렘을 떠나지 말고 아버지께서 약속하신 성령강림을 기다리라고 말씀하시자, 제자들은 성령강림의 때를 곧 이스라엘 해방의 시기로 받아들였습니다. 그래서 주님께서 이스라엘을 회복하실 때가 바로 그때인지 물은 것입니다. 본문에서 '여쭈어'로 번역된 동사가 헬라어 원문에는 미완료형으로 기록되어 있습니다. 제자들이 단 한 번의 질문으로 그친 것이 아니라, 돌아가며 거듭 물었다는 의미입니다. 그만큼 그들의 관심은 현실의 문제에 집중되어 있었습니다.

이에 대한 주님의 답변은 다음과 같습니다.

때와 시기는 아버지께서 자기의 권한에 두셨으니 너희가 알 바 아니요 (7절).

주님께서는 '때'와 '시기'라는 단어를 구별하여 사용하셨습니다. '때'로 번역된 '크로노스 $\chi\rho\acute{o}\nu o\varsigma$'는 일반적인 의미의 연대기적 시간을 의미합니다.

태초부터 시작하여 역사의 종말에 이르기까지 일직선상에서 흘러가는 시간이 크로노스입니다. 반면에 '시기'로 번역된 '카이로스 καιρός'는 특별한 사건과 관련된 시간의 한 정점을 일컫는데, 특히 성경적으로는 주님의 재림으로 이루어질 종말의 시점을 의미합니다. 이스라엘의 정치적 독립 시기를 묻는 제자들에게 주님께서는, 주님의 재림을 뜻하는 종말을 포함하여 모든 역사의 때와 시기는 철저하게 하나님의 절대주권에 속한 것임을 밝히셨습니다. 그리고 그것은 너희의 알 바가 아니라고 천명하셨습니다. 이 말씀의 원문을 직역하면, '그것을 아는 것은 너희의 것이 아니다'란 말이 됩니다. 한마디로 너희가 상관할 일이 아니라는 것입니다.

"네게 무슨 상관이냐"고 말씀하시는 것으로 복음서의 막을 내리신 주님께서, 복음서에 연이은 사도행전의 도입부에서 또다시 "너희가 알 바 아니다"라고 강조하신 것은 얼마나 중요한 메시지를 던져 주고 있습니까? 피조물인 인간이 창조주이신 하나님을 믿고 사랑한다는 것은, 인간이 창조주의 영역에 뛰어들어 창조주를 상관하거나 간섭하는 것이 아니라, 창조주 고유의 영역을, 그분의 자유로우심을 인정하고 존중하는 것입니다. 그것이 그분에 대한 인격적인 믿음이요, 겸손한 사랑입니다. 창조주이신 하나님 역시 피조물에 불과한 우리를 그와 같이 대해 주고 계십니다.

하나님께서 이사야 선지자를 통해 말씀하셨습니다.

> 배에서 태어남으로부터 내게 안겼고 태에서 남으로부터 내게 업힌 너희여 너희가 노년에 이르기까지 내가 그리하겠고 백발이 되기까지 내가 너희를 품을 것이라 내가 지었은즉 내가 업을 것이요 내가 품고 구하여 내리라(사 46:3하-4).

전능하신 하나님께서는 무소부재無所不在하신 분입니다. 우리가 어디에 있든, 하나님께서는 바로 그곳에서 우리와 함께 계십니다. 하나님의 표현대로, 당신의 품으로 우리를 안고, 또 품고 계십니다. 그렇지만 우리의 눈으로 볼 수 없고, 손으로 만질 수 없는 영으로, 성령님으로 하나님은 존재하십니다. 이 얼마나 감사한 일입니까? 하나님께서 형체를 지니신 분으로 우리를 품고 계신다고 상상해 보십시오. 친부모라도 성인이 된 자식의 인생을 좌지우지하면 자식이 부모에게 등을 돌리지 않습니까? 시어머니가 아무리 며느리 빨래를 대신해 주어도 며느리의 옷장마저 마음대로 다루면 며느리가 도리어 시어머니를 경원하지 않습니까? 이유는, 그런 구조와 상황에서는 자기 인생이 있을 수 없기 때문입니다. 만약 거룩하신 하나님께서 형체를 지니신 채 우리를 품고 우리의 일거수일투족을 간섭하신다면, 우리는 단 하루도 버티지 못하고 그분의 거룩하심으로 인해 질식하고 말 것입니다.

감사하게도 하나님께서는 우리와 함께 계시되, 보이지 않는 성령님으로 우리를 품고 계십니다. 우리와 함께 계시면서도 우리 각자의 고유한 인생을 우리 자신에게, 우리의 자유의지에 맡겨 주신 것입니다. 이것이 하나님의 사랑이요, 그래서 하나님은 사랑이십니다. 하나님의 그 사랑 안에서 우리는 로봇처럼 의지도 없는 단순한 기계가 아니라, 우리의 의지를 다해 자발적으로 하나님과 동행하는 인생을 각자의 취향과 개성에 따라 꾸려 갈 수 있습니다.

주님께서 복음서의 마지막 단락에서, 요한의 미래에 대한 궁금증으로 안달하는 베드로에게 말씀하셨습니다.

내가 올 때까지 그를 머물게 하고자 할지라도 네게 무슨 상관이냐 **너는 나를 따르라**(요 21:22).

또 사도행전의 도입부인 오늘의 본문을 통해, 이스라엘 독립에만 집착하는 제자들에게 말씀하셨습니다.

> 때와 시기는 아버지께서 자기의 권한에 두셨으니 너희가 알 바 아니요 **오직 성령이 너희에게 임하시면 너희가 권능을 받고 예루살렘과 온 유대와 사마리아와 땅끝까지 이르러 내 증인이 되리라**(행 1:7-8).

성숙한 그리스도인이 상관할 것은, 하나님의 고유한 영역과 자유로우심을 온전히 존중하면서, 하나님께서 자신의 자유의지에 맡겨 주신 자기 삶의 영역에서 자발적으로 주님을 따르고 주님의 증인 된 삶을 추구하는 것입니다. 창조주이신 하나님과 피조물인 인간이 서로의 영역과 자유를 존중하면서, 각자의 영역에서 자발적으로 창조주와 피조물의 역할에 최선을 다한다는 것은 얼마나 아름다운 사랑과 믿음의 관계입니까?

저는 1986년 영락교회 교육 전도사 생활을 시작으로 목회 현장에 발을 내디뎠습니다. 올해로 목회 경력 20년째가 되는 셈입니다. 그동안 목회 현장에서 수련회와 야유회 등 많은 야외 행사를 치렀지만, 저는 계획된 야외 행사를 위해 좋은 날씨를 달라고 특별히 기도해 본 적이 없습니다. 하나님께서는 나만의 하나님이 아니라, 모든 인간의 하나님이십니다. 내가 하나님을 위해 아무리 좋은 행사를 계획해도, 그 행사의 현장에 누군가를 위해 비를 내려야 할 필요가 있다면 하나님께서는 나의 기도와 상관없이 비가 내리게 하실 것입니다. 그것은 전적으로 하나님의 결정 사항이요, 내가 상관할 일이 아닙니다. 그래서 저는 행사 당일 어떤 날씨가 주어지든, 주어진 자연 여건에서 목회자답게 처신하고 또 최선을 다해 행사를 주관할 수 있도록 도와

주시기를 기도했습니다. 감사하게도 주님의 은총으로 지난 20년 동안, 계획된 야외 행사가 날씨로 위축되거나 제한받았던 적은 한 번도 없었습니다.

결혼을 앞둔 청년이나 그 부모 가운데 자신 혹은 자식의 배우자가 될 사람의 외모, 학력, 직업 등 구체적인 조건까지 기도하는 그리스도인이 많습니다. 말하자면 자신이 가장 이상적이라 여기는 외모와 조건의 배우자를 마음속으로 그린 뒤, 그 그림에 부합되는 배우자를 달라고 기도하는 것입니다. 그런 기도와 신앙은 중요한 오류를 범하고 있습니다. 인간이 하나님의 영역을 침범하고 상관하는 오류입니다. 그리스도인이란 인생의 주관자가 하나님이심을 믿고 고백하는 사람입니다. 그런데 배우자의 외모와 세세한 조건까지 자신이 결정하여 하나님께 통보한다면 그 자신이 하나님이요, 하나님은 그의 하수인에 지나지 않을 것입니다.

사람에 관한 한, 하나님께서는 우리에게 세팅이 끝난 완제품 보석을 주시는 것이 아니라 언제나 원석原石을 주십니다. 배우자, 자식, 친구 등 예외가 없습니다. 하나님께서는 우리 삶의 고유 영역과 자유를 존중해 주시는 분이기 때문입니다. 우리에게 원석을 주시는 것이 하나님의 고유 영역이요 그분의 자유로우심이라면, 그 원석을 그리스도의 증인답게 자발적으로 진리 안에서 다듬어 가는 것은 인간의 영역과 자유의지의 몫입니다. 그리고 그 과정에서 행복이 창조되는 것입니다.

최근에 한 주부로부터 감동적인 간증을 들었습니다. 그녀의 시댁은 소문난 기독교 가문이었습니다. 시부모가 아들을 위해 하나님께 독실한 신앙의 며느리를 주실 것을 줄곧 기도했음은 물론입니다. 그러나 아들이 그녀와 결혼하겠다며 시부모에게 소개시킬 때, 그녀는 교회의 문턱을 넘어 본 적도 없는 불신자였습니다. 하필이면 믿지 않는 여자를 배우자로 선택한 아들에 대해 시부모의 실망은 이루 말할 수 없었습니다. 그러나 시부모는 이내 마음을 추스르고 그녀에게 말했습니다.

"믿지 않는 너를 내 아들이 배우자로 선택한 것은 천만 뜻밖의 일이구나. 믿지 않는 며느리가 들어온다는 것이 우리 가문에 얼마나 실망스러운 일인지 너는 아직 모를 거다. 하지만 내 아들이 믿음으로 너를 선택한 이상, 네가 우리 기도의 응답임을 믿는다. 부디 우리와 더불어 좋은 신앙인이 되었으면 좋겠구나."

결혼 후 시댁에서 신혼살림을 시작했습니다. 그러나 주일이 되어도 교회에 가지 않고 집에서 쉬는 며느리를 시부모는 한 번도 꾸짖지 않았고, 교회에 가자고 다그치지도 않았습니다. 언제나 그녀를 친딸처럼 사랑으로 따뜻하게 대해 주었습니다. 그러다 보니 며느리는 시부모에게 미안한 마음이 들었습니다. 어느 날 외출했다가 귀가하는 길에 보니, 마침 동네 교회에 특별 새벽 기도회를 알리는 현수막이 걸려 있었습니다. 그녀는 이튿날 새벽에 자발적으로 그 새벽 기도회에 참석하였습니다. 예배당으로 들어서는 순간, 하나님의 음성이 그녀를 사로잡았습니다.

"얘야, 왜 이제야 오니?"

자신을 기다리고 계시는 하나님의 음성에 그녀는 뜨거운 눈물을 흘렸고, 그 순간부터 그리스도인이 되었습니다. 그리고 자신을 끝까지 믿어 준 시부모의 사랑에 신앙의 자부子婦가 되는 것으로 보답하였습니다.

우리는 그녀의 간증에서 이 시대의 위대한 그리스도인을 만나게 됩니다. 바로 그녀의 시부모입니다. 그들은 아들을 위해 믿는 며느리를 간구했지만, 아들이 불신자를 배우자로 선택하였을 때 그녀를 거부하지 않았습니다. 하나님의 고유 영역과 그분의 자유로우신 뜻을 상관하려 하지 않고, 그녀를 하나님께서 그들의 가정에 맡기신 원석으로 받아들였습니다. 그렇다고 매일 교회 가자고 며느리를 닦달하지도 않았습니다. 며느리의 삶과 자유의지 또한 존중해 준 것입니다. 하나님의 때가 되면 며느리가 자신의 의지로 주님의 부르심에 응답할 것을 굳게 믿었고, 주님을 믿는 그리스도인답게 믿지 않는 며느리를 지성으로 사랑해 주었습니다. 결국 며느리는 자발적으로 교회 문턱을 넘었고, 그 가정을 통해 그녀를 구원하려는 하나님의 자유로우신 뜻이 아름답게 이루어졌습니다. 그 가정이야말로 죽었던 영혼이 살아나는 이 시대의 땅끝이었고, 그 시부모는 명실공히 땅끝의 증인이었습니다.

사랑하는 교우 여러분!

여러분이 정녕 창조주 하나님을 믿는다면, 그분의 고유 영역과 자유로우심을 상관하려는 우를 범치 마십시오. 하나님께서 무소부재하심에도 불구하고, 형체 없는 성령님으로 우리와 함께하시며 우리 삶의 고유 영역과 자유를 존중해 주고 계심을 잊지 마십시오. 진정 하나님의 전능하심을 믿는다면, 현재 주어진 상황과 사람들 속에 그분의 자유로우신 뜻이 있음을 겸허하게 받아들이십시오. 그리고 지금 주어진 상황에서, 자신을 품고 계시는 성령님을 힘입어, 오직 주님의 발자취를 따라가십시오. 주님께서 맡겨 주신 사람들의 삶의 영역과 자유를 상관하지 말고, 그들 앞에서 성령님을 좇아 그리스도의 증인으로 살아가십시오. 그때 여러분이 두 발 딛고 서 있는 곳이 땅끝이요, 여러분은 명실상부한 땅끝의 사람이 될 것입니다. 여러분이 서 있는 그곳에서 전능하신 하나님의 뜻이, 상상조차 할 수 없었던 하나님의 자유로우신 뜻이, 바로 여러분의 삶을 통해 기적처럼 펼쳐질 것이기 때문입니다.

전능하신 창조주 하나님을 믿는다면서, 피조물인 우리가 하나님의 영역과 자유로우심을 상관하려는 어리석음을 더 이상 범치 않도록 도와주십시오. 사랑의 이름으로 다른 사람의 삶과 자유를 침해하는 오류도 범치 않게 도와주십시오. 무소부재하신 하나님께서 보이지 않는 성령님으로 우리와 함께하심이, 우리 삶의 영역과 자유를 존중해 주시려는 사랑임을 깨닫게 해주셔서 감사합니다. 이제 우리가 상관할 것은 주어진 상황과 사람들 속에서 오직 성령님을 힘입어 자발적으로 주님을 따라 사는 것임을, 그리스도의 증인답게 살아가는 것임을 잊지 않게 도와주십시오. 우리가 어디에 있든 바로 그곳이, 죽었던 뭇 영혼들이 살아나는 땅끝이 되게 도와주십시오. 우리 모두 성령님 안에서 명실상부한 땅끝의 사람으로 살아가는 희열을 날마다 누리게 도와주십시오. 아멘.

12. 내 증인이 되리라

사도행전 1장 6-8절

그들이 모였을 때에 예수께 여쭈어 이르되 주께서 이스라엘 나라를 회복하심이 이때니이까 하니 이르시되 때와 시기는 아버지께서 자기의 권한에 두셨으니 너희가 알 바 아니요 오직 성령이 너희에게 임하시면 너희가 권능을 받고 예루살렘과 온 유대와 사마리아와 땅끝까지 이르러 **내 증인이 되리라** 하시니라

지난 시간에 잠깐 언급한 요한복음 21장 마지막 단락 내용을 이 시간에 좀더 구체적으로 살펴보겠습니다.

내가 올 때까지 그를 머물게 하고자 할지라도 네게 무슨 상관이냐 너는 나를 따르라(22절).

주님께서는 요한의 앞날을 궁금해하는 베드로에게 대답하시길, 설령 당신이 재림하실 때까지 요한을 이 땅에 살려 둔다 한들 그것은 네가 상관할

바가 아니므로 너는 나를 따르라고 말씀하셨습니다. 이것은 주님이 종말 때까지 요한을 살려 두겠다고 단정하신 말씀이 아닙니다. '만약 그를 살려 둔다 할지라도'라는 가정법 문장이기 때문입니다.

그런데 요한복음 21장 23절 상반절이 기가 막힌 사실을 밝혀 줍니다.

이 말씀이 형제들에게 나가서 그 제자는 죽지 아니하겠다 하였으나.

예수님께서 대답을 마치신 뒤 제자들 사이에 헛소문이 퍼지기 시작하였습니다. 내용인즉, 요한은 절대로 죽지 않는다는 것이었습니다. 그것은 진실이 아닌 명백한 거짓말이었습니다. 그 거짓 소문을 믿고 퍼뜨린 사람들은 철부지 어린아이들이나 막 신앙에 입문한 초신자들이 아니었습니다. 베드로를 위시하여 주님을 3년 동안이나 밤낮으로 모신 주님의 제자들이었습니다.

요한복음 21장 23절은 다음과 같이 계속됩니다.

이 말씀이 형제들에게 나가서 그 제자는 죽지 아니하겠다 하였으나 예수의 말씀은 그가 죽지 않겠다 하신 것이 아니라 내가 올 때까지 그를 머물게 하고자 할지라도 네게 무슨 상관이냐 하신 것이러라.

제자들 사이에 퍼진 소문이 헛된 거짓 소문임을 밝히면서 주님께서 실제 말씀하신 내용을 거듭 강조하고 있습니다.

그러고서 사복음서는 요한복음 21장 24-25절로 끝을 맺습니다.

이 일들을 증언하고 이 일들을 기록한 제자가 이 사람이라 우리는 그의 증언이 참된 줄 아노라 예수께서 행하신 일이 이 외에도 많으니 만일 낱낱이 기록된다면 이 세상이라도 이 기록된 책을 두기에 부족할 줄 아노라.

이 마지막 두 구절은 예수님의 구체적인 행적이나 사건에 대한 기록이 아니라, 사복음서를 마무리하는 총괄적 표현입니다. 따라서 구체적인 사건과 관련된 사복음서의 실질적인 마지막 구절은 요한복음 21장 23절입니다. 즉, 제자들이 마치 진실인 것처럼 입에서 입으로 전하고 있는 소문이 터무니없는 거짓이라는 것과 주님께서 실제로 말씀하신 내용을 되풀이하는 것으로 복음서 대단원의 막이 내리고 있습니다. 그리고 이어서 교회의 역사와 사도의 행적을 밝혀 주는 사도행전의 막이 오르고 있습니다. 그 이유가 대체 무엇이겠습니까? 주님의 제자들이 거짓 소문을 퍼뜨렸다는 것과, 그 그릇된 소문을 주님께서 교정해 주시는 것으로 복음서가 끝남과 동시에 사도행전이 시작되는 까닭이 무엇이겠습니까? 교회는 자칫 헛소문과 거짓 소문의 진원지가 되기 쉽다는 경각심을 심어 주시기 위함입니다.

교회는 건물이나 제도가 아닌 사람들의 모임이라고 했습니다. 인간의 모임 가운데, 한 사람이 가장 많은 사람과 관련을 맺는 모임이 교회입니다. 수만 명의 종업원이 근무하는 대기업의 종사자라고 해서 그 수만 명의 직원을 다 아는 것은 아닙니다. 고작 자기 부서에 속한 사람 정도와만 관계를 맺고 있으며, 그 수는 많아야 몇십 명을 넘지 않고 그것도 업무 중심의 관계일 뿐입니다. 반면에 교회는 훨씬 많은 사람과 관계를 맺는 곳입니다. 교인 수가 적은 교회에서는 전 교인이 서로 아는 사이고, 교인 수가 많은 교회일 경우에는 한 사람이 수백 명을 알기도 합니다. 게다가 교회는 주님 안에서 사람을 사랑하는 모임이다 보니 어떤 모임보다 사람에 관심이 많습니다. 이것이 세상에서 교회가 자칫 헛소문 혹은 거짓 소문의 진원지가 되기 쉬운 이유입니다.

오랜 신앙 연륜을 지닌 분들이라면, 자신과 관련된 헛소문으로 한두 번 혹은 그 이상 가슴앓이를 겪은 경험이 있을 것입니다. 저 역시 마찬가지입니다. 저는 목회 현장에 발을 내디딘 이래, 저 자신에 관한 소문을 숱하게 들어 왔습니다. 저도 모르는 제 소문을 제가 듣는 것입니다. 물론 그중에서 사실과 부합하는 내용은 없었습니다. 99퍼센트가 거짓이었다고 해도 과언이 아닙니다. 2천 년 전 예수님의 제자들마저 거짓 소문을 진실인 양 퍼뜨렸다면, 오늘날 교인들이 헛되거나 거짓된 소문을 사실 확인도 없이 전하면서 가해자인 동시에 피해자가 되고 있는 현실은 어찌 보면 당연하다 하겠습니다.

그리스도인이 정직하고 참된 언행의 사람이 되어야 한다는 것은 기독교 신앙의 기본입니다. 그런데도 왜 주님의 제자들은 헛소문을 퍼뜨렸을까요? 왜 교회에는 헛소문이나 거짓 소문이 난무할까요? 그 답을 알기 위해서는 제자들이 거짓 소문을 퍼뜨리기 직전, 주님께서 제자들에게 남기신 마지막 명령을 다시 한 번 상기할 필요가 있습니다.

내가 올 때까지 그를 머물게 하고자 할지라도 네게 무슨 상관이냐 너는 나를 따르라.

제자들에 대한 주님의 마지막 명령은 '나를 따르라'는 것이었습니다. 길이요 진리요 생명이신 주님을, 인간을 사랑하기 위해 당신 자신을 십자가의 제물로 내어놓으신 주님의 정신을 따르라는 것입니다.

여기서 우리는 제자들이 왜 그토록 허무맹랑한 헛소문을 퍼뜨렸는지 알게 됩니다. 그때까지 그들은 진정으로 주님을 좇지 않고 있었습니다. 만약 그들이 온 중심을 다해 진리이신 주님을 따랐다면, 요한에 대한 거짓 소문을 확대재생산하지 않았을 것입니다. 어느 시대, 어느 곳을 막론하고, 교회를 이루는 사람들이 온 중심으로 주님을 따르지 않는 교회는, 반드시 헛되고 거짓된 소문이 난무하는 추한 인간 집단으로 전락하고 만다는 것이 복음서의 끝 장과 사도행전의 첫 장이 주는 교훈입니다. 우리 모두 참된 교회가 되기를 바란다면 결코 소홀히 해서는 안 될 교훈입니다.

주님을 온전히 따른다는 것은 구체적으로 또 무엇을 의미하겠습니까? 오늘의 본문이 그 해답을 제시해 줍니다. 지난 시간에 살펴본 것처럼, 로마제국의 식민 통치로부터 언제 이스라엘이 정치적 독립을 얻을 것이냐는 현실 문제에만 집착하는 제자들에게 주님께서 말씀하셨습니다.

> 때와 시기는 아버지께서 자기의 권한에 두셨으니 너희가 알 바 아니요 오직 성령이 너희에게 임하시면 너희가 권능을 받고 예루살렘과 온 유대와 사마리아와 땅끝까지 이르러 내 증인이 되리라(7-8절).

여기서 '되리라'로 번역된 헬라어 '에세스데$\check{\epsilon}\sigma\epsilon\sigma\theta\acute{\epsilon}$'는 동사 '에이미$\epsilon i\mu i$'의 미래형이면서 명령형입니다. 즉 주님의 증인이 될 것이라는 예언이면서, 반드시 주님의 증인이 되라는 명령입니다. 요한의 미래가 궁금해서 안달하는 베드로에게 "나를 따르라"고 명령하신 주님께서, 현실 문제에만 집착하는 제자들에게 "내 증인이 되라"고 분부하셨습니다. 주님을 따른다는 것은 결코 추상적인 관념을 의미하지 않습니다. 그것은 주님의 명령을 좇아, 구체적으로 주님의 증인이 되는 것입니다.

아무나 증인이 되는 것은 아닙니다. 법률 용어로 사용되는 '증인'이 되려면 세 가지 조건이 충족되어야 합니다. 첫째, 반드시 보고 들은 것이 있어야 합니다. 필요한 것을 보고 듣지 못했다면 애당초 증인이 될 자격이 없습니다. 둘째, 반드시 출두 요구에 응해야 합니다. 응하지 않을 경우 영장에 의해 구인拘引당하게 됩니다. 셋째, 반드시 진실만을 증언해야 합니다. 거짓 증언을 할 경우 위증죄로 처벌받게 됩니다.

주님께서 우리에게 당신의 증인이 되라고 하신 것은 바로 이런 의미입니다. 우리는, 우리를 사랑하시어 우리를 위해 십자가의 제물로 돌아가시고, 죽은 자 가운데서 다시 살아나신 주님을 듣고 본 증인들입니다. 우리는 매일 우리의 땅끝에서 주님의 증인으로 출두해야 합니다. 그리고 그곳에서 주님의 증인으로 증언해야 합니다. 세상 법정의 증인과 주님의 증인 된 우리의 차이점은, 세상의 증인은 말로만 증언하면 그만인 데 반해 우리의 증언은 우리의 삶으로 이루어져야 한다는 것입니다. 주님께서 보여 주신 생명과 사랑을 우리의 땅끝, 곧 우리 곁의 사람들에게 우리의 삶으로 증언하는 것입니다.

우리가 구성하고 또 속해 있는 100주년기념교회 역시 우리 모두의 땅끝입니다. 그렇다면 우리는 무엇보다도 먼저 서로에게 주님의 증인으로 살아야 합니다. 지구 반대편의 사람 이전에 각자 자기 앞에 있는 교우님이 일차적인 땅끝의 사람임을 알고 피차 주님의 증인이 되어야 합니다. 증인을 헬라어로 '마르튀스 $\mu\acute{\alpha}\rho\tau\upsilon\varsigma$'라고 하는데, '순교자'를 뜻하는 영어 '마터martyr'는 여기서 파생된 단어입니다. 주님의 제자들은 대부분 '마터', 즉 순교자로 생애를 마감하였습니다. 들은 것이 분명하고 본 것이 너무도 확실했기에, 죽음의 위협 앞에서도 자신이 알고 있는 것을 저버리고 위증할 수가 없었기 때문입니다. 그래서 '마터'가 될지언정 '마르튀스'임을 포기하지 않은 것입니다.

복음서의 마지막 단락에서 거짓 소문이나 퍼뜨리는 추한 무리에 지나지 않던 제자들이 사도행전에 이르러 참된 교회를 이룰 수 있었던 분기점은,

그들이 바로 주님의 증인이 된 데 있습니다. 서로에게 주님의 증인이 되어 주고 또 증인으로 대하자, 그들은 헛된 소문의 유혹에서 벗어나 오직 진리만을 전하는 참된 교회의 영원한 모본이 되었습니다.

우리는 여기서 우리 교회의 미래를 확연하게 볼 수 있습니다. 우리 각자가 피차간에 주님의 증인이 되지 못한다면, 우리 교회는 머지않아 헛소문과 거짓 소문이 사람을 괴롭히는 또 하나의 이기 집단으로 전락하고 말 것입니다. 그러나 우리가 서로 주님의 증인으로 살아가는 한, 우리 교회는 진리가 살아 역사하는 진리의 등대가 될 것입니다. 진리이신 주님께서는 2천 년 전이나 지금이나, 당신의 증인들을 통해서만 진리의 빛을 발하시기 때문입니다.

어릴 적 미국으로 입양되었다가 지난 6월 한국을 방문했던 올해 18세의 이예리 양이 〈엄마〉라는 시를 썼습니다.

> 나는 그날을 꿈꾼다
> 내가 그녀를 찾고 만나는 날,
> 내가 그녀를 보고 직접 말하는 날

이 짧은 구절에서 우리는, 생모의 얼굴도 모르는 핏덩이로 이역만리에 입양되었던 예리 양이 어머니를 그리는 간절한 마음을 느끼게 됩니다.

> 나는 그날을 꿈꾼다
> 그녀의 눈 속에서 평생 처음으로 나의 그림자를 볼 수 있는 날
> 오직 그녀의 눈만이 나 자신을 비출 수 있기에

어릴 때부터 어머니와 함께 살아온 사람은 대개 어머니를 어머니로 인식하는 것 외에, 자신과 관련하여 어머니의 모습 자체에 큰 의미를 두지 않습니다. 그러나 자신이 대체 누구인지, 누구에게서 태어났는지조차 모르는 예리 양에게 어머니의 모습은 자기 존재의 그림자였습니다. 그래서 어머니의 얼굴을 통해, 어머니의 눈빛 속에서 자신이 누구인지 확인하기를 바라고 있습니다.

> 나는 그날을 꿈꾼다
> 나의 꿈들이 현실로 되는 날
> 그리고 나의 몸짓이 응답되는 날
> 내가 얼마나 나의 그림자가 다른 이에게 비춰지기를 기다렸는지
> 내가 얼마나 그 순간을 간직하기를 희망했는지
> 내가 적당히 사용할 말이 없다
> 내가 무엇을 원하는지
> 나는 진실로 말할 수 없다
> 내가 꿈꿔 온 것들을

자기 존재의 투영판인 어머니를 간절히 만나고 싶어 하면서도, 예리 양의 마음 한구석엔 막상 어머니를 대면하면 구체적으로 무슨 말을 할 수 있을까, 혹 어머니를 영영 만나지 못할까 하는 두려움이 있습니다.

> 하지만 언젠가
> 일어날 것이다
> 내가 그녀를 만날 것이다

> 그리고 그때 나는 볼 것이다
> 그녀의 눈을
> 그녀의 얼굴을
> 그녀의 마음을
> 그리고 나는 나 자신의 일부가 나를 바라보는 것을 볼 것이다

하지만 예리 양은 공연한 두려움을 툴툴 털고 일어섭니다. 그리고 어떤 대가를 치르더라도 반드시 어머니를 만날 것을 다시 한 번 굳게 다짐합니다. 어머니를 만날 때 구체적으로 무슨 말을 할 것인지는 더 이상 염려하지 않기로 합니다. 어머니를 대면하는 순간엔 말이 필요 없을 것입니다. 그저 어머니를 보기만 해도 만족할 것입니다. 어머니의 눈을, 어머니의 얼굴을, 그리고 어머니의 마음을 보는 것만으로 행복할 것입니다. 자기 앞에 서 있을 어머니는 더 이상 자신의 그림자가 아니요, 바로 자기 존재의 근원인 동시에 자기 자신일 것이기 때문입니다. 그래서 자신을 바라보는 어머니를 보는 것은 어머니를 보는 것이 아니라, 자기 자신의 실체를 확인하는 것입니다. 이것이야말로 예리 양이 그토록 어머니를 만나고 싶어 하는 까닭이었습니다. 어머니를 통해서만 자신의 실체를, 정체성을 정확하게 파악할 수 있기 때문입니다. 오직 어머니만 자신의 정체를 바르게 확인시켜 줄 자기 존재의 증인이었습니다.

주님과 우리의 관계도 이와 같습니다. 우리가 주님의 증인으로 이 세상을 살아간다는 것은 우리 자신이 항상 주님을 대면하는 것을 의미합니다. 우리의 중심이 주님을 향하고 있지 않다면, 비록 우리 몸이 예배당 안에 있다 한들 우리의 삶은 주님을 위한 증언이 될 수 없습니다. 20세기 최고의 기독교 변증가로 일컬어지는 C. S. 루이스의 지적처럼, 우리의 시선이 주님을

향하고 있는 동안만 우리는 그리스도인으로, 주님의 증인으로 살아갈 수 있습니다.

우리의 시선이 주님을 향하면, 우리와 함께하시며 우리를 보고 계시는 주님을 대면하게 됩니다. 우리는 주님의 피조물이기에 주님께서는 우리 생명과 존재의 근원이시요, 나아가 주님의 은총 속에서 되어야 할 우리 자신의 실상입니다. 다시 말해, 주님만이 우리의 정체성을 확인시켜 주시는 우리의 증인이십니다. 이 세상에서 무엇을 위해 어떻게 살아야 하는지 우리에게 증언해 주고 삶으로 확인시켜 주는 증인이 주님이십니다. 따라서 우리가 주님의 증인으로 살아가는 것은, 우리의 증인 되시는 주님의 도우심 속에서 그리스도인으로, 교회의 일원으로, 우리 삶을 완성시키는 유일한 길입니다. 이것이 예수님께서 우리로 하여금 삶의 현장에서 '주님의 증인이 되라'고 명하신 진정한 이유입니다. 주님을 위해서가 아니라, 바로 우리 자신을 위해서입니다. 주님의 말씀을 와전시키고 거짓 소문에 현혹되던 제자들이 주님의 증인이 되면서 진정한 교회의 효시를 이룬 것은, 결코 그들이 위대해서가 아닙니다. 보잘것없는 갈릴리 어부였던 그들이 주님의 증인이 될 때, 주님의 영이신 성령님께서 그들의 증인이 되시어 그들을 친히 돕고 이끌어 주셨기 때문입니다.

사랑하는 교우 여러분!

100주년기념교회가 머지않아 헛소문이나 거짓 소문에 시달리는 피곤한 인간 집단이 되기를 원하십니까? 아니면 이 시대를 밝히는 진리의 등대가 되기를 원하십니까? 그것은 100주년기념교회를 이루는 우리 자신의 선택에 달려 있습니다. 이제부터 우리의 증인 되시는 주님의 도우심 속에서 서로서로 주님의 증인이 되십시다. 서로가 서로에게 주님의 증인이 되며, 서로가 서로를 땅끝의 사람으로 사랑하십시다. 우리의 손과 발이 주님의 손과 발이 되게끔, 우리의 입과 귀가 주님의 입과 귀가 되게끔 온전히 주님께 내어 드리십시다. 주님께서는 기필코 우리를 도우셔서, 헛되고 거짓된 소문이 아니라 오직 진리가 살아 역사하는 이 시대의 진정한 교회로 우리 모두를 들어 쓰실 것입니다.

허무맹랑한 거짓 소문이나 퍼뜨리던 제자들보다 더 못한 우리가, 우리의 증인이신 주님 안에서 주님의 증인이 되어 이 어둔 세상을 밝히는 진리의 등대로 살아간다는 것은, 생각하는 것만으로도 가슴이 벅차오릅니다.

주님의 말씀을 왜곡하고 거짓 소문이나 퍼뜨리던, 복음서 마지막 단락의 이지러진 제자들 모습에서 우리 자신을 발견케 하신 주님! 이후 주님의 증인이 되어 참된 교회의 효시를 이룬 사도행전의 제자들을 통해, 절망할 수밖에 없는 우리 자신에 대해 소망을 품게 하심을 감사드립니다. 우리 모두 우리의 증인 되시는 주님의 도우심 속에서 주님의 증인으로 살아가기를 소망합니다. 우리 생명의 근원이신 주님을 통해 날마다 우리 자신의 정체성을 확인케 하시고, 주님 안에서 되어져야 할 우리의 실상을 보게 해주셔서, 우리가 주님으로부터 듣고 본 것을 삶으로 증언하며 사랑하게 도와주십시오. 그리하여 우리 자신이 헛되고 거짓된 말과는 거리가 먼, 오직 진리가 살아 역사하는 참된 교회가 되게 해주시고, 이 어두운 세상을 밝히는 땅끝의 등대가 되게 해주십시오. 주님의 증인이 된다는 것은, 주님을 위하기 이전에 우리 자신의 삶을 완성하는 유일한 길임을 잊지 않도록 도와주십시오. 아멘.

13. 권능을 받고

사도행전 1장 6-8절

그들이 모였을 때에 예수께 여쭈어 이르되 주께서 이스라엘 나라를 회복하심이 이때니이까 하니 이르시되 때와 시기는 아버지께서 자기의 권한에 두셨으니 너희가 알 바 아니요 오직 성령이 너희에게 임하시면 너희가 **권능을 받고** 예루살렘과 온 유대와 사마리아와 땅끝까지 이르러 내 증인이 되리라 하시니라

1793년 인도 선교를 위해 영국의 윌리엄 캐리William Carrey가 인도 땅에 첫발을 내디딘 것을 기점으로, 16세기에 태동된 개신교의 세계 선교가 시작되었습니다. 그리고 20세기에 이르기까지 영국은 세계 선교의 전초기지이자 종주국이었습니다. 당시 대영제국의 해는 저물지 않는다고 할 정도로 전 세계에 식민지를 두고서, 그 막강한 국력을 바탕으로 세계 곳곳에 선교사를 파송하였습니다. 그래서 오늘날에도 영국은 세계 선교에 관한 한 가장 풍부한 경험과 자산을 지닌 나라로 평가받고 있습니다.

5년 전 저는 스위스에 있을 때, 영국 선교단체들이 지난 2세기 동안 그들

이 범한 잘못을 자성하는 글을 읽은 적이 있습니다. 그들이 범한 가장 큰 잘못은, 자격과 자질을 갖추지 못한 선교사를 너무 많이 파송한 것이었습니다. 특히 영국 경제가 어려울 때일수록 각 선교 기관에는 지원자들이 넘쳤습니다. 선교사가 되면 생활비에 자녀 교육비까지 걱정할 필요가 없었고, 또 선교지는 대부분 영국 식민지였기에 영국인 거류 지역에서 영국식 생활을 누리는 데 불편이 없었기 때문입니다. 이런 연유로 경제적 불황기마다 선교사 지원자가 급증하는 것을 당시 영국 선교 단체들은 단순히 하나님의 은총으로만 여겼을 뿐, 그들 중에서 옥석을 구분하지 않고 마구 받아들이는 큰 잘못을 저질렀다는 것입니다. 그 결과 선교지, 특히 제3세계에서 기독교에 대한 거부감이 조성되는 데에 역설적이게도 선교사들이 가장 큰 역할을 했다는 자성이었습니다. 솔직하면서도 정곡을 찌르는 내용입니다. 그러나 이것이 어찌 영국 선교 단체들에만 국한된 이야기겠습니까?

1885년 4월 5일 미국인 언더우드와 아펜젤러 선교사가 제물포항에 내린 것을 계기로 구미 각국의 조선 선교가 본격적으로 시작되었습니다. 그들에 의해 정치, 경제, 사회적으로 암울하고 척박하던 조선에 복음의 씨앗이 뿌려진 것을 생각하면, 항상 고마운 마음을 금할 수 없습니다. 그렇다고 이 땅에 발을 내디딘 선교사들이 모두 선교사의 자질이나 자격을 제대로 갖추었던 것은 아닙니다.

자기 과수원의 과일을 몰래 훔쳐 먹은 소년을 잡아다가 버릇을 고친다며, 질산은으로 소년의 두 뺨에 '도적'이란 글씨를 새긴 선교사도 있었습니다. 그런 짓은 옛날 노예 상인이나 하던 짓이지, 선교사가 할 일은 절대로 아닙니다. 그런데도 그런 사람이 우리 땅에서 한동안 버젓이 선교사로 활동하였습니다. 그런가 하면 교인들의 어깨에 지운 가마를 타고 심방을 다닌 선교사도 있었습니다. 조선인을 사랑하겠다고 온 선교사가 조선인을 마치 종 부리듯 한 것입니다. 이들 이야기는 입으로만 전해져 사실 확인이 불가능한 것이 아니라, 모두 사진으로 남은 역사적 사실입니다.

50년 전 저는 부산 대신동에서 살았습니다. 당시 대신동은 부산에서 가장 좋은 주택지 중 하나였습니다. 부산시 각급 기관장의 공관이 거의 대신동에 있었고, 내로라하는 부자들도 대부분 대신동에 살았습니다. 그런데 대신동에서도 가장 고급 주택단지의 가장 큰 저택에 사는 사람은 공관장이나 갑부가 아닌 선교사였습니다. 어린 시절 동네 아이들의 소원은 그 집에 한번 들어가 보는 것이었습니다. 마침내 기회가 왔습니다. 선교사가 출타한 동안 그 집 하우스보이였던 한국 청년이 우리에게 집 안 구경을 시켜 준 것입니다. 엄청난 정원 크기와 집 안 집기의 화려함에 우리는 열린 입을 다물지 못했습니다. 모두 난생처음 보는 것들이었습니다. 지금은 보편화되었지만 그때는 그저 신비스러웠던 좌식변기를 처음 본 것도 50년 전 그때였습니다. 방마다 1달러짜리 지폐와 100환짜리 한국 동전이 문턱 혹은 방구석에 떨어져 있었습니다. 선교사는 원래 돈을 저렇게 흘리고 다니냐는 우리의 질문에 하우스보이의 대답인즉, 선교사 부부가 그 집에서 일하는 한국인들의 정직성을 시험하기 위해 곳곳에 뿌려 둔 덫이므로 절대 손을 대면 안 된다고 주의를 주었습니다. 그 집을 다 둘러본 저는 어린 나이에, 선교사란 대단한 부자를 가리키는 호칭으로 여겼습니다. 그러나 철이 들어 선교사가 무엇을 하는 사람인지 알게 된 뒤, 그때를 생각할 때마다 왜 그 선교사는 그토록 호화생활을 했을까 하는 의구심이 앞섰습니다.

1885년 이래 이 땅을 거쳐 간 선교사들 가운데, 자신의 온몸을 던져 주님의 사랑과 뜻을 실천한 선교사들이 적지 않습니다. 그러나 자질과 자격을 갖추지 못한 선교사들 역시 부지기수였음을 누구도 부정할 수 없습니다.

문화관광부 지원으로 올해 초 한국종교문화연구소가 발간한 〈해외선교 실태 조사 및 지원 방안 연구〉 보고서에 따르면, 1980년대부터 급성장하기 시작한 한국 개신교는 2004년 말 현재 장로교, 성결교, 감리교 등 20개 교단에서 5,408명의 해외 선교사를, 그리고 80개 선교 단체에서 6,215명의 선교사를 파송하고 있습니다. 이 둘을 합하면 총 11,623명으로, 규모만으로는 미국에 이어 우리나라가 세계에서 두 번째로 많은 해외 선교사를 파송하고 있습니다. 한국 개신교 역사 120년 만에 피선교국에서 세계 2위의 선교 강국으로 급부상한 것입니다. 그러나 이러한 외형적 성장에도 불구하고 보고서는 교단 간의 과열된 경쟁, 선교지 현지 문화에 대한 해외 선교사들의 몰이해, 선교사 자질 등의 문제점을 지적하고 있습니다.

요즘도 국내외에서 열리는 크고 작은 한인 청년 집회를 보면, 집회의 궁극적 목적이 청년들을 해외 선교사로 내보는 데 있는 듯 보입니다. 대부분의 청년 집회는 해외 선교에 초점이 맞추어져 있고, 집회 말미에 해외 선교 지원의 결단을 촉구하는 경우도 허다합니다. 그래서 오늘도 많은 청년이 해외 선교의 꿈을 품고 지리적인 땅끝을 찾아 나서고 있습니다. 그러나 실제로 해외 선교 현장을 찾아가 보면, 비단 한국종교문화연구소의 지적이 아니더라도 많은 문제점을 발견하게 됩니다.

저는 지난 7년 동안 오대양 육대주의 여러 선교지를 방문하면서, 해외 현지에서 사역하고 있는 수많은 한인 선교사님들을 만나 보았습니다. 그 결과 선교사를 네 범주로 구분할 수 있었습니다. 첫째, 파송된 지 수년이 지났음에도 현지에서 딱히 할 일이 없고 후원 조직도 신통치 않은 경우입니다. 선교적 사명감이나 소명의식 없이 주위 분위기에 휩쓸려 간 대표적인 경우라 할 수 있습니다. 둘째, 선교지에서 선교와 무관하게 살면서도 자기 홍보에는 탁월한 능력이 있어 든든한 후원 조직을 거느린 경우입니다. 이를테면 개인적인 뜻을 이루기 위해 선교를 도구로 이용하는 것입니다. 셋째, 선교 현지에서 여러 가지 괄목할 선교 사업을 추진하면서 자기 홍보에도 능해 막강한 후원 조직을 가진 경우입니다. 일반적으로 이런 분들이 가장 이상적인 선교사로 간주됩니다. 그래서 부익부 현상으로 주로 이런 분들에게 선교 후원금이 몰리고 있습니다. 언어와 문화가 전혀 다른 이국땅에서 각종 선교 사업을 효율적으로 수행한다는 것은 선교사 개인의 뛰어난 역량임은 분명합니다. 그런데 이런 분들이 실은 가장 큰 위험에 노출되어 있기도 합니다. 자신의 능력이 탁월하고 후원 조직도 막강하다 보니, 주님 안에서 자신을 제어하는 훈련이 조금이라도 결여될 경우 자칫 선교지에서 자신의 왕국을 건설하는 위험에 빠지게 됩니다. 실제로 후원자의 선교비로 구입한 현지 부동산 같은 공적 재산을 사유화하거나, 금전적으로 물의를 빚는 일부 선교사는 대개 이 세 번째 경우에 속합니다. 마지막으로, 선교지에서 정말 예수님의 손발이 되어 수고의 땀을 흘리면서도 정작 자기 홍보의 능력을 지니지 못했거나, 체질상 자기 홍보를 하지 못하거나, 선교 현지의 잡다한 일에 얽매여 자기 홍보의 시간적 여유가 없어 늘 어려움 속에서 사역하는 경우입니다. 이런 분들이야말로 한국 교회가 관심을 두어야 할 대상이지만, 안타깝게도 자기 홍보가 미흡한 까닭에 이런 분을 찾기가 쉽지 않습니다.

이상에서 살펴본 것처럼 해외에 파송된 한인 선교사 역시, 존경해 마땅한 선교사가 적지 않지만 불행히도 자격이나 자질을 제대로 갖추지 못한 선교사가 많은 것도 엄연한 현실입니다.

어떤 동기에서든, 한 인간이 자기가 태어난 곳을 떠나 미지의 이국땅에 선교사로 나간다는 것은 숭고한 결단임에 틀림없습니다. 그 결단에 이의를 제기할 사람은 아무도 없을 것입니다. 그런데도 왜 그들 중 상당수가 본래의 결단과는 달리 선교 현지에서 참된 선교 사상을 심는 데 실패하고 있을까요? 왜 영국 선교 단체들이 자질과 자격을 갖추지 못한 선교사를 너무 많이 내보냈다고 자성해야 했을까요? 왜 이 땅에 온 선교사들 중에 소년의 뺨에 '도적'이라는 글을 새기거나, 교인들이 짊어진 가마를 타고 다니거나, 호화 생활을 하는 등 어처구니없는 짓을 한 이들이 있었을까요? 뜨거운 열정을 품고 해외로 떠난 한인 선교사들 가운데서도 왜 똑같은 문제가 발생하고 있을까요?

본문 8절이 그 까닭을 밝혀 주고 있습니다.

오직 성령이 너희에게 임하시면 너희가 권능을 받고 예루살렘과 온 유대와 사마리아와 땅끝까지 이르러 내 증인이 되리라.

지난 시간에 말씀드렸다시피, 본문은 제자들이 주님의 증인이 될 것이라는 예언임과 더불어, 반드시 주님의 증인이 되라는 명령입니다. 그러나 예수님께서 제자들에게 무작정 주님의 증인이 되라 하신 것은 아닙니다. 거기에는 대전제가 있었습니다. '성령님의 권능 속에서' 주님의 증인이 될 수 있다는 것이었습니다. 한글 성경은 "오직 성령이 너희에게 임하시면"으로 번역되어, '오직'이란 수식어가 성령님과 연결되어 있는 것처럼 보입니다. 그러나 헬라어 원문은 그렇지 않습니다. 원문에는 '오직'이 '권능'과 연결됩니다. '오직 권능을 받음으로' 주님의 증인이 될 수 있다는 말입니다. 바꾸어 말해 그 권능을 받지 않고는 주님의 증인이 될 수 없다는 의미입니다.

그리스도인이 성령님 안에서 받을 권능이란 구체적으로 무엇을 의미할까요? '권능'으로 번역된 헬라어 '뒤나미스 $\delta \acute{u} v \alpha \mu \iota \varsigma$'는 '능력'을 의미하는데, 성경에서 주로 주님의 능력과 관련하여 쓰입니다. 주님의 증인이 되기에 필요한 이 능력을, 병을 고치고 귀신을 내쫓고 복음을 담대히 전하는 가시적인 외적 능력으로 이해하는 경향이 있습니다. 그러나 주님께서 말씀하신 권능은 좀더 본질적인 능력을 의미합니다. 우리는 그 능력의 참된 의미를 주님에게서 찾을 수 있습니다.

예수님께서 그리스도의 공생애를 시작하실 때 가장 먼저 하신 일은 요단강에서 세례 요한에게 세례를 받으신 것입니다. 세례란 주님의 십자가 보혈로 죄 씻음 받은 인간이 주님 안에서 살아갈 것을 공포하는 예식입니다. 한마디로 세례는 죄인 된 인간을 위한 예식이지, 성자 하나님이신 주님을 위한 예식이 아닙니다. 그런데도 주님께서는 죄인인 세례 요한 앞에 무릎을 꿇고 세례를 받으셨습니다. 그것은 인간을 위해 이 땅에 오신, 인간에 대한 성자 하나님의 헌신을 공포하는 행위였습니다. 성자 하나님께서 인간의 육신을 입고 이 땅에 오셨다는 것 자체가 인간에 대한 하나님의 헌신이요, 인간을 사랑하고 섬기신 것도 하나님의 헌신이요, 당신 자신을 십자가의 제물로 내어놓은 것 또한 하나님의 헌신이었습니다. 그 모든 것은 하나님의 헌신이 아니고는 상상조차 할 수 없는 일들이었습니다. 그 헌신의 첫걸음으로 주님께서 친히 세례를 받으신 것입니다. 죄인이 받아야 할 세례를 받으려고 인간 앞에 무릎 꿇으시며, 인간에게 섬김 받기 위함이 아니라 도리어 헌신하기 위해 오셨음을 만천하에 보이신 것입니다.

마태복음 3장 16절에 의하면, 주님께서 헌신의 세례를 받으신 직후 하늘로부터 성령님이 주님께 임하셨습니다. 주님의 헌신에 대한 성령님의 확증이었습니다. 그리고 주님께서는 오늘 본문을 통해, 성령님으로부터 권능을 받은 사람이 주님의 증인으로 살아갈 수 있음을 밝히셨습니다. 그것은 두말할 것도 없이 주님께서 보여 주신 헌신의 권능, 헌신의 능력인 것입니다.

이제 우리는 영국 선교 단체들이 자신들의 잘못을 자성하면서 언급한 '자격과 자질을 갖추지 못한 선교사'가 구체적으로 어떤 사람을 말하는지 알 수 있습니다. 바로 자기 헌신의 훈련이 결여된 사람입니다. 이를테면 성령님의 권능을, 복음을 전하고 병을 고치며 귀신 내쫓는 것과 같은 외적 능력으로만 이해할 뿐, 더 본질적인 자기 헌신의 삶으로 받아들이지 못한 사람입니다. 사도 바울의 지적처럼, 사람의 방언과 천사의 말을 하며 예언하는 능력이 있어 모든 비밀과 모든 지식을 알고 또 산을 옮길 만한 능력이 있을지라도, 사랑에 기인한 헌신의 삶이 없이는 주님의 증인일 수도, 진정한 선교의 열매를 거둘 수도 없습니다.

 2천 년 전 오순절, 이 땅에 강림하신 성령님께서 이미 우리와 함께 계신다고 했습니다. 자신의 뜻이나 야망을 위해 성령님을 도구화하려는 것이 아니라, 온 중심을 다해 성령님께 굴복하면서 성령님의 인도하심을 좇는다면, 결과적으로 그는 헌신의 사람 즉 주님의 증인으로 서게 됩니다. 그가 좇는 성령님은 인간을 위해 헌신하신 삼위일체 하나님의 영이시기 때문입니다. 따라서 진정으로 성령 충만한 그리스도인이란, 성령님 안에서 자기 헌신의 삶을 사는 사람입니다. 그보다 더 분명하고 본질적인 성령 충만의 증거는 없습니다.

 땅끝은 아프리카나 지구 반대편만을 의미하지 않는다고 했습니다. 자기 삶의 현장에서 지금 헌신의 삶을 살고 있는 사람이 참된 주님의 증인이요, 땅끝의 선교사입니다. 자기 눈앞에 있는 사람을 위해 헌신할 수 있는 사람만이 지구 반대편에서도 주님의 증인으로 헌신의 삶을 살 수 있습니다.

 가령, 열심히 일하여 1년에 1,000만 원의 이익을 낼 수 있는 기업가가 있다고 하십시다. 그가 그리스도 안에서 자신과 함께 일하는 동료, 거래처 사람들 그리고 고객들에게 헌신하기 위해 자발적으로 자기 몫을 포기하여 1년에 300만 원의 이익만으로도 만족해한다면, 그의 기업체가 곧 땅끝이요, 그는 훌륭한 선교사입니다. 그런 헌신의 삶을 즐겨 산다는 것이, 이미 그가 성령님 안에서 권능을 받은 주님의 증인임을 뜻하는 것입니다. 그런 사람은 어디에 가든 헌신의 삶을 살 것이기에, 그에게 선교지는 그가 있는 곳입니다.

이렇듯 삶과 선교는 결코 분리되지 않습니다. 따라서 선교를 특정 공간이나 지역에 국한시켜 생각하는 그릇된 사고를 버려야 합니다. 언제 어디서나 선교와 삶이 일체를 이룰 때, 우리는 진정한 주님의 증인, 성령님의 권능을 받은 땅끝의 증인일 수 있습니다.

120년 전 최초의 선교사가 우리나라에 첫발을 내디딘 지 채 100년이 되지 않아 우리 민족의 4분의 1이 그리스도인이 되었습니다. 이것은 2천 년 교회 역사에서 전무후무한 일입니다. 2천 년 전 주님께서 이 땅을 다녀가신 뒤, 어떻게 전 세계적으로 우리나라에서만 이런 일이 가능할 수 있었을까요? 우리나라에 온 선교사들이 2천 년 교회 역사상 가장 뛰어난 선교사들이었기 때문일까요? 그들이 모두 우리나라가 아니라, 고스란히 일본이나 태국으로 건너갔더라도 과연 한 세기 만에 태국이나 일본 국민의 4분의 1이 그리스도인이 되었을까요? 결코 그렇지 않았을 것입니다. 유독 우리나라에서 그런 일이 가능했던 것은, 120년 전 선교사들로부터 복음을 받아들인 우리 신앙 선조들이 전 세계 어느 나라의 그리스도인들보다 헌신적인 삶을 살았기 때문입니다.

그분들은 이른바 '외래 종교' 그것도 '서양 귀신'을 믿는다는 이유로 주위의 온갖 핍박을 받았음에도 자신들이 받아들인 복음을 위하여, 주님을 위하여, 육체적·시간적·물질적 헌신을 마다하지 않았습니다. 그분들의 눈물겨운 헌신이 2천 년 교회 역사상 전무후무한 기록을 이 땅에 가능케 한 토양이었습니다. 120년 전 구미 선교사들은 지리적인 땅끝을 생각하며 조선에 왔지만, 그들에게 복음을 받아들인 우리 신앙 선조들 역시 땅끝의 증인이기는 매한가지였습니다. 그분들의 헌신이 없었다면 불교와 유교 그리고 무속이 깊이 뿌리내리고 있던 우리 사회에서 오늘날과 같은 한국 교회의 위상은 불가능했을 것이고, 이곳 양화진에 묻힌 선교사님들이 지금처럼 존중받지도 못했을 것입니다. 이 땅에 온 선교사님들이 세계에서 가장 헌신적인 신자들을 만난 것은, 이 땅에서 그들이 누린 가장 큰 은총이었습니다.

그러므로 100주년기념교회가 선교 100년의 정신과 얼을 계승한다는 것은 단순히 이곳 양화진에 묻혀 있는 외국 선교사를 기리고 묘역을 관리하는 것만을 의미하지 않습니다. 이 양화진에 묻혀 있는 선교사님들과 동시대를 살았던 우리 신앙 선조들의 헌신적인 믿음과 그 헌신의 정신을 계승하는 것을 뜻합니다. 그 헌신의 믿음과 정신만이 주님 안에서 이 땅의 역사를 새롭게 하는 원동력이 될 것입니다. 주님께서 이곳 양화진에 100주년기념교회를 세우시고, 우리 신앙 선조들의 헌신적인 믿음이 총체적으로 응집된 용인 순교자기념관까지 우리에게 맡기신 진정한 뜻이 여기에 있음을 저는 확신하고 있습니다.

사랑하는 교우 여러분!

원근 각처에서 우리를 불러 모으시고, 이곳 양화진에 100주년기념교회를 세우신 주님께서 우리에게 부여한 시대적 사명을 망각하지 마십시다. 하나님께서는 우리 자신의 안일을 위해 또 하나의 교회를 세우신 것이 아닙니다. 이 역사적 장소에 우리를 불러 모으신 것은, 2천 년 교회 역사상 단 한 세기 만에 전 국민 4분의 1의 복음화라는 전무후무한 기록을 가능케 한 우리 신앙 선조들의 헌신적인 믿음과 헌신의 정신을 회복하고 후대에 계승토록 하시기 위함입니다.

이 사명을 완수할 수 있도록 우리 모두 성령님의 권능을 구하십시다. 오직 성령님 안에서 성령님의 도우심을 힘입어 이 양화진에서부터, 우리 삶의 현장에서부터, 우리 주위의 사람들을 위해 헌신의 삶을 살아가십시다. 우리를 위해 헌신하신 주님을 본받아 우리의 삶이 선교요, 선교가 곧 우리의 삶인 주님의 증인이 되십시다. 그때 주님께서 우리에게 맡기신 이 양화진은 단순히 외국인선교사묘지공원이 아니라, 선교 200주년을 향해 새 역사를 창조하는 한국 개신교의 명실상부한 성지가 될 것입니다.

100주년기념교회를 이루는 우리가 선교 100년의 정신을 계승한다는 것은, 단순히 이곳 양화진에 묻힌 외국 선교사를 기리는 것만을 뜻하는 것이 아니라, 그들과 동시대를 살았던 우리 신앙 선조들의 헌신적인 믿음과 헌신의 정신을 이어받는 것임을 깨닫게 해주셔서 감사합니다. 그분들의 헌신이 2천 년 교회 역사상 전무후무한 기록의 토양이 될 수 있었듯, 우리의 헌신이 선교 200년을 맞을 후세대를 위한 또 하나의 비옥한 토양이 되도록 성령님께서 도와주십시오. 선교란 특정 공간이나 특정 지역에 국한된 행위가 아님을 잊지 않도록 도와주십시오. 우리를 위해 헌신하신 주님을 본받아 우리 주위의 사람에게 헌신하는 우리의 삶이 선교요, 선교가 곧 우리 삶이 되게 도와주십시오. 그와 같은 우리의 삶으로 인해 유서 깊은 이 양화진이 민족의 새 역사를 창조하는, 7천만 우리 민족의 진정한 성지가 되게 해주십시오. 아멘.

14. 본 그대로

사도행전 1장 8-11절
오직 성령이 너희에게 임하시면 너희가 권능을 받고 예루살렘과 온 유대와 사마리아와 땅끝까지 이르러 내 증인이 되리라 하시니라 이 말씀을 마치시고 그들이 보는데 올려져 가시니 구름이 그를 가리어 보이지 않게 하더라 올라가실 때에 제자들이 자세히 하늘을 쳐다보고 있는데 흰 옷 입은 두 사람이 그들 곁에 서서 이르되 갈릴리 사람들아 어찌하여 서서 하늘을 쳐다보느냐 너희 가운데서 하늘로 올려지신 이 예수는 하늘로 가심을 **본 그대로** 오시리라 하였느니라

요한복음 8장 1-11절이 전해 주는 간음한 여인에 관한 사건은, 하나님의 말씀에 대한 인간의 태도와 관련하여 중요한 교훈을 던져 줍니다. 예수님께서 성전에서 하나님의 말씀을 가르치고 계실 때였습니다. 서기관들과 바리새인들이 간음하는 현장에서 붙잡은 여자를 예수님께 끌고 왔습니다. 서기관들과 바리새인들은 이른바 율법 전문가들이었습니다. 그들은 자신들이 신봉하는 하나님의 말씀인 율법에 따라, 간음한 여인을 돌로 쳐 죽이려 했

습니다. 하나님의 절대명령인 십계명의 제7계명 역시 간음을 엄금하고 있기에, 간음한 여인을 돌로 치겠다는 그들의 주장에 누구도 이의를 제기할 수 없는 것처럼 보였습니다. 그러나 그들은 두 가지 면에서 큰 모순을 범하고 있었습니다.

그들은 간음했다고 소문난 여인을 정말 간음했는지 심문하기 위해 끌고 온 것이 아니었습니다. 그들은 자신들의 입으로, 그녀를 간음하는 현장에서 붙잡았다고 말했습니다. 간음이란, 여자든 남자든 혼자 범할 수 있는 죄가 아닙니다. 반드시 상대가 있어야 합니다. 서기관들과 바리새인들이 그 여인을 간음 현장에서 붙잡았다면, 그 현장엔 마땅히 여인과 간음 행각을 벌이던 남자도 있었음을 의미합니다. 그런데도 그들은 간음 현장에서 남자는 놓아 주고 여자만 끌고 와 죽이려 했습니다. 그 여인이 돌에 맞아 죽어 마땅하다면, 문제의 현장에 있던 여자와 남자는 불륜 관계였음을 의미합니다. 그렇다면 불륜을 범한 남자도 여자와 함께 돌에 맞아 죽어야 했습니다. 율법 어디에도 불륜을 저지른 여자만 처형하라고 되어 있지 않습니다. 그러나 율법 전문가라는 서기관들과 바리새인들은 남자에게는 어떤 추궁도 없이 여자만 죽이려고 덤벼들었습니다. 여자의 불륜엔 서릿발처럼 엄격하면서도 남자의 불륜에 대해서는 한없이 관대하던 사회 풍조 때문입니다. 결국 간음 현장에서 간부姦婦를 붙잡아 온 서기관들과 바리새인들은 누구보다도 하나님의 말씀에 충실한 것 같았지만, 사실은 이중 잣대를 지닌 이중인격자들이었습니다. 이것이 그들이 범한 첫 번째 모순이었습니다. 어쩌면 이다지도 오늘날 우리 자신들과 똑같은지, 그저 놀라울 따름입니다.

그들이 범한 두 번째 모순은, 하나님의 말씀을 문자적으로만 받아들인 것입니다. 그들은 "간음하지 말라"는 하나님의 명령에서 '간음'을 문자 그대로 간음 행위로만 받아들였습니다. 이를테면 하나님의 말씀보다 인간의 문자를 더 신봉하는 전형적인 문자주의자들이었습니다. 죄를 뜻하는 헬라어 '하마르티아$\dot{\alpha}\mu\alpha\rho\tau\acute{\iota}\alpha$'는 본래 '과녁에서 벗어난 것'을 의미합니다. 궁수의 시위를 떠난 화살이 과녁에서 벗어났다면, 잘못은 과녁판에 있는 것이 아니라 전적으로 궁수의 그릇된 조준에 있습니다. 화살이 과녁판을 벗어난 것은 결과일 뿐, 원초적 원인은 화살이 과녁판을 벗어날 수밖에 없도록 과녁을 잘못 겨냥한 조준입니다. 죄도 이와 똑같습니다. 간음은 죄의 결과일 뿐이요, 죄의 원인은 하나님의 말씀을 정조준하지 않은 인간의 마음입니다. 이것이 주님께서 간음과 관련하여 다음과 같이 말씀하신 이유입니다.

> 또 간음하지 말라 하였다는 것을 너희가 들었으나 나는 너희에게 이르노니 음욕을 품고 여자를 보는 자마다 마음에 이미 간음하였느니라(마 5: 27-28).

예수님께서는 간음이란 육체 이전에 마음에서 시작되는 것임을 분명히 하심으로, '간음하지 말라'는 문자에 담긴 하나님 말씀의 본질적 의미와 정신을 일깨워 주셨습니다. 그리고 간음하는 여인을 돌로 쳐 죽이려는 서기관들과 바리새인들을 향해 "너희 중에 죄 없는 자가 먼저 돌로 치라"(요 8:7)고 말씀하셨습니다. 여인을 돌로 치려던 자들은, 자신들 역시 음행을 저지르고도 남자에게는 관대한 사회 풍조에 따라 스스로 죄가 없다고 착각한 사람들이거나, 간음을 행하고도 다행히 들통나지 않아 죄의식을 전혀 느끼지 못하는 사람들이거나, 비록 간음을 범하진 않았으나 마음이 온통 음욕으로 가득 찬 사람들이었습니다. 마음이 음욕에 사로잡혀 있다는 것은, 마음의 조준이 '간음하지 말라'는 하나님 말씀의 과녁을 이미 벗어난 죄의 상태에 있음을 뜻합니다. 그래서 예수님께서는 '죄 없는 자가 먼저 돌로 치라'는 말씀으로 그들에게 죄의 본질이 무엇인지 일러 주셨고, 간음한 여인을 돌로 쳐 죽이려고 서슬이 퍼렇던 그들은 한 사람 두 사람 모두 그 자리를 피하고 말았습니다. '간음하지 말라'는 문자에 담긴 하나님 말씀의 진정한 의미와 정신을 비로소 깨닫게 되어, 자신들 역시 간음죄를 범하고 있다는 모순을 뒤늦게 자각한 것입니다.

예수님께서 서기관들과 바리새인들을 '외식外飾하는 자' 즉 위선자라고 매도하신 것은, 실제로는 흉측한 죄인이면서도 단지 하나님의 말씀을 외형적으로, 문자적으로 준수하는 것만으로 자신들이 완전한 의인인 것처럼 행동했기 때문입니다. 이 또한 우리 자신의 모습이 아닐 수 없습니다. 우리가 하나님 말씀의 참의미와 정신을 소홀히 하는 한, 우리 역시 신앙 연륜이 깊어질수록 주님 보시기에 더 큰 위선자일 수 있음을 잊어서는 안 됩니다.

말씀이신 하나님께서는 당신의 말씀을 인간에게 주시면서 하나님의 언어로 주신 것이 아닙니다. 만약 그러셨다면 이 세상 어느 인간이 하나님의 언어를 알아들을 수 있겠습니까? 하나님께서는 인간이 당신의 말씀을 이해할 수 있도록 인간의 문자와 언어에 당신의 말씀을 담아 주셨습니다. 따라서 우리가 진정한 말씀의 사람이 되기 위해서는, 인간의 문자와 언어를 뛰어넘어 하나님 말씀의 참의미와 정신을 알려는 겸손함과 진지함을 동시에 견지해야 합니다.

그러나 결코 간과해서는 안 될 사실은, 성경 말씀 중에는 반드시 문자대로만 받아들여야 하는 말씀도 있다는 점입니다. 이 땅에 오신 예수 그리스도와 관련된 말씀들입니다.

구약성경은 예수님에 대하여 다음과 같이 예언하였습니다.

보라 처녀가 잉태하여 아들을 낳을 것이요 그의 이름을 임마누엘이라 하리라(사 7:14).

베들레헴 에브라다야 너는 유다 족속 중에 작을지라도 이스라엘을 다스릴 자가 네게서 내게로 나올 것이라 그의 근본은 상고에, 영원에 있느니라(미 5:2).

전에 고통받던 자들에게는 흑암이 없으리로다 옛적에는 여호와께서 스불론 땅과 납달리 땅이 멸시를 당하게 하셨더니 후에는 해변 길과 요단 저쪽 이방의 갈릴리를 영화롭게 하셨느니라 흑암에 행하던 백성이 큰 빛을 보고 사망의 그늘진 땅에 거주하던 자에게 빛이 비치도다(사 9:1-2).

시온의 딸아 크게 기뻐할지어다 예루살렘의 딸아 즐거이 부를지어다 보라 네 왕이 네게 임하시나니 그는 공의로우시며 구원을 베푸시며 겸손하여서 나귀를 타시나니 나귀의 작은 것 곧 나귀 새끼니라(슥 9:9).

그가 찔림은 우리의 허물 때문이요 그가 상함은 우리의 죄악 때문이라 그가 징계를 받으므로 우리는 평화를 누리고 그가 채찍에 맞으므로 우리는 나음을 받았도다 우리는 다 양 같아서 그릇 행하여 각기 제 길로 갔거늘 여호와께서는 우리 모두의 죄악을 그에게 담당시키셨도다(사 53:5-6).

예수님에 관한 이 말씀들은 모두 예외 없이 문자적으로 이루어졌습니다. 예수님이 성자 하나님이라고 하여 하늘에서 뚝 떨어지신 것이 아닙니다. 그분은 처녀, 즉 인간의 몸을 통하여 이 땅에 오셨습니다. 이 넓은 세상천지 가운데 이스라엘의 작디작은 베들레헴에서 태어나셨습니다. 이스라엘 변방 중에서도 변방이요, 가장 비천한 갈릴리를 중심으로 그리스도의 사역을 행하셨습니다. 당신이 메시아, 즉 구원자이심을 선포하기 위해 예루살렘으로 입성하실 때엔 나귀 새끼를 타셨습니다. 그리고 인간의 죗값을 대신 치르기 위해 십자가 위에서 사지가 찢어지는 고난을 당하셨습니다. 이처럼 예수님에 대한 성경 말씀은 예외 없이 모두 문자대로 이루어졌습니다. 그 이유가 무엇일까요?

예수님께서 이 땅에 오시기 전에도, 오신 후에도, 심지어는 2천 년이 지난 지금까지도, 이 세상에는 언제나 거짓 메시아가 있어 왔습니다. 따라서 하나님께서는 당신께서 친히 보내실 메시아가 어떤 모습으로, 어떻게 오시어, 어떤 삶을 보여 주실 것인지, 아무도 오해할 수 없는 인간의 문자와 언어로 정확하게 일러 주셨습니다. 그 말씀에 관한 한, 다른 해석이 필요치 않았습니다. 굳이 다른 의미를 찾으려 할 이유도 없었습니다. 말씀을 문자 그대로 받아들이기만 하면, 누구든지 예수님께서 메시아이심을 알 수 있었습니다.

희한한 것은, 말씀이 전하려는 의미보다도 말씀이 담긴 인간의 문자를 더 절대시하던 유대인들이 정작 예수님에 관한 성경 말씀은 전혀 문자로 받아들이지 않았다는 사실입니다. 성자 하나님께서 시골구석 베들레헴에서 태어나신다거나, 빈민들만 모여 사는 갈릴리에서 사역하신다거나, 더욱이 인간에게 수모를 당하며 돌아가신다는 성경 말씀을 그들은 도저히 문자대로 받아들일 수 없었습니다. 그들이 상상하고 고대하던 메시아는 그처럼 무력해 보이는 인간일 수 없다는 그릇된 확신으로, 그 말씀들을 단지 비유 혹은 상징으로 폄하해 버렸습니다. 그 결과 그들은 어느 민족보다 메시아를 더 열망했음에도, 그들 한가운데 오신 메시아를 부정하고 못박는 어리석음을 범하고 말았습니다. 예수님에 대한 성경 말씀을 겸손하게 문자대로 믿고 받아들였다면 결코 범치 않았을 죄악이었습니다.

오늘 본문 8-9절은 이렇게 시작됩니다.

오직 성령이 너희에게 임하시면 너희가 권능을 받고 예루살렘과 온 유대와 사마리아와 땅끝까지 이르러 내 증인이 되리라 하시니라 이 말씀을 마치시고 그들이 보는데 올려져 가시니 구름이 그를 가리어 보이지 않게 하더라.

제자들에게 땅끝의 증인이 되라는 마지막 명령을 남기고 주님이 드디어 이 땅을 떠나 승천하시는 장면입니다. 이스라엘 땅 위에 두 발을 딛고 계실 때 예수님께서는 이스라엘의 구원자이셨습니다. 그러나 예수님께서 하늘 위로 올라가심으로 만인의 구원자가 되셨습니다. 하늘 높이 떠 있는 태양이 온 인류를 위한 태양인 것과 같습니다. 생각할수록 주님의 승천은 역사적인 장면이 아닐 수 없습니다. 마침내 주님의 모습이 구름에 가리어 더 이상 보이지 않았지만, 제자들은 그 하늘에서 눈을 뗄 수 없었습니다.

그 이후의 상황을 본문 10-11절이 전합니다.

올라가실 때에 제자들이 자세히 하늘을 쳐다보고 있는데 흰 옷 입은 두 사람이 그들 곁에 서서 이르되 갈릴리 사람들아 어찌하여 서서 하늘을 쳐다보느냐 너희 가운데서 하늘로 올려지신 이 예수는 하늘로 가심을 본 그대로 오시리라 하였느니라.

제자들은 계속하여 하늘을 응시하고 있었습니다. 이제 주님의 모습을 언제 다시 볼 수 있을까, 다시 오시는 주님을 어떻게 알아볼까, 하늘을 응시하는 제자들이 이런 생각에 골몰하고 있었음이 분명함은 천사들의 말을 통해 알 수 있습니다. 천사들은 하늘에서 눈을 떼지 못하는 제자들에게, 제자들이 주님의 승천을 본 그대로 주님께서 다시 오실 것임을 확인해 주었습니다다. 주님께서 승천하신 방식 그대로 재림하실 것이란 의미입니다. 그렇다면 주님의 재림과 관련된 이 말씀도 상징이나 비유가 아닌, 문자 그대로 받아 들여야 합니다.

주님께서 승천하신 그대로 다시 오신다는 것은 무슨 뜻이겠습니까? 주님 께서 2천 년 전 이 땅에 오실 때처럼 또다시 여인의 몸을 통해 오시지 않는 다는 것입니다. 여인의 태에서 태어나 여인의 품에서 양육되는 과정을 거치시지 않는다는 것입니다. 승천하실 때처럼 하늘에서 직접 강림하신다는 것입니다. 20세기에 들어서만도 스스로 재림주를 자칭하며 혹세무민惑世誣民 한 자들이 전 세계적으로 수없이 많았습니다. 그러나 저는 단언할 수 있습니다. 여인의 몸에서 태어난 그들 중 누구도 재림주가 아닙니다. 재림하실 주님께서는 더 이상 여인의 태를 매개체로 삼지 않고, 승천하실 때처럼 하늘에서 직접 강림하실 것입니다. 하늘에 떠오르는 태양을 누구나 볼 수 있 듯, 세상 모든 사람 심지어 주님을 믿지 않는 사람조차도 하늘로부터 재림 하시는 주님을 확연히 보게 될 것입니다. 태양은 시간과 공간의 지배를 받 기에 지구 반대편 사람에겐 보이지 않지만, 시간과 공간을 초월하시는 주님의 재림은 지구 어느 곳에서든 모든 사람이 확인할 수 있습니다.

하늘로 승천하신 주님은 2천 년이 지났지만 하늘에 올라가신 모습 그대로 아직 재림하시지 않았습니다. 그렇다면 지난 2천 년 동안 주님을 믿었던 숱한 그리스도인들은 주님도 계시지 않는 이 땅에서 고아처럼 유리遊離한 것입니까? 마태복음 마지막 장 마지막 구절에 명시된 "내가 세상 끝날까지 너희와 항상 함께 있으리라"라는 주님의 약속은 정치인의 공약처럼 거짓에 불과한 것입니까? 그렇지 않습니다. 몇 주 전에 말씀드린 것처럼 몸으로 승천하신 주님께서는 영으로, 2천 년 전 오순절에 이미 강림하신 성령님으로, 지금 우리와 함께하고 계십니다. 하나님께서 작정하신 때, 즉 종말의 날에 이르면 주님께서는 몸을 지닌 채 승천하셨던 그대로 심판의 주로 재림하실 것입니다. 그때까지는 주님의 영이신 성령님께서 우리와 함께하시며 우리 삶을 진리의 빛으로 조명해 주실 것입니다. 그렇기에 우리가 이 땅에서 그리스도인으로 살아간다는 것은, 주님의 말씀 속에서 성령님의 인도하심을 좇는 것을 의미합니다.

지난달 서울극장에서 열린 집회 '사랑의 초대' 1부에 초청 가수 에스더 양이 감동적인 경험담을 들려주었습니다. 1997년 〈뭐를 잘못한 거니〉란 곡으로 삽시간에 스타덤에 오른 그녀는, 이후 모든 계획이 빗나가면서 오랜 좌절과 시련의 터널을 지나야 했습니다. 그날도 절망의 심정으로 자동차에 올랐습니다. 운전 도중 불현듯 오래전 누군가가 차에 넣어 준 테이프가 생각났습니다. 자동차 서랍에서 그 테이프를 찾아 카세트에 넣었습니다. 어느 분의 신앙 간증이었습니다.

그분은 어린 시절 화장실에 갇힌 적이 있었습니다. 화장실에 들어갔다가 나오려니 웬일인지 문이 열리지 않았습니다. 아무리 애를 써도 요지부동이었습니다. 갑자기 겁에 질린 아이는 울음을 터뜨리며 큰 소리로 아빠를 불렀습니다. 아이의 외침에 아빠가 황급히 뛰어왔지만 밖에서 화장실 문이 열리지 않았습니다. 결국 아빠는 화장실 벽 위쪽에 나 있는 작은 환기용 창문을 통해 간신히 안으로 들어가 아이를 가슴에 꼭 품어 주며 말했습니다.

"얘야, 아빠다. 아빠가 있으니 이제 걱정 마렴."

그 아이가 장성하여 혹독한 인생의 시련기를 맞았습니다. 사면초가인 자신의 처지가 마치 어릴 적 화장실에 갇혔던 상황과 흡사했습니다. 그는 주님을 향해, 꽉 막힌 인생의 문을 열어 달라고 눈물로 간청했습니다. 얼마를 기도드렸을까, 환상 중에 주님이 그를 찾아오셨습니다. 그리고 옛날 자신을 구해 준 아빠처럼 그를 꼭 안아 주며 말씀하셨습니다.

"애야, 나다. 내가 있으니 이제 걱정 마라."

그는 주님을 향해 소리쳤습니다.

"아니, 그런 것 말고요, 저 꽉 닫힌 문 좀 열어 주세요!"

주님께서 다시 말씀하셨습니다.

"내가 너와 함께 있단다."

그는 그게 아니라며, 닫힌 문을 좀 열어 달라며 계속 울부짖었고, 주님께서는 같은 대답을 반복하셨습니다. 그 순간 그는 정신이 번쩍 들었습니다. 주님을 믿는다면서 주님을 망각한 채 자기 욕망의 문에만 매달려 있는 미련함과 더불어, 자신과 함께 계시는 주님을 의식하며 주님과 동행하는 것보다 더 귀한 삶이 없음을 그제야 뼈저리게 절감한 것입니다. 그분의 간증은 자기 욕구의 길만 좇던 에스더 양에게도 큰 깨달음을 주었습니다. 그때부터 그녀는 자신과 함께하시는 주님께 삶을 의탁하면서 좌절과 시련의 긴 터널을 비로소 벗어날 수 있었습니다.

사랑하는 교우 여러분!

천지를 창조한 전능하신 하나님, 삼위일체 하나님인 성령님께서 하찮은 미물에 지나지 않는 우리와 함께 계신다는 것보다 더 큰 기적이 어디에 있습니까? 물거품 같은 자기 욕망의 문에 매달려 사느라 기적 중의 기적인 그 큰 기적을 망각하는 어리석음을 범치 마십시다. 날마다 하나님의 말씀 속에서 우리와 함께 계시는 성령님을 느끼고 확인하십시다. 주일 예배를 통해, 수요 성경 공부와 구역 성경 공부를 통해, 매일 아침 새벽 묵상문을 통해, 우리를 품고 계시는 성령님의 인도하심을 받으십시다. 성령님의 조명 속에서 인간의 문자에 담아 주신 하나님 말씀의 참의미와 정신을 캐내 가십시다. 그래서 설령 오늘 밤이 주님께서 승천하신 그대로 재림하시는 종말의 날이라 해도, 우리 모두 손을 잡고 주님의 심판대를 향해 기쁨으로 나아가십시다.

삼위일체 하나님이신 성령님이 우리와 함께해 주시는 기적을 베푸셨습니다. 그러나 우리는 이 기적을 기적으로 알지 못한 채, 자기 욕망의 문에 매달려 사느라 귀한 인생을 허비해 왔습니다. 그럼에도 우리를 버리지 않고 이 시간 불러 주시어 우리와 함께 계시는 성령님을 다시 깨닫게 해주시니 감사합니다. 이제부터 날마다 하나님의 말씀 속에서 성령님을 직접 뵙게 도와주십시오. 순간순간 말씀을 통해 성령님의 인도하심을 받게 해주시고, 성령님의 조명 속에서 문자를 뛰어넘어 말씀의 참의미와 정신을 알아 가게 도와주십시오. 만약 우리 생애에 주님께서 승천하신 그대로 재림하신다면, 바로 그날이 우리 생애 최대의 축제일이 되게 해주십시오. 아멘.

15. 갈릴리 사람들아   <small>종교개혁 주일</small>

> 사도행전 1장 8-11절
>
> 오직 성령이 너희에게 임하시면 너희가 권능을 받고 예루살렘과 온 유대와 사마리아와 땅끝까지 이르러 내 증인이 되리라 하시니라 이 말씀을 마치시고 그들이 보는데 올려져 가시니 구름이 그를 가리어 보이지 않게 하더라 올라가실 때에 제자들이 자세히 하늘을 쳐다보고 있는데 흰 옷 입은 두 사람이 그들 곁에 서서 이르되 **갈릴리 사람들아** 어찌하여 서서 하늘을 쳐다보느냐 너희 가운데서 하늘로 올려지신 이 예수는 하늘로 가심을 본 그대로 오시리라 하였느니라

  제자들에게 땅끝의 사람이 되라는 마지막 명령을 남기신 주님께서 드디어 하늘로 승천하시기 시작했습니다. 주님의 영이 하늘로 오르신 것이 아닙니다. 그랬다면 제자들은 그 사실을 인지하지도 못했을 것입니다. 주님께서는 제자들이 볼 수 있는 육신을 지니신 채로, 제자들의 눈앞에서 승천하셨습니다. 경이와 경탄 속에서 제자들의 온 시선은 하늘로 오르시는 주님께 집중되었습니다. 예수님의 승천은 부활과 더불어, 어떤 인간도 흉내 낼 수

없는, 예수님께서 성자 하나님이심을 확인시켜 주는 확고한 증거입니다. 마침내 구름에 가리어 주님의 모습이 더 이상 보이지 않았지만, 제자들은 자신들이 방금 목격한 그 신비롭고도 황홀한 광경에 여전히 사로잡혀 계속 하늘만 쳐다보고 있었습니다.

그때 천사들이 제자들을 향해 말했습니다.

갈릴리 사람들아 어찌하여 서서 하늘을 쳐다보느냐 너희 가운데서 하늘로 올려지신 이 예수는 하늘로 가심을 본 그대로 오시리라 하였느니라(11절).

천사들은 황홀경에 사로잡혀 있는 제자들을 '주님의 제자들이여' 혹은 '사도들이여'라고 부르지 않았습니다. 천사들은 그들을 향해 "갈릴리 사람들아" 하고 불렀습니다. 주님이 체포당하시던 날 밤 대제사장 집 뜰에 있던 사람들이 베드로를 향해 "당신도 갈릴리 사람이다"라고 말한 것처럼, 성경에는 사람이 사람을 가리켜 '갈릴리 사람'이라고 한 곳이 몇 군데 있습니다. 그러나 하나님을 대리하는 천사가 제자들을 가리켜 '갈릴리 사람들'이라고 부른 것은 이 본문이 유일합니다. 더욱이 성경에서 사람이 사람을 가리켜 '갈릴리 사람'이라 부를 때 사용된 헬라어는 언제나 '갈릴라이오스 $Γαλιλαῖος$'로, 우리말로 옮기면 단순히 '갈릴리인'입니다. 반면, 본문에서 천사들이 제자들을 부른 '갈릴리 사람들'이란 표현은 헬라어로 '안드레스 갈릴라이오이 $Ἄνδρες\ Γαλιλαῖοι$'입니다. 우리말로는 '갈릴리의 사람들'이란 의미입니다. 이 호칭 역시 성경을 통틀어 본문에서 단 한 번 사용되었습니다. 굳이 갈릴리에서 태어난 사람이 아니라도, 현재 갈릴리에 거주하는 사람은 모두 '갈릴리인'으로 불릴 수 있습니다. 하지만 '갈릴리의 사람들'은 단순히 갈릴리 거주자가 아니라, 갈릴리에서 태어난 갈릴리 출신의 사람임을 강조하는 호칭입니다.

여전히 넋을 잃은 채 하늘만 바라보는 제자들을 천사들이 "갈릴리 사람들아" 하고 불렀습니다. 그 극적인 순간에 천사들은 제자들의 정체성을, 다시 말해 그들이 갈릴리 출신임을 새삼스럽게 일깨워 준 것입니다. 대체 그 이유가 무엇이겠습니까?

주님께서 승천하시는 그 황홀한 현장을 목격한 사람들은, 주님을 배신한 가룟 유다를 제외한 나머지 열한 명의 제자들이었습니다. 그들은 이 땅에 오신 성자 하나님이신 예수님과 무려 3년이나 밤낮으로 함께 살았습니다. 그 3년 동안 직접 주님의 가르침을 받고 주님께서 행하신 모든 표적과 기사를 목격했습니다. 나아가 주님의 고난과 부활을 확인하였을 뿐 아니라, 주님께서 승천하시는 광경까지 눈으로 보았습니다. 그리스도인의 가장 큰 소원 중 하나가 단 한 번이라도 주님을 뵙는 것이라면, 주님의 생애와 십자가의 죽음과 부활 그리고 승천까지 목격한 제자들이야말로 분명 특별히 선택받은 사람들입니다. 지난 2천 년 동안 이 땅을 거쳐 간 사람들 가운데 이상의 모든 것을 직접 체험하고 목격한 사람은 그들 열한 명이 유일합니다. 따라서 하늘을 계속 쳐다보던 제자들이 그 순간, 특별히 선택받은 자신들에게 느꼈을 자부심과 자긍심이 얼마나 컸을지 능히 짐작할 수 있습니다.

그때 천사들이 "갈릴리 사람들아" 하고 그들을 불렀습니다. 당시 빈민들이 모여 살던 갈릴리는 가난과 무지와 보잘것없음의 상징이었습니다. 천사들은 제자들이 바로 그 갈릴리 출신임을 상기시켜, 주님의 승천까지 직접 목격하는 영광을 누림으로 인해 행여 제자들이 빠지게 될 교만의 위험성을 일깨워 주었습니다. 바꾸어 말하면 갈릴리 출신의 초심, 즉 겸손함을 잊지 않도록 해주었습니다. 오직 겸손한 마음에 의해서만 사도행전은 일구어질 수 있습니다. 사도란 주님의 말씀을 좇아 사는 사람들인데, 겸손한 사람의 마음속에만 주님의 말씀이 담기고, 말씀이신 주님께서 거하시기 때문입니다.

3주 전 지방에서 신앙생활을 하고 있는 여성도님으로부터 메일을 받았습니다. 당사자의 허락을 받아 그 내용을 읽어 드리겠습니다.

저는 모 교회의 집사이자, 구역장 안사람입니다. 저는 남편 때문에 가면을 쓰고 교회와 구역 모임에 참석하고 있습니다. 부모를 떠나 아내와 연합하라 하셨지만, 남편은 아직도 정신적으로나 경제적으로나 시부모님에게 예속되어 있습니다. 부부싸움하면 싸웠다고 시부모님께 전화하고, 재산도 시부모님 명의로 관리하고 있습니다. 툭하면 언어폭력과 육체적 폭력을 행사합니다. 아이 앞에서도 예외가 없습니다. 아이 앞에서 저를 때리고는, 엄마가 맞을 짓을 해서 맞는다고 말합니다. 사람을, 가족을 사랑하는 법을 모르면서 자신이 하는 일은 무엇이든 항상 옳다고 굳게 믿고 있습니다.

무엇보다 괴로운 것은 남편이 겉으로는 모범적인 기독교인처럼 보인다는 것입니다. 주일성수는 말할 것도 없고, 비가 오나 눈이 오나 일 년 열두 달 새벽 기도회에도 어김없이 참석합니다. 웬만한 신앙 서적은 거의 다 읽어 굉장히 박식하기도 합니다. 교인들은 "어쩌면 저렇게 믿음이 좋을까······" 하며, 남몰래 당하는 저의 상처와 아픔을 미처 상상조차 하지 못합니다.

우리 부부에게는 딸아이가 하나 있습니다. 그 외동딸이 상처 받는다고 이야기해도 남편은, 딸아이가 저보다 똑똑해서 상처 받지 않는다며 아무 때나 저를 때립니다. 아빠가 엄마에게 폭력을 행사할 때 절망, 불안, 공포 등이 아이의 마음에 크나큰 상처를 낼 텐데, 어찌 그런 것에는 아랑곳하지 않는지, 차라리 미치고 싶을 때가 한두 번이 아닙니다.

출세욕은 누구 못지않아 교회와 세상에 한 다리씩 걸치고 있습니다. 남들에게 뒤질까 봐 쉬지도 못합니다. 딸아이에게도 매일 공부, 공부, 공부 닦달입니다. 이제는 사춘기에 접어든 아이가 아빠에 대해 주관적인 판단을 하고 있습니다. 사랑이 없는 아빠, 말뿐인 사랑, 하나님을 믿는다면서 전혀 딴판인 가정생활, 행함과는 거리가 먼 믿음의 열심, 자신은 항상 상대에게 용납되어야 하면서도 상대를 용납지는 않는 이중성 등 아빠에 대한 딸아이의 시선이 날카롭기만 합니다. 그래서 딸아이는 커서 절대 결혼하지 않겠다고 합니다. 딸아이가 평생 남자에 대한 불신감으로 살아갈까 몹시 두렵습니다.

저는 이런 기막힌 삶을 살아오면서, 신앙은 있지만 저처럼 고통받는 주부들이 의외로 많다는 사실을 알게 되었습니다. 기도하며 믿음으로 이기려 해보지만, 남편에게 상스러운 욕을 들으며 구타당하고 나면, 정신적인 피폐함과 자존감 상실로 아무 생각도 없이 무기력해질 뿐입니다. 하도 멍청이라고 구박을 받아, 제가 정말 하나님께도 아무 가치 없는 존재로 여겨지면서 진짜 멍청한 상태로 살아가고 있습니다.

목사님! 이런 미성숙한 신앙의 남편들을 위해 책을 써주세요. 그래서 그 곁에서 눈물짓는 아내들과 상처 받은 자식들이 주님 안에서 회복될 수 있도록 도와주세요. 좀더 기도하고 참을걸 왜 이런 메일을 보냈을까 하고 내일이면 후회할지도 모르겠습니다. 하지만 미성숙한 남편들과 절망하는 아내들, 그리고 그 가운데서 아파하는 자식들을 위해 전송 버튼을 누릅니다. 죄송합니다.

이 성도님의 눈물겨운 호소에 가슴이 아프시지요? 저 역시 그랬습니다.

그래서 언젠가 이분을 위해, 이분과 같은 처지에 있는 분들을 위해 책을 쓸 예정입니다.

이분의 남편은 어김없이 새벽 기도회까지 참석할 정도로 누구보다 교회 생활에 열심입니다. 신앙 서적을 많이 읽어 풍부한 신앙 지식도 겸비하고, 교회와 구역에서는 모범적인 기독교인으로 존경받고 있습니다. 그는 분명 하나님의 은혜를 체험한 사람입니다. 그렇지 않고는 그토록 신앙생활에 열심일 수가 없습니다. 그러나 그의 가정생활은 이미 우리에게 알려진 바와 같이 엉망진창입니다. 그가 이렇듯 이중적인 삶을 사는 단 하나의 이유를 찾는다면 무엇이겠습니까? 재론의 여지도 없이 교만입니다. 그는 하나님의 말씀을 머릿속에만 담고 있는 사람입니다. 하나님의 말씀이 마음에 담기기에는 그의 마음이 너무나도 높은 곳에 있습니다. 그 결과, 그에게 하나님의 말씀은 단지 영적 호기심과 허영심을 채워 주는 도구일 뿐, 그 말씀이 마음을 감동시켜 삶으로 육화(肉化)되는 생명으로 이어지지는 못했습니다. 한마디로 그는 높디높은 마음을 지닌, 교만하기 짝이 없는 인간입니다.

일반적으로 사람들은 교만을 특정 행동과 연관 지어 생각합니다. 이를테면 인사를 잘 하지 않는다든지, 말투가 고분고분하지 않다든지 하는 행동입니다. 그리고 그 반대의 경우를 겸손이라 판단합니다. 그러나 방금 그 남편을 생각해 보십시다. 그는 교회와 구역에서 모범적인 기독교인으로 존경받는 사람입니다. 그가 예배당이나 구역에서 만나는 교인들에게 얼마나 극진하게 인사하고, 또 얼마나 예의를 갖추어 말하겠습니까? 교회 교인들은 필경 그를 겸손한 사람으로 여기고 있을 것입니다. 그러나 실제로는 전혀 딴판이었습니다. 이 경우만 보더라도 교만과 그 반대 개념인 겸손은, 특정 공간에서 인간이 보여 주는 특정 행동과는 아무 상관이 없음을 알게 됩니다.

하나님 앞에서 교만이란 하나님 말씀의 지배를 받지 않는 것입니다. 하나님 말씀에 온전히 자신을 의탁하지 않는 것은, 자신이 의식하든 못하든 결과적으로 하나님 말씀보다 자신을 더 크게 여기고 있다는 반증입니다. 초등학생이 매사에 담임선생님보다 자신이 옳다고 우긴다면, 그것은 결국 그 어린 학생이 선생님보다 자신이 더 크다고 착각하고 있음을 의미하는 것과 같습니다. 문제의 그 남편이 성경 말씀을 절대 순종해야 할 하나님의 명령으로 받아들였던들, 그는 말씀을 마음에 담고 그 말씀의 지배 속에서 살았을 것이요, 그랬다면 교회생활과 가정생활이 그토록 표리부동하지는 않았을 것입니다. 그래서 그는 교만한 인간이었습니다. 바꾸어 말하면 그는 자신이 본디 '갈릴리의 사람'이란 사실을 깨닫지 못했거나 망각한 인간입니다.

사랑하는 아내를 울리고 자식의 마음에 깊은 상처를 준 그 교만하고도 한심한 남편은, 하나님의 말씀을 영적 호기심과 허영심의 대상으로 삼을 뿐 그 말씀을 좇아 살려고 하지 않는 우리 모두의 자화상이기도 합니다. 정도의 차이만 있을 뿐, 그와 우리 사이에 본질적인 차이가 있는 것은 아닙니다. 우리도 하나님의 은혜를 받았습니다. 하나님의 말씀을 알고도 있습니다. 그런데 왜 아는 대로 살지 않습니까? 그 대답은 지극히 간단합니다. 우리가 교만하기 때문입니다. 다시 말해 '갈릴리 사람'에 불과한 우리의 정체성을 망각했기 때문입니다.

지난 수요 성경 공부 시간에 함께 생각해 본 고린도전서 4장 7절은 우리에게 세 가지 날카로운 질문을 던지고 있습니다.

> 누가 너를 남달리 구별하였느냐 네게 있는 것 중에 받지 아니한 것이 무엇이냐 네가 받았은즉 어찌하여 받지 아니한 것같이 자랑하느냐.

교만에 빠진 우리의 정곡을 찌르는 질문입니다. 대체 우리가 어떻게 하나님의 자녀로 구별되었습니까? 우리 자신의 능력이나 자격으로 인함입니까? 그렇지 않습니다. 본래 죄와 사망의 노예이던 우리는 영적 빈곤과 무지 속에 내버려진 보잘것없는 '갈릴리 사람'에 지나지 않았습니다. 그럼에도 "내가 너를 구속하였고 내가 너를 지명하여 불렀나니 너는 내 것이라"(사 43:1) 선언하신 주님의 절대주권, 주님의 일방적인 선택의 은총에 의해 하나님의 자녀로 구별되었습니다.

우리에게 있는 것 중 하나님으로부터 받지 않은 것은 또 무엇입니까? 이 세상에 올 때 벌거숭이로, 빈손으로 오지 않은 사람이 어디에 있습니까? 지금 내게 있는 것 중, 본래부터 내가 가지고 있던 것이 대체 무엇입니까? 내 생명부터 시작하여 내게 있는 모든 것이 하나님께 받은 것이 아닙니까? 이 세상을 떠나갈 때 벌거숭이로, 빈손으로 가지 않을 사람이 과연 단 한 명이라도 있겠습니까? 내가 현재 가진 것이 태어날 때부터 있어 온 나의 소유라면 갈 때도 그것을 들고 가야 마땅하겠지만, 누구나 어김없이 빈손으로 간다는 것은 단지 이 세상에서 하나님의 것을 빌려 쓰고 있다는 증거가 아니고 무엇이겠습니까?

그런데도 왜 우리는 그 모든 것을 받지 않은 것처럼, 마치 본래부터 우리 소유인 것처럼 자랑하면서 하나님보다도 그것들을 더 신봉합니까? 왜 하나님을 믿는다면서 하나님 말씀보다 우리의 능력과 판단을 더 신뢰하는 것입니까? 천지를 창조하신 전능하신 하나님을 믿는다면서, 막상 삶의 현장에서는 왜 하나님을 자기 지갑 속의 돈보다도 더 하찮게 여기는 것입니까? 우리가 교만해졌기 때문입니다. 우리 자신이 하나님 앞에서 육적으로나 영적으로 벌거벗은 '갈릴리 사람'임을 망각했기 때문입니다.

주님이 승천하시는 장면을 목격한 제자들은 그 황홀경에 사로잡혀, 주님의 모습이 더 이상 보이지도 않는 하늘을 계속 응시하고 있었습니다. 주님은 갈릴리의 무식한 어부에 지나지 않던 그들을 하나님의 자녀로, 주님의 제자로, 말씀의 사도로 구별해 주셨습니다. 주님께서 그들을 구별해 주시지 않았다면, 그들은 2천 년 전 갈릴리에서 이름도 없이 한줌 흙으로 사라져 버리고 말았을 것입니다. 그들이 직접 주님의 가르침을 받고, 주님의 표적과 기사를 보고, 주님의 고난과 부활의 증인이 되고, 주님의 그 신비스럽고도 황홀한 승천마저 목격한 것은, 어느 하나 예외 없이 모두 주님께 받은 일방적인 은총이었습니다.

받은 은총이 그토록 큰 만큼 제자들을 가만히 내버려 두면, 그 모든 것을 자신들의 당연한 권리로, 처음부터 자신들의 것인 양, 자기 의로, 자기 자랑거리로 내세우며 하나님을 망각할 것이 뻔했습니다. 그것이 타락한 인간의 죄성이자 본성이요, 한계인 까닭입니다. 그 사실을 누구보다 잘 아시는 주님이시기에, 제자들이 그 어느 때보다 스스로에게 더 큰 자부심과 자긍심을 느낄 승천을 목격하는 현장에서 천사들을 통해 그들을 "갈릴리 사람들아" 하고 부르셨습니다. 주님의 승천까지 목격한 것이 제자들의 교만이 되지 않고, 도리어 더 겸손한 마음으로 살아갈 수 있도록 배려하시는 주님의 사랑이었습니다.

이런 관점에서 "갈릴리 사람들아"라는 주님의 부르심은, 하나님의 은혜를 받아 하나님을 믿는다면서 하나님의 말씀보다 자신을 더 신봉하는 우리의 교만을 일깨워 주시려는, 우리를 위한 사랑의 부르심이기도 합니다. 하나님보다 자기 자신을 더 신봉하는 이 교만을 버리지 않는 한 우리의 신앙 연륜이 아무리 깊어진들, 아내의 가슴에 못을 박고 자식의 마음에 온갖 상처를 낸 문제의 기독교인과 다를 바가 없을 것입니다. 오직 하나님의 말씀 앞에 겸손한 마음만이 사도행전의 출발점인 동시에 텃밭일 수 있습니다.

오늘은 마르틴 루터가 1517년 종교개혁의 기치를 올린 지 488년째 되는 해를 기념하는 주일입니다. 종교개혁은 로마 가톨릭의 교만에 대한 반발이었습니다. 로마 가톨릭은 본래 '갈릴리 사람'에 지나지 않았던 자신들의 정체성을 망각하였습니다. 하나님의 말씀보다 로마 가톨릭의 막강한 조직과 제도, 그리고 거기서 비롯되는 자신들의 힘을 더 신봉한 것입니다. 이에 반기를 든 개신교는 '오직 말씀으로' 돌아갈 것을 주창했습니다. 그것은 한마디로 '겸손의 회복'이었습니다. 하나님의 말씀 앞에서 낮고 낮은 겸손한 마음만 하나님의 말씀을 담고, 온전히 그 말씀의 지배 속에 거할 수 있기 때문입니다.

이렇게 태동된 개신교이건만, 오늘날 개신교회를 이루는 우리 역시 교만의 늪에 빠져 있습니다. 하나님의 말씀보다도 우리 자신을, 우리 자신의 것을 더 신뢰하는 어리석음을 범하고 있는 것입니다. 그래서 이 뜻깊은 종교개혁 주일에 주님께서 우리를 향해 "갈릴리 사람들아" 하고 부르고 계십니다. 겸손하지 않고는 결코 사도행전의 삶을 살 수 없음을, 2천 년 전 제자들에게 하셨던 것처럼 재확인시켜 주시기 위함입니다.

이제 우리 모두 하나님의 말씀을 머리로만 즐기던 교만한 삶에 종지부를 찍으십시다. 겸손한 마음으로 하나님의 말씀을 담고, 그 말씀이 우리의 일거수일투족을 통해 육화되게 하십시다. 그때야 우리는 교회에서 교인을 대하는 바로 그 모습으로 가정에서 아내를 사랑할 수 있습니다. 예배당 안에서 미소 짓는 상냥함으로 남편을 섬길 수 있습니다. 교회에서 교인의 자식을 대하는 인자함으로 자기 자식을 위할 수 있습니다. 교인에게 보이는 친절함으로 이웃과 동료와 더불어 살아갈 수 있습니다.

개혁은 인간의 깃발이나 구호, 운동이나 프로그램으로 이루어지지 않습니다. 개혁은 우리 각자가 하나님의 말씀 앞에 겸손해지는 것에서 시작됩니다. 겸손한 우리 마음에 담긴 하나님의 말씀이 우리 자신을 새롭게 하고 우리를 통로 삼아 세상을 새롭게 하는 것, 바로 이것만이 후유증 없는 참된 개혁이요, 모두를 살리는 생명의 역사입니다. 종교개혁 주일을 맞는 오늘, 주님께서 우리를 '갈릴리 사람들'로 칭하시는 이유가 여기에 있습니다.

죄와 사망의 노예로, 영적 무지와 빈곤의 갈릴리에 버려져 있던 우리를 주님께서 하나님의 자녀로 구별해 주셨습니다. 빈손으로 세상에 온 우리가 지금 가진 것 가운데 하나님께로부터 받지 않은 것이 없습니다. 그런데도 우리는 우리 자신과 우리가 가진 것을 더 신봉하는 교만에 빠져 있었습니다. 오늘 종교개혁 주일을 맞아 본래 갈릴리 사람이었던 우리의 정체성을 재확인시켜 주셔서 감사합니다. 하나님 말씀 앞에서 겸손을 회복하게 도와주십시오. 그 겸손함으로 언제 어디서나 하나님의 말씀 속에서 진정한 그리스도인, 변함없는 갈릴리 사람으로 살아갈 수 있도록 인도해 주십시오. 그와 같은 삶을 통해 이 세상을 새롭게 하시는 하나님의 개혁, 진정한 생명의 역사가 날마다 이루어지게 해주십시오. 아멘.

16. 기도에 힘쓰더라

사도행전 1장 12-14절
제자들이 감람원이라 하는 산으로부터 예루살렘에 돌아오니 이 산은 예루살렘에서 가까워 안식일에 가기 알맞은 길이라 들어가 그들이 유하는 다락방으로 올라가니 베드로, 요한, 야고보, 안드레와 빌립, 도마와 바돌로매, 마태와 및 알패오의 아들 야고보, 셀롯인 시몬, 야고보의 아들 유다가 다 거기 있어 여자들과 예수의 어머니 마리아와 예수의 아우들과 더불어 마음을 같이하여 오로지 **기도에 힘쓰더라**

주일은 말할 것도 없고, 주중에도 틈나는 대로 교회에 나와 온갖 봉사를 마다치 않는 교우님이 지난달 제게 보낸 글 중에 다음과 같은 내용이 있었습니다. 당사자의 양해를 얻어 읽어 드립니다.

진실로 좋은 일인지 아닌지 잘 모르겠지만 사업이 점점 바빠지네요. 예전에는 그렇게 바빠지기를 원했지만, 막상 바빠지니 지금 누리고 있는 것 중에 무엇을 포기해야 할지 걱정이 됩니다. 다음 주에는 일본, 그다음 주에는 중국, 또 그다음 주에는 스페인에 다녀올 듯합니다.

지금 누리고 있는 것 중에 무엇을 포기해야 할지 걱정된다는 교우님의 표현을, 사업과 주중 교회 봉사 가운데 어느 쪽을 선택해야 하는지에 대한 고민으로 이해하고 저는 이렇게 답글을 드렸습니다.

사업이 바빠지신다니 진심으로 축하드립니다. 그 경우 포기해야 할 것은 당연히 주중 교회 봉사지요. 주어진 사업에 그리스도인으로 몰두하세요. 교회 봉사는 예배가 있는 날만 하셔도 충분하답니다. 아시지요? 이 시대 교회의 문제는 교회에 봉사자가 모자라는 것이 아니라, 세상에서 그리스도인의 양심으로 살아가는 참된 그리스도인이 적다는 것입니다.

교회 봉사의 중요성은 새삼스럽게 강조할 필요가 없습니다. 봉사는 마치 자전거 페달을 밟는 것과 같습니다. 누구든 걸어가는 행인을 위해 자전거 페달을 밟는 사람은 없습니다. 그것은 자전거를 타고 있는 당사자 자신을 위한 행위입니다. 페달을 밟지 않는 한 자전거는 조금도 나아가지 않습니다. 사전에서 봉사는 '국가, 사회 또는 남을 위하여 헌신적으로 일하는 것'이라 정의됩니다. 철저하게 이타적인 행위라는 의미입니다. 그러나 그리스도인의 봉사는 사전적 의미의 봉사에서 한 걸음 더 나아갑니다. 그리스도인은 주님의 말씀을 좇아 타인을 위해 봉사함으로써, 돌아가시기까지 우리를 섬겨 주신 주님의 생명과 사랑 그리고 말씀의 능력을 비로소 자신의 것으로 삼을 수 있습니다. 따라서 그리스도인의 봉사는 타인을 위한 행위이면서도 궁극적으로는 자전거 페달처럼 자기 신앙의 성숙을 위한 필수 과정이 됩니다. 교회에서 어떤 형태의 봉사든 봉사에 참여하는 교인의 신앙이 더 깊어지는 까닭이 여기에 있습니다. 자전거 페달을 계속 밟음으로 자전거가 바르게 서서 달릴 수 있는 것처럼, 그리스도인은 봉사를 통해 그리스도인답게 사는 법을 배웁니다.

이 시간 우리가 은혜로운 예배를 드릴 수 있는 것은 수많은 교우님들의 봉사의 결과입니다. 토요일인 어제 오후, 예배당에 나와 예배당 청소를 한 익명의 봉사자들이 있습니다. 오늘도 예배 시작 두 시간 전부터 예배당에 보조 의자를 설치한 분들, 1층 로비와 지하 예배실에 스크린을 연결하고 의자를 배치한 분들, 더위나 추위를 개의치 않고 차량 안내를 한 분들, 예배 후 친교를 위해 다과를 준비해 온 분들, 교회 학교 어린이들을 위해 각종 자료를 만들어 와 교회 학교 교사로 봉사하고 있는 분들, 예배 때 연주 혹은 반주를 위해 수고하는 분들, 예배가 끝난 뒤 늦은 시간까지 뒷정리를 위해 헌신하는 분들 등 일일이 헤아리기 어려울 정도로 많은 분들의 봉사가 있습니다. 그분들이 그 봉사를 성가시게 여기기는커녕 매주일 기꺼이 반복하는 것은, 그것이 자신들의 신앙에 유익함을 이미 경험을 통해 알고 있기 때문입니다. 이런 관점에서 주일 예배에 참석한 그리스도인들이 어떤 형태의 봉사든 봉사 현장에 참여한다는 것은 그리스도인의 신앙생활에 더없이 중요하고도 유익한 일입니다.

그러나 잊지 말아야 할 것은 예배당이 그리스도인의 봉사의 종착역이 아니라는 사실입니다. 바꾸어 말해, 그리스도인의 봉사가 교회 안에 국한되어서는 안 됩니다. 교회 봉사가 중요하다면 그것이 곧 그리스도인이 세상에서 그리스도인답게 살아가는 출발점이기 때문입니다. 자전거를 탄 사람이 페달을 계속 밟는 것은, 세발자전거를 탄 어린아이처럼 자기 집 앞 골목을 맴도는 것이 아니라 목적지에 이르기 위함입니다. 그리스도인의 교회 봉사 역시 예배당 안에서만 맴돌려 함이 아니라 세상에서 그리스도인답게 살아가기에 필요한 체력을 기르기 위함입니다. 안타깝게도 한국 교회를 생각할 때 아쉬운 점은, 그리스도인들의 봉사가 대부분 교회 봉사에만 머문다는 것입니다. 예배당 벽을 넘지 못하는 교회 봉사만으로는 세상을 새롭게 할 수 없습니다. 세상은, 그리스도인의 교회 봉사가 교회 밖 세상에서 삶으로 이어질 때, 다시 말해 세상에서 그리스도인의 양심을 지키며 살아갈 때 그러한 그리스도인에 의해 새로워집니다.

주님께서 몸을 지닌 채 하늘로 오르시는 장면을 직접 목격한 제자들은, 주님의 모습이 구름에 가리어 더 이상 보이지 않았지만 그 하늘에서 눈을 거두지 못했습니다. 그때 천사들이 제자들에게, 주님께서는 제자들이 '하늘로 가심을 본 그대로 오실 것'임을 일러 주었습니다.

그리고 오늘 본문 12절은 이렇게 시작합니다.

> 제자들이 감람원이라 하는 산으로부터 예루살렘에 돌아오니 이 산은 예루살렘에서 가까워 안식일에 가기 알맞은 길이라.

주님께서 승천하신 곳은 감람산이었습니다. 감람나무, 즉 올리브나무가 많은 곳이라 하여 감람산이라 불리는 곳이었습니다. 제자들은 주님께서 승천하신 모습 그대로 다시 오실 것을 확인한 즉시 감람산을 떠나 예루살렘으로, 그들이 두 발 딛고 서 있어야 할 삶의 현장으로 돌아왔습니다. 그들이 감람산에서 주님이 승천하신 하늘을 그토록 오랫동안 우러러봤던 것은, 삶의 현장에서 도피하여 감람산에서 신선놀음을 즐기기 위함이 아니었습니다. 그들에게 주어진 삶의 현장으로 돌아오기 위함이었습니다. 다시 오실 주님을 소망하며, 이 세상에서 그리스도인으로 살아가기 위함이었습니다.

감람산에서 예루살렘으로 돌아온 제자들이 제일 먼저 무엇을 했는지는 본문 13-14절이 밝혀 줍니다.

> 들어가 그들이 유하는 다락방으로 올라가니 베드로, 요한, 야고보, 안드레와 빌립, 도마와 바돌로매, 마태와 및 알패오의 아들 야고보, 셀롯인 시몬, 야고보의 아들 유다가 다 거기 있어 여자들과 예수의 어머니 마리아와 예수의 아우들과 더불어 마음을 같이하여 오로지 기도에 힘쓰더라.

삶의 현장으로 돌아온 제자들이 가장 먼저 한 일은 기도였습니다. 우리말 '오로지 힘쓰다'로 번역된 헬라어 '프로스카르테레오 $proskartere\omega$'는 '자신을 붙들어 맨다'는 의미입니다. 예루살렘으로 돌아온 제자들은 그곳에 모여 있는 형제자매들과 더불어 무엇보다 먼저 기도에 열중하였습니다. 대체 무엇을 기도하기 위함이었겠습니까?

몇 년 전, 미국 남가주에 있는 한 대형 한인 교회가 특별 새벽 기도회를 열면서 내건 슬로건이 많은 사람의 눈길을 끌었습니다.

> 부모의 새벽기도, 자녀의 평생축복
> 자녀의 새벽기도, 부모의 노후대책
> 아내의 새벽기도, 남편의 영적성공

3·4·3·4의 운율이 딱딱 맞아 마치 옛시조를 대하는 듯한데, 여기서 우리는 이 교회가 기도에 대해 어떻게 이해하고 있는지 잘 볼 수 있습니다. 감람산에서 돌아온 제자들이 기도에 자신들을 붙들어 맨 이유 역시 자녀의 평

생 축복, 부모의 노후 대책, 배우자의 영적 성공을 위한 것이었을까요? 그럴 리가 없습니다. 만약 그렇다면 제자들은 주님을 위해 결코 순교할 수 없었을 것입니다. 그때 제자들이 기도하며 힘써 구한 것은 바로 그리스도인답게 이 세상을 살아갈 힘과 용기와 지혜임이 분명합니다. 이것은 그 이후 그들이 죽음의 위협마저 두려워하지 않고 주님의 증인으로 생을 마감한 것으로 알 수 있습니다.

주님의 제자들이 예배당 안에서 세상을 변화시킨 것이 아닙니다. 그들의 봉사의 삶이 예배당에 국한되어 있지 않았다는 말입니다. 그들이 주님으로부터 3년 동안 봉사의 삶을 훈련받은 것도, 주님 안에서 초대교회를 이루고 서로 섬김의 삶을 실천한 것도, 모두 세상에서 그리스도인으로 살아가기 위함입니다. 사도행전은 결코 그리스도인들의 교회생활과 교회 봉사에 관한 역사책이 아닙니다. 교회에서 시작된 그리스도인의 삶이 세상으로 이어질 때, 그들을 도구 삼아 주님께서 세상을 새롭게 하셨다는 생명의 증언록입니다.

오늘날 우리 시대 역시 마찬가지입니다. 예배당 안에 갇혀 있는 사람이 아니라, 예배당 밖 세상에서 그리스도인답게 살아가는 사람을 주님은 필요로 하십니다. 그런 사람을 통해서만 세상을 새롭게 하실 수 있기 때문입니다. 예배당과는 달리, 온갖 유혹과 욕망의 법칙이 난무하는 세상에서 그리스도인답게 살아간다는 것은 쉬운 일이 아닙니다. 그것은 끊임없는 결단과 용기를 필요로 하기에, 기도 없이는 불가능합니다. 기도만이 세상에서 그리스도인답게 살아갈 힘과 용기 그리고 지혜의 원천이 됩니다.

아시는 것처럼, 100주년기념교회가 창립되기 전에 이루어진 집회 약속을 지키기 위해 저는 지난주에 캐나다 토론토에 있는 다드림교회를 다녀왔습니다. 사흘 동안 네 번에 걸쳐 그곳의 교우님들과 주님의 말씀을 나누었습니다. 둘째 날 저녁 시간에 나눈 말씀 중에 요한복음 21장 18절이 있었는데, 주님께서 제자들을 대표하는 베드로에게 이렇게 말씀하셨습니다.

내가 진실로 진실로 네게 이르노니 네가 젊어서는 스스로 띠 띠고 원하는 곳으로 다녔거니와 늙어서는 네 팔을 벌리리니 남이 네게 띠 띠우고 원하지 아니하는 곳으로 데려가리라.

인간은 누구나 스스로 띠 띠고 자기 원하는 곳을 다니고, 또 원하는 것을 행하려 합니다. 그러나 나이가 많고 적음에 상관없이 누구든 자기 인생을 돌아보면, 자신이 계획한 대로 스스로 행한 일은 거의 없고, 모두 자신의 의도와 상관없이 되어진 일들뿐임을 알게 됩니다. 물론 믿는 사람이라면 그 일들이 모두 주님에 의해 되어진 일들임을 고백하게 됩니다. 이 사실을 분명하게 깨달은 사람은 주님 앞에 두 팔을 벌리기 마련입니다. 주님께 항복하는 것입니다. 주님께서 이끄시는 대로 이끌려 가기 위함입니다. 그것이 더 이상의 인생 낭비 없는, 최선의 삶이기 때문입니다.

네 번에 걸친 집회가 모두 끝나고 주일 오후 마지막 질의응답 시간이 되었을 때, 한 자매님이 이 구절과 관련된 질문을 하였습니다. 그 전날 밤 자매님은, 바쁜 일로 집회에 참석하지 못한 남편이 귀가하자 이 구절을 들려주며, 앞으로 자신들도 두 팔을 벌리고 주님께서 이끄시는 대로 살아가자고 했습니다. 그랬더니 남편은, 주님께서 이끄시는 대로 사는 것이 신앙생활이라면 이제부터 기도할 필요가 없겠다며, 즉석에서 앞으로는 기도하지 않겠다고 했습니다. 가만히 있어도 주님이 다 알아서 이끌어 주실 텐데, 구태여 아까운 시간을 낭비하면서까지 기도할 필요가 어디 있느냐는 것이었습니다. 그러고 보니 남편 말에도 일리가 있는 것 같아 자매님은 뭐라고 반박할 수가 없었습니다. 그래서 과연 남편의 주장이 맞는지, 아니면 남편에게 뭐라고 답변해 주어야 하는지 제게 질문하였습니다. 저는 그 질문에 대한 대답을, 겟세마네 동산에서 기도하신 주님 이야기로 대신하였습니다.

십자가에 못박혀 돌아가시기 전날 밤, 주님께서는 밤이 맞도록 겟세마네 동산에서 기도하셨습니다. 당시 주님께서는 목전에 임박한 당신의 죽음을 내다보시며, 심히 고민하고 슬퍼하셨습니다. 얼마나 그 마음이 괴로우셨으면, 아예 땅바닥에 엎드린 채 얼굴을 땅에 대고 기도하셨습니다. 십자가의 죽음을 피하시기 위함이었습니다. 그 기도가 얼마나 애절했던지, 주님의 얼굴에서 흐르는 땀에 피가 배어날 정도였습니다. 그러나 그 기도의 결과로 주님께서 얻으신 응답이 무엇입니까? 십자가의 죽음을 모면키라도 하셨습니까? 아닙니다. 심히 고민하고 슬퍼하며, 살기 위해 땀에 피가 배어날 정도로 절규하시던 주님께서는 이윽고 기도를 마치고 제자들에게 오셔서 말씀하셨습니다.

> 보라 때가 가까이 왔으니 인자가 죄인의 손에 팔리느니라 일어나라 함께 가자 보라 나를 파는 자가 가까이 왔느니라(마 26:45하-46).

내가 언제 고민하고 슬퍼했느냐는 듯 결연히 말씀하신 주님께서는, 추호의 흔들림도 없이 십자가의 죽음을 향해 발을 내디디셨습니다. 십자가의 죽음을 피하기 위해 절규하시던 주님께서 기도를 통해, 하나님의 뜻은 당신을 십자가의 죽음으로 이끌어 가시는 것임을 확인하신 것입니다. 주님께서 십자가의 길을 기꺼이 감수하실 수 있었던 힘과 용기와 지혜의 원천이 바로 겟세마네의 기도였습니다.

주님께서도 이처럼 기도를 통해 하나님의 이끄심을 바르게 분별하셨다면, 하물며 우리 같은 인간이야 두말해 무엇하겠습니까? 인간이 본능과 욕망을 좇아 사는 것은 전혀 어렵지 않습니다. 죄의 본성을 타고난 인간은 가만히 내버려 두어도, 나이에 상관없이 그 길을 마냥 질주하게 되어 있습니다. 그러나 주님의 이끄심을 받는 것은 절로 되지 않습니다. 그것은 기도를 통해서만 가능합니다. 기도만이 우리의 욕망과 본능으로부터 우리를 지켜 주고, 이 세상에서 주님을 좇는 그리스도인답게 살아갈 힘과 용기와 지혜를 안겨 줍니다.

주님께서 하나님의 이끄심을 바르게 분별하기까지 그토록 애절하게 기도하셨던 겟세마네는 감람산에 위치한 동산의 이름입니다. 누가복음 22장 39절은, 주님께서 감람산을 찾아 기도하시는 것이 주님의 평소 습관이었음을 밝혀 줍니다. 이를테면 감람산은 주님의 기도 처소였습니다. 그 감람산의 기도가 십자가의 죽음과 부활의 원동력이었고, 기도하시던 바로 그 감람산에서 주님은 하늘로 승천하셨습니다. 이처럼 주님의 기도 현장이었던 감람산으로부터 예루살렘으로 돌아온 제자들이 무엇보다 먼저 기도에 열중한 것은 조금도 이상한 일이 아니었습니다. 주님께서 기도를 통해 주님답게 당신의 일생을 마치고 승천하신 것처럼, 제자들 역시 기도를 통해 이 세상에서 그리스도인답게 살아가는 데 필요한 힘과 용기와 지혜를 얻고자 한 것입니다. 그리고 그들은 마침내 예배당 안에서가 아니라, 주님의 이끄심을 좇아 세상에서 세상을 새롭게 하는 사도행전을 일굴 수 있었습니다.

인간이 어려운 일을 당할 때, 자신의 한계에 부딪힐 때, 심히 슬퍼하며 고민하지 않을 수 없는 극한상황에 직면할 때, 주님의 도우심을 간구하며 자신의 바람을 아뢰는 것은 지극히 자연스러운 일입니다. 그러나 그것은 기도의 동기일 뿐입니다. 기도의 궁극적 목적은 피조물에 불과한 인간이 자기 기도의 내용을 고수하려는 데 있는 것이 아니라, 겟세마네 동산에서 주님께서 하신 것처럼 기도의 내용이 바뀌고 승화되는 데 있습니다. 삼위일체 하나님께 자신을 내려놓고 낮고 낮은 마음으로 기도하는 가운데 주님의 이끄심을 받는 것은 물론이요, 천지를 창조하신 전능하신 하나님 앞에서 인간의 바람이나 계획이 얼마나 부질없는지 바르게 판단할 수 있기 때문입니다.

사랑하는 교우 여러분!
매일 일정한 시간을 정해 놓고 기도하기를 게을리하지 마십시다. 기도하되 자기 기도의 내용을 고수함이 아니라, 도리어 버릴 수 있게 기도하십시다. 스스로 띠 띠고 자기 원하는 곳으로 가기 위해 간구하는 것이 아니라, 주님 앞에 두 팔을 벌리고 온전히 주님의 이끄심을 받기 위해 기도하십시다. 자신의 욕구와 본능의 성취를 위해서가 아니라 21세기 벽두, 이 혼란한 조국의 현실에서 그리스도인다운 그리스도인으로 살아가기 위해 기도하십시다. 거듭 말씀드리지만, 세상은 결코 예배당 안에서 새로워지지 않습니다. 세상은 예배당 밖에서 기도하며 그리스도인답게 살아가는 그리스도인에 의해 새로워집니다. 그런 사람만이 세상을 새롭게 하는 주님의 도구로 쓰임 받을 수 있습니다.

교회가 중요하다면 그 역할이, 교회를 이루는 사람들을 세상 속의 그리스도인으로 세워 주는 데 있기 때문입니다. 이 세상이 인간의 최종 목적지가 아니요, 가야 할 하나님의 나라, 주님께서 승천하신 바로 그 하늘나라가 따로 있음을 아는 사람에게 그런 교회, 그런 그리스도인이 되는 것보다 더 값진 삶은 없습니다. 그 삶이 곧 이 시대를 위한 사도행전이기 때문입니다. 그 삶은 오직 기도에 힘쓰는 것에서 시작됩니다.

주님을 3년이나 모시고 살던 제자들은 주님께서 승천하신 뒤, 무엇보다 먼저 기도에 힘썼습니다. 기도 아니고는, 이 세상에서 그리스도인답게 살 수 없음을 누구보다 잘 알았기 때문입니다. 그 결과 그들은 그들에게 강림하신 성령님의 이끄심을 받았고, 예배당 안에서가 아니라 세상에서 세상을 새롭게 하는 사도행전을 일구었습니다.

불과 석 달 전 100주년기념교회를 이곳에 세우시고, 각처에서 우리를 불러 모으신 주님! 우리의 수가 하늘의 별처럼 많아진다 한들, 기도 없이는 우리가 이기적인 인간 집단에 지나지 않을 것입니다. 우리 모두 한마음으로 기도에 힘쓰게 도와주십시오. 감람산의 주님처럼 기도하는 가운데 우리 기도의 내용이 변하게 하시고, 주님 앞에 두 팔을 벌리고 항복하여 주님의 이끄심을 받기 위해 쉬지 않고 기도하게 해주십시오. 오직 기도를 힘입어, 이 세상에서 평생토록 세상을 새롭게 하는 그리스도인다운 그리스도인, 교회다운 교회로 살아가는 기쁨을 누리게 해주십시오. 아멘.

17. 백이십 명 감사 주일

사도행전 1장 12-15절 상반절

제자들이 감람원이라 하는 산으로부터 예루살렘에 돌아오니 이 산은 예루살렘에서 가까워 안식일에 가기 알맞은 길이라 들어가 그들이 유하는 다락방으로 올라가니 베드로, 요한, 야고보, 안드레와 빌립, 도마와 바돌로매, 마태와 및 알패오의 아들 야고보, 셀롯인 시몬, 야고보의 아들 유다가 다 거기 있어 여자들과 예수의 어머니 마리아와 예수의 아우들과 더불어 마음을 같이하여 오로지 기도에 힘쓰더라 모인 무리의 수가 약 **백이십 명**이나 되더라

새 역사는 우리의 삶과 동떨어진 머나먼 곳에서 시작되는 것이 아닙니다. 새 역사는 언제나 우리 일상의 삶에서 전개됩니다. 단지 당사자나 주위 사람이 그 사실을 당장 인식하지 못할 뿐입니다. 우리가 매일의 삶을 진지하게 살아야 할 이유가 여기 있습니다. 우리 자신이 인식하지도 못하는 가운데 우리 삶이 새로운 역사의 전환점이 될 수도 있고, 그 반대의 경우도 가능하기 때문입니다.

미디안 광야에서 40년 동안 고작 양치기나 하던 팔십 노인 모세가 하나님의 명령을 좇아 이집트로 향할 때의 광경을 머릿속에 그려 보십시다. 미디안 광야에서 이집트 왕궁까지는 300킬로미터가 넘는 거리였습니다. 그 먼 길을 걸어가는 동안 모세와 마주친 행인이 많았을 것입니다. 그 행인 중 누구 하나, 이제 곧 모세에 의해 전개될 출애굽의 대역사를 예측한 사람이 있었겠습니까? 모세를 그저 늙은 노인으로밖에 더 보았겠습니까? 아니, 모세 자신인들 알았겠습니까? 가진 것이라곤 마른 지팡이 하나밖에 없는 자신이 세계에서 가장 막강한 군대를 소유한 이집트 파라오를 상대로 승리를 거두어 민족을 해방시키고, 눈앞에서 홍해가 갈라지며 반석에서 생수가 강처럼 터질 것을 상상인들 했겠습니까?

그리스도인을 색출하여 연행하기 위해 예루살렘에서 213킬로미터나 떨어진 다마스쿠스를 찾아가던 사울은 또 어떠했습니까? 그는 그 길에서 주님의 빛에 사로잡혀 눈이 멀고 말았습니다. 조금 전까지만 해도 기세등등했으나 시력을 상실한 뒤엔 다른 사람의 손에 이끌려서야 다마스쿠스 성안으로 들어갈 수 있었습니다. 그때 다마스쿠스 사람들은 그를 그저 불쌍한 맹인으로만 여기지 않았겠습니까? 갑자기 눈이 먼 사울 또한 이후 자신이 쓴 글이 신약성경이 될 정도로 위대한 사도 바울이 되리라고 추측인들 했겠습니까?

새 역사의 계기는 모세나 사울의 일상과 무관한 곳에 있지 않았습니다. 그들의 삶 자체가 그들 시대를 위한 새 역사의 전기轉機요, 물꼬였습니다.

예수님께서는 평소 당신의 기도 처소이던 감람산에서 하늘로 승천하셨습니다. 그 감람산에서 삶의 현장인 예루살렘으로 돌아온 제자들에 대해 본문 13-15절 상반절은 다음과 같이 증언합니다.

들어가 그들이 유하는 다락방으로 올라가니 베드로, 요한, 야고보, 안드레와 빌립, 도마와 바돌로매, 마태와 및 알패오의 아들 야고보, 셀롯인 시몬, 야고보의 아들 유다가 다 거기 있어 여자들과 예수의 어머니 마리아와 예수의 아우들과 더불어 마음을 같이하여 오로지 기도에 힘쓰더라 모인 무리의 수가 약 백이십 명이나 되더라.

감람산에서 돌아온 제자들은, 그들의 예루살렘 거처였던 소위 '마가의 다락방'으로 들어갔습니다. 그리고 그곳에 모여 있던 남녀 성도들, 예수님의 모친 마리아 및 예수님의 아우들과 함께 한마음으로 힘써 기도하였습니다. 오늘 우리가 주목할 바는 그곳에 모여 함께 기도했던 사람들 수입니다.

본문은 그 수가 대략 120명임을 밝혀 줍니다. 한글 성경에는 "백이십 명이나"라고 번역되어 있어서, 120이라는 수가 상당히 많다는 느낌을 줍니다. 그러나 헬라어 원문에는 '이나'라는 조사가 없습니다. 원문의 뜻을 그대로 옮기면 '120명쯤' 되었다는 것입니다.

당시 예루살렘에는 길이 180미터, 폭 120미터에 이르는 예루살렘 성전이 있었습니다. 이는 가정집에 지나지 않은 마가의 다락방과 비교도 되지 않는 규모입니다. 그뿐 아니라 로마제국의 통치하에 있던 예루살렘에는 수많은 사람이 운집할 수 있는 야외 경기장과 극장이 있었습니다. 주후 70년 예루살렘은 로마군 2만 7천 명과 이보다 많은 원군을 이끌고 온 로마제국의 티투스 장군에 의해 초토화되는 비극을 맞았습니다. 웅장한 예루살렘 성전도 그때 완전 파괴되었습니다. 그 전쟁에 통역관으로 참전한 역사가 요세푸스 F. Josephus는 당시 목숨을 잃은 유대인이 110만 명, 포로로 끌려간 사람이 10만 명에 이른다고 기록하였습니다. 이로 미루어 2천 년 전 예루살렘을 중심으로 한 유대 땅에 얼마나 많은 사람이 살고 있었는지 짐작할 수 있습니다.

따라서 마가의 다락방에 모인 120명은 그리 많은 수가 아니었습니다. 마땅한 볼거리가 없던 그 시절, 구경거리가 있는 곳이라면 예루살렘 어디서나 그보다 훨씬 많은 사람이 모였을 것입니다. 그러므로 예루살렘 사람들은 마가 다락방에 모인 120명을 전혀 대수롭지 않게 여겼을 것이고, 그들의 기도 내용에는 더더욱 관심이 없었을 것입니다. 그곳에서 기도하던 120명의 성도들 역시, 앞으로 자신들의 삶을 통해 어떤 일이 전개될지 누구도 모르고 있었습니다. 게다가 그 120명 가운데 이름이 밝혀진 소수의 사람을 제외하면, 나머지 대부분은 이름도 없는 무명의 존재들이었습니다.

그러나 그들이 그곳에서 한마음으로 힘써 기도하던 그 순간부터, 이미 세계의 역사는 새로워지고 있었습니다. 새 역사의 거대한 물줄기가 바로 그곳에서 발원하기 시작한 것입니다. 새로운 역사는 그들과 무관한 천상天上이나 전설에서가 아니라, 그들의 삶에서 기원하고 있었습니다. 세계의 역사는 삼권을 장악한 로마제국의 황궁이 아니라, 로마제국 변방에 불과한 예루살렘의 마가의 다락방에서 새로운 전기를 맞고 있었습니다. 지체 높은 귀족들의 사교 모임이 아니라, 비천한 갈릴리 출신 사람들의 기도 모임에서 새 역사의 물꼬가 터지고 있었습니다.

하지만 당시 그들 중 누구도 그 사실을 인식하지 못했습니다. 예루살렘 사람들 역시 그 사실을 모르기는 매한가지였습니다. 그러나 우리는 알고 있습니다. 그들에 의해 얼마나 엄청난 일이 인류의 역사에 일어났고 또 일어나고 있는지 확연하게 알고 있습니다. 그 모든 일이 가능할 수 있었던 것은 그들 모두가 참된 신앙인, 진정한 그리스도인이었기 때문입니다. 무명의 존재에 불과한 그 보잘것없는 120명이 단지 참된 그리스도인이었다는 이유만으로 어떻게 인류의 역사가 새로워질 수 있었는지, 교회사에 나타난 몇 가지 사례를 통해 생각해 보겠습니다.

16세기 유럽에서 시작된 종교개혁을 언급할 때 빼놓을 수 없는 사람이 스코틀랜드의 존 녹스입니다. 제네바의 위대한 개혁가 칼뱅을 곁에서 도우며 그에게 영향을 받은 존 녹스는 영국 청교도주의의 창시자 중 한 명이자 영국 장로교회의 선구자입니다. 미국의 장로교회 역시 존 녹스의 장로교회에 뿌리를 두고 있습니다. 그 정도로 그는 영국과 미국에 지대한 영향을 끼친 인물입니다. 이 위대한 개혁가를 처음 개혁의 길로 인도한 사람은 이름이 알려지지 않은 도미니크 수도회의 수도사였습니다. 그 수도사의 강론이 기독교 본질을 그릇 인식하던 존 녹스의 눈꺼풀을 벗겨 준 것입니다. 모든 그리스도인들이 존 녹스와 같은 위대한 개혁가가 될 수는 없습니다. 그러나 위대한 개혁가가 될지도 모를 누군가의 눈에서 그릇된 비늘을 벗겨 주는 수도사 역할을 할 수는 있습니다.

  19세기 수많은 영국인을 회심시킨 찰스 스펄전은 영국이 낳은 세기의 설교가입니다. 지금부터 150년 전 그의 설교를 듣기 위해 매번 만 명 이상의 인파가 모여들곤 했습니다. 목사의 아들로 태어난 스펄전은 잉글랜드의 벽촌에서 사춘기를 거치며 깊은 신앙적 회의에 빠졌습니다. 그러던 어느 날 밤 예배에 참석하여 목사님의 설교를 기다리던 중, 사정없이 몰아치는 눈보라로 인해 목사님이 교회에 올 수 없게 되었습니다. 어쩔 수 없이 한 교인이 강단에 올라가 대신 말씀을 전했는데, 그의 설교가 스펄전의 마음에 불을 질렀습니다. 그리고 이를 계기로 그는 수많은 사람을 회심시키는 전도자가 되었습니다. 모든 그리스도인이 찰스 스펄전 같은 세기의 설교가, 위대한 전도자가 될 수는 없습니다. 그러나 위대한 전도자가 될지도 모를 한 청년의 마음에 복음의 불을 지르는 한 명의 교인은 될 수 있습니다.

  18세기 감리교를 창시한 존 웨슬리는 본래 영국 국교인 성공회 목사였습니다. 32세 되던 해, 그는 미국 선교에 나섰습니다. 하지만 대서양을 건너던 중 큰 폭풍에 휩싸였습니다. 통제력을 상실한 승객들은 모두 죽음과 절망의 공포에 빠졌습니다. 웨슬리라고 예외는 아니었습니다. 그도 죽음의 두려움에 사로잡혔습니다. 그런데 그 절체절명의 순간 놀라운 광경을 목격하였습니다. 배는 폭풍에 휩쓸려 공포와 절망으로 요동치고 있는데, 몇 명의 청년이 아무 일도 없다는 듯 태연하게 기도하는 것이었습니다. 그들은 모라비안moravian 형제단원이었습니다. 모라비안 형제단이란, 보헤미아(현재의 체코)의 개혁가 존 후스의 신앙을 계승한 사람들이 보헤미아 동부 모라비아에서 결성한 신앙 집단입니다. 그들은 로마 가톨릭의 모진 박해를 피해 사방으로 흩어졌으나, 독일 귀족 진젠도르프Zinzendorp 백작의 후원으로 재결집하여 왕성한 전도 활동을 펼치고 있었습니다. 그 형제단원들이 폭풍 속에서 의연하게 기도하는 모습은 웨슬리에게 커다란 충격과 수치심을 안겨 주었습니다. 참된 신앙이 무엇인지 비로소 깨닫게 해준 것입니다. 그들에 비추어 볼 때, 죽음의 공포에 사로잡혀 떨고만 있던 자신은 감히 하나님을 믿는다고 말할 수조차 없었습니다.

미국에서 사역의 결과는 실패였고, 그에게 돌아온 것이라고는 깊은 좌절과 영적 무력감뿐이었습니다. 어쩔 수 없이 웨슬리는 2년 만에 영국으로 철수해야 했습니다. 참담한 심정으로 영국에 도착한 뒤, 웨슬리의 뇌리엔 참된 신앙인의 자세를 보여 준 모라비안 형제단원들이 사라지지 않았습니다. 영국에 있는 모라비안 형제단과 접촉해 보았지만 그것만으로는 성이 차지 않았습니다. 웨슬리는 독일로 건너가 모라비안 형제단의 후원자이자 지도자인 진젠도르프 백작을 만나 많은 것을 듣고 배웠습니다. 이처럼 대서양 폭풍 속에서 모라비안 형제단은 웨슬리의 회심과 새로운 출발에 결정적인 역할을 하였고, 이후 감리교를 창시한 그는 오늘날 150만 감리교인이 있는 우리나라에까지 영향을 미치고 있습니다. 모든 그리스도인이 존 웨슬리 같은 세계적인 영적 지도자가 될 수는 없습니다. 그러나 위대한 영적 지도자가 될지도 모르는 누군가에게 참된 신앙의 본을 보여 주는, 한 사람의 모라비안 형제단원은 될 수 있습니다.

이런 사례가 지구 반대편에만 있는 것은 아닙니다.

우리 교계의 대원로이신 오리吾里 전택부 선생이 쓰신《양화진 선교사 열전》은 이곳 양화진에 묻힌 선교사에 대한 감동적인 이야기를 전해 줍니다. 그 가운데 일본인 소다 가이치曾田嘉伊智 선생의 이야기를 소개해 드립니다.

1867년 일본 야마구치 현에서 태어난 소다 가이치는 21세 때 고향을 떠나, 당시 일본에서 서양 문화의 창구 역할을 하던 나가사키로 갔습니다. 그곳에서 탄광 광부로 일하면서 고학으로 초등학교 교사가 되었습니다. 26세가 되던 1893년 그는 세계를 호흡하기 위해 노르웨이 화물선의 선원이 되어 홍콩으로 진출했다가 3년 후 타이완으로 건너갔습니다. 하지만 객지에서 젊은 가이치의 삶은 무절제하였습니다. 어느 날 술에 만취한 채 거리를 배회하다 쓰러져 의식을 잃고 말았습니다. 술에 취해 길바닥에 쓰러져 있는 그를 행인들 아무도 거들떠보지 않았습니다. 그의 숨이 넘어가기 직전, 마침 곁을 지나가던 행인이 그를 발견했습니다. 아직 맥박이 뛰고 있음을 확인한 그는 소다 가이치를 업고 여관으로 데려갔습니다. 그곳에서 그를 치료해 준 뒤 여관비까지 대신 내주었습니다. 길바닥에서 객사할 뻔한 소다 가이치는 그 행인 덕분에 구사일생으로 목숨을 건졌습니다. 그러나 가이치는 자신을 죽음에서 구해 준 은인의 이름도 나이도 몰랐습니다. 의식을 회복했을 때는 생명의 은인이 이미 사라진 뒤였습니다. 여관 주인을 통해 알 수 있는 것이라곤, 그 고마운 은인이 조선 사람이라는 것뿐이었습니다.

그로부터 6년이 지난 1905년, 소다 가이치는 자진하여 조선으로 건너왔습니다. 자신의 생명을 구해 준 은인의 나라에 사랑의 빚을 갚기 위해서였습니다. YMCA에서 일본어 선생으로 봉사하던 그는 월남月南 이상재 선생에게 큰 감화를 받고 이듬해 기독교 신자가 되었습니다. 그 후 YMCA를 중심으로 독립지사들을 음으로 양으로 도왔고, 1921년부터 이 땅의 고아들을 위해 자신의 삶을 바쳤습니다. 1920년을 전후하여 밀어닥친 경제공황으로 많은 아이들이 길거리에 버려졌습니다. 소다 가이치 부부는 그 버려진 갓난아이들을 데려다가 자신들 품으로 키웠습니다. 그렇게 돌본 고아의 수가 해방이 되기까지만 1천여 명에 이르렀습니다.

해방 이후 일본에 돌아갔다가 1961년 다시 한국을 찾은 소다 가이치 선생은 고아들과 함께 살던 중 1962년 95세의 나이로 숨을 거두었습니다. 우리 정부는 일본인에게는 최초로 문화훈장을 추서했고, 그의 유해는 이곳 양화진에 묻혔습니다. 양화진에 묻힌 유일한 일본인인 그의 무덤은 언덕 위 셔우드 홀Sherwood Hall의 무덤 뒤쪽에 있으며, '고아의 자애로운 아버지[慈父]'란 비문이 새겨진 묘비 옆면에는 주요한朱耀翰 선생의 시가 새겨져 있습니다.

> 언 손 품어 주고
> 쓰린 마음 만져 주니
> 일생을 길다 말고
> 거룩한 길 걸었어라
> 고향이 따로 있든가
> 마음 둔 곳이어늘

방탕한 청년 소다 가이치의 인생이 한국 고아의 자애로운 아버지로 탈바꿈하는 그 역사적인 기로에 한 명의 조선인이 있었습니다. 그 조선인이 아니었다면, 고아의 아버지 소다 가이치는 결코 존재할 수 없었을 것입니다. 모든 그리스도인이 '고아의 자애로운 아버지'가 될 수는 없습니다. 그러나 그처럼 위대한 봉사자가 될지도 모를 청년을 방탕과 죽음의 늪에서 건져 내는 한 명의 조선인, 다시 말해 한 명의 선한 사마리아인은 될 수 있습니다.

이상 열거한 사례들에는 두 가지 공통점이 있습니다. 첫째는, 존 녹스가 개혁가의 길을 걷는 데 결정적 역할을 한 도미니크 수도회의 수도사, 세기의 설교가 찰스 스펄전의 마음에 불을 지른 잉글랜드 벽촌 작은 교회의 교인, 감리교를 창시한 존 웨슬리의 회심을 가능케 한 모라비안 형제단원, 소다 가이치 선생으로 하여금 고아의 자애로운 아버지가 되게끔 한 조선인은 모두 이름이 알려져 있지 않다는 것입니다. 둘째는, 그 익명의 사람들이 참된 그리스도인이었다는 것입니다. 참된 그리스도인이 아니고서야 어찌 길바닥에 쓰러져 있는 취객을 살려 주고, 자신이 만난 사람의 인생행로를 뒤바꾸어 놓으며, 죽음의 공포 속에서도 의연하게 기도할 수 있었겠습니까? 그들은 한순간 만난 사람들이 자신들로 인해 인류 역사의 한 부분을 새롭게 하는 주님의 도구로 쓰임 받았다는 사실을, 살아생전에 상상치도 못했을 것입니다. 그러나 이 세상을 떠난 뒤, 주님이 승천하신 하나님 나라에서 자신들의 삶을 통해 하나님께서 이루신 일들을 확인하고 주님께 감사드렸을 것입니다.

이제 오늘의 본문으로 돌아가 보십시다. 마가의 다락방에서 기도하던 120명은 그리 큰 수가 아니었고, 그들 대부분은 무명의 존재였습니다. 그러나 그들은 모두 주님께 자신들의 삶을 내려놓은 진정한 그리스도인이었습니다. 이후 그들이 각자의 인생을 살아가면서 만난 사람들 가운데 어찌 위대한 개혁가, 세기의 영적 지도자, 고아의 자애로운 아버지가 나오지 않았겠습니까? 그렇다면 그 120명에 의해 인류의 역사가 새로워졌다는 것은 조금도 놀랄 일이 아닙니다. 120이란 숫자 자체는 아무것도 아니지만, 참된 그리스도인 120명만 있으면 인류의 역사는 얼마든지 새로워질 수 있음을 본문은 웅변해 주고 있습니다.

오늘은 올 한 해 동안 하나님께서 베풀어 주신 은혜에 감사드리는 '감사주일'입니다. 비록 우리의 무화과나무에 소출이 없다 하더라도, 거룩하신 하나님께서 변함없이 우리의 아버지 되어 주시는 것만으로도 우리는 하나님께 감사드리지 않을 수 없습니다. 그렇다면 무엇으로 하나님께 감사드리겠습니까? 하나님께서는 우리의 소유보다도 언제나 우리 자신을 원하십니다. 하나님께 드릴 수 있는 최고, 최대, 최선의 예물은 참된 그리스도인이 된 우리의 삶입니다. 우리 자신이 위대한 종교개혁가나 세기의 설교가, 새로운 교단의 창시자나 고아들의 아버지가 되지 못해도 상관없습니다. 남에게 전혀 돋보이지 않는 무명의 존재로 평생 살아도 괜찮습니다. 매순간 참된 그리스도인으로 살기만 하면 됩니다. 그때 하나님께서는 우리의 삶을 통로로 삼아 이 시대의 개혁가, 이 시대의 영적 지도자, 이 시대를 위한 고아의 아버지를 불러내실 것입니다. 2천 년 전 120명의 참된 그리스도인들이 세계의 역사를 새롭게 했다면, 1,000여 명에 이르는 우리가 한마음으로 진정한 그리스도인의 길을 걸을 때, 어찌 주님께서 우리를 통해 이 시대를 새롭게 하지 않으시겠습니까?

올 한 해 동안에도 하나님께서 우리에게 변함없는 은혜를 베풀어 주신 까닭이 여기에 있습니다. 그렇다면 우리의 삶보다 더 귀한 감사의 예물이 어디에 또 있겠습니까?

올 한 해 동안도 하나님께서 친히 우리의 아버지 되어 주셨음을 감사드립니다. 오늘도 그리스도인으로 하나님 존전에 나아오게 하심을 감사드립니다. 이제 참된 그리스도인 된 우리의 삶으로 하나님 은혜에 보답하기를 원합니다. 비록 세상에서 이름 없는 존재일망정 우리 삶을 기쁘게 받아 주십시오. 우리 삶을 통해 이 시대를 새롭게 할 하나님의 도구들을 불러 주십시오. 우리가 만나는 사람 가운데 우리와의 만남으로 인해 참된 신앙의 정치인, 경제인, 교육자, 영적 지도자들이 나오게 해주십시오. 100주년기념교회 교우님들의 삶으로 인해 이 시대의 역사가 새로운 전기를 맞게 해주십시오. 그리하여 우리 삶이 하나님께 바쳐 드릴 최고, 최대, 최선의 감사 예물이 되게 해주십시오. 아멘.

18. 여자들과 _{대강절 첫째 주일}

> 사도행전 1장 12-15절 상반절
> 제자들이 감람원이라 하는 산으로부터 예루살렘에 돌아오니 이 산은 예루살렘에서 가까워 안식일에 가기 알맞은 길이라 들어가 그들이 유하는 다락방으로 올라가니 베드로, 요한, 야고보, 안드레와 빌립, 도마와 바돌로매, 마태와 및 알패오의 아들 야고보, 셀롯인 시몬, 야고보의 아들 유다가 다 거기 있어 **여자들과** 예수의 어머니 마리아와 예수의 아우들과 더불어 마음을 같이하여 오로지 기도에 힘쓰더라 모인 무리의 수가 약 백이십 명이나 되더라

지난 시간에 우리는 소위 마가의 다락방에서 기도한 사람들의 수에 대하여 생각해 보았습니다. 이 시간에 눈여겨볼 대목은 그 기도 모임에 참석한 여자들입니다. 본문 13-15절 상반절은 그곳에 모인 사람들을 소개해 주는데, 예수님의 제자들, 여자들, 예수님의 어머니 마리아, 그리고 예수님의 아우들이 그들입니다. 이 가운데 예수님을 배신한 가롯 유다를 제외한 열한 명의 제자는 모두 남자였습니다. 예수님의 아우들 역시 남자로, 마태복음

13장 55절은 그들의 이름이 야고보, 요셉, 시몬, 유다라고 밝혀 줍니다. 그들을 다 합쳐도 열다섯 명밖에 되지 않습니다. 그곳에 모인 사람들 수가 대략 120명이므로, 우리가 이름을 알 수 있는 남자 열다섯 명을 제외하면 나머지 대부분은 예수님의 어머니 마리아를 비롯한 여자들임을 알게 됩니다. 그 여자들에 관한 사실을 밝혀 주는 단서가 있습니다.

예수님께서 십자가에 못박혀 돌아가시는 현장과 관련하여 마가복음 15장 40-41절은 다음과 같이 증언합니다.

> 멀리서 바라보는 여자들도 있었는데 그중에 막달라 마리아와 또 작은 야고보와 요세의 어머니 마리아와 또 살로메가 있었으니 이들은 예수께서 갈릴리에 계실 때에 따르며 섬기던 자들이요 또 이 외에 예수와 함께 예루살렘에 올라온 여자들도 많이 있었더라.

예수님께서 십자가의 구원을 성취하기 위해 갈릴리를 떠나 예루살렘으로 향하실 때, 예수님을 좇아 예루살렘까지 따라온 많은 갈릴리 여인들이 있었습니다. 따라서 본문에서 기도에 힘쓴 여자들이 대부분 그들이었음을 쉽게 짐작할 수 있습니다. 이 여자들과 관련하여 세 가지 질문이 제기됩니다.

첫 번째 질문은, 왜 본문은 그 기도 모임에 여자가 압도적으로 많았음을 공개적으로 강조하느냐는 것입니다.

성경은 약 3400년 전부터 1900년 전까지에 걸쳐 기록되었습니다. 따라서 성경이 전하는 내용을 보다 정확하게 파악하기 위해서는, 성경이 기록될 당시 상황을 먼저 이해하는 것이 중요합니다. 오늘의 시각으로는 그 의미를 바르게 건져낼 수 없기 때문입니다. 2천 년 전 유대 사회는 철저한 가부장 사회였습니다. 한마디로 남성, 그것도 성인 남성 중심의 사회였습니다. 그 정도가 얼마가 심했던지, 여자와 아이는 아예 사람 취급도 하지 않았습니다. 그와 같은 극단적인 남성 중심의 시대에서도 성경 기자들은 여성과 그 역할의 중요성에 대해, 그 시대 관점에서 본다면 깜짝 놀랄 정도로 과감하게 표현하였습니다.

마태복음 14장 21절은 예수님께서 떡 다섯 개와 물고기 두 마리로 대군중을 먹이신 '오병이어의 현장'에 여자와 어린이 외에 성인 남자가 5천 명이나 있었음을 증언하고 있습니다. 그 구절은 여자를 사람 수에 포함시키지 않아, 우리 시대의 관점으로 보면 대표적으로 여자를 비하하는 구절로 여겨집니다. 그러나 2천 년 전 관점으로 이 구절을 대하면 그 의미는 전혀 달라집니다. 당시의 관습으로는 그곳에 여자가 있었음을 언급할 필요조차 없었습니다. 여자는 있어도 없는 것과 같았기 때문입니다. 그럼에도 마태는 그곳에 '여자와 어린이 외에' 성인 남자가 5천 명이었다고 했습니다. 여자와 아이의 수가 성인 남자 5천 명보다 월등하게 많았음을 마태는 그런 식으로 표현한 것입니다.

복음서는 예수님께서 십자가에 못박혀 돌아가시는 현장을 끝까지 지킨 사람도 여자들이요, 돌아가신 지 사흘째 되는 날 새벽에 예수님의 무덤을 찾아 예수님의 부활을 최초로 목격한 사람도 여자였음을 분명하게 밝히고 있습니다. 본문에서 제자들과 여자들이 힘써 기도한 장소를 일반적으로 마가의 다락방이라 부릅니다. 그 집주인이 마가라는 데서 연유한 이름입니다. 예수님께서 돌아가시기 전 제자들과 최후의 만찬을 하신 것도, 제자들의 발을 씻겨 주며 마지막 유훈의 말씀을 남기신 것도 모두 마가의 집에서였습니다. 그러나 성경은 그 집을 우리처럼 마가의 집이라고 부르지 않습니다. 사도행전 12장 12절은 그 집을 '마가라 하는 요한의 어머니 마리아의 집'이라 부릅니다. 마가의 아버지가 먼저 세상을 떠났다면 유대 사회 관습상 그 집은 마땅히 아들인 마가의 소유로 상속됩니다. 그렇지만 성경은 유독 그 집이 마가의 어머니 집임을 분명히 하고 있습니다. 주님을 위해 그 집을 내어놓은 사람이 마가가 아니라 마가의 어머니 마리아였음을 일깨워 주기 위함입니다. 이는 2천 년 전 유대 사회의 관습으로는 상상을 불허하는 일이었습니다. 그리고 오늘 본문은 그곳에서 기도한 사람 중 남자는 소수에 지나지 않고 절대다수는 여자였음을 강조하고 있습니다.

우리는 지난 시간에 본문의 기도 모임으로부터 인류의 역사가 새로워지기 시작하였음을 살펴보았습니다. 그러나 그중 남자는 얼마 되지 않고 대부분이 여자들이었습니다. 바로 그 여자들에 의해 인류의 역사가 새로워진 것입니다. 왜 성경은 이렇듯 여자의 역할을 강조할까요? 왜 여자의 역할이 그다지도 중요할까요? 여자는 이 세상에 태어나는 모든 인간을 위한 태요, 자궁이기 때문입니다. 이 세상에 태어난 사람치고 여자의 태를 거치지 않는 사람은 없습니다. 성자 하나님이신 예수님마저도 여자의 태를 통해 이 땅에 오셨습니다. 그래서 여자의 역할은 중요합니다. 여자가 어떤 생각과 마음으로 살아가느냐는 자기 혼자만의 문제가 아니라, 결과적으로 수많은 사람에게 영향을 미치게 됩니다.

다음은 잠언 14장 1절 말씀입니다.

> 지혜로운 여인은 자기 집을 세우되 미련한 여인은 자기 손으로 그것을 허느니라.

여기서 집이란 가정과 국가를 모두 뜻합니다. 중요한 것은 이 말씀의 기록자가 3천 년 전 절대 권력을 휘둘렀던 솔로몬 왕이라는 사실입니다. 그는 자신의 권력이나 군대로 가정과 국가를 바로 세울 수 있다고 말하지 않았습니다. 여자에 의해 가정과 국가가 바로 세워질 수도 있고 허물어질 수도 있다고 말했습니다. 솔로몬 역시 철저한 가부장 사회에서, 더구나 절대 군주의 자리에 앉아서도 여자의 역할이 얼마나 중요한지 알고 있었던 것입니다. 모든 인간이 여자의 태에서 태어나는 한, 아무리 세월이 흘러도 솔로몬의 이 잠언은 변함없는 진리로 남을 것입니다.

갈릴리 여자들과 관련된 두 번째 질문은, 그들이 함께 모여 힘써 기도하던 그 순간에 세상 다른 여자들은 무엇을 했겠느냐는 것입니다. 그 해답은 오늘날 우리 사회를 들여다보면 극명하게 알 수 있습니다. 그때나 지금이나 삶의 외적 형태만 변했을 뿐, 남자든 여자든 인간은 다름이 없기 때문입니다. 오늘날 우리 사회는 총체적으로 부패하였습니다. 정치, 경제, 사회, 교육, 종교 등 어느 한 분야 성한 곳이 없을 정도입니다. 설상가상으로 질서와 도덕, 윤리마저 실종되어 버렸습니다. 이에 정부와 종교 단체, 사회 단체는 저마다 개혁의 필요성을 부르짖으며 제도 개선과 인적 청산을 주장하고 있습니다. 그러나 우리는 이 총체적 부패와 무질서의 한가운데에서 일부 여자들의 행태를 직시하지 않을 수 없습니다. 한 가정 혹은 국가의 흥망성쇠가 여인에게 달려 있다는 솔로몬의 잠언이 진리라면, 이 사회의 총체적 부패와 무질서의 근원에도 여자가 개재되어 있을 것이기 때문입니다.

우리말에는 여자와 관련하여 다른 나라에서는 찾아보기 힘든 수치스러운 표현이 있습니다. 치맛바람, 복부인 같은 표현입니다. 자식을 맡은 교사의 마음을 돈 봉투로 매수하여 맑아야 할 교육계의 물을 흐려 놓는 장본인은 대부분 여자입니다. 이제는 국내가 좁다는 듯 남편과 떨어져 어린 자식을 외국으로 데리고 가서, 현지 교사들에게 돈 봉투를 돌리다 세계 도처에서 물의를 빚기도 합니다. 비밀과외 고액과외를 비롯하여, 온 나라를 과외

지옥으로 만든 것도 여자입니다. 이상 과외 열풍으로 강남 특정 지역의 집값을 병적으로 올려놓은 것도 여자입니다. 전 국토를 부동산 투기장으로 만든 것도 여자입니다. 어느 나라든 부동산으로 돈을 버는 사람이 있기 마련이지만, 여자들이 돈뭉치를 들고 다니며 전 국토를 부동산 투기장으로 만들어 집 없는 서민의 가슴을 멍들게 하는 나라는 우리나라밖에 없습니다. 남의 자식 생명을 담보로 하여 얻은 국가 안보는 누리면서도 자기 자식은 군대에 보내지 않기 위해 불의한 방법으로 병역을 면제받게 하거나, 아예 태어날 때부터 외국 국적을 취득하기 위해 원정 출산을 시도하는 이도 지극히 자기중심적인 여자입니다. 병원 중에서 성형외과가 가장 호황을 누리고 있습니다. 물론 외모만을 중요시하는 여성 고객 덕분입니다. 최소한의 예의범절조차 갖추지 못한 자녀들이 날로 양산되어 나라의 미래를 걱정해야 하는 것 또한, 어떤 경우에도 내 자식의 기만은 꺾지 않겠다는 이기적인 여자로 인함입니다. 모양과 방법상의 차이만 있을 뿐, 모두가 더불어 살아가는 데 절대 필요한 공익에는 아랑곳없이 사익만 앞세우는 것은 도시나 시골, 서울 강남이나 강북을 막론하고, 이 땅 인구의 절반을 차지하는 여자의 보편적인 현상입니다. 그렇기에 이토록 이기적인 여자의 영향 속에 있는 우리의 가정 혹은 국가가 병들지 않고 건전하다면, 도리어 그것이 이상한 일이 아니겠습니까?

  2천 년 전, 본문 속 여자들이 함께 모여 힘써 기도하던 그 순간에도 마찬가지였을 것입니다. 세상 여자들은 모두 이기심의 노예가 되어 무엇이 옳고 선한지 전혀 개의치 않고, 단지 자기 하고 싶은 대로 살았을 것입니다. 솔로몬의 잠언 14장 1절의 관점에서 볼 때 힘써 기도하던 본문 속 여자들이 그들의 시대를 새롭게 세운 지혜로운 여자라면, 나머지 여자들은 자기 시대를 자기 손으로 허물어뜨린 어리석은 여자들이었습니다. 그 두 부류의 여자들을 머릿속에 그려 보십시오. 그리고 가만히 생각해 보십시오. 여러분은 지금 어느 쪽에 속해 있습니까?

본문의 여자들과 관련된 마지막 질문은, 왜 당시의 잘난 여자들은 새 시대를 개막하는 이 역사적인 기도 모임에서 제외되었냐는 것입니다. 앞서 살펴본 것처럼 이곳에 모인 여자들은 대부분 갈릴리에서부터 주님을 좇아온 사람들이었습니다. 당시 갈릴리는 빈민들이 모여 살던 시골구석으로, 그곳 출신 여자들이란 요즘 말로 모두 촌사람이었습니다. 학력이나 경력, 출신 배경은 말할 것도 없고, 예루살렘 여자들에 비해 무엇 하나 변변히 내놓을 것이 없었습니다. 그런데도 왜 잘나고 쟁쟁한 도시 여자들은 제외되고, 갈릴리 촌 여자들만 그 기도 모임의 일원이 될 수 있었을까요?

자고로 동서양을 막론하고 여자들은 자기 치장에 밝습니다. 세계 유명 박물관에 전시되어 있는 수천 년 전 여자들의 장신구를 보면 그 화려함에 혀를 내두르게 됩니다. 오늘날도 백화점의 최대 고객은 여자입니다. 세계 유명 도시 공항의 면세점이나 비행기에서 판매하는 면세품의 대부분은 여자 화장품이나 장신구입니다. 그중에서도 비싼 것들, 이를테면 최고 명품 옷에 명품 화장품으로 얼굴을 가꾸고 최고의 보석으로 치장할수록 귀부인으로 대접받습니다. 그러므로 자신을 잘 치장할 줄 아는 사람일수록 자신을 더 귀히 여기고, 자신에 대해 더 큰 자부심을 갖게 됩니다. 바꾸어 말하면 자신에 대한 신뢰심이 더 커지게 됩니다. 이것이 본문의 역사적인 기도 모임에 잘난 도시 여자들이 낄 수 없던 이유입니다. 그들에겐 스스로 믿을 것이 너무나도 많았기 때문입니다.

그러나 갈릴리 촌 여자들은 정반대였습니다. 그들은 배운 것도 없고 가진 것도 없었기에, 자신을 치장하고 꾸밀 거리가 전혀 없었습니다. 결국 그들 자신에게 믿을 것이라곤 아무것도 없었으므로 주님만 의지할 수밖에 없었고, 그 믿음이 그들을 역사적인 기도 모임의 일원이 되게 해준 것입니다.

여자의 본성이 아름다움을 추구하는 것이라면, 여자가 자신을 이왕이면 예쁘게 보이기 위해 가꾸고 꾸미는 것은 대단히 중요한 일입니다. 그러나 화장하는 것도 중요하지만, 화장을 지우는 것이 더 중요함을 잊어서는 안 됩니다. 화장을 지워야 할 때 지우지 않으면 화장 때문에 도리어 얼굴을 망가뜨리게 됩니다. 꾸며진 자신보다, 세상 것으로 꾸며지지 않은 자신의 본 모습을 바르게 인식하고 사는 것은 더욱 중요합니다. 그때에만 자신이 아무 치장도 하지 않은 촌 여자와 본질적으로 다를 바가 없음을 깨닫고, 본문의 갈릴리 여자들처럼 온 중심을 다해 주님만 좇을 수 있습니다.

구약성경은 자신의 손으로 자기 집을 허문 어리석은 여자의 이야기로 시작됩니다. 그 여자는 하와입니다. 하나님께서 금하신 선악과를 먹으면 눈이 밝아져 하나님처럼 되리란 사탄의 유혹에 빠져 자신뿐만 아니라 남편마저 낙원을 잃게 하였고, 나아가 온 인류에게 원죄의 유산을 물려준 미련하기 짝이 없는 여자였습니다.

반면에 신약성경의 첫머리에서 우리는 전혀 다른 여자를 만나게 됩니다. 자신을 치장할 거라고는 아무것도 가지지 못한, 달동네 나사렛의 마리아입니다. 자신을 꾸밀 세상의 것을 전혀 갖지 못했기에, 마리아는 하나님에 대한 믿음으로, 하나님의 말씀으로 자신을 치장했습니다. 어느 정도였는가 하면, 하나님의 말씀으로 자신을 꾸미기 위해 목숨을 걸 정도였습니다. 자신의 태를 통하여 성자 하나님께서 성령님의 능력으로 태어날 것이란 하나님의 말씀에, 마리아는 전적인 순종으로 응답하였습니다. 정혼한 처녀가 홀로 아이를 낳는다면 약혼자가 보기에 부정한 여자일 것이요, 그런 여자는 돌로

쳐 죽인다는 무서운 율법도 마리아의 믿음을 꺾을 수 없었습니다. 만약 마리아에게 자신을 치장할 것이 많아, 누구 못지않게 자신을 신뢰하는 여자였다면 절대로 불가능한 일이었습니다. 그녀는 세상 것으로 꾸미지 않은 자신의 본래 모습으로 하나님만 의지하였고, 그 결과 자신의 태로 그리스도를 잉태하여 인류의 집을 바로 세우는 지혜로운 여자가 되었습니다. 따라서 그 마리아가 지금 본문에서 새 역사의 막을 올리는 기도 모임에 합류하여 힘써 기도했음은 조금도 놀랄 일이 아닙니다.

자기 욕망으로 자신을 치장한 여자—하와 때문에 파멸을 맞은 인류의 역사가, 꾸밈없는 본래의 모습으로 하나님만 의지한 또 다른 여자—마리아에 의해 회복되었습니다. 이처럼 구약과 신약이 모두 여자의 이야기로 시작한다는 사실은 여자의 역할이 얼마나 막중한지를 역설해 줍니다. 그러나 이것이 남자의 역할은 중요하지 않다거나, 남자는 아무것도 하지 않아도 된다는 말은 결코 아닙니다.

인류 최초의 여자인 하와는 인류를 파멸시켰지만, 하나님께서는 그 죄를 그녀의 남편인 아담에게 먼저 물으셨습니다. 하나님께서 선악과를 먹지 말라 하신 것은 아담에게 내리신 명령이고, 그때 하와는 아직 창조되기 전이었습니다. 따라서 아담은 하와가 금단의 열매를 먹지 않도록 지켜 줄 책임을 소홀히 하였고, 하나님께서 그 잘못을 아담에게 추궁하신 것입니다. 나사렛의 마리아가 인류의 구원자이신 예수님의 어머니가 될 수 있었던 것은 요셉의 보살핌 덕분이었습니다. 요셉은 자신의 약혼녀가 자기도 모르게 아이를 가졌지만 그녀의 순결을 믿어 주었습니다. 마리아가 아기 예수를 낳은 뒤엔 자기 친자식이 아님에도, 처자를 부양하는 가장의 책임을 충실히 이행하였습니다. 헤롯 왕이 아기 예수를 죽이려 할 때 이집트로 피신하여 처자의 생명을 지키기도 했습니다.

이렇듯 여자의 역할은 더없이 중요하지만, 그것은 남자의 보살핌 속에서 성취될 수 있습니다. 여자는 남자의 무관심 속에서 하와처럼 자기 집을 허무는 어리석은 여자가 될 수도 있고, 남자의 보살핌 속에서 자기 집을 세우는 성모 마리아가 될 수도 있습니다. 한 집의 흥망성쇠는 분명 여자에게 달려 있지만, 어떤 여자가 될지는 전적으로 남자에게 달려 있습니다.

오늘은 대강절 첫째 주일입니다. 대강절待降節이란 주님 태어나신 성탄을 기리고, 다시 오실 주님을 대망하는 절기입니다. 이 뜻깊은 절기를 맞아, 모든 자매님들은 꾸밈없는 자신의 모습으로 오직 하나님만 신뢰하는 마리아가 되십시다. 모든 형제님들은 마리아가 성모 마리아일 수 있도록 마리아를 보살펴 주고 지켜 주는 요셉이 되십시다. 그때 우리의 삶은 그리스도를 잉태하는 자궁이 될 것이요, 우리는 이 시대를 바로 세우는 지혜로운 그리스도인이 될 것이며, 12월 25일 단 하루가 아니라 일 년 열두 달 365일 매일매일이 생명의 성탄절이 될 것입니다.

주님! 또다시 대강절을 맞았습니다. 지금 머리 숙인 모든 자매님들이, 세상의 것으로 치장하지 않은 자신의 본래 모습으로 주님만을 의지하는, 이 시대의 마리아가 되게 해주십시오. 모든 형제님들이, 마리아가 성모 마리아일 수 있도록 보살피고 지켜 주는, 우리 시대의 요셉이 되게 해주십시오. 우리 모두 더불어 이 시대를 바로 세우는 지혜로운 그리스도인이 되게 해주십시오. 우리 중 누구도 우리 자신을 허무는 미련한 아담이나 하와가 되지 않도록 도와주십시오. 그리하여 우리의 매일매일이 새로운 생명으로 충만한 성탄절이 되게 해주십시오. 아멘.

19. 제 곳으로 대강절 둘째 주일

사도행전 1장 15하-26절

그때에 베드로가 그 형제들 가운데 일어서서 이르되 형제들아 성령이 다윗의 입을 통하여 예수 잡는 자들의 길잡이가 된 유다를 가리켜 미리 말씀하신 성경이 응하였으니 마땅하도다 이 사람은 본래 우리 수 가운데 참여하여 이 직무의 한 부분을 맡았던 자라 (이 사람이 불의의 삯으로 밭을 사고 후에 몸이 곤두박질하여 배가 터져 창자가 다 흘러나온지라 이 일이 예루살렘에 사는 모든 사람에게 알리어져 그들의 말로는 그 밭을 아겔다마라 하니 이는 피밭이라는 뜻이라) 시편에 기록하였으되 그의 거처를 황폐하게 하시며 거기 거하는 자가 없게 하소서 하였고 또 일렀으되 그의 직분을 타인이 취하게 하소서 하였도다 이러하므로 요한의 세례로부터 우리 가운데서 올려져 가신 날까지 주 예수께서 우리 가운데 출입하실 때에 항상 우리와 함께 다니던 사람 중에 하나를 세워 우리와 더불어 예수께서 부활하심을 증언할 사람이 되게 하여야 하리라 하거늘 그들이 두 사람을 내세우니 하나는 바사바라고도 하고 별명은 유스도라고 하는 요셉이요 하나는 맛디아라 그들이 기도하여 이르되 뭇사람의 마음을 아시는 주여 이 두 사람 중에 누가 주님께 택하신 바 되어 봉사와 및 사도의 직무를 대신할 자인지를 보이시옵소서 유다는 이 직무를 버리고 **제 곳으로** 갔나이다 하고 제비 뽑아 맛디아를 얻으니 그가 열한 사도의 수에 들어가니라 사복음서의 마지막 장인 요한복음 21장은, 사도들의 행적과 교회의 역사를 밝혀 주는 사도행전과 맞물려 있다는 점에서 대단히 중요하다고 했습니다. 복음서와 사도행전을 이어 주는 연결 고리라 할 수 있는 요한복음 21장은 '그 후에'(1절)라는 단어로 시작하는데, 우리는 성경에서 이런 표현을 만나면 긴장해야 합니다. '그 후에'라는 표현은 그 직전에 있었던 일을 제대로 알지 못하고는 이후의 내용도 바르게 이해할 수 없다는 뜻이기 때문입니다. 요한복음 21장 직전에 과연 무슨 일이 있었던가요?

> 이날 곧 안식 후 첫날 저녁 때에 제자들이 유대인들을 두려워하여 모인 곳의 문들을 닫았더니 예수께서 오사 가운데 서서 이르시되 너희에게 평강이 있을지어다 이 말씀을 하시고 손과 옆구리를 보이시니 제자들이 주를 보고 기뻐하더라(요 20:19-20).

십자가에 못박혀 돌아가신 주님께서 이미 부활하셨건만 그때까지 제자들은 주님의 부활을 믿지 못하고 두려움에 사로잡혀 소위 마가의 다락방에 숨어 있었습니다. 주님께서는 그 한심한 제자들을 외면하지 않고 도리어 친히 찾아오셨습니다. 부활하신 주님을 다시 뵌 제자들은 더없이 기뻐하였습니다. 그러나 주님의 제자 중 도마만은 그 자리에 없었습니다. 이후 그는 제자들로부터 주님께서 부활하셨다는 말을 듣고, 자신의 눈과 손으로 확인하기 전까지는 믿을 수 없노라고 일축하였습니다.

> 여드레를 지나서 제자들이 다시 집 안에 있을 때에 도마도 함께 있고 문들이 닫혔는데 예수께서 오사 가운데 서서 이르시되 너희에게 평강이 있을지어다 하시고(요 20:26).

주님께서는 의심하는 도마를 위해 제자들이 기거하던 다락방을 다시 찾아오시어, 도마로 하여금 당신의 부활을 직접 확인토록 해주셨습니다. 그런데 방금 언급한 두 구절에 두 가지 공통점이 있습니다. 첫째는 제자들이 문을 닫고 있었다는 것이고, 둘째는 그런데도 주님께서 그들 가운데 갑자기 나타나셨다는 것입니다. 우리말 '닫다'로 번역된 헬라어 '클레이오$_{κλείω}$'는 '잠그다'라는 의미입니다. 두려움에 사로잡혀 있던 제자들은 늘 안에서 문을 잠그고 있었습니다. 그들 중 누구도 문을 열어 준 사람이 없었습니다. 그렇지만 부활하신 주님께서는 두 번 다 홀연히 그들 가운데 오셨습니다.

지금 우리가 예배드리고 있는 이 예배당 문을 모두 안에서 꼭꼭 닫아걸었다고 가정해 보십시다. 그리고 아무도 문을 열어 주지 않는데, 밖에 있는 누군가가 우리 가운데 갑자기 나타나려면 어떻게 해야 하겠습니까? 오직 한 가지 경우에만 가능합니다. 그가 이 건물이 지어지기 전인 1986년 이전으로 거슬러 가는 것입니다. 그리고 여기 한가운데 선 다음 다시 2005년 오늘로 돌아옵니다. 그러면 우리 중 아무도 문을 열어 주지 않았지만 그는 우리 한가운데 서 있을 수 있습니다. 따라서 이것은 인간으로서는 불가능한 일입니다. 20년 전으로 거슬러 갔다가 오늘로 돌아올 수 있는, 다시 말해 시간과 공간을 초월할 수 있는 인간은 존재하지 않기 때문입니다.

그러나 부활하신 주님께서는 제자들이 안에서 문을 꼭꼭 닫아건 다락방 한가운데 홀연히 나타나셨습니다. 부활하신 주님께서는 시간과 공간을 초월하는 하나님이시기 때문입니다. 이 사실을 두 번씩이나 강조한 뒤에 복음서와 사도행전의 연결 고리인 요한복음 21장 내용이 본격적으로 전개되고 있는바, 우리는 그 내용을 잘 알고 있습니다. 주님의 명령을 좇아 갈릴리로 돌아간 제자들은, 그들이 예전에 고기 잡던 갈릴리 바다를 보는 순간 자기 욕망의 노예로 회귀하고 말았습니다. 그 결과 욕망의 바다에서 헛되이 욕망의 그물을 던지느라, 그곳에 계신 주님을 까맣게 망각한 채 귀한 시간을 허망히 날려 버리고 말았습니다.

따라서 제자들이 시간과 공간을 초월하시는 주님을 진정으로 믿었던들, 바꾸어 말해 그들이 시간과 공간을 초월하는 믿음의 소유자였던들, 그날 밤 욕망의 바다에서 그토록 인생을 덧없이 소진하지는 않았을 것입니다. 그들의 삶이 사도행전으로 엮어질 수 있었던 것은, 그들이 시간과 공간을 초월한 믿음의 소유자가 된 이후의 일임을 우리는 기억해야 합니다.

주님을 믿는 우리가 살아가는 이 세상은 결코 수도원이나 인적이 끊어진 심산계곡이 아닙니다. 우리가 살아가야 하는 이 세상은 거대한 욕망의 바다입니다. 욕망은 언제나 현실적이고 구체적이면서도 강렬합니다. 그리스도인이란 그 강렬한 욕망의 바다 한가운데서 침몰하지 않고 오직 길이요 진리요 생명이신 주님을 좇아 사는 사람입니다. 그것은 말처럼 쉬운 일이 아닙니다. 그것이 가능하려면 시간과 공간을 초월한 믿음의 눈을 지녀야만 합니다. 내가 지금 한순간의 욕망에 눈이 멀어 욕망의 바다에 침몰할 경우 훗날 하나님 앞에서 나 자신이 어떤 몰골일지, 반대로 욕망의 바다에서 도리어 진리를 좇을 때 하나님 앞에서 얼마나 영광스러운 모습일지, 시간과 공간을 초월하여 볼 수 있어야 합니다. 시간과 공간을 초월한 믿음의 눈으로 볼 때, 현실 세계에서 그토록 강렬해 보이는 욕망이란 한낱 마른 지푸라기보다 못한 것임을 알게 됩니다.

오늘의 본문 역시 시간과 공간을 초월한 믿음을 지닌 사람의 삶은 사도행전으로 영원히 남지만, 그 반대의 경우 자신을 망치는 자해로 끝나게 됨을 대비하여 보여 줍니다.

소위 마가의 다락방에서 기도하던 사람들 가운데 이름이 밝혀진 제자는 열한 명이었습니다. 본래 주님의 제자는 열두 명이었는데 한 사람이 제외되었기 때문입니다. 제외된 사람이 누구이며 그 까닭은 무엇인지 본문을 통해 베드로가 직접 밝혀 주고 있습니다.

> 그때에 베드로가 그 형제들 가운데 일어서서 이르되 형제들아 성령이 다윗의 입을 통하여 예수 잡는 자들의 길잡이가 된 유다를 가리켜 미리 말씀하신 성경이 응하였으니 마땅하도다 이 사람은 본래 우리 수 가운데 참여하여 이 직무의 한 부분을 맡았던 자라 (이 사람이 불의의 삯으로 밭을 사고 후에 몸이 곤두박질하여 배가 터져 창자가 다 흘러나온지라 이 일이 예루살렘에 사는 모든 사람에게 알리어져 그들의 말로는 그 밭을 아겔다마라 하니 이는 피밭이라는 뜻이라)(15하-19절).

주님의 제자에서 제외된 사람은 주님을 잡으려는 자들의 앞잡이가 되어 은 30냥에 주님을 배신한 가룟 유다입니다. 마태복음 27장은 가룟 유다가 스스로 목매 자살하였다고 증언합니다. 그 증언과 오늘 본문을 종합하면, 목매 자살한 가룟 유다의 시체는 아무도 거두어 주지 않은 채 방치되었다가, 목에 걸었던 줄이 끊어져 시체가 땅으로 곤두박질하면서 배가 터져 밖으로 흘러나온 창자가 사방으로 흩어졌음을 알 수 있습니다. 그로 인해 사람들은 그 땅을 '피밭'이라 불렀습니다. 마태복음 27장에 의하면 그 땅은, 주님을 배신한 가룟 유다가 뒤늦게 양심의 가책을 느껴 대제사장에게 은 30냥을 돌려주자 대제사장이 공동묘지를 만들기 위해 그 돈으로 구입한 땅입니다. 그러나 사람들은 그 땅을 유다가 산 것이라 하였습니다. 저주받은 유다로 인해 저주받은 땅이란 의미입니다. 한마디로 본문은 유다가 자살한 뒤에도 그의 말로가 얼마나 비참했는지 전해 줍니다. 주님의 제자였던 유다의 인생이 왜 이다지도 처참하게 끝나 버리고 말았습니까?

본문 23-26절이 그 해답을 제시하고 있습니다.

> 그들이 두 사람을 내세우니 하나는 바사바라고도 하고 별명은 유스도라고 하는 요셉이요 하나는 맛디아라 그들이 기도하여 이르되 뭇사람의 마음을 아시는 주여 이 두 사람 중에 누가 주님께 택하신 바 되어 봉사와 및 사도의 직무를 대신할 자인지를 보이시옵소서 유다는 이 직무를 버리고 제 곳으로 갔나이다 하고 제비 뽑아 맛디아를 얻으니 그가 열한 사도의 수에 들어가니라.

가룟 유다로 인해 결원이 된 한 명의 사도를 보선하는 장면입니다. 1차로 성도들이 요셉과 맛디아 두 사람을 추천한 뒤, 그들로 하여금 제비를 뽑게 하여 맛디아를 사도로 선출하였습니다. 성경에서 사람을 선택할 때 제비를 뽑는 것은 요행을 바라서가 아니라, 하나님의 섭리에 의한 하나님의 절대적인 선택을 믿었기 때문입니다. 그들이 제비뽑기를 하기 전에 다 함께 기도하였는데, 그 내용 중에 유다에 관한 언급이 있습니다.

> 유다는 이 직무를 버리고 제 곳으로 갔나이다(25절).

유다의 말로가 그토록 처참했던 이유는 너무도 간단합니다. 유다가 '제 곳으로', 다시 말해 '자신의 곳으로' 가버린 까닭입니다. 유다는 어떤 대가를 치르더라도 반드시 가야 할 길을 간 것이 아니라, 자신이 가고 싶은 욕망의 길, 욕망의 바다를 향했습니다. 그것은 은 30냥에 스승을 배신하고 진리를 짓밟는 죽음의 길이었습니다. 그리고 그 욕망의 길, 그 욕망의 바다에 자신의 모든 것을 건 유다의 인생은 문자 그대로 '피밭'으로 끝나고 말았습니다. 베드로는 그와 같은 유다의 말로는 곧 하나님의 말씀이 응한 것임을 강조하였습니다.

> 시편에 기록하였으되 그의 거처를 황폐하게 하시며 거기 거하는 자가 없게 하소서 하였고 또 일렀으되 그의 직분을 타인이 취하게 하소서 하였도다(20절).

즉 베드로는 시편 69편 25절과 109편 8절을 인용하여 유다의 비참한 말로를 설명한 것입니다. 주님의 제자였던 유다 역시 하나님의 이 말씀을 몰랐을 리 없습니다. 그렇지만 유다는 이 말씀을 믿지 않았습니다. 바꾸어 말해 시간과 공간을 초월하는 믿음의 소유자가 아니었습니다. 진리를 외면한 채 욕망의 길, 욕망의 바다에 집착할 때 자신의 미래가 얼마나 비참할지 볼 수 있는 믿음의 눈을 지니지 못했습니다. 가롯 유다의 비극은 바로 거기에 있었습니다.

가롯 유다와 대조적으로, 나머지 열한 명의 제자들은 전혀 다른 길을 걸었습니다. 그들이 어떤 길을 걸었는지는, 가롯 유다로 인해 결원이 된 사도 한 명을 보선하기 위해 베드로가 밝힌 원칙에서 찾아볼 수 있습니다.

> 이러하므로 요한의 세례로부터 우리 가운데서 올려져 가신 날까지 주 예수께서 우리 가운데 출입하실 때에 항상 우리와 함께 다니던 사람 중에 하나를 세워 우리와 더불어 예수께서 부활하심을 증언할 사람이 되게 하여야 하리라(21-22절).

그들은 가룟 유다처럼 욕망을 좇아 '제 곳으로' 가지 않았습니다. 그들 역시 한때 욕망의 바다에서 허우적거린 적이 있지만, 시간과 공간을 초월하시는 주님을 믿으며, 시간과 공간을 초월하는 믿음을 지니며, 욕망의 법칙이 사람을 옭아매는 욕망의 바다 한가운데서도 길이요 진리요 생명이신 주님만을 좇아 살았습니다. 현실적으로 그 삶이 힘들고 고달파도 그 삶만이 영원히 영광스러운 생명의 길임을 볼 수 있는 믿음의 눈을 지녔기 때문입니다. 그리고 그들이 믿고 보았던 대로, 주님을 좇은 그들의 삶이 인류의 역사를 새롭게 하는 영원한 사도행전이 되었습니다. 인간으로서 그보다 더 영광스러운 일은 없습니다. 만약 가룟 유다처럼 자기 욕망을 떨쳐 버리지 못한 채 욕망의 바다에서 제 곳으로 갔다면 결코 얻을 수 없을 영광이었습니다.

자기 욕망을 좇아 제 곳으로 간 가룟 유다나 주님의 길을 좇은 제자들이나 겉으로는 별 차이가 없어 보입니다. 아니 당장은, 제 곳으로 가는 가룟 유다가 훨씬 더 화려해 보입니다. 그의 주머니 속에는 진리의 양심을 판 대가인 은 30냥이 번쩍거리고 있기 때문입니다. 그러나 결과는 판이했습니다. 제자들이 영원한 사도행전의 주역으로 추앙받는 반면, 피밭을 제 곳으로 삼고 비참하게 생을 마감한 가룟 유다는 인류 가운데 가장 저주받은 인간의 대명사로 추락하고 말았습니다. 이렇듯 결과는 천양지차지만, 그 원인은 지극히 간단했습니다. 시간과 공간을 초월한 믿음의 소유 여부입니다.

우리가 주님을 믿는다면서 현재에만 집착하는 한, 우리 역시 가룟 유다의 전철을 밟지 않을 수 없습니다. 시간과 공간을 초월하시는 주님을 정녕 믿는다면, 우리는 과거와 현재 그리고 미래를 동시에 볼 수 있는 믿음의 눈, 다시 말해 영적 멀티비전을 지녀야 합니다.

제 곳으로 간 가룟 유다와 주님을 좇은 사도들의 삶이 오늘 어떤 결과로 드러났는지 우리는 분명히 알고 있지 않습니까? 2천 년 전 욕망의 바다에 빠져 제 곳으로 간 인간들이 예외 없이 바람처럼 흔적도 없이 사라져 버린 반면, 참수형을 당하기까지 진리만을 좇은 사도 바울은 오늘도 우리 가운데 우뚝 서 있음을 보고 있지 않습니까? 그렇다면 우리의 현재와 미래 역시 보이지 않습니까? 오늘 우리가 유다처럼 제 곳으로 간다면 우리의 미래는 유다처럼 끝날 것이요, 반대로 진리를 좇는다면 우리의 미래는 사도들처럼 사도행전으로 영원히 세워지지 않겠습니까?

지난달 초 캐나다 토론토에 갔을 때의 일입니다. 사흘에 걸친 집회를 모두 마치고 교우님들과 인사하는 시간에 한 소녀가 제게 편지 봉투를 건네주었습니다. 저녁 식사를 마친 뒤 귀국하는 밤 비행기에서 소녀의 편지를 꺼내 보았습니다. 올해 17세라는 그 소녀의 편지 내용은 다음과 같았습니다.

저희 가족은 작년 9월 캐나다에 오게 되었어요. 지난 일 년 동안 여기서 살면서, 한국에서 16년 동안 한 번도 겪어 보지 못한 일들을 겪었답니다. 도둑을 맞고, 집에 불이 나 세 달 동안 떠돌이 생활을 하고, 학교에 가면 말도 통하지 않고…… 너무도 힘들어 얼마나 하나님을 원망했는지 몰라요. 그런데 아빠는 늘 큐티하며 기도하라고만 하셨지요. 정말 기가 막혔어요. 우리를 이렇게 힘든 구덩이에 빠뜨린 게 하나님인데 무슨 기도냐고요? 하지만 아빠가 무서워 차마 말은 못하고 억지로 큐티와 기도 시늉만 했지요.
그러다가 얼마 전부터 액세서리 가게에서 아르바이트를 하게 되었어요. 제 손으로 돈을 벌다 보니 이상하게도 욕심이 마구 생기는 것이었어요. 계속 모으고 싶고, 뭐든 다 갖고 싶은 거 있잖아요? 그래서 저도 모르게 도둑질을 하고 말았어요. 처음에는 작은 액세서리를 하나 훔쳤는데, 주인이 모르니까 '우와, 좋구나' 하며 계속 물건을 훔치다가, 끝내 들통이 나 경찰서에 잡혀갔어요. 다행히 미성년자라고 감방에 넣지는 않았어요. 그리고 다음 날 저녁, 목사님 집회에 참석하여 설교 말씀을 듣는데, '이건 하나님께서 나 들으라고 준비하신 집회구나' 하는 생각이 들면서 얼마나 마음이 찔렸는지 몰라요. "2천 년 전 세상 욕망을 좇던 자들은 이름도 없이 사라져 버렸지만, 진리를 좇던 사람들은 영원히 살아 있다" "시간과 공간을 초월하여 과거와 현재, 미래를 동시에 볼 수 있는 믿음의 시선을 지닌 사람이 되라"고 설교하시는데, 그때 하나님께서 "너 들었지? 지금처럼 욕심을 마다하지 않으면, 어제 경찰서 잡혀간 건 아무것도 아니야. 그러나 진실한 크리스천으로 살면, 내가 너를 통해 큰일을 할 거야. 자 이제부터 어떻게 살래?" 하고 물으시는 것 같았어요. 그래서 앞으로 정말 주님을 믿는 하나님의 딸로 살아가겠다고 굳게 다짐을 드렸지요. 캐나다에 와서 형편없이 살던 제게 이런 귀한 기회를 주신 하나님께 감사드리며 목사님께 이 글을 씁니다.

17세에 불과한 소녀의 믿음이 얼마나 보배로운지 모르겠습니다. 비록 나이는 어리지만, 우리 모두가 본받아야 할 믿음입니다.

오늘은 주님의 성탄과 다시 오실 주님을 기리는 대강절 둘째 주일입니다. 2천 년 전 짐승의 외양간에서 태어나신 주님께서는 십자가에서 당신 자신을 제물 삼아 우리의 죗값을 치르시고 부활하심으로 인해, 죄와 사망의 올무에서 우리를 해방시켜 영원한 생명을 주셨습니다. 그 주님께서 2천 년이 지난 오늘 이 시간에 성령님으로 우리와 함께하고 계십니다. 그리고 언젠가 하나님의 때가 이르면 인류와 역사의 심판주로 재림하실 것입니다.

사랑하는 형제자매 여러분!

이처럼 시간과 공간을 초월하시는 주님 안에서 우리 모두 과거와 현재, 미래를 동시에 볼 수 있는 믿음의 눈, 영적 멀티비전을 지니십시다. 그 믿음으로, 이 욕망의 바다에 침몰하여 멸망의 '제 곳으로' 가는 것이 아니라, 욕망의 바다를 유유히 헤치며 주님의 길을 좇으십시다. 그와 같은 우리 삶은 반드시 이 시대를 위한 사도행전으로 영원히 살아남을 것입니다. 시간과 공간을 초월하시는 주님께서, 시간과 공간을 초월하는 믿음을 지닌 우리를 통해, 시간과 공간을 초월하여 역사하실 것이기 때문입니다.

가롯 유다도 주님의 제자였습니다. 그 역시 3년이나 주님과 함께 살았지만 시간과 공간을 초월하는 믿음의 눈을 가지려 하지 않았기에, 고작 은 30냥의 욕망을 좇아 '제 곳으로' 갔다가, 저주받은 인간의 대명사로 전락하고 말았습니다. 이 어리석은 유다가 곧 우리 자신임을 이 시간 깨닫게 해주셔서 감사합니다. 오직 자기 욕망에 눈이 멀어 멸망의 '제 곳으로' 달려가던 우리의 실체를 보게 해주셔서 감사합니다.

이제 뜻깊은 대강절을 맞아 우리 모두 시간과 공간을 초월하는 믿음의 눈, 과거와 현재와 미래를 동시에 내다보는 영적 멀티비전을 갖게 해주십시오. 그리하여 이 거대한 욕망의 바다 한가운데서 침몰하지 않고 이 시대를 밝히고 맑히는 영원한 사도행전으로 우리 삶이 엮어지게 해주십시오. 주님께서 이 땅에 오시어, 십자가의 보혈로 우리를 살려 주신 진정한 이유가 이것임을 평생 잊지 않도록 도와주십시오. 아멘.

20. 항상 우리와 함께 대강절 셋째 주일

사도행전 1장 21-26절

이러하므로 요한의 세례로부터 우리 가운데서 올려져 가신 날까지 주 예수께서 우리 가운데 출입하실 때에 **항상 우리와 함께** 다니던 사람 중에 하나를 세워 우리와 더불어 예수께서 부활하심을 증언할 사람이 되게 하여야 하리라 하거늘 그들이 두 사람을 내세우니 하나는 바사바라고도 하고 별명은 유스도라고 하는 요셉이요 하나는 맛디아라 그들이 기도하여 이르되 뭇사람의 마음을 아시는 주여 이 두 사람 중에 누가 주님께 택하신 바 되어 봉사와 및 사도의 직무를 대신할 자인지를 보이시옵소서 유다는 이 직무를 버리고 제 곳으로 갔나이다 하고 제비 뽑아 맛디아를 얻으니 그가 열한 사도의 수에 들어가니라

1998년 9월, 그때까지 미자립 교회였던 제네바한인교회를 섬기기 위해 스위스 제네바에 갔을 때의 일입니다. 제네바의 공식 언어인 프랑스어를 배우려고 학원에 다녔습니다. 하지만 세계에서 물가가 가장 높은 나라답게 수강료가 너무 비싸 한 달 이상 다닐 수가 없었습니다. 그다음 한 달은 학원보

다 수강료가 싼 아르바이트 개인 교습을 받았는데, 그 역시 경제적 부담이 되어 중단하고 말았습니다. 그 후 스위스 개혁교회연맹의 소개로 몽몰렝 부인을 만나 하루 한 시간씩 프랑스어 회화 강습을 받았습니다.

몽몰렝 부인은 신학교 교수 출신이며, 남편은 제네바의 상징인 생피에르 교회 St. Pierre Cathédrale의 담임목사를 역임한 분이었습니다. 이를테면 그 부부는 스위스 교회를 대표하는 분들이며, 두 분 모두 여든이 가까운 노부부였습니다. 몽몰렝 부인에게 회화 강습을 받은 지 한 달째 되는 날, 저는 부인에게 약간의 사례비를 드렸습니다. 그러나 부인은 끝내 사양하며, 감사한 것은 자신이라고 했습니다. 그 말의 의미를 알아차리지 못해 의아해하자 부인이 제게 말했습니다.

"여든이 가까운 저는 이미 쓸모없는 사람입니다. 그런데 나도 누군가에게 필요한 사람이고 이 나이에도 누군가를 위해 봉사할 수 있음을 확인하게 되었으니, 하나님께 얼마나 감사한지 모르겠습니다. 모두 당신 덕분입니다."

그 후 그분의 봉사는 바쁜 제 일정 때문에 저 스스로 사양하기까지 6개월이나 더 계속되었습니다. 그 7개월 동안 제가 찾아갈 때마다 한결같이 반가운 표정으로 맞아 주었습니다. 그래서 세월이 지난 지금도 스위스 사람 하면, 제일 먼저 생각나는 분이 몽몰렝 부인입니다.

사도 바울은 그의 서신서에서 여러 차례 옛 사람, 다시 말해 옛 삶을 벗어 버릴 것을 권합니다. 옛 삶이란 자기중심적인 삶, 즉 죽을 수밖에 없는 죄인에 불과한 '자기'라는 감옥에 갇힌 이기적인 삶이요, 믿음은 자신을 스스로 옭아매는 자기 집착의 감옥에서 해방되어 자유를 누리는 것을 의미합니다. 주님께서 "진리가 너희를 자유롭게 하리라"(요 8:32)라고 말씀하신 것은 일차적으로 죄와 사망으로부터의 자유를 의미하지만, 구원받은 그리스도인에게는 자기 자신, 자기 감옥으로부터의 자유와 해방을 뜻합니다.

안타까운 것은 주님을 믿는 그리스도인 가운데 자기로부터 자유하지 못하는 사람이 많다는 사실입니다. 참생명이신 주님을 믿는다면서 옛 사람, 옛 삶을 벗어던지지 못하고 여전히 자기 집착과 욕망의 감옥에 갇혀 있는 것입니다. 그것은 여전히 그들이 이 세상과 모든 사람들이 자신을 위해 무엇인가 해주기를 바라기 때문입니다. 남이 자신을 위해 무엇인가 해주기를 바라는 마음은 마치 밑 빠진 독과 같아 아무리 해도 채워지지 않기에, 그런 마음으로는 누구도 자신으로부터 자유로울 수 없습니다.

자기로부터 자유를 누리려면 자신이 먼저 타인을 위해 무엇인가 행하는 사람이 되어야 합니다. 바꾸어 말해 봉사의 사람이 되어야 합니다. 봉사는 밑 빠진 독의 구멍을 막아 주는 마개와도 같습니다. 그래서 아무리 퍼주어도 생명과 사랑이 고갈되는 것이 아니라, 도리어 계속 솟아나게 됩니다. 아니, 퍼주면 퍼줄수록 더욱 넘쳐납니다. 심령의 밑구멍이 메워졌기에 주님께서 부어 주시는 생명과 사랑이 계속 채워지는 까닭입니다.

이 사실을 경험하고 확인하면서 사람들은 자기 감옥으로부터 진정 자유로울 수 있습니다. 미련 없이 옛 사람을 벗어던지고 새 사람의 삶을 지향하게 되는 것입니다. 몽몰렝 부인이 지구 반대편의 아시아 사람인 저를 위해 7개월 동안이나 매일 봉사하면서도, 도리어 자신이 더 감사하고 기뻐한 이유가 여기에 있습니다. 여든이 다 된 자신에게도 남을 위해 무엇인가 줄 것과 할 것이 있음을 확인함으로써, 자칫 자기중심적인 삶이 고착되기 쉬운 고령에 도리어 자기로부터 자유와 해방을 만끽한 것입니다.

가롯 유다는 3년 동안이나 주님을 좇은 제자였습니다. 그러나 끝내 '제 곳으로' 갔다가 비참한 말로를 맞았습니다. 주님과 함께 있었음에도 자기 집착에 얽매여 자기 감옥에서 스스로 목매 파멸한 어리석은 인간이었습니다. 그래서 소위 마가의 다락방에 모여 있던 제자들과 성도들은 자살한 유다를 대신하여 사도 한 명을 보선해야 했습니다. 이에 사도로 선출될 수 있는 사람의 자격을 베드로가 직접 밝혔습니다.

> 이러하므로 요한의 세례로부터 우리 가운데서 올려져 가신 날까지 주 예수께서 우리 가운데 출입하실 때에 항상 우리와 함께 다니던 사람 중에 하나를 세워 우리와 더불어 예수께서 부활하심을 증언할 사람이 되게 하여야 하리라 하거늘(21-22절).

세례 요한에게 세례를 받으심으로 공생애를 시작하신 주님께서는, 제자들이 보는 앞에서 승천하심으로 이 땅에서 3년에 걸친 공생애를 마감하셨습니다. 따라서 "요한의 세례로부터 우리 가운데서 올려져 가신 날까지 주 예수께서 우리 가운데 출입하실 때"란, 주님의 공생애 초기부터 시작하여 마지막 순간까지, 즉 주님의 공생애 전 기간을 일컫습니다. 그 공생애 기간 내내 제자들과 항상 함께 다닌 사람이 사도로 보선될 수 있는 자격을 갖춘 사람이었습니다. 그러나 기껏해야 비천한 갈릴리 사람에 지나지 않는 제자들과 함께 다닌 것이 무슨 대단한 자격이 되겠습니까? 주님의 공생애 기간에 항상 제자들과 함께 다녔다는 것은, 그 기간 내내 제자들과 함께하신 주님을 좇았다는 의미입니다. 따라서 처음부터 마지막 순간까지 주님을 좇은 사람, 바로 그것이 사도로 보선될 수 있는 자격 요건이었습니다.

그리고 사도가 행해야 할 임무는 "예수께서 부활하심을 증언"하는 것이었습니다. 주님의 공생애 내내 주님을 좇은 사람이라면 주님의 십자가 고난과 부활을 자신의 눈으로 목격했을 것이기 때문입니다. 주님의 부활을 증언한다는 것은 구체적으로 어떤 삶을 의미하는 것이겠습니까?

베드로가 밝힌 자격을 갖춘 사람 중에서 제자들과 성도들이 요셉과 맛디아를 추천하였고, 그들로 하여금 제비를 뽑게 하여 맛디아가 사도로 보선되었습니다. 지난 시간에 이어 이 시간에도 우리가 주목하려는 바는, 그들이 제비 뽑기 전에 성도들이 함께 기도드린 내용입니다.

그들이 기도하여 이르되 뭇사람의 마음을 아시는 주여 이 두 사람 중에 누가 주님께 택하신 바 되어 봉사와 및 사도의 직무를 대신할 자인지를 보이시옵소서 유다는 이 직무를 버리고 제 곳으로 갔나이다 하고(24-25절).

여기서 우리말 '직무'로 번역된 헬라어 '토포스 $τόπος$'는 장소를 가리키는 '곳'을 의미하고, '대신하다'로 번역된 '람바노 $λαμβάνω$'는 '취하다'라는 뜻입니다. 따라서 "이 두 사람 중에 누가 주님께 택하신 바 되어 봉사와 및 사도의 직무를 대신할 자인지를 보이시옵소서"라는 구절을 원문에 좀더 충실히 번역하면 이렇습니다.

이 두 사람 중에 누가 주의 택하신 바가 되어, 봉사와 사도 됨의 곳을 취할지를 보이시옵소서.

본문은 사도가 된다는 것을 '봉사의 곳'을 취하는 것으로 표현하였습니다. 가룟 유다가 '제 곳'으로 간 것과 대비하기 위함입니다. 가룟 유다가 자기 집착에 사로잡혀 제 곳으로 갔다가 끝내 자기 감옥에서 자유를 얻지 못하고 비참한 말로를 맞았다면, 나머지 제자들은 자기 감옥에서 해방되어 봉사의 곳으로 훌훌 날아간 사람들이었습니다. 바로 그것이 주님의 부활을 증거하는 구체적인 삶입니다. 인간이 자기 집착과 욕망의 감옥에서 해방되어

제 곳이 아닌, 타인을 위한 봉사의 곳으로 인생의 방향을 바꾼다는 것은 그 속에 부활하신 주님의 생명이 넘치고 있다는 증거입니다.

어떤 조직이나 공동체든 거기에 처음부터 몸담은 사람은 시간이 지날수록 상당한 지분과 기득권을 지니고 또 행사하는 것이 현실입니다. 주님의 공생애 처음부터 끝까지 항상 주님과 함께 있었다는 것은, 적어도 2천 년 전 초대 그리스도인 사이에서는 가장 화려한 경력이었을 것입니다. 초대교회 내에서 세상의 그 어떤 경력도 주님을 처음부터 끝까지 모셨던 경력과 필적할 수 없었을 것입니다. 따라서 처음부터 항상 주님과 함께 있었던 그들은 초대교회에서 자신들의 지분을 주장하며 얼마든지 기득권을 내세울 수도 있었을 것입니다. 만약 그랬다면 그들은 제 곳으로 갔다가 비참한 최후를 맞은 가룟 유다의 전철을 밟았을 것이고, 그런 사람들로 구성된 초대교회는 이미 2천 년 전에 인류 역사에서 흔적도 없이 사라졌을 것입니다.

2천 년 전 비천한 존재에 지나지 않았던 제자들에 의해 세워진 교회가 소멸되기는커녕 오히려 인류 역사를 새롭게 한 것은, 그들이 모두 자기 감옥에서 벗어나 '봉사의 곳'으로 향한 진정한 그리스도인이었기에 주님께서 그들을 통해 친히 역사하셨기 때문입니다.

봉사를 뜻하는 헬라어 '디아코니아$\delta\iota\alpha\kappa o\nu\iota\alpha$'는 오늘날 집사라는 의미로 알려진 '디아코노스$\delta\iota\alpha\kappa o\nu o\varsigma$'에서 파생된 단어로, 영어로는 서비스service입니다. 본래 집사란 흔히 오해하듯 특별한 직책이 아니라 봉사자를 일컫는 단순 호칭이었습니다. 그래서 한글 성경에서도 '디아코노스'가 집사로 번역된 세 곳(빌 1:1; 딤전 3:8, 12)을 제외하고는, '섬기는 자'(마 20:26) '사환使喚'(마 22:13) '하인'(요 2:5) '추종자'(롬 15:8) 혹은 '일꾼'(롬 16:1)으로 번역되어 있습니다. 봉사자라는 본래의 의미에 충실하기 위함입니다.

'디아코노스', 즉 봉사자란 본디 '식탁에서 섬기는 사람'을 일컫는 단어입니다. 주방에서 음식을 만드는 사람이 온갖 솜씨를 다해 음식을 장만합니다. 그리고 조리가 끝난 음식을 식탁 위에 정성껏 차려 놓습니다. 만약 그 사람이 음식점의 요리사나 웨이터라면, 그의 행위를 가리켜 봉사라 하지 않습니다. 그는 자신의 행위에 대한 대가를 받기 때문입니다. 서비스의 대가를 돈으로 지불받는 봉사료service charge는, 돈을 최우선시하는 미국적 관습이 낳은 미국식 단어일 뿐, 성경이 말하는 서비스는 이와 전혀 상관이 없습니다. 성경이 언급하는 서비스는 어떤 경우에도 상대에게 보상을 요구하지 않습니다. 또 자기 자신만을 위해 음식을 만들고 식탁을 차리는 행위 역시, 아무리 지성을 다한들 봉사일 수 없습니다. 봉사란 본질적으로 타인을 위한 행위이기 때문입니다.

이런 관점에서 가족을 위한 어머니의 식탁 준비에서 참된 봉사의 원형을 찾아볼 수 있습니다. 어머니는 성의를 다해 음식을 만들지만 자신이 먹기 위함이 아닙니다. 물론 어머니라고 먹지 않는 것은 아니지만, 자신의 순위는 늘 마지막입니다. 최우선 순위는 언제나 가족입니다. 그렇기에 어머니는 손수 음식을 만들되 자신의 입맛이 아니라 가족에게 맞춥니다. 음식 준비가 끝나도 먼저 먹지 않고 가족이 오기를 기다립니다. 그 일을 하루 이틀도 아니고, 날마다 계속합니다. 물론 가족에게 봉사료를 요구하지 않습니다. 그래서 가족을 위한 어머니의 모든 행위는 고스란히 봉사가 됩니다. 우리가 나이 들어 갈수록 어머니란 말만 들어도 가슴이 찡해지는 것은, 그와 같은 어머니의 봉사 속에서 우리가 양육되고 성장했기 때문입니다.

그러나 이것은 정상적인 어머니의 경우일 뿐, 세상에는 정상에서 벗어난 어머니도 수없이 많습니다. 태어나지도 않은 태아를 지우거나 갓 태어난 자식을 버리는 어머니가 있는가 하면, 나이가 들어서는 "내가 너를 어떻게 키

왔는데" 하면서 자식을 위한 수고의 대가를 노골적으로 요구하는 어머니도 부지기수입니다. 더욱이 요즘은 가족보다 자신을 더 중요시하는 이기적인 어머니들이 양산되고 있습니다. 그래서 우리는 진정한 봉사의 원형을 우리 주님에게서 찾게 됩니다.

요한복음 21장은 복음서와 사도행전의 연결 고리라고 했습니다. 주님의 명령을 좇아 갈릴리로 돌아간 제자들은, 예전에 고기 잡던 갈릴리 바다를 보는 즉시 욕망에 사로잡혀 자신들과 함께 계시는 주님도 까맣게 망각한 채, 허망한 옛 삶으로 돌아간 것으로 그 내용이 시작됩니다. 그러나 주님께서는 당신을 배신한 한심한 제자들을 버리시지 않았습니다. 그들이 주님을 망각하고 있던 바로 그 시각, 주님께서는 도리어 제자들을 위해 정성껏 조반 식탁을 마련하셨습니다. 뒤늦게 그 사실을 안 제자들은 스스로 부끄러워, 주님께서 자신들을 위해 준비해 주신 음식에 감히 손을 댈 엄두도 내지 못했습니다. 그때 주님께서는 친히 당신 손으로 제자들에게 떡과 생선을 나누어 주셨습니다. 그것은 단순히 한 끼 양식이 아니라, 당신을 배신한 제자들을 위한 주님의 사랑과 생명의 결정체였습니다. 어떤 대가도 요구하지 않으심으로써 참봉사의 본을 보여 주신 것입니다. 그와 같은 주님의 모습은, 당신 자신을 버리심으로 인간을 위해 영원한 사랑과 생명의 식탁을 완성해 주신 십자가의 주님을 연상케 합니다.

자신들은 주님을 망각하고 배신하였음에도 오히려 주님으로부터 사랑과 생명의 식탁으로 섬김 받았던 제자들이, 요한복음 21장에 이어 전개된 사도행전 1장에서 '제 곳'이 아닌 '봉사의 곳'으로 향한 것은 너무도 당연한 귀결이었습니다. 그들의 마음속에는, 당신을 버리시기까지 사랑과 생명의 식탁으로 그들을 섬겨 주신 주님이 살아 계셨기 때문입니다.

오늘은 우리 교회가 창립된 지 만 5개월 되는 주일입니다. 우리 가운데는 7월 10일 창립일에 등록한 분도 있고, 12월 둘째 주일인 오늘 등록하는 분도 있을 것입니다. 첫날 등록한 분과 오늘 등록할 분의 시차는 5개월입니다. 5개월밖에 되지 않은 교회에서 5개월의 시차란 무척 큰 것 같습니다.

그러나 10년이나 20년 후, 아니 50년 혹은 100년 후를 생각해 보십시오. 그때 5개월의 시차란 없는 것과 마찬가지일 것입니다. 그때가 되면 이 자리에 있는 분은 모두 100주년기념교회가 창립되던 2005년, 처음부터 있었던 분들이 될 것입니다. 다시 말해 2005년 주님께서 이곳에 100주년기념교회를 세우실 때, 여러분은 모두 첫해부터 이곳에서 주님과 함께 있던 분들로 기념될 것입니다. 이처럼 주님께서 이 땅에 새롭게 세우시는 교회에 처음부터 주님과 함께할 수 있다는 것은 주님의 특별하신 은총임에 틀림없습니다.

주님께서 우리 모두에게 이 귀한 은총을 베풀어 주신 까닭이 무엇이겠습니까? 우리에게 특별한 지분과 기득권을 주시고, 대를 이어 가며 누리게 하기 위함이겠습니까? 그럴 리가 없습니다. 그것은 가룟 유다처럼 '제 곳으로' 향하는 길이기에, 아무리 화려해 보여도 종국엔 파멸에 이를 수밖에 없습니다. 우리는 주님께서 우리에게 처음부터 이곳에 함께할 수 있는 은총을 주신 까닭을 잘 알고 있습니다. 주님의 공생애 처음부터 주님과 함께 있던 제자들과 맛디아로 하여금 봉사의 곳으로 가게 하신 것처럼, 우리 모두를 봉사의 본으로 삼아 이 시대를 위한 봉사의 곳으로 향하게 하시기 위함입니다.

사랑하는 형제자매 여러분!

오늘은 2천 년 전 이 땅에 오신 주님의 성탄을 기리고, 다시 오실 주님의 재림을 대망하는 대강절 셋째 주일입니다. 아무 대가 없이 우리에게 영원한 사랑과 생명의 식탁을 차려 주기 위해 이 땅에 오신 주님을 기리는 뜻깊은 대강절을 맞아, 우리 모두 100주년기념교회가 창립된 2005년 처음부터 이곳에 주님과 함께한 사람답게, 주님 안에서 이 시대를 위한 진정한 그리스도인, 날마다 봉사의 곳으로 향하는 주님의 제자들이 되십시다. 앞으로 이 교회를 찾을 성도님들을 지성으로 섬김으로써 참봉사의 본이 되십시다. 어둠 속에서 제 곳으로 치닫고 있는 세상 사람들을 진리의 식탁, 사랑의 식탁, 생명의 식탁으로 아무 대가 없이 섬기십시다. 그 끝이 자기 파멸일 수밖에 없는, 제 곳으로 질주하는 사람의 인생행로를 바꾸어 주는 것보다 더 큰 봉사와 사랑은 없습니다. 인간이 할 수 있는 일 가운데, 주님 안에서 사람의 인생관을 새롭게 해주는 것보다 더 크고 보람된 일도 없습니다.

이렇듯 기꺼이 봉사의 곳으로 향하는 우리를 도구 삼아 주님께서는 이 시대의 역사 속에 당신의 사도행전과 교회 행전을 친히 엮어 가실 것입니다. 그때 우리는 비로소 자기 감옥에서 해방되어, 참생명이 안겨 주는 자유를 만끽하게 될 것입니다.

당신을 제물 삼아 우리에게 영원한 생명과 사랑의 식탁을 주기 위해 이 땅에 오신 주님! 그러나 자기 집착과 욕망의 감옥에 갇혀 있던 우리는 마치 밑 빠진 독처럼, 주님께서 주신 사랑과 생명을 다 흘려 버리고, 종국은 파멸일 수밖에 없는 '제 곳으로' 달려가느라 귀한 세월을 허비하였습니다. 그럼에도 우리를 버리시기는커녕 도리어 우리를 부르시어, 주님께서 친히 이곳에 세우신 100주년기념교회에 2005년 처음부터 주님과 함께 있게 하심을 감사드립니다.

이 귀한 은총을 특별히 허락하신 주님의 뜻을 우리는 잘 알고 있습니다.

처음부터 이곳에 있다는 것이, 어떤 경우에도 우리의 교만이나 기득권이 되지 않도록 우리 마음을 늘 겸손하게 지켜 주십시오. 처음부터 있게 된 사람답게 오직 우리의 마음이 날마다 '봉사의 곳'으로 향하게 해주십시오. 주님 안에서, 앞으로 이 교회를 찾을 성도님들을 위해, 이 세상을 위해, 사랑과 생명의 식탁을 정성껏 마련할 수 있도록 도와주십시오. 비록 우리의 주머니는 비어 있다 해도, 주님으로 인해 우리에게도 줄 것이 엄청나게 많음을, 우리의 나이에 상관없이 주님 안에서 언제나 누군가를 위해 봉사할 수 있음을, 우리의 삶에서 매일 확인하는 기쁨을 누리게 해 주십시오. 그리하여 우리 생명의 의미와 가치가 새로워지고, 그동안 우리를 옭아맨 자기 감옥에서 해방되어, 참생명의 자유를 마음껏 누리는 대강절이 되게 해주십시오. 아멘.

21. 마음을 아시는 주 대강절 넷째 주일

사도행전 1장 21-26절

이러하므로 요한의 세례로부터 우리 가운데서 올려져 가신 날까지 주 예수께서 우리 가운데 출입하실 때에 항상 우리와 함께 다니던 사람 중에 하나를 세워 우리와 더불어 예수께서 부활하심을 증언할 사람이 되게 하여야 하리라 하거늘 그들이 두 사람을 내세우니 하나는 바사바라고도 하고 별명은 유스도라고 하는 요셉이요 하나는 맛디아라 그들이 기도하여 이르되 뭇사람의 **마음을 아시는 주여** 이 두 사람 중에 누가 주님께 택하신 바 되어 봉사와 및 사도의 직무를 대신할 자인지를 보이시옵소서 유다는 이 직무를 버리고 제 곳으로 갔나이다 하고 제비 뽑아 맛디아를 얻으니 그가 열한 사도의 수에 들어가니라

올해 초까지만 해도 이곳 양화진 입구 왼쪽으로 여섯 채의 가옥이 있었습니다. 그러나 마포구청에서 양화진 공원 확장을 위해 그 가옥들을 매입하여 철거한 뒤 한동안 그곳은 공터로 남아 있었습니다. 양화진 자락에서 20년째 살고 있는 저를 비롯하여 합정동 주민 대부분은 양화진 경관을 해치던 그

낡은 집들이 철거되리란 사실을 전혀 몰랐습니다. 그러나 이미 그 사실을 아는 사람들이 있었습니다. 그 계획을 입안한 마포구청 담당자들입니다. 직접 철거 계획을 세운 그분들에게는 그 집들이 건재하고 있을 때도, 철거된 이후의 공터가 보였을 것입니다.

드디어 지난달 초부터 공터에 공원 공사가 시작되었습니다. 지금 그곳에는 돌무더기와 흙더미에 콘크리트 벽만 보일 뿐, 장차 완공된 공원이 어떤 자태로 드러날지 사람들은 모르고 있습니다. 그러나 저는 그곳을 볼 때마다 단순히 돌무더기와 흙더미가 아니라, 아름답게 완성된 공원 전경이 어렴풋이 보이곤 합니다. 지난여름 마포구청에서 열린 '양화진 공원 확장 공사를 위한 공청회'에 두 번 참석하여 공원 설계도면과 완성된 공원의 조감도를 보았기 때문입니다. 물론 저는 건축 혹은 조경 전문가가 아닙니다. 따라서 공청회에 두 번 참석한 것이 전부인 제가 공원에 대해 아는 것이란 극히 제한적이고 피상적일 수밖에 없습니다.

하지만 현재 흙더미와 돌무더기투성이인 저 공사장이 구체적으로 어떤 모습으로 완공될지 정확하게 아는 분들이 있습니다. 말할 것도 없이 저 공원을 설계하고 현재 시공하고 있는 분들입니다. 그분들은 공사장에 설 때마다 현재의 모습에서 완공된 공원의 전경을 볼 것입니다. 그 전경이 설계자의 머리에서 나왔고, 시공자는 설계대로 공사하고 있기 때문입니다.

집을 짓는 사람보다 그 집에 대해 더 많은 것을 아는 사람은 없습니다. 자동차를 만든 이보다 그 자동차에 대해 더 정확하게 아는 사람도 없습니다. 무엇이든 만든 사람이 만들어진 것에 대해 가장 많이, 그리고 가장 정확하게 아는 것은, 만들어진 모든 것이 만든 사람에게서 나온 까닭입니다.

하나님의 말씀인 성경의 첫 구절은 이렇게 시작합니다.

태초에 하나님이 천지를 창조하시니라(창 1:1).

그리스도인의 믿음은 하나님께서 천지 만물을 창조하셨다는 이 말씀을 믿는 것으로 시작됩니다. 이 말씀을 믿지 못한다면 하나님과의 바른 관계란 애당초 불가능합니다. 그래서 성경 첫 구절인 창세기 1장 1절이 이 말씀으로 시작되고 있습니다. 하나님께서 천지 만물의 창조자이심을 정녕 믿는다면, 하나님께서 당신의 피조물에 대해 모르시는 것이 없음 또한 믿어야 합니다.

불과 반년 전만 해도 이곳에 은혜로운 믿음의 공동체, 헌신적이고도 신실한 교우들로 이루어진 100주년기념교회가 이렇듯 아름다운 모습으로 일구어질 것을 안 사람은 아무도 없었습니다. 100주년기념교회의 담임목사직을 맡은 저는 말할 것도 없고, 2년 전 이곳에 교회를 세울 것을 결의하고 기도해 온 100주년기념사업협의회 원로들조차 상상치 못한 일이었습니다. 그러나 하나님만은 이 모든 것을 구체적으로, 그리고 정확히 알고 계셨습니다. 이곳에 당신의 몸 된 교회를 세우시고 원근 각처에서 우리를 불러 모으시어, 불과 다섯 달 만에 이 아름다운 신앙 공동체를 일구신 분이 하나님이시기 때문입니다. 100주년기념교회가 하나님께서 만드시고 행하신 일이 아니라면 우리가 지금 이곳에 함께 앉아 있을 턱이 없습니다.

바로 그 하나님께서 우리 한 사람 한 사람 역시 창조하셨기에, 우리 각자에 대해서도 하나님께서 가장 구체적으로, 가장 정확하게 알고 계심은 두말할 나위가 없습니다.

하나님께서 예레미야 선지자에게 말씀하셨습니다.

내가 너를 모태에 짓기 전에 너를 알았고 네가 배에서 나오기 전에 너를 성별하였고 너를 여러 나라의 선지자로 세웠노라(렘 1:5).

예레미야가 어머니의 태 속에 잉태되기도 전에 하나님께서는 이미 예레미야를 알고 계셨습니다. 하나님께서 예레미야를 창조하셨기 때문입니다. 양화진 공원을 설계한 사람이 그곳이 공터일 때부터 완공될 공원의 전경을 정확하게 알듯, 하나님께서 예레미야를 창조하셨기에 그가 잉태되기도 전에 그를 알고 계셨고, 당신의 자녀로, 도구로 구별하셨습니다. 그 사실을 잘 알고 있는 예레미야, 다시 말해 자신을 지으신 하나님께서 자신보다 자신을 더 정확하게 알고 계심을 깨달은 예레미야가, 하나님의 말씀을 평생 좇아 산 것은 지극히 당연한 일이었습니다.

다윗 역시 마찬가지입니다. 그는 시편 139편을 통해 하나님을 이렇게 노래했습니다.

> 주님, 주께서 나를 샅샅이 살펴보셨으니, 나를 환히 알고 계십니다. 내가 앉아 있거나 서 있거나 주께서는 다 아십니다. 멀리서도 내 생각을 다 알고 계십니다. 내가 길을 가거나 누워 있거나, 주께서는 다 살피고 계시니, 내 모든 행실을 다 알고 계십니다. 내가 혀를 놀려 아무 말 하지 않아도 주께서는, 내가 그 혀로 무슨 말을 할지를 미리 다 알고 계십니다(1-4절, 표준새번역).

다윗에게 하나님은 자신의 일거수일투족을 하나도 빠짐없이 다 아시는 분, 자신의 모든 생각을 낱낱이 아시는 분, 입술과 혀를 통해 발설치 않은 말, 이를테면 마음속 깊이 담아 둔 말까지도 아시는 분이었습니다. 자신의 이름이나 행동 그리고 생각은 말할 것도 없고 자기 마음에 이르기까지, 자신에 대해 모르는 것이 하나도 없는 분이셨습니다. 다윗은 자신이 하나님을 그렇게 믿는 까닭을, 역시 시편 139편을 통해 밝히고 있습니다.

주께서 내 속 내장을 창조하시고, 내 모태에서 나를 짜 맞추셨습니다(13절, 표준새번역).

나의 형질이 갖추어지기도 전부터 주께서는 나를 보고 계셨으며, 나에게 정하여진 날들이 아직 시작되기도 전에 이미 주의 책에 다 기록되었습니다(16절, 표준새번역).

다윗에게 하나님은 자신을 창조하신 분이셨습니다. 자신을 창조하셨기에 자신이 어머니의 태 속에서 태아의 모습을 갖추기도 전에 하나님께서는 자신을 이미 보고 계셨고, 자신을 자신보다 더 잘 알고 계셨습니다. 따라서 자신이 태어난 후에도 하나님께서 자기 마음속 생각까지 다 알고 계신다는 것은 다윗에게 너무나 자연스러운 일이었습니다. 중요한 사실은 다윗이 하나님께서 자신을 자신보다 더 잘 아시는 것을 인식하고 감사에 그친 것이 아니라, 그러하므로 주어진 어떤 상황도 두려워하거나 회피하지 않고, 도리어 믿음으로 받아들이고 극복하는 가운데 참된 믿음의 사람으로 성숙해 갔다는 점입니다.

다윗의 가장 대표적인 시로 일컬어지는 시편 23편의 4절 내용은 다음과 같습니다.

내가 사망의 음침한 골짜기로 다닐지라도 해를 두려워하지 않을 것은 주께서 나와 함께하심이라 주의 지팡이와 막대기가 나를 안위하시나이다.

여기서 "사망의 음침한 골짜기"란 인생의 위기, 실패, 고난 등을 의미합니다. 그런데 하나님께서 우리와 함께하시고 당신의 지팡이와 막대기로 친히 우리를 지켜 주신다면, 애초부터 우리가 사망의 골짜기에 이르지 않도록 막아 주심이 마땅하지 않겠습니까? 왜 위급한 상황으로 가게 하시고는 또 당신의 지팡이와 막대기로 보호해 주시는 것입니까? 왜 병 주고 약 주고 하시는 것입니까? 다윗은 단 한 번도 하나님을 향해 이런 불평을 내뱉지 않았습니다. 이유인즉, 하나님께서 자신보다 자신을 더 잘 아심을 분명히 인식하고 있었던 까닭입니다. 따라서 자신이 사망의 골짜기를 오직 믿음으로 통과하는 과정을 겪지 않고는 믿음의 장수將帥가 될 수 없음 역시 하나님께서 알고 계신다고 다윗은 확신했던 것입니다. 그 믿음의 토대 위에서, 하나님에 의해 다윗은 믿음의 장수로 빚어질 수 있었습니다.

사도 바울이 다음과 같이 고백하는 이유도 마찬가지입니다.

주는 영이시니 주의 영이 계신 곳에는 자유가 있느니라(고후 3:17).

정말 그렇지 않습니까? 영이신 하나님께서 자신과 함께하심을 믿는 사람은 어떤 경우를 당하든, 자신을 가장 잘 아시는 하나님께서 자신의 영적 성숙을 위해 꼭 필요한 과정을 주셨을 것인즉, 어떤 불안이나 두려움에서도 자유롭지 않겠습니까? 바울이 온갖 고난과 핍박에서도 추호의 흔들림 없이 자유로울 수 있었던 것은, 그 상황을 주신 분이 자신보다 자신을 더 잘 아시는 하나님이심을 믿었기 때문입니다.

예수님께서 승천하신 뒤, 소위 마가의 다락방에서 기도하던 제자들과 성도들은 가룟 유다로 인해 결원이 된 사도 한 명을 제비를 뽑아 보선하였습니다. 지난 시간에 이어 우리가 좀더 살펴보고자 하는 것은 제비를 뽑기 전에 그곳에 있던 사람들이 함께 기도한 내용입니다.

> 뭇사람의 마음을 아시는 주여 이 두 사람 중에 누가 주님께 택하신 바 되어 봉사와 및 사도의 직무를 대신할 자인지를 보이시옵소서 유다는 이 직무를 버리고 제 곳으로 갔나이다(24-25절).

지금 이곳에서 함께 기도하는 사람들은 예수님의 직계 제자들을 포함하여 약 120명입니다. 바로 그들의 모임이 신약성경 최초의 교회, 즉 초대교회였습니다. 그들이 바로 교회의 시발점이었습니다. 사복음서 이후 사도행전의 시발점 또한 그들이었습니다. 이런 의미에서 그들의 한 마디 한 마디는 중요할 수밖에 없습니다. 그 한 마디 한 마디가 곧 교회의 역사요, 신약성경의 일부가 되었기 때문입니다.

그런 그들이 교회의 역사를 밝혀 주는 사도행전에서 기도하며 하나님을 최초로 부른 호칭이 "뭇사람의 마음을 아시는 주여"라는 것은 참으로 의미심장합니다. 분문에서 '뭇사람'이란 모든 사람을 의미합니다. 따라서 '뭇사람의 마음을 아시는 주여'라고 번역된 헬라어 원문을 좀더 정확하게 번역하면 '모든 사람의 마음을 아시는 이, 하나님, 당신이시여!'가 됩니다. 초대교회 교인들은 하나님께서 특정인의 마음이 아니라 모든 사람의 마음을 아시는 분임을 가장 먼저 고백하였습니다. 물론 그 고백의 대전제는, 하나님께서 그들을 창조하셨다는 믿음입니다.

세상에는 하나님의 창조주 되심을 믿는다면서, 하나님께서 자신보다 자신을 더 잘 알고 계신다는 사실을 믿는 사람은 의외로 많지 않습니다. 하나님께서 나의 마음을, 아직 나의 혀로 발설치 않은 마음속 생각까지도 알고 계심을 믿기 전까지는, 하나님께서 나의 창조주 되심을 진정으로 믿는 것이 아닙니다. 하나님께서 나를 창조하셨음을 믿는다면 그 믿음은 반드시, 하나님께서 나의 마음속까지도 아시는 분임을 믿는 것으로 이어져야 합니다. 이미 언급한 바와 같이 그 믿음을 지닌 사람만 예레미야나 다윗처럼, 사도 바울처럼, 어떤 상황에도 굴함이 없이 참된 신앙인으로 꿋꿋하게 걸어갈 수 있습니다. 비록 자신이 원치 않는 상황을 만날지라도 내 마음속 깊은 곳까지 아시는 하나님께서 주신 상황이기에, 자신에게 반드시 필요한 과정임을 믿음으로 받아들이기 때문입니다. 이것이 초대교회 교인들이 하나님을 가장 먼저 '모든 사람의 마음을 아시는 이'로 고백한 이유입니다. 이 사실을 믿는 사람이 어떤 경우에도 참된 교회를 이룰 수 있습니다.

우리말 '마음을 아시는 이'는 세 단어로 이루어져 있습니다. 그러나 헬라어 원문에는 '카르디오그노스테스$\kappa\alpha\rho\delta\iota\text{o}\gamma\nu\acute{\omega}\sigma\tau\eta\varsigma$', 이 한 단어로 표현되는데 성경 가운데 사도행전에만 두 번 등장하며 하나님께 국한하여 사용됩니다. 모든 사람의 마음을 아시는 이는 인간을 창조하신 하나님 한 분이심을 강조하기 위함입니다. 그와 같은 믿음을 지닌 사람들에 의해 교회가 일구어지고 사도행전이 엮어진 것은 결코 우연한 일이 아닙니다.

그렇다면 이제 '모든 사람의 마음을 아시는 하나님'이라는 믿음이, 요셉과 맛디아 두 사람으로 하여금 제비를 뽑게 하여 사도를 보선하는 것과 무슨 관계가 있는지 살펴봐야 합니다. 우리는 쉽게 생각해 볼 수 있습니다. 초대교회 교인들이 요셉과 맛디아 두 사람 중 누구의 마음이 더 하나님을 향해 있는지 하나님만 아신다는 의미로 하나님을 그렇게 불렀고, 맛디아가 더 충성할 것을 아신 하나님께서 그를 선택하신 것으로 말입니다. 그러나 제비에서 탈락한 요셉은 '제 곳으로' 간 가룟 유다가 아니었습니다. 그는 예수님의 공생애 처음부터 끝까지 주님을 모셨던 사람이요, 동료들이 보기에 사도가 되기에 조금도 손색 없는 사람이었습니다. 그가 인류 역사상 최초로 초대교회를 이룬 120명에 포함되어 있었다는 사실 자체가 그와 맛디아 사이에 별 차이가 없음을 뜻합니다. 따라서 우리는 이를 좀더 깊은 차원에서 생각해 볼 필요가 있습니다.

  복음서에 의하면 예수님께서는 야이로의 죽은 딸을 살리실 때, 변화산에서 당신 모습이 변화되실 때, 겟세마네 동산에서 최후의 기도를 드리실 때처럼 중요한 현장에 늘 베드로, 요한, 야고보 세 제자를 대동하셨습니다. 일반적으로 사람들은 그 이유를, 세 사람이 열두 제자 중에서 가장 뛰어났기 때문이라고 이해합니다. 그러나 신학자 캠벨 몰간G. Campbell Morgan은 전혀 다른 견해를 피력합니다. 예수님께서 그 세 사람에게 특별한 관심을 보이신 것은 그들이 뛰어나서가 아니라 가장 연약하여, 그러지 않고서는 주님의 제자로 바로 설 수 없음을 아셨기 때문이라는 것입니다. 캠벨 몰간의 해석이 설득력을 갖는 것은 그 세 사람의 평소 됨됨이를 보면 알 수 있습니다. 성미가 급한 베드로는 실수투성이에, 가장 결정적인 순간에 주님을 배신할 정도로 비겁한 인간이었습니다. 요한과 야고보 형제는 반대자들을 하늘에서 떨어지는 불로 태워 버리고 싶어 할 정도로 과격하고 엉뚱했습니다. 예수님께서 정권을 장악하시리라 확신한 요한과 야고보의 어머니는 두 아들을 중용해 주실 것을 예수님께 은밀히 청탁할 정도로 세속적이었습니다. 게다가 예수님께서 십자가 죽음을 앞두고 겟세마네 동산에서 처절하게 기도하시는 동안, 그들 셋은 잠에 곯아떨어져 있을 만큼 연약한 자들이었습니다. 그 연약함을 아시는 예수님께서 그들에게 특별한 관심을 베푸시지 않았다면, 그들이 우리가 아는 바대로의 사도가 될 수 없었을 것은 불을 보듯 뻔합니다.

  이 같은 관점에서 오늘 본문을 들여다보면, 초대교회 교인들이 '모든 사람의 마음을 아시는 하나님'이라고 기도한 의미를 깨닫게 됩니다. 성도들의 추천을 받은 요셉과 맛디아, 두 사람은 모두 신실한 그리스도인이었습니다. 그러나 제비를 통해 그들 중 한 사람만 사도란 칭호를 얻을 수 있었습니다.

제비에서 뽑힌 사람은 하나님에 의해 선택되었다는 자부심과 명예를 얻겠지만, 제외된 사람은 큰 상처를 받을 수도 있었습니다. 그 상황에서 두 사람을 추천한 초대교회 교인들은 '모든 사람의 마음을 아시는 하나님'께서 한 사람을 택해 주시기를 기도드렸고, 하나님께서 그 응답으로 맛디아를 선택하셨습니다. 캠벨 몰간의 관점으로 본다면, 하나님께서는 요셉보다 맛디아가 더 연약함을 알고 계셨습니다. 요셉은 사도란 직함 없이 평신도로서도 사도답게 살아갈 굳건한 중심이 있었지만, 맛디아는 제비에서 탈락되는 것을 받아들이기에 너무나도 약한 심성임을 아시는 하나님이 맛디아를 택해 주신 것입니다. 한마디로 하나님께서는 제비에서 뽑힌 맛디아보다 탈락한 요셉을 더 신뢰하신 것입니다.

오늘은 우리의 연약함을 아시는 하나님께서 우리의 구원자로 이 땅에 보내 주신 예수님의 성탄을 기리는 대강절 넷째 주일인 동시에, 올해가 끝나기 전 마지막 둘째 주일입니다. 이 뜻깊은 날, 우리 모두 지난 한 해를 돌아보십시다. 혹 자신의 계획이 어긋나서 지금 어려움을 겪고 계십니까? 전혀 예기치 않은 상황을 맞아 삶의 곤고함에 빠지셨습니까? 뜻밖의 시련과 고난, 주체할 수 없는 슬픔을 당하시지는 않았습니까? 우리 모두 하나님께서 '카르디오그노스테스', '우리 모두의 마음을 아시는 분'이심을 잊지 마십시다. 하나님께서는 알고 계십니다. 우리가 그 과정을 겪음으로써 비로소 신실하고 성숙한 그리스도인이 될 것임을, 그 상황에서만 우리의 영혼이 정금처럼 정제될 것임을, 아니 그 과정에서도 그리스도인답게 꿋꿋하게 살아갈 우리의 견고한 마음을 하나님께서는 알고 계십니다.

사랑하는 형제자매 여러분!

우리를 창조하신 하나님께서는 우리가 어머니의 태 속에 잉태되기도 전부터 우리를 보고, 알고 계셨습니다. 우리가 우리 자신을 아는 것보다 더 정확하게 우리를 알고 계십니다. 우리가 알지 못하는 우리의 체질, 우리의 마음까지도 다 알고 계십니다. 그 하나님을 신뢰하십시오. 그 하나님의 신실하심을, 변함없는 사랑을, 언제나 우리와 함께하심을 믿으십시오. 그 믿음 안에서 모든 두려움과 불안, 절망으로부터 자유를 얻으십시오. 그때 지금의 상황을 주신 하나님의 뜻이, 바로 그 상황을 통해 아름답게 결실 맺을 것입니다.

〈내 이름 아시죠〉 토미 워커

나를 지으신 주님 내 안에 계셔
처음부터 내 삶은 그의 손에 있었죠
내 이름 아시죠 내 모든 생각도
내 흐르는 눈물 그가 닦아 주셨죠

그는 내 아버지 난 그의 소유
내가 어딜 가든지 날 떠나지 않죠
내 이름 아시죠 내 모든 생각도
아바라 부를 때 그가 들으시죠
아멘

사도행전 2장

오순절 성령강림 이전에도 성령님께서는 이 땅에서, 인간의 삶 속에서 역사하고 계셨습니다. 그럼에도 오순절 성령강림이 중요한 것은, 그것이 인간을 구원하시기 위한 예수님의 죽음과 부활 그리고 승천의 결과로 이루어진 일이기 때문입니다. 다시 말해 예수 그리스도를 통해 인간을 구원하시려는 하나님의 섭리가 성령강림 사건으로 완결되면서 본격적인 교회 시대가 새롭게 개막된 것입니다.

22. 다 같이 한 곳에 성탄절

사도행전 2장 1-4절

오순절 날이 이미 이르매 그들이 **다 같이 한 곳에** 모였더니 홀연히 하늘로부터 급하고 강한 바람 같은 소리가 있어 그들이 앉은 온 집에 가득하며 마치 불의 혀처럼 갈라지는 것들이 그들에게 보여 각 사람 위에 하나씩 임하여 있더니 그들이 다 성령의 충만함을 받고 성령이 말하게 하심을 따라 다른 언어들로 말하기를 시작하니라

성북구 길음동에서 사역하는 한 맹인 목사님에 대한 감동적인 이야기를 제 막내누님에게 듣고 그분을 찾아 나선 것은 1980년 7월이었습니다. 낡은 건물 2층의 반 평도 되지 않는 골방이 그분의 사무실이었습니다. 분명히 한낮인데도 창문도 없는 그 골방은 전깃불을 켜지 않아 캄캄하기만 했습니다. 왜 사무실을 이렇게 어둡게 하고 있을까, 처음에는 의아했지만 이내 의문이 해소되었습니다. 저처럼 눈 뜬 사람에게나 전깃불이 필요하지, 그분에게는 어둠이 어둠이 아니었습니다.

당시 43세이던 그분은 청운의 꿈을 하나씩 펼쳐 가던 37세 때 느닷없이 덮친 실명으로 모든 인생 계획을 접고 목회자가 되어, 자신과 같은 시각장애인과 불우 이웃을 위해 헌신적인 삶을 살고 있었습니다. 그분은 다섯 시간에 걸쳐 자신의 지난 인생을 들려주었고, 저는 그분과 사전에 약속한 대로 모든 이야기를 녹음테이프에 담았습니다. 그리고 그 테이프를 평소 제가 좋아하던 작가 이청준 선생에게 보냈습니다. 한동안 그 테이프를 듣고 그분의 삶을 소설로 쓸 것을 결심한 이청준 선생은 그해 8월 집필을 시작하여 이듬해인 1981년 4월에 탈고하였습니다. 그 원고는 그해 7월에 《낮은 데로 임하소서》라는 장편소설로 출간되어, 맹인 안요한 목사님의 감동적인 삶이 온 세상에 알려지게 되었습니다.

그로부터 24년이 지난 오늘날 한국 그리스도인치고, 자신이 직접 보지는 않았더라도 안요한 목사님의 이름과 《낮은 데로 임하소서》라는 소설 제목을 모르는 사람이 드물 정도가 되었습니다. 그러나 이청준 선생이 왜 소설 제목을 '낮은 데로 임하소서'라고 하였는지 구체적인 이유를 아는 사람은 거의 없습니다. 이청준 선생은 이 질문의 답변을 그의 소설을 통해 이미 밝혀 두고 있습니다.

37세에 실명한 뒤 가족으로부터도 버림 받은 안요한은 심한 절망과 좌절감으로 자살을 시도하지만 실패로 그치고 맙니다. 더 이상 집 안에서 가만히 앉아 죽기만 기다릴 수 없었던 그는 가출하여 사람이 사는 세상으로 나왔습니다. 그러나 맹인의 삶에 전혀 익숙하지 않았던 그는 친구에게도, 지나가는 행인에게도 거추장스러운 존재일 뿐이었습니다. 언제 끝날지도 모를, 앞 못 보는 거지에 지나지 않는 기약 없는 유랑 생활이 시작되었습니다. 이청준 선생은 그의 유랑 생활을 소설에서 이렇게 묘사했습니다.

하지만 나는 그 어둠 속에서나마 내가 어디론가 끊임없이 흐르고 있음을 느낄 수가 있었다. 무엇인가 자꾸 나를 부딪쳐 오는 것들이 있었다. 어디로인지는 알 수 없었지만, 그 아픈 부딪침들이 바로 내가 흐름을 계속하고 있는 증거인 셈이었다.

이청준 선생은 맹인이 된 안요한의 유랑을 '흐름'이라고 표현하였습니다. 흐름의 방향은 언제나 높은 곳에서 낮은 데로 향하기 마련입니다. 높낮이가 전혀 없는 완전 평지라면 흐름이란 아예 불가능합니다. 그렇다면 안요한의 흐름 또한 낮은 곳을 향하고 있었음이 분명합니다. 강물의 흐름은 바다에 이르러서야 끝납니다. 대체 안요한의 흐름은 어디에 다다라서야 멈추었는가? 그곳은 서울역이었습니다. 이를테면 안요한이 흘러갈 수 있는 가장 낮은 곳이 서울역이었습니다. 왜 서울역이 그에게 가장 낮은 곳이었을까요?

서울역은 기차를 타기 위한 승객들만의 장소가 아니었습니다. 30년 전 그곳은 구두닦이나 껌팔이, 하루 품팔이 막일꾼이나 넝마주이 아이들의 보금자리이기도 했습니다. 그들은 외부 침입자인 안요한을 경계하거나 외면하지 않았습니다. 손으로 더듬어 화장실을 찾는 안요한의 손을 이끌어 용변을 도와주는 아이도 있었고, 하루 종일 속수무책으로 굶고 있는 그에게 빵 조각을 나누어 주는 아이도 있었습니다. 실명과 함께 사람들에게 버림 받은 이래, 그가 사람들의 체취와 온정을 다시 누릴 수 있던 곳이 바로 그곳이었습니다.

더 중요한 것은 그 아이들을 통해 그곳에서 참생명이시요 사랑이신 예수 그리스도를 인격적으로 만난 것입니다. 그는 목사의 아들로 태어났으면서도 하나님을 온전히 믿지 않았습니다. 보이지 않는 하나님을 온전히 믿기에는, 젊어서부터 여러 재능을 지닌 그의 마음이 너무도 높은 데 있었습니다. 그러나 이전에는 거들떠보지도 않던 서울역 껌팔이와 넝마주이 아이들의 도움이 아니고는 생존할 수도 없음을 비로소 깨닫게 되고, 그런 그의 낮고 낮은 마음속에 주님께서 임하신 것입니다. 그래서 서울역은 안요한의 흐름이 멈춘 가장 낮은 곳이었습니다. 서울역이 낮은 곳에 자리하고 있어서가 아니라, 그곳에 이르기까지 계속 낮아지던 그의 마음이 지구상에서 가장 낮은 곳으로 알려진 이스라엘의 사해보다도 더 낮아졌다는 의미입니다. 그리고 그 낮고 낮은 마음이 주님의 거처가 된 것입니다.

25년 전 안요한 목사님은 다섯 시간에 걸쳐 자신의 인생을 사건 순서에 따라서만 들려주었습니다. 그러나 그가 서울역에 이른 것을 흘러간 것으로, 그가 멈춘 서울역을 가장 낮은 곳으로 해석한 사람은 이청준 선생입니다. 그리고 인간이 낮고 낮은 마음을 지닐 때만 주님을 모시고 살 수 있다는 의미에서 선생은 책 제목을 '낮은 데로 임하소서'라 지은 것입니다. 성경의 핵심을 담은 참으로 탁월한 통찰력입니다. 이 책이 뭇사람의 심령을 뒤흔든 것은 단순히 한국에서 가장 뛰어난 작가의 작품이기 때문이 아니라, 소설이 이렇듯 복음의 진수를 바르게 해석하고 또 담고 있기 때문입니다.

모세는 이집트 왕자의 신분으로 40년 동안 이집트 왕궁에서 살았습니다. 평지에 있던 그곳에서 모세는 하나님을 만나지 못했습니다. 그가 하나님을 만난 곳은 그의 나이 80세 되던 해 시내산에서였습니다. 시내산은 이집트 왕궁에 비해 훨씬 높은 곳입니다. 그 높은 곳에서 하나님을 만난 것은, 이집트 왕궁을 떠나 초라한 늙은이에 지나지 않았던 그때 그의 마음이 이 세상 어느 곳보다 더 낮아져 있었기 때문입니다.

세례 요한은 이 땅에 오신 구주 예수님의 길을 예비한 선지자로 유명합니다. 그와 관련하여 누가복음 3장 1-2절은 대단히 중요한 사실을 증언해 줍니다.

디베료 황제가 통치한 지 열다섯 해 곧 본디오 빌라도가 유대의 총독으로, 헤롯이 갈릴리의 분봉 왕으로, 그 동생 빌립이 이두래와 드라고닛 지방의 분봉 왕으로, 루사니아가 아빌레네의 분봉 왕으로, 안나스와 가야바가 대제사장으로 있을 때에 하나님의 말씀이 빈 들에서 사가랴의 아들 요한에게 임한지라.

이상 언급된 총 여덟 명의 인물 중에서 세례 요한을 제외한 나머지 일곱 명은 로마 황제, 유대 총독, 분봉 왕과 대제사장으로서 모두 당대 최고의 지도층 인물들이었습니다. 그러나 하나님의 말씀은 그들과 전혀 동떨어진 '빈 들'의 세례 요한에게 임하였습니다. 빈 들에 거하던 세례 요한의 마음이 다른 일곱 사람은 흉내도 낼 수 없을 정도로 낮고도 낮았기 때문입니다.

로마제국의 초대 황제 아우구스투스가 제국 내에 있는 모든 사람의 호적 등록을 명했을 때의 일입니다. 나사렛에 살던 요셉 역시 호적 등록을 위해 자신의 본적지인 베들레헴을 찾았습니다. 당시 상황을 누가복음 2장 4-7절이 전해 줍니다.

요셉은 다윗 가문의 자손이므로, 갈릴리의 나사렛 동네에서 유대에 있는 베들레헴이라 하는 다윗의 동네로, 자기의 약혼자인 마리아와 함께 등록하러 올라갔다. 그때에 마리아는 임신 중이었는데, 그들이 거기에 머물러 있는 동안에 마리아가 해산할 날이 되었다. 마리아가 첫아들을 낳아, 포대기에 싸서 구유에 눕혀 두었다. 여관에는 그들이 들어갈 방이 없었기 때문이다(표준새번역).

베들레헴에 당도하고 보니 모든 여관이 만원이었습니다. 달리 방도가 없던 요셉은 짐승의 외양간을 숙소로 잡았습니다. 당시 유대인들은 바위에 뚫린 자연 동굴을 외양간으로 사용하곤 했습니다. 그러나 외양간은 가축우리인 만큼 사람이 기거할 곳은 아니었습니다. 그런데도 마리아는 그 외양간에서 아들을 낳고, 역겨운 냄새가 나는 짐승의 먹이통인 구유를 막 태어난 아기의 침대로 삼았습니다. 세상에 그보다 더 추하고 보잘것없는 분만실은 없었습니다.

그렇게 태어난 아기가 인간을 구원하기 위해 이 땅에 오신 예수님이셨습니다. 예수님께서 그곳에서 태어나신 것은, 그 장소가 가장 추하고 보잘것없기 때문이 아니었습니다. 만약 그것이 이유였다면 예수님께서는 어쩌면 그보다 더 추한 쓰레기장에서 태어나셨을지도 모릅니다. 예수님께서 그곳에서 태어나신 것은, 주님을 위해서라면 더럽고 역겨운 곳마저도 개의치 않는 요셉과 마리아의 낮고 낮은 마음이 바로 거기 있었기 때문입니다.

예수님께서 태어나셨음을 가장 먼저 알고, 인류 최초로 예수님을 찾아가 경배드린 사람들은 베들레헴의 목자들이었습니다. 천사들이 그들에게 나타나 예수 탄생의 기쁜 소식을 전해 주었기 때문입니다. 왜 천사들은 세상의 하고많은 사람들을 다 제쳐 놓고 하필이면 볼품없는 목자들을 찾은 것입니까? 예수 탄생의 기쁜 소식을 온전히 마음에 담고 품을 만큼 낮고 낮은 마음의 소유자는 그들뿐이었기 때문입니다.

오늘 본문은, 인간을 구원하기 위해 이 땅에 오신 예수님의 죽음과 부활 및 승천의 결과로 이루어진 성령강림에 대해 증언하고 있습니다. 성령강림은 예수 그리스도를 통해 인간을 구원하시려는 하나님의 구속 사업의 완결편입니다. 다시 말해, 2천 년 전 예수님께서 이스라엘에서 이루신 십자가의 구원이 성령강림을 통해 시간과 공간을 초월하여 온 세계적, 우주적 구원 사건으로 확장된 것입니다. 성령강림이 없었다면 2천 년 전 이 땅을 거쳐 가신 예수님과 우리는 아무 관련도 없을 것입니다. 2천 년 전 십자가의 구원을 우리가 늘 현재형으로 체험할 수 있는 것은 성령님의 역사하심 때문입니다. 따라서 그리스도인에게 성령강림은 더없이 중요한 하나님의 은총 사건입니다. 그 중요한 성령강림을 증언하는 오늘의 본문 1절은 이렇게 시작합니다.

오순절 날이 이미 이르매 그들이 다 같이 한 곳에 모였더니.

주님의 영이신 성령님께서 강림하신 때는 오순절이었습니다. 오순절五旬節은, 이스라엘 백성이 이집트의 노예 생활에서 해방된 것을 기념하는 유월절逾越節 후 첫 안식일 다음 날로부터 50일째 되는 날이라는 의미로 붙여진 이름입니다. 그래서 구약시대에는 유월절 후 7주가 지난 날이라 하여 칠칠절七七節이라고도 하고, 가나안 정착 후에는 보리 추수를 감사한다는 의미에서 맥추절麥秋節이라고도 불렀습니다. 이 오순절은 유월절, 장막절帳幕節과 더불어 이스라엘 3대 명절이었습니다.

하나님께서는 출애굽기 23장 17절을 통해 모든 이스라엘 남자는 반드시 일 년에 세 번씩 성전을 찾을 것을 명하셨습니다. 그 세 번은 이스라엘 3대 명절인 유월절, 오순절, 장막절 때였습니다. 따라서 그 절기마다 이스라엘 전역에 흩어져 사는 남자들이 가족을 데리고 성전이 있는 예루살렘에 모여들었는데, 역사가 요세푸스는 그 수가 200만 명 이상이었다고 기록하고 있습니다. 물론 본문의 오순절 때도 온 예루살렘이 거대한 인파로 뒤덮였을 것입니다. 그런데도 주님의 영이신 성령님께서는 그 많은 사람을 다 마다하고 초대교회 교인들에게 임하셨습니다.

본문은 그때 교인들이 '다 같이 한 곳에' 있었다고 전합니다. 왜 성령님께서 굳이 그곳에 임하셨을까요? 일반적으로 소위 마가의 다락방이라 알려진 그곳이 특별한 장소였기 때문일까요? 우리말 '같이'로 번역된 헬라어는 표준 원문 Textus Receptus에 '호모뒤마돈 $ὁμοθυμαδον$'으로 명기되어 있는데, '한마음을 품고'라는 의미입니다. 따라서 본문이 강조하는 것은 초대교회 교인들이 한 곳에 있었다는 것이 아니라, 그들 모두 한마음을 지니고 있었다는 점입니다. 그들이 지녔던 한마음이란 구체적으로 어떤 것이었을까요? 예수님께서 승천하며 약속하신 성령님을 기다리고 사모하는 마음입니다. 명절인 오순절을 맞이해 예루살렘 온 거리마다 인파로 넘쳐나고 있었지만, 주님의 말씀을 좇아 성령님을 온전히 대망하며 기도하는 마음을 지닌 사람들은 초대교회 교인들뿐이었습니다. 이 세상 그 무엇 그 누구도 아닌, 성령님만을 바라는 그들의 낮고 낮은 마음에 성령님께서 강림하신 것은 너무도 당연한 귀결이었습니다.

이처럼 하나님의 말씀인 성경은 성부 하나님, 성자 하나님, 성령 하나님이 언제나, 그리고 예외 없이 낮은 데로 임하시는 삼위일체 하나님이심을 일관되게 증언합니다. 더 정확히 표현하면, 삼위일체 하나님께서는 인간의 낮고 낮은 마음속에만 임하십니다. 삼위일체 하나님의 사랑도, 하나님의 생명도 죽은 화석이 아니라 살아 움직이기에 언제나 낮은 곳으로 흐르고, 가장 낮은 곳에만 고이고 담기기 때문입니다.

그래서 영국의 존 버니언은 《천로역정》에서 '목동의 노래'를 통해 이렇게 고백합니다.

> 아래에 있는 자는 쓰러질 염려가 없고
> 낮은 자는 교만을 두려워할 필요가 없나니
> 겸손한 자는 영원토록
> 아버지의 인도하심을 얻으리이다

삼위일체 하나님께서는 화려한 왕궁이나 웅장한 예배당에 계시지 않습니다. 삼위일체 하나님의 처소는 언제나 가장 낮고 낮은 인간의 마음속입니다. 삼위일체 하나님께서는 항상 낮은 데로 임하시는 분이기 때문입니다. 마음이 낮은 사람에 의해 늘 인류 역사가 새로워지는 것은, 그 낮은 마음을 당신의 거처로 삼으시는 삼위일체 하나님께서 그를 통해 친히 역사하시는 까닭입니다.

오늘은 2천 년 전 우리를 구원하기 위해 이 땅에 오신 예수님의 탄생을 축하하는 성탄절입니다. 예수님께서는 결코 높은 곳으로 임하시지 않았습니다. 예수님께서 높은 곳을 선호하는 분이라면, 높고 높은 하늘에서 낮고 낮은 이 땅으로 내려오실 이유가 아예 없었을 것입니다. 언제나 낮은 데로 임하는 주님께서는 2천 년 전 낮고 낮은 짐승의 외양간에, 주님을 위해 그곳마저 마다치 않을 정도로 낮고 낮은 마음을 지닌 마리아와 요셉이 있는 그곳으로 임하셨습니다. 오순절 날에 주님의 영이신 성령님 또한 예루살렘을 가득 메운 인파를 제쳐 놓고, 가장 낮은 마음을 지녔던 초대교회 교인들이 있는 곳으로 임하셨습니다. 그리고 2천 년이 지난 이 시간에도 주님께서는 변함없이 낮은 데로 임하시고, 또 낮은 곳에서만 머무십니다.

이미 말씀드린 바와 같이, 안요한 목사님은 주님을 알지 못하는 불신자가 아니었습니다. 목사님의 아들로 태어난 그는 어릴 때부터 삼위일체 하나님이 어떤 분인지 알고 있었지만, 그의 마음이 낮아지기까지는 성탄절도, 주님도 그와는 아무 상관이 없었습니다. 그러나 서울역으로 흘러간 그의 마음이 사해보다 더 낮아졌을 때, 그 마음속에 임하신 주님으로 인해 그의 일 년 열두 달이 주님을 모시는 성탄절일 수 있었습니다.

여러분은 태어난 이래 성탄절을 몇 번이나 맞으셨습니까? 성탄절의 의미와 가치는 우리가 맞은 성탄절의 횟수와는 아무 상관이 없습니다. 우리 마음이 베들레헴의 외양간으로 내려가지 않으면, 인파로 뒤덮인 예루살렘에서 가장 낮은 마음을 지녔던 초대교회 교인들이 모인 자리로 내려가지 않으면, 안요한 목사님의 마음처럼 서울역 바닥에 이르기까지 떨어져 내리지 않으면, 오늘로 성탄절을 수십 번 맞았다 한들, 우리는 두 눈을 멀쩡하게 뜨고도 맹인처럼 사는 것과 아무런 차이가 없습니다.

사랑하는 형제자매 여러분!

우리 모두 본문의 초대교회 교인들처럼 다 함께 한마음을 지니십시다. 태산보다 더 높은 우리의 마음을 이 시간 주님 앞에 겸손하게 내려놓으십시다. 오직 주님만 바라며, 주님의 말씀만을 좇는, 낮고 낮은 마음의 소유자가 되십시다. 그때야말로 두 눈을 잃고도 진리의 빛 속에서 주님과 동행하는 안요한 목사님처럼, 낮은 마음에 거하시는 주님으로 인해 우리의 매일매일이 주님과 함께하는 성탄절이 될 것입니다. 우리 주님께서는 항상 낮은 데로 임하시고, 낮은 곳에 거하시기 때문입니다.

주님! 귀한 성탄절과 함께 한 해를 마무리하는 마지막 주일을 맞았습니다. 지난 한 해 동안도 변함없이 우리와 함께해 주심을 감사드립니다. 그러나 우리의 마음이 온전히 낮아지지 못해, 주님께서 베풀어 주신 그 많은 은총을 의미 없이 흘려버렸음을 깨닫고 회개하오니 긍휼을 베풀어 주십시오.

이제 우리 다 함께, 낮고 낮은 마음을 지닌 초대교회 교인들이 되기 원합니다. 우리의 마음을 서울역 바닥보다 더 낮게, 지구에서 가장 낮은 사해보다 더 낮게 낮추어 주십시오. 언제나 낮은 데로 임하시고 또 낮은 곳에 거하시는 주님께서, 낮고 낮은 우리의 마음을 주님의 거처로 삼아 주십시오. 그리하여 돌아오는 새해에는 우리 교회를 통해, 우리의 일터와 가정을 통해, 우리 시대의 역사 속에 펼치기 원하시는 주님의 섭리를 마음껏 이루어 주십시오. 아멘.

23. 하늘로부터 _{신년 주일}

> 사도행전 2장 1-4절
> 오순절 날이 이미 이르매 그들이 다 같이 한 곳에 모였더니 홀연히 **하늘로부터** 급하고 강한 바람 같은 소리가 있어 그들이 앉은 온 집에 가득하며 마치 불의 혀처럼 갈라지는 것들이 그들에게 보여 각 사람 위에 하나씩 임하여 있더니 그들이 다 성령의 충만함을 받고 성령이 말하게 하심을 따라 다른 언어들로 말하기를 시작하니라

성경에는 이른바 난해 구절과 단락, 다시 말해 이해하기 힘든 내용들이 있습니다. 사무엘상 28장도 그중 하나입니다. 사울은 하나님의 은총으로 이스라엘의 초대 왕이 되었으면서도 하나님을 외면하고 권력의 노예로 전락하였습니다. 그의 말년에 블레셋과 일대 격전을 벌이게 되었습니다. 블레셋 군대의 위용을 본 사울 왕은 두려움에 사로잡혔습니다. 도저히 승산이 없어 보인 것입니다. 사울 왕은 그제야 하나님을 찾았지만 하나님으로부터 아무 응답이 없었습니다. 다급해진 사울 왕은 죽은 사람의 영을 부른다는 무당을

찾아가, 이미 세상을 떠난 선지자 사무엘의 영을 불러 줄 것을 청했습니다. 죽은 사무엘의 도움이라도 받으려 할 만큼 그의 영적 상태는 엉망이었습니다. 무당은 자신이 불러냈다는 사무엘의 말을 자신의 입을 통해 사울 왕에게 전해 주었는데, 그 내용이 기록되어 있는 사무엘상 28장은 그래서 이해하기 힘들어 보입니다. 하나님을 믿다가 하나님의 부르심을 받아 하나님의 나라에 간 사무엘의 영을, 신접한 무당이 아무리 용하다 한들 과연 불러낼 수 있는가 하는 의문 때문입니다. 그러나 이 질문에 대한 해답은 이미 사무엘상 28장에 나타나 있습니다.

> 왕이 그에게 이르되 두려워하지 말라 네가 무엇을 보았느냐 하니 여인이 사울에게 이르되 내가 영이 땅에서 올라오는 것을 보았나이다 하는지라 (13절).

무당은 자신이 불러낸 영이 땅에서 올라왔다고 말합니다. 이것을 보면 무당의 말이 거짓말이거나, 혹은 실제로 그가 무엇인가 불러냈더라도 그것은 사무엘의 영이 아닌 거짓 영임을 쉽게 알 수 있습니다. 무당도 사울 왕도 거짓 영에게 속은 것입니다.

"흙은 여전히 땅으로 돌아가고 영은 그것을 주신 하나님께로 돌아가기 전에 기억하라"는 전도서 12장 7절은, 하나님을 경외하는 사람의 육체는 흙으로 돌아가지만, 영은 땅 아래가 아닌 위로 곧 하나님 계신 하늘나라로 올라감을 증언해 줍니다. 육체의 죽음을 보지 않고 하나님의 부르심을 받은 에녹과 엘리야도 모두 위로, 하늘나라로 올림을 받았습니다. 예수님께서 변화산에 올라가셨을 때, 하늘로부터 모세와 엘리야가 내려와 예수님과 함께 말씀을 나누었습니다. 인간을 향한 하나님의 말씀도, 하나님의 소식을 전하는 천사들도 언제나 위에서 임하였습니다.

그뿐만이 아닙니다. 예수님께서 친히 이렇게 말씀하셨습니다.

> 내가 하늘에서 내려온 것은 내 뜻을 행하려 함이 아니요 나를 보내신 이의 뜻을 행하려 함이니라(요 6:38).
> 나는 하늘에서 내려온 살아 있는 떡이니 사람이 이 떡을 먹으면 영생하리라(요 6:51).

2천 년 전 인간을 구원하기 위해 동정녀 마리아의 몸을 통해 이 땅에 오신 예수님은 하늘에서 내려오신 성자 하나님이셨습니다. 예수님은 이 땅에서 구원 사역을 이루신 뒤 제자들이 보는 앞에서 하늘로 다시 올라가셨습니다.

이상과 같은 성경의 증언들은 우리에게 두 가지 사실을 분명하게 일깨워 줍니다. 첫째는 하나님의 구원과 은총은 언제나 위에서 임하신다는 것이요, 둘째는 그러므로 그리스도인의 궁극적 삶의 목적은 이 땅이 아니라 위에 있는 하늘나라라는 것입니다.

성령강림 사건을 전해 주는 본문 1절은 이렇게 시작합니다.

> 오순절 날이 이미 이르매 그들이 다 같이 한 곳에 모였더니.

지난 시간에 살펴본 것처럼 역사적인 성령강림 사건은 이스라엘 3대 명절의 하나인 오순절 날에 일어났습니다. 오순절은 이스라엘 백성이 이집트의 노예 생활에서 해방된 것을 기념하는 유월절 후 50일째 되는 날입니다. 한글 성경은 "오순절 날이 이미 이르매"라고 번역되어, 오순절이 벌써 닥쳤음을 강조하는 듯한 뉘앙스를 줍니다. 그러나 헬라어 '쉼플레로오$\sigma \upsilon \mu \pi \lambda \eta \rho \acute{o} \omega$'의 본뜻은 '가득 채워졌다'는 것입니다. 가령 큰 물통에 물을 한 바가지씩 퍼 넣어 물통을 채운다고 가정해 보십시다. 속도를 강조할 때는 '물통이 이미 혹은 벌써 채워졌다'고 말할 것입니다. 그러나 물의 양을 강조할 경우라면 '물통이 가득 채워졌다'고 표현합니다. 헬라어 '쉼플레로오'는 후자의 경우처럼 꽉 찬 상태를 의미합니다. 대체 무엇이 가득 채워졌다는 말입니까? 오순절이 가득 채워졌다는 말입니다. 즉, 단지 시간의 흐름에 의해 오순절에 이른 것이 아니라, 하나님의 치밀하신 섭리 속에서 마침내 오순절을 맞게 되었다는 의미입니다.

옛날 유대인들은 유월절을 그들의 종교적 정월로 삼았습니다. 400년에 걸친 이집트의 노예 생활에서 해방되어 자유를 얻은 것보다 더 중요한 일이 없다는 의미에서였습니다. 유월절의 축제 분위기는 유월절로 끝나는 것이 아니라, 그 뒤 50일 만에 찾아오는 오순절까지 이어졌습니다. 오순절은 그 해에 얻은 첫 보리 수확을 감사하는 감사절이라고 했습니다. 노예 생활에서의 해방을 기념하는 유월절 축제는, 자신들의 수고로 얻은 수확의 열매를 하나님께 드리는 오순절에 이르러 마무리되는 셈이었습니다.

그 오순절이 가득 채워졌다고 표현한 것은, 예수님의 구원 사역 역시 동일한 의미를 지니기 때문입니다. 예수님께서는 유월절 전날 붙잡히셨습니다. 그리고 유월절에 우리를 위한 어린 양이 되어 십자가에서 돌아가셨습니다. 당신 자신을 제물로 삼아 우리의 죗값을 대신 치러 주심으로, 우리를 죄와 사망의 노예 상태에서 해방시켜 주신 것입니다. 그리고 사흘째 되는 날 부활하여 40일 동안 제자들과 함께하신 뒤, 제자들이 보는 앞에서 하늘로 오르셨습니다. 그로부터 약 열흘 후, 열매 수확의 계절인 오순절이 되자 예수님께서 약속하신 성령님이 오셔서, 우리로 하여금 성령님의 인도하심 속에서 진리의 열매를 맺는 사람들이 되게 해주신 것입니다.

이상과 같은 일은 별개의 사건들이 우연히 일어난 것이 아니라, 하나님의 오묘하신 구원의 섭리 속에서 이루어진 것입니다. 그래서 본문은 오순절 날이 '쉼플레로오', 즉 '가득 채워졌을' 때라고 증언하고 있습니다. 이것은 인간의 의지나 계획과는 전혀 상관없이, 하나님의 때가 되어 하나님에 의해 이루어진 구원 사건임을 정확하게 표현하려 한 것입니다. 본문 2절은 이렇게 계속됩니다.

> 홀연히 하늘로부터 급하고 강한 바람 같은 소리가 있어 그들이 앉은 온 집에 가득하며.

본문은 이 땅에 오신 성령님이 땅 아래서 올라오거나 옆에서 임하시는 것이 아니라 하늘로부터 내려오셨음을 밝힘으로써, 성령강림이 하나님께서 인간을 위해 하늘에서 일방적으로 내려 주신 은총의 사건임을 거듭 확인시켜 줍니다.

이처럼 하나님의 구원과 은총은 언제나 하늘로부터, 위로부터 주어집니다. 그러므로 위에서 내려 주시는 구원의 은총을 입은 우리 삶의 궁극적 목적은 이 세상이 아닙니다. 우리가 이 세상에 사는 것은 이 세상을 하나님의 나라로 일구기 위함이요, 우리가 가야 할 궁극적 목적지는 하나님이 계시는 하늘나라임을 본문은 다시금 일깨워 줍니다.

그렇다면 믿음이란, 높은 데를 지향하는 것임을 깨닫게 됩니다. 다시 말해 우리의 중심이 위로, 하나님이 계시는 하늘로 향하는 것입니다. 골로새서 3장 1-2절이 이 사실을 강조하고 있습니다.

그러므로 너희가 그리스도와 함께 다시 살리심을 받았으면 위의 것을 찾으라 거기는 그리스도께서 하나님 우편에 앉아 계시느니라 위의 것을 생각하고 땅의 것을 생각하지 말라.

참된 신앙생활이란 위를 쳐다보고, 위의 것을 구하고, 위의 것을 생각하고, 위의 것을 실천하는 것입니다. 위를 향하지 않고는 아예 신앙생활 자체가 불가능합니다. 그러나 위를 향한다는 것이 우리의 마음이 높아지고 교만해짐을 의미하는 것은 결코 아닙니다. 오히려 그 반대입니다. 지난 시간에, 마음이 서울역 바닥보다 더 낮아지는 사람만 주님을 온전히 모실 수 있다고 했습니다. 마음이 낮고 낮은 사람만 그 마음이 비로소 위를 향해 하나님을 우러러보게 됩니다. 마음이 높은 사람은 자기보다 높은 사람을 인정하지 않기에 그 마음이 위를 향하지 않고 도리어 아래를 내려다보는 것만 즐기느라 스스로 하나님이 되어 정작 위에 계신 하나님과는 무관해지고 맙니다.

이스라엘 백성을 이집트의 노예 생활에서 해방시켜 주신 하나님께서는 그들로 하여금 40년 동안 풀 한 포기 없는 광야를 거치게 하셨습니다. 그러나 그들은 그 죽음의 광야에서 굶어죽지 않았습니다. 하나님께서 먹여 주셨기 때문입니다. 하나님은 매일 땅에서 돋아나는 땅의 열매로 그들을 먹이시지 않았습니다. 40년 내내 만나를 일용할 양식으로 하늘에서 내려 주셨습니다. 그들로 하여금 날마다 위에서 떨어지는 만나로 살게 하심으로써, 위로부터 내려 주시는 은총 없이는 단 하루도 제대로 생존할 수 없음을 그들의 삶으로 경험하게 해주셨습니다.

또 하나님께서는 광야에서 낙타나 타조를 통해 이스라엘 백성의 길을 인도하시지 않았습니다. 하나님은 구름 기둥으로 그들을 인도해 주셨습니다. 이스라엘 백성들은 구름 기둥이 움직이면 행진을 계속하였고, 구름이 멈추면 그들도 멈추었습니다. 그들이 가는 곳마다 그럴듯한 숙소가 기다리고 있는 것이 아니었습니다. 그들은 행진을 멈추는 곳에서 천막을 치고 유숙하였으며, 행진할 때는 천막을 걷어야 했습니다. 가는 곳마다 천막을 치고 걷는 것은 여간 힘들고 번거로운 일이 아닙니다. 민수기 9장에 의하면, 밤에 구름이 멈춘 곳에서 천막을 치고 유숙했다가도 이튿날 아침 일찍 구름이 움직이면 황급히 길을 떠나야 했습니다. 한밤중이라 할지라도 구름이 움직이는 한, 그들은 눈도 붙이지 못하고 계속 나아가야 했습니다. 그러다가도 구름이 멈추어 일 년 동안 움직이지 않으면, 그들도 일 년 내내 꼼짝 않고 그 자리에 머물렀습니다. 그들은 왜 이렇게 급히 가느냐, 왜 여기서는 오래도록 머무느냐 하는 식의 이의를 제기하지 않고 순순히 구름 기둥의 인도를 따랐습니다. 어떻게 그럴 수 있었을까요?

구름은 땅에 있지 않고 하늘 높이 있습니다. 높은 곳에서는 땅에서 볼 수 없는 것을 볼 수 있습니다. 동일한 목적지를 향해 가더라도 어느 길을 통과하는 것이 길을 걷는 사람에게 가장 유익한지, 왜 지금은 나아가면 안 되는지, 왜 밤을 지새우면서까지 계속 가야 하는지, 위에서는 앞길의 상황이 다 내려다보입니다. 바로 그 구름 기둥은 위에 계신 하나님의 상징이었습니다. 하나님께서는 위에 계시기에, 인간의 앞길을 훤히 내려다보고 계십니다. 왜 가야 하는지, 왜 멈추어야 하는지, 왜 빠르고 편한 길을 제쳐 놓고 가장 멀고 힘든 길로 돌아가야 하는지 하나님께서는 다 아십니다. 그래서 이스라엘 백성들은 구름이 얼마나 멈추어 있든, 얼마나 급히 움직이든 이의를 제기하지 않고 순종하였습니다. 어떤 경우든 위에 계신 하나님께서 자신들을 위해 결정하신 최상의 은총임을 믿었기 때문입니다.

결국 이집트에서 해방된 이스라엘 백성들이 약속의 땅 가나안에 입성하기 전, 하나님께서 40년 동안 그들을 광야에서 훈련하신 것은 그들의 중심이 위를 지향하도록 해주시기 위함입니다. 인간의 중심이 위를 향할 때만, 위에서 부어 주시는 삼위일체 하나님의 은총 속에서 어떤 상황이든 진정한 믿음의 사람으로 살아갈 수 있기 때문입니다.

참된 그리스도인은 언제 어디서나 그 마음이 하나님 계신 위를 향하는 사람입니다. 참된 교회는 그 중심이 위를 향하는 사람들의 모임입니다. 위를 보지 않고 옆과 아래만 본다면 참된 그리스도인과 참된 교회가 될 수 없습니다.

오늘날 교회가 안고 있는 문제를 정확하게 파악하고 교회가 나아가야 할 길을 제시하는 주목받는 언론인이 있습니다. 미국에서 발행되는 미주 〈한국일보〉의 정숙희 기자입니다. 이틀 전에 그분이 미주 〈한국일보〉에 마지막 칼럼을 게재했는데, 그중 일부를 그분의 양해를 얻어 읽어 드리겠습니다. 칼럼 제목은 "'우리'들의 교회"입니다.

> 미국의 대형 교회들이 일요일과 겹친 이번 성탄절에 예배를 취소하였다고 신문들이 보도하였을 때, 많은 한인들이 놀라움을 표시했다. 실제로 새들백 교회, 윌로크릭 교회 등 미국의 대표적인 대형 교회들이 대부분 이날 예배를 갖지 않았거나, 평소 5~6부에 걸쳐 드리던 예배를 한 번으로 줄였다. 다른 날도 아니고 성탄절에 주일 예배가 없다니, 여기까지만 들으면 보수적인 크리스천들은 너무 놀라고 분노할 것이다. 그러나 신문에 보도되지 않은 사실은, 이 교회들이 모두 주중이나 토요일에 미리 '성탄 주일 예배'를 드렸다는 것이다. (중략)
> 내가 여기서 이야기하려는 것은 성탄 주일에 예배가 없어서야 되겠느냐라든가, 토요일에 성탄 주일 예배를 드리는 것이 옳으냐 그르냐 하는 것

이 아니다. 교인들의 편리를 위해서라면 일주일에 안식일이 이틀이어도 상관없다는 듯한 교회의 태도와, 성탄절에 주일 예배를 취소한 너무나도 '현실적인' 이유에 관한 것이다. 출석 교인이 8천여 명인 사우스랜드 크리스천 교회의 설명은 이렇다.

"정기 예배를 갖기 위해서는 최소한 500명의 자원봉사자가 필요한데, 성탄절에는 대부분의 교인들이 여행을 떠나거나 가족과 지내려 하므로 인력 확보에 어려움이 많아 예배를 드릴 수 없다."

예배의 원활한 진행을 위해서는 당연히 봉사자들이 필요할 것이다. 그러나 500명이나 동원돼 봉사해야만 예배가 이루어진다면 그것이 예배인지 공연인지, 그곳이 예배당인지 극장인지 의아하지 않을 수 없다. 미국 교회건 한국 교회건, 현대의 대형 교회들은 교인들의 비위를 맞추고 그들의 불편을 최소화하기 위해 지나친 서비스를 제공하는 친교 집단이 되어 버렸다.

남가주의 한 한인 교회는 얼마 전 요리사를 고용했다. 주일 예배 후 교인들이 먹는 식사를 좀더 잘 대접하기 위한 배려다. 하루 수천 명의 교인들이 먹을 식사를 준비하는 것은 결코 쉽지 않은 일이고, 전문적인 주방 요리사가 있다면 훨씬 효율적일 것이다. 그런데 교회가 요리사를 고용해 돈을 주면서까지 맛있게 먹는 것이 그렇게 중요한가? 교회에 밥 먹으러 가는가 말이다. 그렇게 먹고서 나오는 엄청난 쓰레기는 또 누가 갖다 버리는 줄 아는가? 한국어 예배 공동체에 전혀 속할 수 없는 히스패닉 노동자들이다. 한인 대형 교회들의 청소는 모두 히스패닉들이 도맡아 한다는 것은 공공연히 알려진 사실이다. (중략)

LA에서 성업 중인 한국산 패션 잡화점에서 들은 이야기다. 이 상점은 미국에서는 자주 입을 일이 없는 고급 정장류를 주로 파는데, 대체 장사가 되느냐고 물었을 때 주인은 이렇게 말했다.

"교회 때문에 먹고살지요. 교회 입고 갈 옷들을 사는 여성들이 주 고객입니다. 교회가 있는 한 저희 집은 절대 망하지 않아요."

그렇게 좋은 옷들을 입고 교회에 가기 때문에 교회마다 수백 명이 넘는 권사, 장로, 집사들은 밥도 안 하고, 설거지도 안 하고, 쓰레기도 안 치우고, '사람을 사서' 시키는가 보다. (중략)

우리끼리 예배하고, 우리만 은혜 받고, 우리끼리 교제하고, 우리만을 위해 봉사하는 '우리'들의 교회. 놀라운 것은 이처럼 예배자들의 신앙과 삶이 전혀 일치하지 않는 '편리한 교회'일수록 더 크게 부흥하고 더 화려해지는 모순이 계속 되풀이되고 있다는 사실이다. 아쉽게 또 한 해를 보내는 오늘 이 순간에도…….

본질을 상실한 현대 교회의 문제점이 잘 함축되어 있는 글입니다. 정숙희 기자가 언급한 '편리한 교회'는, 교회의 본질에서 벗어난 '편리한 인간 집단'이란 의미일 것입니다. 왜 오늘날 교회들이 교회다운 교회로 성숙해지기보다 단지 인간의 편의를 위한 '편리한 인간 집단'으로 전락하고 있습니까? 교회를 이루는 사람들의 중심이 위가 아니라, 옆이나 아래를 향하고 있기 때문입니다.

근래 바깥 사람들은 우리 교회가 이른바 부흥하는 교회라며 주시하고 있습니다. 부흥이라는 용어를 그대로 사용한다면, 대체 우리 교회가 부흥하는 이유가 무엇입니까? 우리는 왜 100주년기념교회 교인이 되어 지금 이 자리에 있는 것입니까? 이 교회가 '편리한 인간 집단'이기 때문입니까, 아니면 교회다운 진정한 교회이기 때문입니까? 그 해답은 교회를 이루는 우리 자신이 위로부터 내려 주시는 하나님의 은총을 사모하여 오직 위의 것만을 지향하며 사는가, 아니면 세상을 목적 삼아 땅의 것을 더 중요시하며 사느냐로 결정될 것입니다.

로마서 12장 1절 말씀이 우리를 향하여 이렇게 명령하고 있습니다.

> 그러므로 형제들아 내가 하나님의 모든 자비하심으로 너희를 권하노니 너희 몸을 하나님이 기뻐하시는 거룩한 산 제물로 드리라 이는 너희가 드릴 영적 예배니라.

이 말씀을 토대로 하여, 새해 우리 교회의 표어를 '몸을 산 제물로'라고 정했습니다. 누가 자신의 몸을, 다시 말해 자신의 삶을 하나님께서 기뻐하시는 산 제물로 드릴 수 있겠습니까? 두말할 것도 없이 고개를 들어 위를 보는 사람, 오직 위의 것을 구하는 사람입니다. 그 사람만 자신의 손과 발을 하나님의 손과 발로, 거룩한 산 제물로 하나님께 드릴 수 있습니다. 그 중심이 위를 향한 사람은, 그것만이 언젠가는 썩어 문드러질 고깃덩어리에 불과한 육체를 영원한 진리의 도구로 승화시키는 유일한 길임을 아는 까닭입니다.

오늘은 2006년 1월 1일입니다. 우리는 모두 오늘 아침에 새로운 달력을 내걸었습니다. 그러나 우리의 나이가 얼마이든 상관없이, 달력의 교체만으로는 새해가 주어지지 않는다는 사실을 이미 경험으로 알고 있습니다. 눈을 들어 위를 보십시오. 우리가 언젠가는 가야 할 하늘나라를 보십시오. 하나님의 구원도, 하나님의 은총도, 하나님의 사랑도, 하나님의 생명도, 하나님의 말씀도, 하나님의 능력도, 인생에 대한 모든 해답도, 오직 위에 계신 하나님으로부터만 주어집니다. 그 하나님을 위해 우리의 몸을, 언제 어디서나 거룩한 산 제물로 드리십시다. 우리의 사지백체四肢百體로 위의 것을 구하고, 우리의 삶으로 위의 것을 구현하십시다. 그때부터 우리 삶에 진정한 새해가 시작될 것이요, 우리 교회는 아무리 세월이 흘러도 사람을 위한 '편리한 인간 집단'이 아니라, 오직 주님만을 위한 진정한 주님의 교회로 살아남을 것입니다.

위로부터 은혜를 내려 주시는 하나님 아버지! 하나님께서 위에서 내려 주시는 만나와 메추라기 없이는, 우리의 바른 생존이 불가능함을 잊지 말게 하옵소서. 위에서 우리를 인도하시는 하나님의 구름 기둥 없이는, 우리 인생이 칠흑 같은 어둠을 벗어날 길이 없음을 기억하게 하옵소서. 이제 우리 모두 고개를 들어 위를 향합니다. 위로부터 임하신 성령님을 힘입어 언제 어디서나 오직 위의 것을 구하고, 위의 것을 생각하고, 위의 것을 실천하여, 썩어질 우리의 육체를 하나님의 손과 발로, 하나님을 위한 거룩한 산 제물로 사용하게 하옵소서. 그리하여 오늘부터 시작되는 2006년이 우리 모두에게 진정한 새해가 되게 하시고, 우리의 모임인 100주년기념교회가 이 시대의 사도행전을 넉넉히 감당하는 진정한 주님의 교회가 되게 하옵소서. 아멘.

24. 성령의 충만함을

> 사도행전 2장 1-4절
> 오순절 날이 이미 이르매 그들이 다 같이 한 곳에 모였더니 홀연히 하늘로부터 급하고 강한 바람 같은 소리가 있어 그들이 앉은 온 집에 가득하며 마치 불의 혀처럼 갈라지는 것들이 그들에게 보여 각 사람 위에 하나씩 임하여 있더니 그들이 다 **성령의 충만함을** 받고 성령이 말하게 하심을 따라 다른 언어들로 말하기를 시작하니라

역사적인 성령강림 사건은 이스라엘 3대 명절 중 하나인 오순절에 있었습니다. 여기서 우리는 한 가지 의문을 제기하게 됩니다. 오순절 성령강림 이전에는 성령님께서 역사하신 적이 없었는가 하는 질문입니다. 창세기 1장 2절은 태초에 성령님께서 '수면 위에 운행'하고 계셨음을 증언합니다. 창세기 1장 26절은 하나님께서 '우리의 형상을 따라 우리의 모양대로 우리가 사람을 만들자'고 말씀하심으로, 성부·성자·성령 하나님 즉 삼위일체 하나님께서 인간을 지으셨음을 밝혀 줍니다. 요셉은 이집트 파라오의 난해한 꿈을

성령님의 감동으로 해석하였고(창 41:38), 모세와 여호수아 역시 성령님의 도우심 속에서 출애굽과 가나안 정복의 대업을 이루었습니다(민 11:17; 27:18). 나사렛의 마리아가 동정녀의 몸으로 예수 그리스도를 잉태한 것도 그녀에게 임하신 성령님의 역사입니다(눅 1:35).

이처럼 오순절 성령강림 이전에도 성령님께서는 이 땅에서, 인간의 삶에서 역사하고 계셨습니다. 그럼에도 오순절 성령강림이 중요한 것은, 그것이 인간을 구원하시기 위한 예수님의 죽음과 부활 그리고 승천의 결과로 이루어진 일이기 때문입니다. 다시 말해 예수 그리스도를 통해 인간을 구원하시려는 하나님의 섭리가 성령강림 사건으로 완결되면서 본격적인 교회 시대가 새롭게 개막된 것입니다. 오순절 성령강림은 특정 개인에게 임한 사건이 아니었습니다. 함께 모여 기도하던 사도들과 성도들의 무리, 즉 공동체에 임한 공동체적 사건이고, 그 공동체가 신약 최초의 교회로서 교회의 역사가 성령강림과 더불어 시작된 것입니다.

사도행전 1장 5절은, 예수님께서 승천하시기 전 성령강림과 관련하여 제자들에게 말씀하신 내용을 일러 줍니다.

> 요한은 물로 세례를 베풀었으나 너희는 몇 날이 못 되어 성령으로 세례를 받으리라.

예수님께서 말씀하신 성령세례가 곧 오순절 성령강림으로 나타났습니다. 따라서 우리는 교회가 무엇인지 그 의미를 새롭게 정의할 수 있습니다. 교회는 단순한 사람들의 모임이 아니라, 성령세례를 받은 사람들의 공동체입니다. 성령세례를 받지 않고서는 교인도 교회도 존재할 수조차 없습니다.

그 절대적인 성령세례에 대해 본문은 다음과 같이 증언합니다.

홀연히 하늘로부터 급하고 강한 바람 같은 소리가 있어 그들이 앉은 온 집에 가득하며 마치 불의 혀처럼 갈라지는 것들이 그들에게 보여 각 사람 위에 하나씩 임하여 있더니 그들이 다 성령의 충만함을 받고 성령이 말하게 하심을 따라 다른 언어들로 말하기를 시작하니라(2-4절).

많은 사람이 이 구절을 근거로 성령세례는 반드시 신비로우면서도 뜨거워야 하는 것으로 이해합니다. 그러나 본문을 자세히 보십시오. 본문은 성령님께서 임하실 때 "급하고 강한 바람 같은" 소리가 들리고, "불의 혀처럼" 갈라지는 것들이 보였다고 증언하고 있습니다. 그것이 '급하고 강한 바람'이었고, '날름거리는 불덩이'였다고 단정하지 않았다는 말입니다. 그것은 성령님께서 임하실 때 그곳에 있던 성도들의 주관적인 체험이요 느낌이었기 때문입니다.

예수님께서 그리스도로서 공생애를 시작하시기 직전, 요단 강에서 세례 요한에게 세례를 받으셨습니다. 마태복음 3장 16절은 그 직후의 상황을 전해 줍니다.

예수께서 세례를 받으시고 곧 물에서 올라오실새 하늘이 열리고 하나님의 성령이 비둘기같이 내려 자기 위에 임하심을 보시더니.

세례를 받으신 예수님께서는 하늘로부터 성령님이 평화와 고요의 상징인 비둘기처럼 임하시는 것을 보셨습니다. 동일한 성령님이신데도 제자들과 예수님의 체험은 이렇듯 다릅니다. 이에 반해 본문 4절은 성령강림 이후 제자들이 '성령의 충만함을 받은 것처럼' 보였다고 하지 않고, "다 성령의 충만함을 받고"라고 단정적으로 증언하고 있습니다. 초대교회 교인들이 성령강림 이후, 즉 성령세례를 받음과 동시에 성령 충만한 삶을 산 것은 누구도 부정할 수 없는 객관적인 사실이란 의미입니다.

그러므로 우리 각자에게 성령님께서 임하실 때 급하고 강한 바람이 일었느냐, 불덩이가 춤을 추었느냐, 아니면 비둘기처럼 임했느냐를 따지는 것은 부질없는 짓입니다. 그것은 지극히 주관적이고도 개인적인 느낌이요 경험이기에, 각자의 신앙 체질과 영적 상태에 따라 다를 수밖에 없습니다. 어떤 이에게는 용광로의 불처럼 뜨겁게 임할 수 있습니다. 어떤 이에게는 태풍보다 강하게 임할 수도 있습니다. 그러나 어떤 이에게는 새벽의 적막보다 더 고요하게 임할 수도 있습니다. 이처럼 성령님께서 임하실 때 우리 각자의 느낌이나 체험은 다 다르지만, 정말 우리가 성령님의 사람이 되었다면 우리에게 나타나는 공통적인 결과는 성령 충만한 삶을 사는 것입니다. 여기에는 누구도 예외일 수 없습니다.

적지 않은 사람들이 성령세례와 성령 충만을 혼동하고 있습니다. 그래서 기회 있을 때마다, 이를테면 특별한 집회마다 성령세례를 받기 원하는 사람이 의외로 많습니다. 그러나 성령세례와 성령 충만은 단어 자체가 다르듯이, 의미 또한 같지 않습니다. 성령세례와 성령 충만은 결혼과 사랑의 관계와 같습니다.

결혼은 배우자와 한 번 행하는 예식입니다. 결혼 25주년과 50주년을 기념하는 은혼식과 금혼식 같은 특별한 경우를 제외하고, 결혼하여 이미 자신의 배우자가 된 사람과 기분이 좋다고 다시 결혼식을 올리거나, 매년 결혼기념일마다 결혼 예식을 반복하는 사람은 없습니다. 결혼은 한 배우자와의 유일회적唯一回的인 예식입니다. 그러나 사랑은 유일회적이어서는 안 됩니다. 사랑은 단 한 번에 걸친 요식 행위나 이벤트가 아닙니다. 서로 사랑하여 결혼만 한다고 절로 사랑이 깊어지는 것은 아니라는 말입니다. 결혼했기에 그 순간부터 부부는 매일 더 깊이 사랑해야 하고, 날마다 사랑의 훈련을 게

올리하지 말아야 합니다. 결혼은 둘이서 한 인생을 사는 것이요, 그것은 지속적인 사랑 없이는 불가능합니다.

성령세례와 성령 충만도 이와 같습니다. 우리가 교회에서 받는 물세례처럼 성령세례도 평생 한 번 받는 것입니다. 기회 있을 때마다 성령세례를 되풀이하여 받으려는 것은, 자신의 배우자와 틈날 때마다 결혼식을 반복하려는 것만큼이나 어처구니없는 짓입니다. 그러나 성령세례를 받았기에, 성령님께서 임하셨기에, 날마다 성령 충만한 삶을 지속적으로 살지 않으면 안 됩니다. 사랑 없는 결혼 생활이 당사자들의 삶을 황폐하게 하듯, 성령 충만함이 없는 삶이란 그리스도인의 영성을 고갈시킬 뿐입니다. 부부의 지속적인 사랑이 정상적인 결혼 생활을 가능하게 하는 것처럼, 성령 충만함이 성령세례 받은 사람의 삶을 온전하게 이끌어 주는 원동력이 됩니다.

결혼식 때 신랑 신부가 한복을 입을 수도 있고, 서양식 예복을 입을 수도 있습니다. 결혼식 장소가 예식장일 수도 있고 예배당일 수도 있습니다. 목사가 결혼식을 집례할 수도 있고 신랑이나 신부의 은사가 주례를 맡을 수도 있습니다. 만약 누군가 이 세상 모든 사람의 결혼 예복은 동일한 것이어야 하고, 결혼식장과 주례자 역시 특정 장소와 특정 인물이어야 한다고 주장한다면, 그는 온전한 정신의 소유자가 아님이 분명합니다. 결혼 당사자들의 취향과 가치관에 따라 예복과 예식장, 주례자는 달라질 수밖에 없습니다.

성령세례도 마찬가지입니다. 천지가 쪼개지는 듯한 엄청난 소용돌이 속에서 성령세례를 받을 수 있습니다. 이런 경험을 한 사람은 자신이 성령세례 받은 날짜와 시간을 정확하게 확인하고 기억할 수 있습니다. 반면에 솜이 떨어지는 것 같은 정적 속에서 성령세례가 이루어질 수도 있습니다. 이 경우에는 당사자조차 자신에게 성령님이 임하셨음을 느끼거나 깨닫지 못할 수도 있습니다. 이처럼 결혼식과 성령세례의 형식 및 방법은 사람에 따라 다르기 마련이지만 본질은 같습니다. 즉 결혼식이나 성령세례나 모두 자기 인생에 분명한 획을 긋는 사건이라는 점입니다.

결혼은 각각 혼자 살던 남자와 여자가, 앞으로 둘이서 한 인생을 살기 위해 각자의 인생에 분명한 획을 긋는 예식입니다. 혼자 살던 두 사람이 더불어 한 인생을 살겠다는 이 획을 결여할 경우, 부부는 한 지붕 아래 사는 남남에 지나지 않습니다. 성령세례 역시 홀로 자신만을 위해 살던 인간이 성령님을 좇아 사는 믿음의 획을 긋는 사건입니다. 단지 차이가 있다면 결혼은 당사자인 인간이 스스로 자기 인생에 획을 긋는 사건인 데 반해, 성령세례는 성령님에 의해 획이 그어지는 은혜의 사건이라는 것입니다. 결혼한 부부가 서로 지속적으로 사랑해야 하는 것은, 결혼을 통해 둘이 한 몸이 되어 한 인생을 살기로 삶의 획을 그은 까닭입니다. 성령세례를 받은 사람들이 성령 충만한 삶을 추구해야 하는 것은, 성령님을 좇아 살도록 성령님에 의해 믿음의 획이 그어지는 은총을 입었기 때문입니다.

여기서 또 하나의 질문이 제기됩니다. 우리 각자는 과연 성령세례를 받았는가, 성령님에 의해 믿음의 획이 그어지는 은총이 우리에게도 임하였는가 하는 것입니다. 이 질문에 대해 고린도전서 12장 3절이 답변을 줍니다.

그러므로 내가 너희에게 알리노니 하나님의 영으로 말하는 자는 누구든지 예수를 저주할 자라 하지 아니하고 또 성령으로 아니하고는 누구든지 예수를 주시라 할 수 없느니라.

백번 타당한 말씀입니다. 우리 가운데 누가 2천 년 전, 저 중동 땅에 오신 예수님을 직접 뵈었습니까? 여러분은 여러분의 죄를 위해 예수님께서 십자가에 못박히시는 것을 보셨습니까? 그분께서 죽음을 깨뜨리고 부활하신 것을 목격하셨습니까? 우리 중에 그 모든 것을 자신의 눈으로 직접 본 사람은 아무도 없습니다. 그런데도 우리는 예수님을 우리의 구원주로 믿고 있습니다. 그분께서 우리 죄를 위해 십자가에 못박혀 돌아가셨다가 부활하셨음을 확신하고 있습니다. 어떻게 우리가 황당하기 짝이 없어 보이는 그 이야기들을 역사적인 사실로 진리로 믿게 되었습니까? 뵌 적도 없는 그분을 우리의 구주로 모시고 사는 믿음의 획이 어떻게 우리 삶 속에 그어지게 되었습니까?

　성령님이 우리에게 임하셨기 때문입니다. 우리에게 임하신 성령님이 우리의 마음을 감동시켜 주셨기 때문입니다. 급하고 강한 바람소리를 듣지 못하고 춤추는 불덩이를 보지 못했더라도, 우리가 이미 성령세례를 받았기 때문입니다. 그렇지 않고서야 우리가 뵌 적도 없는 예수님을 우리의 구주로 믿고, 그분의 이름으로 이 시간 이 자리에 앉아 있을 턱이 없습니다. 스스로 하나님이 되어 자기중심적으로만 살던 우리가 예수님을 우리의 구주로 받아들이는 믿음의 획을 긋고 이 자리에 앉아 있는 것이 이미 성령세례를 받았다는 증거라면, 이제 우리에게 남은 것은 성령 충만한 삶을 사는 것입니다.

　오늘 본문 속의 초대교회 교인들이 성령세례를 받았을 때 그들에게 나타난 성령 충만함의 모습에 대해서는 다음 시간에 살펴보기로 하겠습니다. 오늘 이 시간에는 성령 충만함의 본질적 의미를 함께 생각해 보기로 하겠습니다. 성령 충만한 삶이란, 마치 결혼한 부부가 서로 사랑하면서 함께 살듯, 성령님과 동거하는 것입니다. 바꾸어 말해 자신에게 임하신 성령님의 인도하심 속에서 사는 것입니다. 우리가 성령님의 인도하심 속에서 산다는 것은 구체적으로 무슨 의미이겠습니까? 예수님께서는 요한복음 16장 13절을 통해 성령님을 "진리의 성령"이라 부르시면서, 성령님의 역할은 우리를 진리 가운데로 인도해 주시는 것임을 밝히셨습니다. 성령님의 인도하심 속에 산다는 것은 곧 진리 가운데 사는 것입니다. 그렇다면 진리 가운데 산다는 것은 또 무슨 말이겠습니까? 예수님께서 "내가 곧 길이요 진리요 생명이니"(요 14:6)라고 말씀하시지 않았습니까? 예수님—그분께서 바로 진리요, 그분의 모든 말씀이 로고스 곧 진리입니다.

그래서 예수님께서 친히 말씀하셨습니다.

> 보혜사 곧 아버지께서 내 이름으로 보내실 성령 그가 너희에게 모든 것을 가르치고 내가 너희에게 말한 모든 것을 생각나게 하리라(요 14:26).

한마디로 성령 충만한 삶은 성령님의 도우심 속에서 예수님의 말씀 속에 거하며 그 말씀을 좇는 것입니다. 말씀을 떠나 신비한 능력을 행하고 밤을 새워 기도하는 것이 성령 충만한 삶이 아닙니다. 신비한 능력과는 거리가 멀고 비록 청산유수처럼 기도하지 못할지라도, 매사에 예수님의 말씀을 좇아 사는 사람이 진정 성령 충만한 사람입니다. 성령님은 진리의 영이시고, 우리를 진리이신 예수님의 말씀 속으로 인도하시는 분이기 때문입니다.

요한복음 20장 21-22절이 다음과 같이 증거하는 까닭이 바로 여기에 있습니다.

> 예수께서 또 이르시되 너희에게 평강이 있을지어다 아버지께서 나를 보내신 것같이 나도 너희를 보내노라 이 말씀을 하시고 그들을 향하사 숨을 내쉬며 이르시되 성령을 받으라.

부활하신 예수님께서는 제자들에게 당신의 숨, 즉 호흡을 내뿜어 주시며 성령을 받으라고 말씀하셨습니다. 호흡은 생명입니다. 성령 충만한 삶을 사는 것은 예수님의 호흡, 그분의 생명으로 사는 것입니다. 미천한 우리가 어찌 감히 예수님의 생명으로 살 수 있겠습니까? 우리로서는 전혀 불가능한 일입니다. 그러나 성령님께서 우리와 함께하시기에 가능합니다. 성령님께서 '나는 길이요 진리요 생명이라' 하신 예수님의 생명의 말씀 속으로 우리를 인도해 주시기에 가능합니다. 우리가 성령님의 도우심 속에서 예수 그리스도의 생명으로 살아갈 때, 우리 삶이 얼마나 새롭고 아름다워지겠습니까? 오순절 성령강림이 예수님을 통해 인간을 구원하시려는 하나님 섭리의 완결이라는 것은 바로 이런 의미에서입니다.

지난 성탄 주일 2부 예배 시간에 유아세례식이 있었습니다. 유아세례란 부모의 신앙고백과 결단으로 어린 자녀가 세례를 받는 예식입니다. 그날 세례를 받은 만 두 살 된 백종윤 어린이의 부모 백경호, 정세진 성도님이 어린 아들을 위해 작성한 서약문을 본인들의 허락을 받아 읽어 드립니다.

> 정세진은 백종윤에게 삶의 모델이 되는 어머니가 되겠습니다.
> 하나님께서 주신 자녀 백종윤이 하나님 안에서 바르게 자랄 수 있도록 신앙의 모범을 보이는 어머니가 되겠습니다. 또한 하나님께서 맡기신 백종윤을 저의 소유물로 여기지 않으며, 하나님께서 정하신 기간 동안 하나님께서 원하시는 하나님의 자녀로 양육하겠습니다. 그리하여 이 땅에서 짠맛을 잃지 않는 소금의 역할을 감당하는 순종의 자녀가 될 수 있게끔 최선을 다해 돕겠습니다.
> 백경호는 백종윤에게 삶의 모델이 되는 아버지가 되겠습니다.

험한 세상의 풍파 속에서도 굴하지 않고 믿음의 대가를 정당하게 지불하며, 하나님을 섬기는 사람으로서의 절개와 당당함이 그를 대변하는 인격이 될 수 있도록 길을 닦아 주는 아버지가 되겠습니다. 늘 믿음의 승리만을 자랑하는 위선보다 때로는 넘어지고 아파하는 인간의 연약함을 솔직하게 고백하는, 그래서 백종윤에게 참된 믿음의 이정표를 제시하는 아버지가 되겠습니다.

정세진, 백경호는 하나님의 시간표에 충실하게 순종하는 믿음의 부모가 되겠습니다.

참으로 아름다운 결단의 고백입니다. 이 부부가 정말 이런 부모가 된다면 그들은 더없이 이상적인 부모, 이상적인 부부, 이상적인 그리스도인이 될 것입니다. 이 젊은 부부에게 과연 그것이 가능할 수 있겠습니까? 그들이 아무리 젊고 이상이 높아도, 그들 역시 유한한 인간인 바에야 가능할 리 없습니다. 그럼에도 그들에게 그것은 충분히 가능한 일입니다. 그들에게 이미 성령님께서 임하셨기 때문입니다. 그들이 성령세례를 받았기 때문입니다. 그들이 먼저 예수님을 그들 인생의 주인으로 모시는 믿음의 획을 긋고, 자신들의 신앙고백과 결단으로 어린 아들이 유아세례를 받게 한 것이 그 증거입니다. 성령님의 역사가 아니고는 그런 믿음과 결단이 가능할 리 만무합니다. 그러므로 그들이 자신들에게 임하신 성령님에 대해 깨어 있는 한, 성령 충만한 삶을 추구하는 한, 성령님께서 그들을 주님의 생명의 말씀 속으로 인도하시어 주님의 생명으로 살게 하실 것인즉, 그들은 성령님의 도우심 속에서 자신들이 생각한 것보다 훨씬 더 이상적인 부모가 될 것입니다.

사랑하는 교우 여러분!

2천 년 전 오순절에 강림하신 성령님께서는 다시 하늘로 올라가시지 않았습니다. 저 멀리 바다 건너 혹은 산 너머 계신 것도 아닙니다. 성령님께서는 바로 여러분 가운데, 여러분 삶에, 여러분의 심령에 임해 계십니다. 여러분은 이미 성령세례 받은 사람들임을 잊지 마십시오. 이제 남은 숙제는 성령 충만한 삶을 사는 것입니다. 성령님에 대해 깨어 있으십시오. 성령님의 인도하심을 좇아 주님의 말씀 안에 거하십시오. 성령님의 도우심으로 주님의 말씀에 힘입어 주님의 호흡으로 호흡하십시오. 주님의 생명을, 주님의 인격을, 주님의 마음을 얻으십시오. 그때 비로소 주님의 새 생명을 덧입은 여러분은 새날, 새해의 진정한 감격을 누리게 될 것입니다.

주님께서 말씀하셨습니다.
'내가 너희에게 알리노니 하나님의 영으로 말하는 자는 누구든지 예수를 저주할 자라 하지 아니하고 또 성령으로 아니하고는 누구든지 예수를 주시라 할 수 없느니라.'
주님을 우리의 구원주로 믿고 주님의 이름으로 이 자리에 나온 우리에게 성령님께서 이미 임해 계심을, 우리가 이미 성령세례 받았음을 깨닫게 해주시니 감사합니다. 우리 가운데 계시는 성령님을 향해 날마다 깨어 있어, 성령 충만한 삶을 살게 하옵소서. 성령님의 도우심으로 주님의 말씀 속에서, 주님의 호흡과 생명, 주님의 인격과 마음으로 살아가게 하옵소서. 그리하여 우리를 스쳐가는 모든 시간이 진정한 새날, 새해로 건져지고 승화되게 하옵소서. 아멘.

25. 다른 언어들로

사도행전 2장 1-21절

오순절 날이 이미 이르매 그들이 다 같이 한 곳에 모였더니 홀연히 하늘로부터 급하고 강한 바람 같은 소리가 있어 그들이 앉은 온 집에 가득하며 마치 불의 혀처럼 갈라지는 것들이 그들에게 보여 각 사람 위에 하나씩 임하여 있더니 그들이 다 성령의 충만함을 받고 성령이 말하게 하심을 따라 **다른 언어들로** 말하기를 시작하니라 그때에 경건한 유대인들이 천하 각국으로부터 와서 예루살렘에 머물러 있더니 이 소리가 나매 큰 무리가 모여 각각 자기의 방언으로 제자들이 말하는 것을 듣고 소동하여 다 놀라 신기하게 여겨 이르되 보라 이 말하는 사람들이 다 갈릴리 사람이 아니냐 우리가 우리 각 사람이 난 곳 방언으로 듣게 되는 것이 어찌 됨이냐 우리는 바대인과 메대인과 엘람인과 또 메소보다미아, 유대와 갑바도기아, 본도와 아시아, 브루기아와 밤빌리아, 애굽과 및 구레네에 가까운 리비야 여러 지방에 사는 사람들과 로마로부터 온 나그네 곧 유대인과 유대교에 들어온 사람들과 그레데인과 아라비아인들이라 우리가 다 우리의 각 언어로 하나님의 큰 일을 말함을 듣는도다 하고 다 놀라며 당황하여 서로 이르되 이 어찌 된 일이냐 하며 또 어떤 이들은 조롱하여 이르되 그들이 새 술에 취하였다 하더라 베드로가 열한 사도와 함께 서서 소리를 높여 이르되 유대인들과 예루살렘에 사는 모든 사람들아 이 일을 너희로 알게 할 것이니 내 말에 귀를 기울이라 때가 제삼 시니 너희 생각과 같이 이 사람들이 취한 것이 아니라 이는 곧 선지자 요엘을 통하여 말씀하신 것이니 일렀으되 하나님이 말씀하시기를 말세에 내가 내 영을 모든 육체에 부어 주리니 너희의 자녀들은 예언할 것이요 너희의 젊은이들은 환상을 보고 너희의 늙은이들은 꿈을 꾸리라 그때에 내가 내 영을 내 남종과 여종들에게 부어 주리니 그들이 예언할 것이요 또 내가 위로 하늘에서는 기사를 아래로 땅에서는 징조를 베풀리니 곧 피와 불과 연기로다 주의 크고 영화로운 날이 이르기 전에 해가 변하여 어두워지고 달이 변하여 피가 되리라 누구든지 주의 이름을 부르는 자는 구원을 받으리라 하였느니라

이스라엘 3대 명절 중 하나인 오순절은 유월절 후 50일째 되는 날이란 의미에서 붙여진 이름으로, 헬라어로는 '펜테코스테 $\pi\varepsilon\nu\tau\eta\kappa\sigma\sigma\tau\acute{\eta}$'라고 합니다. 오순절 날에 역사적인 성령강림이 있었기에, 오늘날 성령 체험과 성령의 은사를 강조하는 '성령운동'을 '오순절운동 pentecostalism'이라 부릅니다. 오순절운동의 특징은 성령세례를 받은 사람에게는 반드시 방언의 표적이 뒤따른다고 믿는 것입니다. 그 근거는 성령강림 사건을 증언하는 본문 1-4절에서 기인합니다.

오순절 날이 이미 이르매 그들이 다 같이 한 곳에 모였더니 홀연히 하늘로부터 급하고 강한 바람 같은 소리가 있어 그들이 앉은 온 집에 가득하며 마치 불의 혀처럼 갈라지는 것들이 그들에게 보여 각 사람 위에 하나씩 임하여 있더니 그들이 다 성령의 충만함을 받고 성령이 말하게 하심을 따라 다른 언어들로 말하기를 시작하니라.

초대교회 교인들이 성령세례를 받고 성령 충만하게 되었을 때, 그들에게

공통적으로 나타난 현상은 모두 '다른 언어들'로 말하는 것이었습니다. '다른 언어들'이란 문자 그대로 그들이 평소 쓰는 말과는 다른 말이었습니다. 오순절운동은 이 '다른 언어들'을 사람의 언어가 아닌 천사의 말, 즉 '방언'으로 간주하면서 방언을 절대시합니다. 그러나 초대교회 교인들이 말한 '다른 언어들'의 실체가 무엇인지 본문 5-7절이 밝혀 줍니다.

> 그때에 경건한 유대인들이 천하 각국으로부터 와서 예루살렘에 머물러 있더니 이 소리가 나매 큰 무리가 모여 각각 자기의 방언으로 제자들이 말하는 것을 듣고 소동하여 다 놀라 신기하게 여겨 이르되 보라 이 말하는 사람들이 다 갈릴리 사람이 아니냐.

주전主前 586년 유다가 바빌로니아 제국에 멸망당하면서 수많은 유대인이 세계 도처로 흩어졌고, 그 후손들은 자기 선조들이 정착한 곳에서 대를 이어 살면서 그들이 태어난 현지의 언어를 모국어로 사용하였습니다. 이른바 디아스포라 유대인들이었습니다. 그들 가운데 오순절을 지키기 위해 예루살렘을 찾은 사람들이 있었습니다. 그들이 예루살렘에서 마침 제자들이 '다른 언어들'로 말하는 것을 듣자 순식간에 그들 사이에 소동이 일어났습니다. 그들은 제자들의 남루한 행색과 말투에 깜짝 놀라면서, "이 말하는 사람들이 다 갈릴리 사람이 아니냐"고 확인하기에 바빴습니다. '갈릴리 사람'이란 가진 것이나 배운 것 없이 무식한 사람의 대명사였습니다. 디아스포라 유대인들이 그처럼 소동을 벌인 것은 자기들의 방언으로 제자들이 말하고 있었기 때문입니다. 이에 대해 본문 8절이 보다 구체적으로 설명하고 있습니다.

우리가 우리 각 사람이 난 곳 방언으로 듣게 되는 것이 어찌 됨이냐.

제자들이 말한 '다른 언어들'이란, 그 말을 듣는 디아스포라 유대인들의 모국어였습니다. 그곳에 모여 있던 디아스포라 유대인들은 특정 지역 한 곳에서 온 사람들이 아니었습니다. 그들은 중동, 아프리카, 유럽 등 무려 16개 지역에서 온 사람들로 각기 다른 모국어를 사용하고 있었습니다. 그런데도 그들은 모두 제자들의 말을 각각 자신들의 모국어로 알아들었습니다. 그러니 그들이 놀랄 수밖에 없었습니다. 그런 일이 가능하리라고는 상상치도 못했기 때문입니다.

이처럼 2천 년 전 성령 충만한 제자들이 말한 '다른 언어들'은, 말하는 사람이나 듣는 사람이나 전혀 그 의미를 알 수 없는 천사들의 방언이 아니었습니다. 그곳에 모인 디아스포라 유대인들이 자신들의 모국어로 명료하게 알아들을 수 있는, 이해 가능한 언어였습니다. 이것이 2천 년 전 오순절에 있었던 역사적 진실입니다. 그렇다고 그 후 제자들이 계속하여 이 방언을 유창하게 말한 것은 아닙니다. 그때 한 번뿐이었습니다. 따라서 본문의 '다른 언어들'은, 평소 사용하는 언어 외의 의사 전달 방법 혹은 의사 표현 수단으로 이해할 수 있습니다.

갈릴리 출신의 무식한 제자들이 '다른 언어들'로 말하는 것을 본 사람 가운데, 그 현상을 이해할 수 없었던 사람들이 제자들을 가리켜 "새 술에 취하였다"고 조롱하였습니다. 이에 베드로는 자신들에게 일어난 일이 성령님의 역사임을 역설하면서 구약성경의 요엘서 2장 말씀을 인용하였는데, 그 내용이 본문 17-21절에 나타나 있습니다.

하나님이 말씀하시기를 말세에 내가 내 영을 모든 육체에 부어 주리니 너희의 자녀들은 예언할 것이요 너희의 젊은이들은 환상을 보고 너희의 늙은이들은 꿈을 꾸리라 그때에 내가 내 영을 내 남종과 여종들에게 부어 주리니 그들이 예언할 것이요 또 내가 위로 하늘에서는 기사를 아래로 땅에서는 징조를 베풀리니 곧 피와 불과 연기로다 주의 크고 영화로운 날이 이르기 전에 해가 변하여 어두워지고 달이 변하여 피가 되리라 누구든지 주의 이름을 부르는 자는 구원을 받으리라 하였느니라.

이상은 성령강림에 대한 선지자 요엘의 예언으로, 베드로는 바로 그 성령강림이 자신들에게 일어났음을 변증하기 위해 이 구절을 인용하였습니다. 그러나 조금만 자세히 살펴보면, 이 구절은 현재 제자들의 처지와는 전혀 무관한 구절임을 알게 됩니다. 요엘 선지자는 성령님께서 임하실 때 나타날 현상으로, 자녀들이 예언할 것이요, 젊은이들은 환상을 보고, 늙은이들은 꿈을 꾸고, 남녀 종들도 예언할 것이라 했습니다. 나아가 하늘과 땅에서 기사奇事와 징조가 나타날 것인즉, 곧 피와 불과 연기라고 했습니다. 그러나 오순절 초대교회 교인에게는 요엘이 언급한 어떤 징조나 현상도 일어나지 않았습니다. 환상을 본 젊은이나 예언한 자녀도 없었고, 피와 불과 연기 같은 기사도 나타나지 않았습니다. 따라서 요엘의 예언은 본문의 성령강림과는 거리가 먼 구절일 수밖에 없습니다.

그런데도 베드로는 비난하는 사람들에게 자신들의 성령 충만함을 변증하기 위해 왜 굳이 이 구절을 인용했을까요? 갈릴리의 무식한 어부였던 베드로가 단순히 성경에 무지했기 때문일까요? 그렇지 않습니다. 베드로는 요엘서의 구절을 정확하게, 그리고 적절하게 인용하였습니다. 베드로가 주장하려 한 것은 요엘이 언급한 징조와 기사가 자신들에게는 하나도 나타나지 않았지만, 자신들이 '다른 언어들'로 말한 것은 그 무엇보다도 확고한 성령 충만함의 증거라는 것이었습니다.

　이스라엘의 변방 갈릴리에서 태어나 잔뼈가 굵은 제자들은 이방 언어를 배워 본 적이 없었습니다. 따라서 이방 언어를 모국어로 사용하는 사람과는 대화가 아예 불가능하였습니다. 그러나 성령님께서 그들에게 임하시고 그들이 말하기 시작했을 때, 그것은 자신들이 평소 사용하는 말과는 전혀 다른 말이었고, 그 '다른 언어들' 즉 이방 언어를 모국어로 사용하는 사람들이 알아듣는 역사가 그들의 눈앞에서 일어났습니다. 어찌 그들에게 그보다 더 크고 확고한 성령 충만함의 증거가 있겠습니까? 이와 같은 제자들의 개인적인 체험을 제외하고도, 그것이 요엘이 언급한 징조와 기사보다 더 큰 성령의 역사임을 확증해 주는 또 다른 증거가 있습니다.

　우리는 구약의 바벨탑 사건을 잘 알고 있습니다. 바벨탑이란 인간이 하늘에 닿으려고 쌓았던 탑의 이름입니다. 당시 사람들은 돌 대신 벽돌을, 진흙 대신 요즘 말로 아스팔트를 건축 재료로 사용할 줄 알았습니다. 그것은 당시로서는 경이적인 기술의 진보요, 과학의 발전이었습니다. 그들은 그 획기적인 벽돌과 아스팔트로 하늘에 이르는 탑을 세우려 했습니다. 자신들의 이름을 더 높이고, 그 탑을 푯대 삼아 흩어짐을 면하기 위해서였습니다. 한마디로 그들 스스로 하나님의 자리에 앉아 자기 삶의 구심점이 되려는 것이었습니다. 21세기의 관점에서 보면, 고작 벽돌과 아스팔트로 하늘에 이르겠다고 호언장담하는 것은 무모하고도 무지하기 짝이 없는 짓입니다. 그러나 그들은 자신들이 무지하다는 사실에 완전히 무지할 정도로 교만하였고, 그 교만의 결과가 언어의 분열이었습니다. 본래 하나이던 인간 언어가 인간의 교만함으로 혼잡하게 나뉜 것입니다. 이것은 오늘날도 마찬가지입니다. 어느 자리든 교만한 사람이 있으면 똑같은 언어를 사용하는데도 사람들의 생각과 마음이 쉽게 찢어지는 것은, 교만은 인간 사이의 바른 관계와 대화를 가로막는 최대의 장애물인 까닭입니다.

　그러나 제자들의 낮고 낮은 마음에 성령님께서 임하시고 제자들이 성령 충만함으로 말하기 시작했을 때, 그들은 평소와는 전혀 '다른 언어들'로 말했고 이방 언어를 모국어로 사용하는 사람들이 그 말을 알아들었습니다. 인간의 교만으로 찢어진 언어가 성령님 안에서 하나로 회복되는 역사가 일어난 것입니다. 그것도 세상에서 가장 무식한 갈릴리의 어부들을 통해서였습니다. 오직 성령님만이 행하실 수 있는 대역사였습니다. 그래서 베드로는 그것이 요엘서에 언급된 징조들보다 더 크고 확고한 성령강림의 증거임을 역설한 것입니다.

　우리말 '다른 언어들'로 번역된 '언어'는 헬라어로 '글롯사 $\gamma\lambda\tilde{\omega}\sigma\sigma\alpha$'인데, 이 단어는 본디 '혀'라는 의미입니다. 우리말 '혀'는 입속에 있는 살덩어리를 의미하지만, 헬라어 '글롯사'는 영어 혹은 프랑스어와 마찬가지로 혀와 언어를 모두 뜻합니다. 모국어를 영어로 'mother tongue'이라 부르는 것과 마찬가지입니다.

　본문 3절을 보면 성령님께서 제자들에게 강림하실 때 '불의 혀처럼 갈라지는 것들이 그들에게 보여 각 사람 위에 하나씩 임하여 있었다'는 내용이 나옵니다. 이것을 원문에 좀더 충실하게 번역하면, '갈라지는 불처럼 보이는 혀들이 제자들에게 임하였다'는 말입니다. 이때의 '혀' 역시 헬라어로 '글롯사'입니다. 제자들은 위로부터 주어진 '혀'로 '다른 혀', 즉 '다른 언어들'을 말한 것입니다.

　위로부터 임한 '혀'란 대체 무슨 혀, 누구의 혀이겠습니까? 두말할 것도 없이 '주님의 혀'입니다. 성령 충만한 사람은 자기 혀가 아닌 주님의 혀를 지니고, 주님의 혀로 말하는 사람입니다. 인간이 주님의 혀를 지닌다는 것은 또 구체적으로 무슨 의미이겠습니까? 주님의 마음을 지니는 것입니다. 내 마음대로 살아가는 한 내 혀가 하는 말은 모두 이기적이고 교만한 나의 말에 지나지 않습니다. 그러나 내가 주님의 마음을 품으면 그때부터 내 혀는 주님의 혀가 되고, 내 말은 평소와는 다른 말, 즉 '다른 언어들'이 됩니다. 주님께서 내 혀를 당신의 도구로 쓰시기 때문입니다. 우리가 성령님의 조명 아래 주님의 말씀을 배우고 좇는 것은 말씀에 대한 더 많은 지식과 정보를 얻기 위함이 아니라, 그 말씀의 능력을 힘입어 주님의 마음을 지니기 위함입니다. 우리가 성령님의 도우심으로 주님의 마음을 품으면 우리의 혀는 말할 것도 없고, 우리의 삶 자체가 주님의 혀가 됩니다. 우리의 삶이 주님의 사랑과 생명을 전하는 '다른 언어들'로 승화된다는 말입니다.

요한복음 21장은, 교회의 역사와 사도들의 행적을 밝혀 주는 사도행전과 맞물려 있다는 의미에서 대단히 중요함을 여러 차례 말씀드렸습니다. 요한복음 21장의 하이라이트는 주님께서 갈릴리 바닷가에서 제자들을 대표하는 베드로에게 '네가 나를 사랑하느냐'고 세 번 반복하여 물으시는 장면입니다. 적어도 그리스도인이라면 '내가 정말 주님을 사랑하고 있는지' 평생 자문하며 살아야 하기 때문입니다. 그러나 주님께서 무작정 제자들에게 '네가 나를 사랑하느냐'고 세 번이나 다그치신 것이 아닙니다. 제자들이 주님을 까맣게 잊고 욕망에 눈이 멀어 밤새도록 욕망의 바다에서 헛되이 그물을 던지고 있을 때, 주님께서는 당신을 배신한 그들을 위해 떡과 생선을 마련하셨습니다. 뒤늦게 그 사실을 안 제자들은 누구도 주님이 마련하신 음식에 손을 대려 하지 않았습니다. 그 음식을 먹기에는 주님을 배신한 그들 스스로 너무도 부끄러웠던 것입니다. 그때 주님께서는 제자들에게 떡과 생선을 손수 나누어 주시며 그들로 하여금 먹게 하셨습니다.

2천 년 전 갈릴리 바닷가에서 일어난 이 광경을 머릿속에 그려 보십시오. 제자들은 주님을 배신했습니다. 그러나 주님께서는 그들을 위해 온 정성을 다해 조반을 마련해 주셨습니다. 제자들은 수치심에 감히 먹을 엄두도 내지 못합니다. 주님께서는 그들에게 일일이 떡과 생선을 나누어 주십니다. 동이 트는 갈릴리 바닷가에서, 마침내 제자들은 감동과 감격 가운데 그 떡과 생선을 먹습니다. 그것은 단지 한 끼분의 양식이 아니었습니다. 그날 아침 그들이 먹은 것은 떡과 생선이 아니라, 주님의 사랑과 생명이었습니다. 주님께서 물으셨습니다. '네가 나를 사랑하느냐?' 제자들은 방금 먹은 주님의 사랑과 생명을 힘입어 주님의 질문에 답할 수 있었습니다. '주님, 제가 주님을 사랑합니다.'

그날 주님께서 당신을 배신한 제자들을 위해 손수 마련하신 떡과 생선은, 당신의 사랑을 말로 설명해 주어도 알아듣지 못하는 그들을 위한 주님의 '다른 언어들'이었고, 그 '다른 언어들'에 의해 제자들은 주님의 사랑을 비로소 깊이 깨닫고 주님께 사랑을 고백할 수 있었습니다. 우리가 성령님 안에서 주님의 마음을 지닌다는 것은, 주님의 이 마음을 뜻합니다. 성령님의 도우심 속에서 주님의 이 마음을 지닌다면, 우리 손에 들린 떡 한 덩이도 주님의 생명과 사랑을 전하는 '다른 언어들', 즉 주님의 '혀'가 될 수 있습니다.

제가 우리 집 2층에서 성경 공부하던 몇 가정과 함께 주님의교회를 시작한 것은 1988년 6월이었습니다. 그때까지 제 목회 경력이라야 영락교회 교육 전도사 생활 2년 반이 전부였습니다. 담임목회자가 되기에는 턱없이 부족한 경력이었습니다. 저는 그때까지 목회란, 그저 설교하고 성경 공부 인도하는 것이 전부라고 잘못 알고 있었습니다. 그러나 정작 목회를 시작하고 보니 그게 아니었습니다. 하루가 멀다 하고 회의會議가 이어졌고, 사람들의 각기 다른 의견을 조정하고 조화를 일구어 낸다는 것이 쉽지 않았습니다. 시간이 흐른 뒤 목회란 교인들과 더불어 사는 것이요, 비본질적으로 보이는 일들이 실은 목회에서 훨씬 중요한 몫을 차지한다는 것을 알게 되었지만, 처음에는 그 모든 것들이 시간 낭비처럼 여겨지면서 저를 몹시 지치게 했습니다.

해가 바뀌어 1989년이 되자, 저는 목회에 대해 깊은 회의懷疑에 빠졌습니다. 비본질적으로 여겨지는 일들 때문에 매일 지쳐 사는 것이 목회라면, 차라리 일찌감치 포기하는 편이 낫겠다는 생각이 들었습니다. 그해 4월이었습니다. 목회 시작 열 달째 되는 달이었습니다. 두 달 후, 창립 1주년을 맞는 6월이 되기 전에 사임할 결심을 거의 굳힌 어느 날 새벽이었습니다. 그날 새벽 기도회를 인도하기 위해, 당시 예배 처소로 사용하던 강남 YMCA 2층 예식장 제일 앞자리에 앉아 기도를 하고 있었습니다. 갑자기 제 왼쪽에서 인기척이 나면서 누군가가 나지막한 목소리로 "전도사님, 이것 드세요"라고 말했습니다. 그때는 제가 목사 안수를 받기 전이었습니다. 눈을 떠보았지만 아직 불을 켜기 전이라 사방이 캄캄하여 사람은 보이지 않고, 제 옆에 보자기가 희미하게 보였습니다. 새벽 기도회를 마친 뒤 사무실에서 보니 보자기에 싸인 상자 속에 작은 케이크 크기의 하얀 떡덩이가 들어 있는데, 떡 위에 붉은 팥으로 '축 생신'이란 글이 쓰여 있었습니다. 그날은 제 생일이었습니다. 떡덩이는 여전히 따뜻한 온기를 간직하고 있었습니다. 꼭두새벽부터 그 따뜻한 떡을 만들어 오기 위해 떡을 만든 당사자는 거의 밤을 새웠을 것이 분명했습니다.

17년이 지난 지금, 저는 그 떡이 어떤 맛이었는지 기억하지 못합니다. 그러나 그 떡을 씹는 저의 눈에서 뜨거운 눈물이 흘렀음은 지금도 생생하게 기억하고 있습니다. 저는 그날 아침 그냥 떡을 먹은 것이 아닙니다. 제게 따뜻한 떡 한 덩이를 전해 주기 위해 밤을 새웠을 성도님의 사랑을 먹은 것입니다. 한 걸음 더 나아가 그것은 주님의 사랑이요, 지칠 대로 지친 저를 위한 주님의 위로와 격려였습니다. 저는 그 떡을 씹으며 결심하였습니다. 그런 성도님이 있는 한, 그런 성도님과 더불어 신앙생활을 하게끔 은총을 베푸신 주님께서 저와 함께 계시는 한, 임기가 다하기까지 목회의 소임을 다할 것을 다시 다짐하고 실천할 수 있었습니다. 만약 그날의 그 떡덩이가 아니었던들, 오늘의 저는 전혀 다른 인간이 되어 있을 것입니다. 그날 새벽 그 성도님과 저는 우리가 사용하는 언어로 단 한 마디의 대화도 나누지 않았습니다. 그러나 저는 그 떡을 통한 성도님의 사랑과 메시지를, 주님의 사랑과 위로를 정확하게 알아들을 수 있었습니다. 그 떡이야말로 제게 목회의 본질을 일깨워 준 주님의 '다른 언어들'이었고, 주님의 '혀'였기 때문입니다. 이렇듯 한 덩이의 떡으로 주님의 '다른 언어들'을 듣게 해준 그 성도님은 주님의 마음을 품은, 성령 충만한 그리스도인임에 틀림없습니다. 그 후로 저는, 나의 삶 역시 누군가를 위한 따뜻한 떡덩이가 되었으면 좋겠다는 생각으로 살고 있습니다.

사랑하는 교우 여러분!

주님을 믿는다면서 예언은 고사하고 환상을 본 적도 없고, 하늘의 징조나 땅의 기사를 본 적도 없으며, 천사의 방언을 해본 적도 없으십니까? 실망하거나 근심하지 마십시오. 그런 것은 아무 문제가 되지 않습니다. 지금 여러분과 함께하시는 성령님의 도우심 속에서 주님의 마음을 품으십시오. 자기중심적이기만 하던 자신의 혀를 성령님 안에서 주님의 혀로 대체하십시오. 그때 여러분 입으로 단 한 마디의 말을 하지 않아도 여러분의 삶 자체가, 여러분의 손에 들린 떡 한 조각이, 뭇사람의 마음을 움직이는 주님의 '다른 언어들'이 될 것입니다. 말씀이신 주님께서는 당신의 혀가 되는 사람을 통해 역사하시기 때문입니다. 이것은 우리 힘만으로는 도저히 불가능한 일이지만, 성령님께서 우리와 함께하시기에 언제 어디서나 가능합니다.

주님! 우리는 인간의 말이 얼마나 공허한지 잘 알고 있습니다. 이제 우리 모두 '다른 언어들'로 말하기를 원합니다. 성령님의 도우심 속에서 주님의 마음을 품게 하옵소서. 우리의 혀를 주님의 혀로 대체하여 주옵소서. 우리가 입을 열어 우리의 말을 한 마디도 하지 않아도 우리의 삶 자체가 주님의 혀가 되어, 우리의 일거수일투족과 우리 손에 들린 것들이 주님의 '다른 언어들'로 승화되게 하옵소서. 주님의 혀로 살아가는 우리로 인해 인간 사이의 오해와 편견이 사라지고, 찢어진 마음들이 회복되게 하옵소서.

우리의 삶이 주님의 혀로 살아가는 한, 당장 우리 앞에 있는 상대가 변하지 않는다고 낙심하지 말게 하옵소서. 우리가 주목해야 할 바는 상대의 변화가 아니라, 우리의 삶 자체가 주님의 '다른 언어들'이 되는 것임을 잊지 말게 하옵소서. 이를 위해 지금 성령님께서 우리와 함께 계심을 기억하면서, 늘 주님의 마음을 품은 성령 충만한 그리스도인으로 살아가게 하옵소서. 아멘.

26. 제삼 시니

사도행전 2장 14-21절

베드로가 열한 사도와 함께 서서 소리를 높여 이르되 유대인들과 예루살렘에 사는 모든 사람들아 이 일을 너희로 알게 할 것이니 내 말에 귀를 기울이라 때가 **제삼 시니** 너희 생각과 같이 이 사람들이 취한 것이 아니라 이는 곧 선지자 요엘을 통하여 말씀하신 것이니 일렀으되 하나님이 말씀하시기를 말세에 내가 내 영을 모든 육체에 부어 주리니 너희의 자녀들은 예언할 것이요 너희의 젊은이들은 환상을 보고 너희의 늙은이들은 꿈을 꾸리라 그때에 내가 내 영을 내 남종과 여종들에게 부어 주리니 그들이 예언할 것이요 또 내가 위로 하늘에서는 기사를 아래로 땅에서는 징조를 베풀리니 곧 피와 불과 연기로다 주의 크고 영화로운 날이 이르기 전에 해가 변하여 어두워지고 달이 변하여 피가 되리라 누구든지 주의 이름을 부르는 자는 구원을 받으리라 하였느니라

오래전, 선배 한 분이 난생처음 교회에 나오던 날이었습니다. 선배는 세상에 태어난 이래 중년에 이르기까지 단 한 번도 교회에 발을 디뎌 본 적이 없었습니다. 어릴 적 성탄절에 선물을 받기 위해 교회에 가본 적도 없었습

니다. 그런데도 제 우려와는 달리 예배가 끝났을 때, 선배는 지루했다거나 공연히 시간만 낭비했다는 표정이 아니었습니다. 도리어 새로운 사실을 발견했다며 즐거운 표정으로 말했습니다.

"난 찬송가는 모두 고리타분한 줄만 알았지. 그런데 오늘 보니 아주 친밀감이 있더군."

아, 오늘 이 선배가 은혜를 받았구나, 생각하며 막 안도의 숨을 쉬려는데 그분이 다시 말했습니다.

"찬송가에도 블루스와 지르박이 있더라고. 아주 좋았어!"

당시 선배는 서울 장안에서 소문난 춤꾼이었습니다.

출판사에서 책을 출간하기 위해서는 여러 차례 교정 과정을 거쳐야 합니다. 한 글자라도 오자나 탈자가 있어서는 안 되기 때문입니다. 초교, 재교, 삼교를 거쳐 이제 더 이상 오자나 탈자가 없으므로 인쇄를 해도 좋다고 최종 판정을 내리는 단계를 출판 용어로 'OK'라 하고, 그 행위를 'OK를 놓는다'고 합니다. 출판사 편집실은 이처럼 'OK'를 놓기 위해 존재하는 곳이요, 유능한 편집자는 'OK'를 정확하게 놓는 사람입니다. 'OK' 판정을 받은 원고에는 정말 오자나 탈자가 없어야 하는 까닭입니다. 1980년대 초, 제가 출판사를 경영할 때 편집실에 노총각이 있었습니다. 여러 번 선을 보았지만, 그때까지 마음에 드는 상대를 만나지 못하고 있었습니다. 그날도 그는 점심시간을 이용해 선을 보고 왔습니다. 사무실에 들어서는 그의 표정이 더없이 밝아 보였습니다. 오늘은 어떻게 되었느냐는 동료의 물음에 그는 회심의 미소를 지으며 말했습니다.

"나 오늘 OK 놨어!"

사람들은 이와 같이 자신의 관심에 비추어 세상을 바라보고, 평가하고, 또 표현합니다. 춤꾼은 춤의 관점에서 찬송가를 평가합니다. 전문 편집자는 선보는 것마저 원고 교정보듯 합니다. 따라서 우리는 사람이 무엇을 평가하고 표현하는 기준을 어디에 두느냐에 따라 그 사람이 어떤 사람인지 알게 됩니다.

오순절 날 제자들에게 성령님이 임하셨을 때, 제자들은 성령님의 말하게 하심을 따라 각각 '다른 언어들'로 말하기 시작했습니다. 그것은 사람들이 이해할 수 없는 천사의 방언이 아니라, 세계 도처에서 온 사람들이 각각 자신들의 모국어로 알아들을 수 있는 이해 가능한 언어였습니다. 이에 사람들은 깜짝 놀랐습니다. 무식꾼의 대명사인 갈릴리 어부 출신의 제자들이 이방 언어로 말한다는 것은 상식적으로 불가능했기 때문입니다. 그중에는 제자들을 비난하며 술에 취했다고 조롱하는 자들도 있었습니다. 우리는 여기서 매우 재미있는 사실을 발견합니다. 그들이 제자들을 술에 취했다고 비웃었다는 것은, 그들 자신이 술꾼이었음을 의미합니다. 자신들이 술꾼이기에 세상만사를 술꾼의 관점에서 판단하는 것입니다. 만약 그들이 술과 무관한 사람들이었다면, 성령 충만한 가운데 '다른 언어들'로 말하는 제자들을 하필 술에 취한 것으로 단정치는 않았을 것입니다.

그들의 비웃음에 베드로는 자신들이 술에 취한 것이 아니라 성령세례를 받았기 때문임을 역설하면서, 구약성경의 요엘서 2장 말씀을 인용하였습니다. 그때 베드로의 주된 관심이 의학이었다면, 그는 자신들이 술 취하지 않았음을 의학적으로 해명하려 했을 것입니다. 그가 문학에 몰입한 사람이었다면, 자신들의 멀쩡함을 문학적으로 표현하려 애썼을 것입니다. 그러나 베드로는 사람들의 비웃음에, 지체 없이 하나님의 말씀으로 대응하였습니다. 그의 주된 관심이 오직 하나님의 말씀이었기 때문입니다. 21세기를 살고 있는 우리가 2천 년 전 무식한 갈릴리의 어부에 지나지 않던 베드로를 존경하는 이유가 바로 여기에 있습니다. 만약 베드로가 하나님의 말씀에 무관심하였다면, 2천 년의 시차를 둔 베드로와 우리 사이에 어떤 연결 고리도 없을 것입니다.

그렇다면 이 시간, 우리 자신은 과연 어떤 사람인지 살펴보아야 합니다. 우리의 주된 관심사는 대체 무엇입니까? 우리의 심령은 무엇으로 가득 차 있습니까? 우리가 세상만사를 평가하고 표현하는 기준은 무엇입니까? 세상의 관점으로 하나님 말씀을 우리 마음대로 재단하고 있습니까, 아니면 하나님 말씀의 관점에서 세상을 분별하고 있습니까? 성령님의 조명 아래 우리의 주된 관심사가 말씀이 될 때, 우리가 말씀의 사람이 될 때, 우리의 심령이 말씀으로 가득 찰 때, 우리는 허상과 실상을, 빛과 어둠을, 옳고 그름을, 길고 짧음을, 행할 것과 금할 것을, 버릴 것과 취할 것을, 영원한 것과 유한한 것을 바르게 분별할 수 있습니다.

우리는 여기서 일단의 사람들이 제자들을 조롱한 것과 관련하여 두 가지 사실을 주목할 필요가 있습니다. 첫 번째는 제자들을 조롱한 사람들이 언급한 술의 실체입니다. 이와 관련하여 본문 13절 말씀을 유의해 보겠습니다.

또 어떤 이들은 조롱하여 이르되 그들이 새 술에 취하였다 하더라.

그들은 제자들을 단순히 술 취했다고 조롱한 것이 아니라, '새 술'에 취하였다고 비웃었습니다. 그들은 지금 분명히 제자들을 비웃고 있습니다. 그런데도 왜 제자들이 그냥 술 취했다고 말하지 않고, 굳이 수식어를 붙여 '새 술'에 취했다고 비웃었을까요? 상식적으로는 그냥 술 취했다는 표현이 훨씬 더 큰 조롱일 텐데 말입니다.

그 까닭은 술 취한 사람에게 공통적으로 나타나는 현상을 생각해 보면 알 수 있습니다. 도를 넘어 사람이 술에 취하게 되면, 무엇보다 먼저 의식이 흐려집니다. 정상적인 사고와 판단이 불가능해집니다. 그래서 말에 조리가 없어집니다. 평소에 비해 훨씬 많은 말을 하는데도 앞뒤 말이 엇갈리면서 횡설수설합니다. 술 취한 사람의 말을 곧이곧대로 들을 수도 믿을 수도 없는 이유가 여기에 있습니다. 그다음에는 자세가 흐트러집니다. 몸을 제대로 가누지 못하고 걸음걸이도 비틀거립니다. 게다가 허세와 만용까지 부립니다. 온 천하가 자기 것이요, 자신이 천하제일이라는 착각에 빠져 버리는 것입니다. 또 예의마저 상실해 버립니다. 술 취했다는 말은 무례하다는 말과 동의어입니다. 그 결과 타인에 대한 배려가 완전 실종되어 버립니다. 다른 사람은 안중에도 없이, 철저하게 자기중심적으로 행동합니다.

이상이 남녀노소를 불문하고 술 취한 사람에게 일반적으로 나타나는 모습입니다. 아무리 술을 마셔도 이런 모습을 보이지 않는다면 사람들은 그를 가리켜 술고래라 부르지, 술 취했다고는 하지 않습니다. 동서고금을 막론하고 술 취했다는 표현은, 이상 열거한 것과 같은 모습이 나타나는 경우를 두고 하는 말입니다. 따라서 2천 년 전 오순절 날 제자들을 조롱하던 자들이 감히 그들을 가리켜 술 취했다고 비웃지는 못하고, '새 술'에 취했다고 말할 수밖에 없었던 까닭을 알게 됩니다.

이스라엘 변방, 그것도 갈릴리 빈민 출신이기에 대도시 예루살렘에서 주눅 들고 어눌해 보일 수밖에 없는 제자들이 예상과는 달리, 쉬지 않고 담대하게 말하는 모습은 꼭 술 취한 사람처럼 보였습니다. 그렇지 않고는 제자들의 언행이 그토록 돌변한 것을 달리 설명할 도리가 없었습니다. 그렇지만 일반적으로 술 취한 자들과는 확연하게 차이가 났습니다. 제자들이 갑자기 많은 말을 하였지만, 누구도 횡설수설하지 않았습니다. 제자들의 말에는 처음부터 끝까지 일관된 조리와 감동이 있었습니다. 시간이 흘러도 제자들의 자세는 전혀 흐트러지지 않았습니다. 그들의 의식이 다 타버린 촛불처럼 꺼져 가는 것이 아니라, 시간이 지날수록 보석처럼 더욱 빛나기만 했습니다. 무엇보다 그들은 사람에 대한 예의를 잊지 않았습니다. 자신보다 다른 사람을 더욱 생각하고 배려하려는 마음이 역력했습니다. 그래서 사람들은 제자들을 가리켜 '새 술'에 취했다고 말할 수밖에 없었습니다. 분명히 술 취한 것 같은데, 일반적으로 술 취한 모습과는 전혀 딴판이었기 때문입니다.

우리말 '새 술'로 번역된 헬라어 '글류코스γλεῦκος'는, '달콤하다'는 뜻을 지닌 형용사 '글뤼퀴스γλυκύς'에서 파생된 단어입니다. 이스라엘 사람들은 매년 포도 수확이 끝남과 동시에 포도 틀에서 짠 새 포도즙을 담가 두었습니다. 그리고 일 년이 지난 다음 해에 개봉하면 그것은 향기로운 새 포도주로 변해 있었습니다. 새 술의 향기로움과 감미로움은 무엇과도 비교할 수 없었습니다. 그래서 그들은 새 술을 달콤하다는 의미의 '글류코스'라 불렀습니다. 그러나 이것은 실은 히브리어 '티로쉬שׁוֹרִית'를 헬라어로 번역한 것입니다. 이스라엘 사람들은 갓 개봉한 새 술을 그들의 언어인 히브리어로 '티로쉬'라 불렀는데, 이 단어는 '마음을 사로잡다' 혹은 '마음을 빼앗다'라는 의미입니다. 사람이 마음을 빼앗길 만큼 새 술의 맛이 달콤하고도 향기롭다는 뜻에서였습니다.

바로 이런 의미의 단어를 사용하여 사람들은 제자들을 비웃고자 하였습니다. 제자들의 언행을 볼 때 뭔가 그들을 사로잡는 것이 있긴 한데 그 실체를 정확하게 알 수 없었기 때문입니다. 그래서 술꾼인 그들은 '새 술'이란 말로 제자들을 조롱하고자 하였습니다. 그러나 결과적으로 그것은 조롱이나 비난일 수 없었습니다. 왜냐하면 사실이었기 때문입니다. 그때 제자들은 성령이라는 전혀 새로운 술에 사로잡혀 있었습니다. 향기롭고 감미로운 진리의 새 술에 취해 있었습니다.

중요한 사실은, 제자들을 비웃는 사람들조차 도저히 부정할 수 없는 제자들의 긍정적인 변화, 다시 말해 향기롭고도 감미로운 변화만은 인정할 수밖에 없었다는 점입니다. 우리는 여기서 큰 교훈을 얻습니다. 우리의 성령 충만함은 우리 가까이에서 우리를 잘 알고 우리를 좋아하는 같은 그리스도인에 의해 확인되는 것이 아닙니다. 예배당 밖 세상에서 주님을 부정하고 그리스도인을 조롱하는 사람들마저 우리의 새로운 변화만은 인정하지 않을 수 없을 때, 우리는 진정 성령 충만한 사람인 것입니다.

두 번째로 주목할 것은 사람들이 제자들의 성령 충만함을 확인한 시간입니다.

> 베드로가 열한 사도와 함께 서서 소리를 높여 이르되 유대인들과 예루살렘에 사는 모든 사람들아 이 일을 너희로 알게 할 것이니 내 말에 귀를 기울이라 때가 제삼 시니 너희 생각과 같이 이 사람들이 취한 것이 아니라 (14-15절).

베드로는 자신들이 일반적인 의미로 술에 취하지 않았음을 밝히기 위해, 그때의 시간이 제3시임을 강조하였습니다. 제3시는 요즘 시간으로 아침 9시입니다. 경건한 유대인들은 아침 9시, 낮 12시, 오후 3시 이렇게 하루 세 번씩 기도하였습니다. 따라서 기도 시간인 아침 9시에 술을 마셨을 리 없다는 의미로 베드로는 그 시간을 강조하였습니다. 그뿐 아니라 유대인들은 오순절과 같은 절기에는 아침 10시까지 금식하는 관습이 있으므로, 금식 시간 중인 아침 9시에 술 취했을 리는 더욱 없다는 의미이기도 했습니다. 우리가 여기서 감동하지 않을 수 없는 것은, 이처럼 제자들의 성령 충만함을 자타가 인정한 시간이 아침 9시라는 사실 때문입니다.

아침 9시의 특징은 보통 하루 일과가 시작되는, 현실적으로 가장 세속적인 시간이라는 것입니다. 우리는 지금 예배당에서 은혜롭게 예배를 드리고 있습니다. 예배당이라는 장소의 특성상, 예배 시간이라는 시간의 특성상, 이 순간 우리는 우리와 함께 계시는 성령님에 대해 민감할 수 있고, 우리의 중심이 온통 주님을 향해 집중될 수 있습니다. 그러나 내일 아침 9시면 어떻게 될까요? 월요일인 내일 아침 9시, 여러분이 각자의 일터에서 성령 충만한 마음으로 앉아 계시겠습니까, 아니면 철저히 세속적인 마음이겠습니까? 내일 아침 9시, 진리에 사로잡혀 하루를 시작하시겠습니까, 아니면 세상 논리의 포로가 되어 일과에 임하시겠습니까? 내일 아침 9시, 현실적으로 가장 세속적이기 쉬운 그 시간에 여러분의 비판자마저 여러분을 향기롭고 감미로운 성령 충만한 그리스도인으로 보겠습니까, 아니면 여러분의 동료조차 여러분을 누구보다 속된 인간으로 간주하겠습니까?

스스로 속지 마십시다. 우리의 성령 충만함은 주일에, 예배당에서, 예배 시간에 가려지지 않습니다. 우리의 성령 충만함은 주일이 다 지난 뒤, 월요일인 내일 아침 9시가 되어서야 판명됩니다. 한 주간이 시작되는 월요일 아침 9시, 현실적으로 가장 세속적이기 쉬운 그 시간, 자신에게 임하여 계시는 성령님을 의식하며 진리의 빛 속에서 새로운 한 주간을 맞는 사람이 성령 충만한 사람입니다. 바꾸어 말해 우리의 성령 충만함은 별도의 장소나 시간이 정해져 있지 않습니다. 월요일 아침 9시, 세상 한가운데서도 성령님을 좇는 사람이 진정 성령 충만한 사람이요, 그런 사람에 의해 세상은 새로워집니다. 월요일 아침 9시에도 성령님을 좇아 사는 사람이라면 그 사람은 세상의 어둠을 밝히는 진리의 등대요, 진리의 열매를 위해 스스로 썩어지는 진리의 밀알이요, 그의 말 한 마디 한 마디가 주님의 또 '다른 언어들', 다시 말해 '주님의 혀'로 승화될 것이 분명하기 때문입니다.

지난 12월 마지막 수요 성경 공부 시간에 우리는 여섯 명의 교우님으로부터, 한 해 동안 주님께서 베풀어 주신 은혜와 관련하여 귀한 신앙고백을 들었습니다. 우리 모두의 마음에 깊은 은혜의 자국을 남긴 보배로운 고백이었습니다. 남편과 일 년 동안 미국에서 안식년을 지내고 지난해 2월 귀국한 뒤, 우리 교회 교인이 된 노미숙 집사님의 그날 고백문 가운데 한 구절을 본인의 양해를 얻어 읽어 드리겠습니다.

> 지난 2월 귀국하기 위해 이삿짐을 싸면서 원하는 것과 필요한 것을 구별하여 사는 것과, 절제하여 이웃과 나누는 기쁨의 소중함을 주님이 배우게 하셨습니다.

짧은 문장이지만 참된 그리스도인이 되기를 소망하는 사람에게 더없이 귀중한 내용입니다. 그리스도인조차도 대개 자신이 원하는 것을 위해 살아갑니다. 그래서 오늘날 그리스도인에게 주님은 자신이 원하는 것을 얻기 위한 수단 이상이 아닙니다. 참된 그리스도인은 자신이 원하는 것이 아니라, 그리스도인으로 살아가는 데 필요한 것을 구하는 사람입니다. 필요한 것을 구하는 사람은 세상 것으로 인해 실족하거나 타락하지 않습니다. 자기에게 없는 것은, 하나님 보시기에 자신에게 당장 필요하지 않은 것임을 믿음으로 받아들이기 때문입니다. 내가 절제하지 않는 한, 이웃과 더불어 사는 기쁨을 누릴 수는 없습니다. 사랑은 자신을 주는 것이고, 그것은 자기 부인否認을 통한 절제에서 시작됩니다. 우리가 어떻게 매사에 원하는 것과 필요한 것을 구별하며 살 수 있겠습니까? 어떻게 스스로 절제하며 이웃과 나누는 기쁨을 누릴 수 있겠습니까? 월요일 아침 9시부터, 아니 월요일 아침 9시에도 성령님을 좇아 성령 충만한 삶을 추구하면 됩니다.

요즘 누가 보아도 성령님 안에서 삶이 향기롭고 감미롭게 변화되고 날로 성숙을 더해 가는 성도님이 있습니다. 그분이 얼마 전 저와 식사 중에 이런 말을 했습니다.

"목사님은 사람을 홀리는 재주가 있나 봐요."

철없는 어린아이가 아닌 바에야, 제가 홀린다고 삶이 온통 자신의 의지와 무관하게 변화될 어른이 어디 있겠습니까? 그 성도님은 성령님에 사로잡혀 살고 있는 자신의 삶을 농담 삼아 그렇게 표현한 것입니다.

사랑하는 교우 여러분!

아침 9시에 제자들을 사로잡아 주신 성령님께서 지금 여러분과 함께 계심을 잊지 마십시오. 주저 말고 그 성령님께 사로잡히십시오. 성령님께 취하십시오. 성령님께 온전히 젖으십시오. 성령님의 지배 속에 거하십시오. 성령님께서 여러분을 진리 가운데로 인도하시고, 언제 어디서나 진리의 말씀을 생각나게 해주실 것입니다. 그 말씀을 좇으십시오. 오늘 예배당 안에서뿐만 아니라 월요일 아침 9시, 매일 아침 9시에도, 성령님을 힘입어 그 말씀을 좇으십시오. 그때 주님을 부인하고 여러분을 조롱하던 사람들마저 여러분의 향기롭고 감미로운 변화를, 여러분이 진정한 그리스도인임을 인정하지 않을 수 없을 것입니다. 월요일 아침 9시에도 성령님을 좇는 여러분의 삶이 예배의 생활화, 생활의 예배화로 승화된 성령 충만한 삶이기 때문입니다.

우리의 성령 충만함은, 우리의 참된 그리스도인 됨은, 우리가 함께 모여 예배드리는 오늘이 아니라, 오늘이 다한 뒤 월요일 아침 9시에 판명됨을 잊지 말게 하옵소서. 이 시간 우리와 함께 계신 성령님께 온전히 젖어들게 하옵소서. 성령님께 사로잡혀, 성령님께 취하며, 성령님의 지배 속에 거하게 하옵소서. 그리하여 내일 아침 9시에도, 아니 매일 아침 9시에도, 성령 충만한 그리스도인으로 살게 하옵소서. 세상 관점으로 주님의 말씀을 마음대로 재단하는 것이 아니라, 성령님께서 기억나게 하시는 주님의 말씀을 좇아 원하는 것과 필요한 것을 구별하며 살게 하옵소서.

주님을 부인하고 우리를 조롱하던 사람들마저 날로 향기롭고 감미롭게 변화되는 우리의 모습을 인정하게 해주시고, 그와 같은 우리 삶이 이 어두운 세상을 비추는 진리의 등대가 되게 하옵소서. 아멘.

27. 주의 이름을

사도행전 2장 14-21절

베드로가 열한 사도와 함께 서서 소리를 높여 이르되 유대인들과 예루살렘에 사는 모든 사람들아 이 일을 너희로 알게 할 것이니 내 말에 귀를 기울이라 때가 제 삼 시니 너희 생각과 같이 이 사람들이 취한 것이 아니라 이는 곧 선지자 요엘을 통하여 말씀하신 것이니 일렀으되 하나님이 말씀하시기를 말세에 내가 내 영을 모든 육체에 부어 주리니 너희의 자녀들은 예언할 것이요 너희의 젊은이들은 환상을 보고 너희의 늙은이들은 꿈을 꾸리라 그때에 내가 내 영을 내 남종과 여종들에게 부어 주리니 그들이 예언할 것이요 또 내가 위로 하늘에서는 기사를 아래로 땅에서는 징조를 베풀리니 곧 피와 불과 연기로다 주의 크고 영화로운 날이 이르기 전에 해가 변하여 어두워지고 달이 변하여 피가 되리라 누구든지 **주의 이름을** 부르는 자는 구원을 받으리라 하였느니라

영국에서 의학을 전공하다가 하나님의 부르심을 받고 현재 한국에서 사역하고 있는 영국 청년이 있습니다. 최근에 그 청년과 이야기를 나누던 중, 영국 그리스도인으로서 한국 교회에 대하여 느낀 소감을 들었습니다. 영국

교회는 한국 교회에 비하면 교회라 부르기 민망할 정도로 교인 수가 적다고 합니다. 그러나 비록 교인 수는 적지만, 그들 모두 순수한 심령을 지니고 주님의 말씀을 좇아 사는 그리스도인입니다. 반면에 한국 교회에는 교인들은 넘쳐나는데, 교회 밖에서도 주님의 말씀대로 사는 사람은 찾아보기 어렵다고 했습니다. 특히 젊은이들이 예배당 안에서는 뜨겁게 경배와 찬양을 드리면서 밖에서는 예사로 술을 마시거나, 이성 간에 거리낌 없이 성관계 맺는 것을 이해할 수 없다고 했습니다.

그 청년의 눈에 비친 한국 교회의 문제점을 한마디로 표현하면 '세속화'입니다. 그리스도인이 주일에 예배당에서 예배드리며 주님의 이름을 부르며 기도하는 것을 제외하고는, 믿지 않는 사람들과 전혀 구별되지 않는 것입니다. 이것은 1970년대 경제개발에 따른 교회의 급속한 양적 팽창 이후 끊임없이 제기되어 온 문제지만, 갈수록 그 도가 심해질 뿐 개선의 기미는 보이지 않고 있습니다.

전 국민의 25퍼센트가 그리스도인임을 자랑하는 한국 교회는, 교인 총수가 전 국민의 1퍼센트에 불과한 일본 교회를 은연중에 경시하고 있습니다. 그러나 일본 그리스도인들이 세상에서 그리스도인으로 살아가는 진지한 삶의 모습을 단 한 번이라도 확인한 사람이라면, 단지 그들의 수가 1퍼센트에 불과하다는 이유만으로 그들을 업신여기는 것이 얼마나 허황한 교만인지 알게 됩니다. 일본의 장인정신은 세계적으로 널리 알려져 있습니다. 일본 목수가 깐 마루는 나무 사이에 틈새가 없는 것은 물론이고 시간이 흘러도 전혀 뒤틀리지 않는다거나, 일본 미장이가 바른 벽면은 유리처럼 고르다는 것, 그리고 일본 제품의 평균 불량률이 세계에서 가장 낮다는 것 등은 전혀 새삼스러운 일이 아닙니다. 중요한 사실은 일본 그리스도인들 역시 그 장인정신으로 주님을 본받아 살려고 애쓴다는 점입니다. 한국이 교회의 양적 팽

창과 더불어 선교 대국으로 부상하기 전까지 전 국민의 1퍼센트에 불과한 일본 그리스도인들이 미국과 영국에 이어 세계에서 세 번째로 많은 선교사를 파송했다는 것과, 선교지에서 물의를 일으킨 일본 선교사는 거의 없었다는 사실을 아는 한국인은 많지 않습니다. 더욱이 국민의 1퍼센트에 불과한 일본 그리스도인 가운데 세계적인 신학자 우치무라 간조 선생, 세계적인 자선사업가 가가와 도요히코 목사, 세계적인 작가 미우라 아야코 여사가 배출된 것은 우연이 아니라, 일본 그리스도인들이 지니고 있는 신앙의 장인정신이 빚어낸 필연입니다. 따라서 외관상으로 미약하고 볼품없어 보이는 일본 교회를 들여다보면 볼수록, 같은 그리스도인으로서 그들의 진지한 삶의 모습에 겸허해지지 않을 수 없습니다.

교회란 건물이나 제도가 아니라 주님을 믿고 따르는 사람들의 모임임을 우리는 잘 알고 있습니다. 좋은 교회는 좋은 건물이나 제도가 아닌, 바른 믿음을 지닌 교인들로 이루어진다는 것도 익히 알고 있습니다. 그렇다면 교인 수는 적을지언정 순결한 심령으로 신실하게 주님을 좇아 사는 사람들로 구성된 교회가 좋은 교회이겠습니까, 아니면 발 디딜 틈 없이 예배당은 교인들로 꽉 찼지만 예배 행위를 제외하면 믿지 않는 사람과 구별되지 않는 자들로 만원을 이룬 교회가 좋은 교회이겠습니까? 두말할 것도 없이 전자가 좋은 교회입니다. 이처럼 해답은 자명하건만, 왜 한국 교회, 한국 그리스도인들은 세속화의 늪에서 벗어나지 못합니까? 전 국민의 4분의 1이 주일마다 주님의 이름을 부르건만, 왜 교회와 세상은 새로워지지 않는 것입니까?

2천 년 전 오순절 날 성령님께서 제자들에게 임하셨을 때, 베드로는 자신들이 술 취한 것이 아니라 성령세례를 받았음을 밝히기 위해 구약성경의 요엘서 2장 말씀을 인용하였습니다. 요엘이 언급한 어떤 징조나 기사보다 자신들이 '다른 언어들'로 말한 것이 더 확고한 성령강림의 증거였기 때문임을 이미 우리는 2주 전에 상세하게 살펴보았습니다. 그런데 오늘 본문 20-21절을 통해, 베드로가 요엘서 2장을 인용한 또 다른 이유를 발견하게 됩니다.

> 주의 크고 영화로운 날이 이르기 전에 해가 변하여 어두워지고 달이 변하여 피가 되리라 누구든지 주의 이름을 부르는 자는 구원을 받으리라.

여기서 "주의 크고 영화로운 날"은 주님께서 재림하시는 종말의 날을, 그리고 해와 달이 어둠과 피로 변한다는 것은 종말 직전에 도래할 대환난을 의미합니다. 그 환난과 종말이 지금 당장 닥친다 해도 주의 이름을 부르는 사람은 그가 누구든지 구원을 얻는다는 요엘의 예언을 결론 삼아, 베드로는 자신들에게 성령님께서 강림하셨음을 역설하였습니다. 요엘이 언급한 징조나 기사가 하나도 일어나지 않아도, 한 인간이 주의 이름을 부르고 구원을 얻는 것은 그에게 성령님께서 임하셨다는 부동의 증거라는 의미에서였습니다. 성령님의 역사가 없이는 눈에 보이지 않는 하나님을, 더욱이 달동네 나사렛 출신인 인간 예수를 하나님께서 보내신 구세주로 믿는 것 자체가 불가능하기 때문입니다.

주님께서는 황제의 신전이 인간을 압도하는 황제의 도시 빌립보 가이사랴에서 제자들에게 "너희에게 대체 나는 누구냐"고 물으셨습니다. 다른 제자들이 감히 어떻게 말해야 할지 알지 못하는 가운데 베드로가 "주는 그리스도시요 하나님의 아들이십니다"라고 대답했습니다. 지중해 세계를 석권한 로마 황제의 신전을 배경으로 서 있는 나사렛 예수님의 행색은, 황제에 비하면 초라한 걸인과도 같았습니다. 그렇지만 베드로는 신전에서 인간의 경배를 받는 로마 황제가 아니라 달동네 나사렛 출신인 예수님 당신이 하나님이시며, 삼권을 장악한 로마 황제가 아니라 보잘것없는 몰골의 예수님 당신이 구원자라고 고백하였습니다. 그 고백을 받으신 주님께서 베드로에게 말씀하셨습니다.

> 네가 복이 있도다 이를 네게 알게 한 이는 혈육이 아니요 하늘에 계신 내 아버지시니라 (마 16:17).

지난 2천 년 동안 이 세상 모든 그리스도인과 교회의 신앙고백으로 승화된 그 놀라운 고백은 실은 베드로 자신이 한 것이 아니었습니다. 빈민 출신 베드로가 하나님과 함께하지 않았다면 지상의 신으로 군림하는 로마 황제를 하나님으로 섬기기가 십상이었습니다. 그러나 그가 눈에 보이는 로마 황제가 아니라, 초라하기 짝이 없는 행색의 나사렛 예수님 안에서 보이지 않는 영원한 구원을 좇을 수 있었던 것은, 전적으로 하나님께서 베푸신 은혜로 인함이었습니다. 이 사실을 직접 경험한 베드로가 "누구든지 주의 이름을 부르는 자는 구원을 받으리라"는 요엘 선지자의 말로 자신들에게 성령님이 임하셨음을 역설한 것은 너무나도 당연했습니다. 성령님의 역사가 아니고는 그런 일이 절대로 일어날 수 없음을, 베드로는 자신의 경험을 통해 누구보다도 잘 알고 있었던 것입니다.

그렇다면 본문에서, 인간이 하나님의 이름을 부른다는 것은 무슨 의미입니까? 흔히 타 종교에서 주문을 외우듯 하나님의 이름을 반복해 부르는 것입니까? 많은 그리스도인이 오해하는 것처럼 하나님의 이름을 부르며 자신이 원하는 바를 기도하는 것입니까? 이 질문에 대한 해답은 창세기 4장에서 찾을 수 있습니다. 하나님께서 인간을 창조하신 내용은 창세기 2장에 나타나 있습니다. 그러나 인간은 창세기 4장 25절에 이르기까지 단 한 번도 자발적으로 하나님의 이름을 불러본 적이 없었습니다. 창세기 4장 26절은 그들이 '에노스 때'가 되어서야 비로소 하나님의 이름을 불렀음을 밝혀 줍니다. 지난해 구역 공부 시간에 '새신자반'을 통해 배운 것처럼 히브리어 '에노스אֱנוֹשׁ'는 사람 이름이기도 하지만, '죽을 수밖에 없는 존재'란 의미의 보통명사이기도 합니다. 인간은 자기 죽음을 자각하기 전까지는 여호와 하나님을 필요로 하지 않았습니다. 그러나 죽음이 남의 이야기가 아니라 바로 자신의 문제임을 뼈저리게 깨달았을 때, 다시 말해 언젠가 자신의 생이 공동묘지에서 끝날 수밖에 없음을 통감하였을 때, 그제야 죽음 이후를 책임져 주실 생명의 근원이신 하나님의 이름을 온 중심을 다해 불렀습니다.

따라서 인간이 하나님의 이름을 부른다는 것은 자신이 에노스, 곧 죽을 수밖에 없는 존재임을 하나님 앞에 겸손하게 고백하는 것입니다. 하나님께서 인간을 처음 만드셨을 때 인간은 원래 죽지 않는 존재였습니다. 죽지 않는 존재이던 인간이 죽을 수밖에 없는 존재로 전락한 것은 죄로 말미암음이었습니다. 거룩하신 하나님 앞에서 죄의 삯은 죽음일 뿐입니다. 그러므로 인간이 하나님의 이름을 부른다는 것은, 자기 능력으로는 자신을 구해 낼 수 없는 본질적 죄인임을 인정하는 것입니다. 죄로 인해 죽을 수밖에 없는 인간을 죄와 사망의 올무에서 구원해 주기 위해 하나님께서 이 땅에 보내신 구원자가 예수 그리스도셨습니다. 예수님께서 인간의 죗값을 대신 치르기 위해 십자가의 제물이 되어 돌아가셨다가 죽음을 깨뜨리고 부활하심으로, 인간이 예수 그리스도 안에서 영원한 생명을 누릴 수 있는 길이 주어졌습니다. 그렇기에 하나님의 이름을 부른다는 것은, 이 땅에 오신 예수님을 자신의 구원자로 영접하는 것입니다. 한마디로 하나님의 이름을 부른다는 것은, 참생명이자 구원자이신 삼위일체 하나님을 온전히 믿는 것입니다. 그래서 사도 바울 역시 동일한 구절을 인용하면서 다음과 같은 해설을 덧붙이고 있습니다.

> 누구든지 주의 이름을 부르는 자는 구원을 받으리라 그런즉 그들이 믿지 아니하는 이를 어찌 부르리요 (롬 10:13-14).

바울은 하나님의 이름을 부른다는 것을 단순한 '부름'이 아니라, 하나님에 대한 전적인 '믿음'임을 분명히 밝히고 있습니다.

요한복음 1장 12절을 통해 누구든지 예수 그리스도의 이름을 믿는 사람에게 하나님의 자녀가 되는 권세를 주셨음을 밝히신 하나님께서는, 요한복음 3장 16절에서 당신의 약속을 재천명하셨습니다.

> 하나님이 세상을 이처럼 사랑하사 독생자를 주셨으니 이는 그를 믿는 자마다 멸망하지 않고 영생을 얻게 하려 하심이라.

이렇듯 당신의 이름으로 약속하신 하나님이시기에, 자신의 죄인 됨과 그로 인해 죽을 수밖에 없는 에노스임을 성령님의 은총으로 통감한 사람이 온 중심을 다해 하나님을 믿고 하나님의 이름을 부르며 하나님의 구원을 요청할 때, 하나님께서 당신의 영원한 생명으로 그를 건져 주실 것임은 두말할 나위가 없습니다. 이런 관점에서 '누구든지 주의 이름을 부르는 자는 구원을 받으리라'는 하나님의 말씀은 복음 중의 복음이 아닐 수 없습니다. 하나님께서 당신의 이름을 부르는 사람 가운데 특정인만 선별하여 구해 주시는 분이라면, 딱히 내세울 것 없는 우리는 공동묘지에서 그 생이 허망하게 끝나 버릴 것이 분명합니다.

이쯤에서 여러분에게 묻겠습니다. 여러분은 구원받으셨습니까? 여러분은 이 시간 구원받은 그리스도인으로 이 자리에 나와 계십니까? 답은 '그렇다'는 것입니다. "사람이 마음으로 믿어 의에 이르고 입으로 시인하여 구원에 이르느니라"는 로마서 10장 10절 말씀처럼, 우리는 모두 성령님의 은총 속에서 우리의 죄인 됨과 에노스임을 깨달아, 삼위일체 하나님을 마음으로 믿고 입으로 주님의 이름을 부름으로써 구원받은 그리스도인으로 이 자리에 나와 있습니다. 그렇다면 또다시 묻겠습니다. 이미 구원받은 우리는 더 이상 하나님의 이름을 부를 필요가 없습니까? '누구든지 주의 이름을 부르는 자는 구원을 받으리라'는 본문의 말씀은 구원받은 우리와는 이제 상관없는 구절입니까? 그렇지 않습니다. 구원받은 우리 역시 계속 주님의 이름을 불러야 합니다. 아니, 구원받았기에 더욱더 주님의 이름을 불러야 합니다.

하나님을 알지 못하던 사람이 공동묘지에서 끝날 수밖에 없는 자신의 실상을 깨닫고 주님의 이름을 부르는 것은, 이제껏 살펴본 것처럼 참생명이자 구원자이신 주님을 온전히 신뢰하는 것을 의미합니다. 그러나 주님을 믿음으로 이미 구원받은 사람이 주님의 이름을 계속 부르는 것은, 입으로 주님을 부르는 차원을 넘어 자신의 삶으로 주님의 이름을 부르는 것, 다시 말해 주님의 이름으로 살아가는 것을 뜻합니다. 이름은 단순한 호칭이나 기호가 아닙니다. 그 이름을 지닌 대상의 인격과 존재 그리고 가치 자체입니다. 우리가 누군가의 이름만 보고도 고개를 절레절레 흔들거나 반대로 옷깃을 여미는 것은, 그 이름을 구성하는 글자의 의미나 소리가 좋고 나빠서가 아니라, 이름이 그 사람의 모든 것을 함축하고 있기 때문입니다. 우리는 왜 자신을 스스로 그리스도인이라 칭합니까? 왜 세상 사람들도 우리를 그리스도인이라 부릅니까? 그것은 우리가 예수 그리스도의 이름으로, 즉 예수 그리스도의 인격과 생명으로 살고 우리 삶으로 예수 그리스도의 이름을 불러야 함을, 우리뿐만 아니라 교회 밖 세상 사람들까지 알고 있기 때문입니다.

그렇다면 다시 서두의 질문으로 돌아가 보십시다.

왜 영국 청년의 눈에, 예배당을 가득 채우고 있는 한국 그리스도인들은 세상 사람들과 별반 다르지 않게 비춰지는 것입니까? 왜 한국 그리스도인에게는 일본 그리스도인이 지닌 신앙의 장인정신이 결여되어 있습니까? 왜 교회마다 온갖 구호와 이벤트가 넘치는데도 교회의 세속화는 날로 심해지고 있습니까? 전 국민의 4분의 1을 차지하는 그리스도인에 의해 한국 교회와 사회는 왜 새로워지지 않는 것입니까? 이 질문에 대한 해답을 이제 우리 스스로 밝힐 수 있습니다. 그리스도인인 우리가 입으로 주님의 이름을 불러 얻은 구원을 누리려고만 할 뿐, 구원받은 그리스도인답게 우리 삶으로 주님의 이름을 부르지 않기 때문입니다.

우리 삶으로 주님의 이름을 부르고, 주님의 이름으로 살아야 하는 이유가 무엇입니까? 우리가 그리스도의 이름으로 구원받고, 그리스도의 이름으로 불리는 그리스도인이기 때문입니다. 그리스도의 이름으로 구원받은 그리스도인이 자신의 삶으로 그리스도의 이름을 부르고 그리스도의 이름으로 살아가는 것은 그리스도인의 당연한 의무입니다. 그것이 싫다면 그리스도인으로 불릴 까닭이 없습니다. 사도행전이 무엇입니까? 주님의 이름을 입으로 불러 구원받은 사람들이 자신들의 삶으로 주님의 이름을 부르며 살아갈 때, 주님께서 그들을 통하여 인류 역사를 새롭게 하셨음을 증언해 주는 생명의 기록입니다. 자신들의 삶으로 주님의 이름을 부르며 새 역사의 도구로 쓰임 받은 사도들 대부분은 무식한 갈릴리 출신이었습니다. 그것이야말로 누구든지 자기 삶으로 주님의 이름을 부르기만 하면 그 이름의 주인이신 주님에 의해 세상을 새롭게 하는 참된 교회가 될 수 있다는 좋은 본보기였습니다.

물론 사도들이 그런 삶을 살 수 있었던 것은 그들의 능력이나 의지의 산

물이 아니었습니다. 오직 그들에게 임하신 성령님의 도우심으로 가능했던 것입니다. 제자들이 그들에게 임하신 성령님에 대해 깨어 있을 때, 그들이 주님의 이름, 즉 주님의 인격과 생명으로 살아갈 수 있도록 성령님이 자신의 빛으로 인도해 주신 결과였습니다. 주님께서 성령님의 이름을 '도우시는 분'이란 의미의 보혜사保惠師라 가르쳐 주신 이유가 여기에 있습니다.

여러분이 아무리 입으로 주님의 이름을 불러 구원받은 그리스도인이라 해도 여러분의 삶으로 주님의 이름을 부르기 전에는, 여러분의 가정이 진정한 천국의 기쁨을 누릴 수는 없습니다. 여러분이 주일마다 예배 시간에 뜨겁게 주님의 이름을 부른다 해도 여러분의 삶으로 주님의 이름을 부르기 전에는, 여러분의 일터가 주님께서 역사하시는 주님의 선교지일 수는 없습니다. 구원받은 우리의 수가 날로 이 예배당에 차고 넘친다 해도, 그리스도의 이름으로 불리는 그리스도인인 우리가 평소 우리 삶으로 그리스도의 이름을 부르지 않는다면, 우리가 이 세상을 새롭게 하는 진정한 교회가 될 수는 없습니다.

사랑하는 교우 여러분!

보혜사 성령님께서 우리를 도우시기 위해 우리와 함께 계심을 잊지 마십시오. 그 성령님에 대하여 날마다 깨어 있으십시오. 그분의 도우심 속에서 여러분의 삶으로 주님의 이름을 부르십시오. 오늘 예배당 안에서만이 아니라 월요일인 내일 아침 9시에도 그렇게 하십시오. 그때부터 주님의 생명과 인격이 배어 나는 여러분의 삶은 혼돈에 빠진 이 시대와 세속화로 오염된 이 땅의 교회를 새롭게 하는 사도행전으로 엮어질 것입니다. 보잘것없는 우리와 함께 계시는 성령님은 천지를 창조하신 하나님의 영이시기 때문입니다.

'누구든지 주의 이름을 부르는 자는 구원을 받으리라.'

주님을 마음으로 믿고 입으로 주님의 이름을 불러 구원받았음에 만족하는 것으로 그치는 어리석음을 범치 않게 도와주옵소서. 우리 자신이 그리스도의 이름으로 불리는 그리스도인임을 잊지 말게 하옵소서. 성령님의 도우심 속에서 삶으로 주님의 이름을 불러 구원받은 그리스도인의 삶, 그리스도의 인격과 생명이 배어나는 삶을 살아가게 하옵소서.

성령님의 인도하심 속에서 삶으로 주님의 이름을 부르는 나로 인해, 나의 가정이 천국으로 일구어지게 하옵소서. 성령님의 빛을 따라 삶으로 주님의 이름을 부르는 우리로 인해, 100주년기념교회가 참된 주님의 교회가 되게 하옵소서. 그리하여 혼돈에 빠진 이 땅의 역사가 새로워지고 한국 교회의 세속화가 종식되게 하옵소서.

주님께서 부르시는 그날까지 성령님의 은총 속에서, 작은 예수로 살아가는 감격과 기쁨을 날마다 누리게 하옵소서. 아멘.

28. 하나님께서

사도행전 2장 22-36절

이스라엘 사람들아 이 말을 들으라 너희도 아는 바와 같이 **하나님께서** 나사렛 예수로 큰 권능과 기사와 표적을 너희 가운데서 베푸사 너희 앞에서 그를 증언하셨느니라 그가 **하나님께서** 정하신 뜻과 미리 아신 대로 내준 바 되었거늘 너희가 법 없는 자들의 손을 빌려 못박아 죽였으나 **하나님께서** 그를 사망의 고통에서 풀어 살리셨으니 이는 그가 사망에 매여 있을 수 없었음이라 다윗이 그를 가리켜 이르되 내가 항상 내 앞에 계신 주를 뵈었음이여 나로 요동하지 않게 하기 위하여 그가 내 우편에 계시도다 그러므로 내 마음이 기뻐하였고 내 혀도 즐거워하였으며 육체도 희망에 거하리니 이는 내 영혼을 음부에 버리지 아니하시며 주의 거룩한 자로 썩음을 당하지 않게 하실 것임이로다 주께서 생명의 길을 내게 보이셨으니 주 앞에서 내게 기쁨이 충만하게 하시리로다 하였으므로 형제들아 내가 조상 다윗에 대하여 담대히 말할 수 있노니 다윗이 죽어 장사되어 그 묘가 오늘까지 우리 중에 있도다 그는 선지자라 **하나님이** 이미 맹세하사 그 자손 중에서 한 사람을 그 위에 앉게 하리라 하심을 알고 미리 본 고로 그리스도의 부활을 말하되 그가 음부에 버림이 되지 않고 그의 육신이 썩음을 당하지 아니하시리라 하더니 이 예수를 **하나님이** 살리신지라 우리가 다 이 일에 증인이로다 **하나님이** 오른

손으로 예수를 높이시매 그가 약속하신 성령을 **아버지께** 받아서 너희가 보고 듣는 이것을 부어 주셨느니라 다윗은 하늘에 올라가지 못하였으나 친히 말하여 이르되 주께서 내 주에게 말씀하시기를 내가 네 원수로 네 발등상이 되게 하기까지 너는 내 우편에 앉아 있으라 하셨도다 하였으니 그런즉 이스라엘 온 집은 확실히 알지니 너희가 십자가에 못박은 이 예수를 **하나님이** 주와 그리스도가 되게 하셨느니라 하니라

스코틀랜드 출신의 영국 신학자 윌리엄 바클레이W. Barclay가 쓴 '고독한 생애'라는 제목의 글이 있습니다. 바클레이 자신의 창작물이 아니라 오래전부터 전해 오는 이야기를 그가 정리한 것으로, 내용은 다음과 같습니다.

세상과는 동떨어진 마을에 유대인의 자식으로 태어난 사람이 있었다. 아버지는 목수고 어머니는 농사꾼이었다. 그는 미지의 그 작은 마을에서 자라나, 서른 살이 될 때까지 목수로 살았다. 이후 여러 곳을 유랑하는 설교자로 3년을 지냈다. 그는 책을 쓴 적도 없고, 일정한 일터나 자기 집을 소유한 적도 없었다. 고등교육을 받거나 결혼하여 가정을 이룬 적도 없고, 도시 생활을 해본 적도 없으며, 자신이 살던 곳에서 300킬로미터 이상을 벗어난 적도 없었다. 역사적 위인에게 있기 마련인, 정치적으로나 사회적으로 경이로운 일을 도모한 적도 없었다. 명망 높은 사람의 소개장이나 추천장도 없던 그가 내어놓을 수 있는 재산이라고는 그의 몸뿐이었다. 몸뚱이와 타고난 성정性情 이외에는 이 세상과 관련된 그 무엇도 지닌 것이 없었다.

그가 떠돌이 설교자 생활을 시작한 지 얼마 지나지 않아 세상이 그에게 적개심을 품기 시작했다. 그의 친구들은 그를 버리고 도망갔고, 그중의 한 사람은 그를 배신하기까지 했다. 그는 반대자의 손에 넘겨져 형식적

인 재판 과정을 거친 뒤, 두 강도와 함께 십자가에 못박혔다. 그가 죽기 직전, 그를 십자가에 못박은 처형자들은 그의 유일한 재산이던 겉옷을 서로 갖기 위해 그가 보는 데서 제비를 뽑았다. 그의 숨이 멎자 시체는 남의 무덤에 안치되었다. 한 인간의 고독한 생애였다.

그러나 2천 년의 세월이 흐른 오늘날, 그는 인류의 중심에 그리고 영원을 향한 대열의 최선두에 서 있다. 역사상 가장 강력한 군대, 가장 권위 있는 집단, 가장 뛰어난 왕들을 모두 모은들 인류의 삶에 미친 영향력에 관한 한, 저 고독한 생애에는 전혀 필적할 수 없다.

저 고독한 생애의 주인공을 우리는 잘 알고 있습니다. 바로 나사렛 예수님이십니다. 그분은 이 땅에 태어나던 순간, 마땅한 보금자리가 없어 역겨운 냄새가 진동하는 짐승의 밥통을 침대로 삼았습니다. 그분이 살던 나사렛은 빈민들이 모여 사는 달동네였습니다. 예수님은 남에게 내세울 만한 학력이나 경력이 전무하였습니다. 2천 년 전 철저한 계급사회를 이루고 있던 로마제국 치하에서 그분은 최하층민이었던 셈입니다. 그런데도 그분에 의해 BC(주전)와 AD(주후)로 구분된 인류의 역사는 그분으로 인해 새로워졌고 또 새로워지고 있습니다. 이것은 알렉산더와 칭기즈칸, 나폴레옹 등 소위 영웅이라 추앙받는 모든 인간을 다 합친다 해도 일어날 수 없는 일입니다.

그런데 어떻게 나사렛 예수에게는 이런 일이 가능했습니까? 어떻게 인류의 역사가, 달동네 빈민 출신에 무학력 무경력자인 나사렛 예수를 정점으로 전개될 수 있는 것입니까? 이 불가사의한 질문에 대한 해답을 오늘 본문이 제시하고 있습니다.

베드로는 오순절 날 자신들이 술 취한 것이 아니라, 성령님께서 임하셨음을 변증하면서 구약성경의 요엘서 2장을 인용하여 설명하였습니다. 그리고 오늘 본문을 통해 그의 본격적인 설교가 펼쳐집니다.

이스라엘 사람들아 이 말을 들으라 너희도 아는 바와 같이 하나님께서 나사렛 예수로 큰 권능과 기사와 표적을 너희 가운데서 베푸사 너희 앞에서 그를 증언하셨느니라(22절).

지금 베드로는 하나님과 나사렛 예수를 대비하여 호칭하고 있습니다. 하나님이 천지를 만드신 전능하신 창조주에 대한 호칭이라면, 나사렛 예수란 달동네 나사렛의 빈민 출신 예수라는 의미입니다. 하나님과 달동네 빈민, 참으로 대조적인 두 존재가 아닐 수 없습니다. 베드로가 이렇듯 하나님과 나사렛 예수를 대비하여 부른 것은, 나사렛 빈민에 지나지 않던 무학력 무경력자인 예수님이 권능과 표적을 통해 그리스도의 생애를 살 수 있던 것이 전적으로 하나님으로 인함임을 강조하기 위해서였습니다.

그가 하나님께서 정하신 뜻과 미리 아신 대로 내준 바 되었거늘 너희가 법 없는 자들의 손을 빌려 못박아 죽였으나 하나님께서 그를 사망의 고통에서 풀어 살리셨으니 이는 그가 사망에 매여 있을 수 없었음이라(23-24절).

예수님께서 십자가에 못박혀 돌아가신 뒤 사흘째 되는 날 죽음을 깨뜨리고 부활하신 것은, 하나님께서 예수님을 사망의 덫으로부터 풀어 살리셨기 때문입니다. 이것이 얼마나 중요한지 베드로는 그 사실을 다시 강조하였습니다.

이 예수를 하나님이 살리신지라 우리가 다 이 일에 증인이로다(32절).

천하 제왕도 결국 한 줌의 재로 끝나는 것이 인생인데, 예수님이 죽음을 깨뜨리고 부활하신 것은 하나님께서 예수님을 다시 살리셨기 때문이라는 것입니다. 하나님께서 살리시면 반드시 산다는 것입니다. 그뿐이 아닙니다.

하나님이 오른손으로 예수를 높이시매 그가 약속하신 성령을 아버지께 받아서 너희가 보고 듣는 이것을 부어 주셨느니라(33절).

하나님께서는 천지를 창조한 전능하신 당신의 오른손으로 부활하신 예수님을 영원한 하나님의 나라로 승천하게 하시고, 승천하신 예수님을 통하여 성령님을 제자들에게 부어 주셨습니다. 한마디로 베드로는 지금, 자신을 비롯한 제자들이 성령 충만한 것은 예수님을 통한 하나님의 역사임을 역설하고 있습니다.

그리고 베드로는 자신의 설교를 다음과 같이 일단락 짓습니다.

그런즉 이스라엘 온 집은 확실히 알지니 너희가 십자가에 못박은 이 예수를 하나님이 주와 그리스도가 되게 하셨느니라 하니라(36절).

무력하게 십자가에 못박혀 돌아가신 예수님께서 온 세상을 다스리는 주재主宰가 되시고, 인간을 죄와 사망에서 구원하는 그리스도가 되신 것 또한 하나님에 의해 이루어진 일이었습니다.

그렇다면 우리는 서두에서 제기한 질문에 대한 답을 이미 얻었습니다. 어떻게 인류 역사가 달동네 빈민 출신의, 무학력 무경력자에 불과한 나사렛 예수를 정점으로 전개될 수 있었습니까? 어떻게 짐승의 밥통을 침대 삼아 태어난 그 빈민에 의해 역사가 새로워졌고, 또 새로워지고 있습니까? 고작 달동네 목수에 지나지 않던 나사렛 예수가 어떻게 인류의 구원자가 될 수 있었습니까? 하나님께서 나사렛 예수와 함께하셨기 때문이요, 하나님께서 나사렛 예수를 통해 역사하셨기 때문이요, 하나님께서 천지를 창조한 전능하신 당신의 손으로 나사렛 예수를 붙들고 계셨기 때문입니다. 그래서 위에서 살펴본 구절에서 베드로는 하나님과 아버지란 호칭을 총 여덟 번이나 사용하였습니다. 하나님 아버지 아니시고는, 그 모든 일이 결코 가능할 수 없었기 때문입니다.

우리는 여기서 왜 예수님께서 그토록 빈민으로 태어나, 빈민으로 살다가, 빈민으로 세상을 떠나가셨는지, 그 까닭을 확연히 알 수 있습니다. 만약 예수님께서 명문대가의 자제로 태어나 당대 최고의 학력과 경력을 갖추셨더라면, 그분이 무슨 일을 행하시든 사람들은 그것을 그분 개인의 능력으로 간주했을 것입니다. 그러나 그분은 짐승의 밥통을 침대 삼아 태어나 평생 무학력에 무경력자로 사셨기에, 그분이 행하신 모든 일과 말씀이 고스란히 하나님의 역사와 하나님의 말씀으로 드러날 수 있었습니다. 베드로가 자신의 첫 번째 설교를 통해 여덟 번씩이나 하나님을 강조한 이유가 여기에 있었습니다.

1965년 강원도 황지에 예수원을 설립하여 한국 그리스도인에게 지대한 영향을 미치다가 2002년 하나님의 부르심을 받은 대천덕 신부님은 자서전 《개척자의 길》에서 믿음을 모험으로 정의하고 있습니다. 참으로 적절한 표현입니다. 한 인간이 자기중심으로 살아오던 세계를 탈피하여 하나님 중심의 새로운 세계로 진입한다는 의미에서, 욕망의 노예이던 삶을 벗어던지고 진리를 위해 자신을 내던진다는 의미에서, 확실히 신앙은 모험입니다. 그러나 이 모험은 흔히 세상이 말하는 모험과는 본질적으로 다릅니다. 세상의 모험은 그 뿌리가 인간의 욕망이기에 결과가 불확실할 수밖에 없고, 설령 모험에 성공한다 해도 모험의 토대인 욕망으로 인해 인생을 의미 없이 탕진하기 쉽습니다. 그러나 믿음의 모험은 그 토대가 영원하신 하나님과 하나님의 말씀이므로 하나님에 의해 그 결과가 보증됨은 물론이요, 반드시 새로운 역사의 창조로 귀결됩니다.

2천 년 전 이 땅에 오신 예수님은 임마누엘, 즉 우리와 함께하시기 위해 오신 성자 하나님이십니다. 생각해 보십시오. 거룩하신 성자 하나님께서 여인의 몸을 통해 인간의 모습으로 이 땅에 오신다는 것은 얼마나 큰 모험입니까? 성자 하나님께서 화려한 왕궁이 아니라 짐승의 외양간에서 짐승의 밥통을 침대 삼아 태어나시고, 달동네 나사렛에서 빈민 목수로 살아간다는 것은 얼마나 엄청난 모험입니까? 더욱이 성자 하나님께서 더러운 죄인의 형벌을 대신 받으시기 위해 당신 자신이 십자가의 제물이 되어, 비천한 인간에 의해 죽임을 당하신다는 것은 상식적으로 생각조차 불가능한 모험이지 않습니까? 그런데도 예수님께서는 그 모든 모험을 감행하셨습니다. 예수님께서 성부 하나님을 믿으셨기 때문이고, 그 믿음의 토대가 하나님의 말씀이었음은 베드로의 설교를 통해 알 수 있습니다.

> 다윗이 그를 가리켜 이르되 내가 항상 내 앞에 계신 주를 뵈었음이여 나로 요동하지 않게 하기 위하여 그가 내 우편에 계시도다 그러므로 내 마음이 기뻐하였고 내 혀도 즐거워하였으며 육체도 희망에 거하리니 이는 내 영혼을 음부에 버리지 아니하시며 주의 거룩한 자로 썩음을 당하지 않게 하실 것임이로다 주께서 생명의 길을 내게 보이셨으니 주 앞에서 내게 기쁨이 충만하게 하시리로다 하였으므로(25-28절).

이 구절은 다윗이 지은 시편 16편의 내용 일부를 베드로가 인용한 것으로, 그 요지는 '내가 죽음에 처할지라도 즐거워하는 것은 주께서 나를 죽음 가운데 버려두지 않으시고 영원한 생명의 길로 인도하실 것임을 믿기 때문'이라는 것입니다. 베드로는 자신이 다윗의 이 시를 인용한 이유를 스스로 이렇게 밝혔습니다.

> 형제들아 내가 조상 다윗에 대하여 담대히 말할 수 있노니 다윗이 죽어 장사되어 그 묘가 오늘까지 우리 중에 있도다 그는 선지자라 하나님이 이미 맹세하사 그 자손 중에서 한 사람을 그 위에 앉게 하리라 하심을 알고 미리 본 고로 그리스도의 부활을 말하되 그가 음부에 버림이 되지 않고 그의 육신이 썩음을 당하지 아니하시리라 하더니 이 예수를 하나님이 살리신지라 우리가 다 이 일에 증인이로다(29-32절).

베드로는 자신이 인용한 다윗의 시가 다윗 자신에 관한 고백이 아니라, 다윗 시대로부터 1천 년 후 이 땅에 오실 예수 그리스도에 대한 다윗의 예언임을 밝혀 주고 있습니다. 다시 말해 다윗의 시에서 '내가 죽음 속에서도 주께서 살려 주실 것을 믿는다'는 요지의 내용 중 '나'는 '예수님'을, '주'는 '성부 하나님'을 뜻한다는 것입니다. 바꾸어 말하면, 성자 하나님이신 예수님이 인간으로 이 땅에 와 빈민으로 살다가 십자가의 제물이 되는 모험을 단행하실 수 있는 근거가 성부 하나님과 성부 하나님의 말씀에 대한 믿음이었다는 말입니다.

예수님께서 그 믿음으로 모험을 감행하신 결과 인류의 구원자와 부활의 구주가 되셨고, 인류 역사는 주전과 주후로 나뉘면서 새로워졌습니다. 그분이 믿은 하나님께서 그분을 통해 역사하신 결과입니다.

우리는 다윗의 시에 대한 베드로의 해석을 통하여, 다윗이 혈혈단신으로 어떻게 거인 골리앗과 맞서 싸우는 모험을 두려워하지 않았는지, 그 믿음의 근거가 무엇이었는지 알게 됩니다. 다윗은 1천 년 후 하나님께서 예수님을 죽음으로부터 살리실 것을 보고, 알고, 믿은 사람이었습니다. 게다가 예수님의 말씀을 예언한 말씀의 선지자였습니다. 따라서 그는 예수님을 죽음 가운데서 살리실 하나님께서 자신의 생명도 책임져 주실 것을 믿었습니다. 다시 말해 다윗이 골리앗과 맞설 수 있었던 모험의 근거 또한 하나님과 하나님의 말씀이었고, 그 모험의 결과로 이스라엘의 역사가 새로워진 것입니다.

지금 본문에서 설교하고 있는 베드로 역시 모험의 사람이었습니다. 갈릴리의 직업 어부가 자기 생존의 도구인 배와 그물을 버리고 목수를 따라나선다는 것 자체가 일대 모험이었습니다. 예수님을 못박아 죽인 유대인들을 향해, 너희가 죽인 나사렛 예수를 하나님께서 살리셨다고 외치는 것은 위험천만한 모험이었습니다. 빈민으로 태어나, 빈민으로 살다가, 빈민으로 떠나가신 예수님을 위해 자신의 목숨을 내놓고 순교한다는 것은 모험 중의 모험이었습니다. 그러나 베드로는 예수님을 통하여 하나님과 하나님의 말씀을 믿었기에 그 모든 모험을 결행했고, 그런 베드로에 의해 사도행전의 새 역사가 시작되었습니다.

가문, 학력, 경력 등 모든 면을 감안할 때, 유대교에서 출세가 보장되어 있던 바울이 유대교를 버리고 참수형을 당하기까지 나사렛 예수를 쫓는 것은 모험이었습니다. 부르주아이자 로마 가톨릭교회에서 중책을 맡은 제라르 코뱅의 아들 장 칼뱅이 조국 프랑스에서의 안락한 삶을 등지고 객지 제네바에서 프로테스탄트 운동의 기수가 된다는 것은 모험이었습니다. 미국인 대천덕 신부가 40여 년 전, 오지 중의 오지인 태백산 황지를 자기 삶의 터전으로 삼는 것은 모험이었습니다. 그러나 그들은 모두 하나님과 하나님의 말씀을 믿었기에 하나님을 위해 그 모험의 대열에 나섰고, 결과적으로 그들의 시대를 새롭게 할 수 있었습니다. 그들 한 사람 한 사람은 미약하였지만, 그들이 믿은 하나님께서 그들을 높이 들어 쓰신 결과였습니다.

잊지 마십시오. 단 한 사람에 의해서도 한 시대의 역사는 얼마든지 새로워질 수 있다는 것은 하나님의 약속이요, 2천 년 교회 역사의 교훈입니다. 그러나 하나님께서는 믿음의 모험을 나서는 인간을 통해서만 세상을 새롭게 하십니다.

> 하나님이 오른손으로 예수를 높이시매 그가 약속하신 성령을 아버지께 받아서 너희가 보고 듣는 이것을 부어 주셨느니라(33절).

"너희가 보고 듣는 이것"이란 제자들에게 임하신 성령님을 일컫습니다. 왜 성령님께서 강림하셨습니까? 왜 하나님께서 예수님을 통해 우리에게 성령님을 부어 주셨습니까? 우리로 하여금 성령님의 인도하심 속에서 하나님의 말씀을 좇아 나서는 모험을 감행하게 하시기 위함이요, 우리의 모험을 통해 이 세상을 새롭게 하시기 위함입니다.

사랑하는 교우 여러분!

어둠의 세상에서 빛이 되는 모험을 주저하지 마십시오. 거짓의 소용돌이 속에서 정직을 선택하는 모험을 두려워하지 마십시오. 사망의 음침한 골짜기에서 생명을 좇는 모험을 피하지 마십시오. 욕망의 노예 된 자기를 부인하고 진리를 따라나서는 모험을 시작하십시오. 성령님의 빛 속에서, 하나님과 하나님의 말씀에 대한 믿음으로 그 모험을 감행하십시오. 우리가 그 모험에 나서는 한, 하나님께서 우리를 들어 쓰시어 반드시 이 시대의 역사를 새롭게 하신다는 것이, 성령세례 받은 베드로의 첫 번째 설교가 우리에게 던져 주는 메시지입니다.

혹 이 사실이 믿어지지 않는 분들이 계십니까? 그렇다면 저 양화진 묘역으로 들어가 보십시오. 그곳에는 100여 년 전 오직 하나님과 하나님의 말씀을 의지하고 미지의 조선 땅으로 모험을 감행하여, 어둠에 빠져 있던 이 땅에 진리의 빛을 발한 신앙의 모험가들이 묻혀 있습니다. 그곳 비석과 비석 사이에서 가만히 귀 기울여 보십시오. 2천 년의 시간과 공간을 뛰어넘어, 베드로의 음성이 여러분의 귓전을 울릴 것입니다.

"너희가 십자가에 못박은 이 예수를 하나님이 주와 그리스도가 되게 하셨느니라."

주님, 우리가 하나님의 영이신 성령님께서 함께하심을 믿기에, 진리를 좇아 나서는 모험을 두려워하지 않게 하옵소서. 빈민촌 나사렛 예수를 천지의 주재와 그리스도가 되게 하신 하나님의 말씀을 믿기에, 하나님의 뜻을 따라 사는 모험을 감행하게 하옵소서. 전능하신 하나님께서 내 곁에 계심을 믿기에, 나 자신을 교회로 바로 세워 가는 모험을 날마다 결행하게 하옵소서. 하나님의 말씀에 근거한 모험의 삶만이 이 세상을 새롭게 하는 원동력임을 잊지 않게 하옵소서. 나는 미약한 인간에 지나지 않지만, 하나님께서는 전능하신 창조주이심을 언제 어디서나 기억하게 하옵소서.

오늘 우리가 이곳 양화진에 있음으로 인하여 내일, 이 시대의 역사가 새로워지게 하여 주옵소서. 하나님께서 오늘 우리를 이곳 양화진에 있게 하신 뜻이, 바로 거기에 있음을 잊지 않게 하옵소서. 아멘.

29. 풀어 살리셨으니

사도행전 2장 22-36절

이스라엘 사람들아 이 말을 들으라 너희도 아는 바와 같이 하나님께서 나사렛 예수로 큰 권능과 기사와 표적을 너희 가운데서 베푸사 너희 앞에서 그를 증언하셨느니라 그가 하나님께서 정하신 뜻과 미리 아신 대로 내준 바 되었거늘 너희가 법 없는 자들의 손을 빌려 못박아 죽였으나 하나님께서 그를 사망의 고통에서 **풀어 살리셨으니** 이는 그가 사망에 매여 있을 수 없었음이라 다윗이 그를 가리켜 이르되 내가 항상 내 앞에 계신 주를 뵈었음이여 나로 요동하지 않게 하기 위하여 그가 내 우편에 계시도다 그러므로 내 마음이 기뻐하였고 내 혀도 즐거워하였으며 육체도 희망에 거하리니 이는 내 영혼을 음부에 버리지 아니하시며 주의 거룩한 자로 썩음을 당하지 않게 하실 것임이로다 주께서 생명의 길을 내게 보이셨으니 주 앞에서 내게 기쁨이 충만하게 하시리로다 하였으므로 형제들아 내가 조상 다윗에 대하여 담대히 말할 수 있노니 다윗이 죽어 장사되어 그 묘가 오늘까지 우리 중에 있도다 그는 선지자라 하나님이 이미 맹세하사 그 자손 중에서 한 사람을 그 위에 앉게 하리라 하심을 알고 미리 본 고로 그리스도의 부활을 말하되 그가 음부에 버림이 되지 않고 그의 육신이 썩음을 당하지 아니하시리라 하더니 이 예수를 하나님이 살리신지라 우리가 다 이 일에 증인이로다 하나님이 오른

손으로 예수를 높이시매 그가 약속하신 성령을 아버지께 받아서 너희가 보고 듣는 이것을 부어 주셨느니라 다윗은 하늘에 올라가지 못하였으나 친히 말하여 이르되 주께서 내 주에게 말씀하시기를 내가 네 원수로 네 발등상이 되게 하기까지 너는 내 우편에 앉아 있으라 하셨도다 하였으니 그런즉 이스라엘 온 집은 확실히 알지니 너희가 십자가에 못박은 이 예수를 하나님이 주와 그리스도가 되게 하셨느니라 하니라

이집트 시나이 반도의 남단에 위치한 시내산은 모세가 하나님으로부터 출애굽을 명령받았을 뿐 아니라, 출애굽 이후 십계명을 받은 산으로 널리 알려져 있습니다. 그 산 중턱에 성 캐서린 St. Catherine 수도원이 있습니다. 기독교 박해 때 순교한 성녀 캐서린의 이름으로 불리는 그 수도원은, 6세기 중엽 동로마제국의 황제 유스티니아누스 1세 Justinianus I에 의해 건립되었습니다. 특이한 점은 그 이후 이집트를 포함한 중동 전체가 이슬람교에 의해 정복되었음에도, 다른 수도원들과 달리 성 캐서린 수도원만은 1400년 동안 단 한 번도 파괴되거나 약탈당한 적이 없다는 사실입니다. 그래서 그 수도원에는 성경적으로 중요한 많은 자료가 보존되어 있습니다. 수도원 경내에는 모세가 하나님의 부르심을 받을 때 보았다는 것과 같은 떨기나무가 자라고 있습니다. 3천 점 이상의 고대 성경 사본과 5천 권 이상의 희귀 성경을 소장하고 있는 도서관은, 바티칸 교황청 도서관에 이어 세계에서 두 번째로 주요 자료를 많이 소장한 것으로 유명합니다. 더욱이 1859년 독일의 티센도르프 C. von Tischendorf가 그 도서관에서 소위 '시내산 사본 Codex Sinaiticus'을 발견하여 성 캐서린 수도원의 명성은 더욱 높아졌습니다. '시내산 사본'은 약 1700년 전에 만들어진 구약과 신약 필사본으로, 신약성경 전체가 수록된 사본으로는 현재까지 세계에서 가장 오래된 것입니다.

10여 년 전, 제가 그곳을 방문하였을 때 가장 강렬하게 눈길을 끈 것은,

수도원 경내 한쪽에 있는 유골 안치소였습니다. 그곳에는 1400년 동안 그 수도원에서 살았던 모든 수도사의 유골이 가지런히 진열되어 있었습니다. 수도사가 죽으면 일단 땅속에 가매장했다가, 시신이 다 썩은 뒤 유골을 수습하여 그곳 안치소에 진열해 둔 것입니다. 그 수도원이 그리스정교회 소속이기에 그리스 국적인 사람만 유골 안치소 관람이 허락되는데, 저는 수도사의 배려로 그 속을 직접 들여다볼 수 있었습니다. 외관상으로는 '킬링필드 killing fields'와 아무 차이가 없어 보였습니다.

1975년부터 4년 동안 캄보디아를 통치한 급진 공산주의 단체인 '크메르루주 Khmer Rouge'는, 그들의 권력을 공고히 하기 위해 집단 대학살극을 벌였습니다. 지식인 30여 만 명을 포함하여 배가 튀어나온 사람, 안경 쓴 사람, 피부가 곱거나 하얀 사람, 손에 볼펜 자국이 나 있는 사람, 영어를 할 줄 아는 사람 등을 무차별로 처형했는데, 그렇게 목숨을 잃은 사람이 인구 800만 명 중에 무려 170만 명에 달했습니다. 문자 그대로 온 국토가 킬링필드인 셈이었습니다. 그래서 오늘날 캄보디아 곳곳에는 그때 학살당한 사람들의 유골을 진열해 둔 안치소들이 있습니다. 그 유골들도 마치 백화점 진열장 속의 상품처럼 차곡차곡 정성스럽게 쌓여 있어, 유골 안치소만으로는 성 캐서린 수도원과 킬링필드를 구별하기 힘듭니다. 그러나 성 캐서린 수도원의 경우, 킬링필드와 똑같은 모양의 유골들을 보면서도 킬링필드에서 갖게 되는 절망, 분노, 슬픔, 체념, 회한 따위의 부정적인 감정을 전혀 느낄 수 없습니다. 도리어 유골들에서 말할 수 없는 평온과 안식, 위로와 소망을 느끼게 됩니다. 유골에서 죽음과는 정반대 개념인 생명을 느끼는 것입니다.

유골이란 죽음의 결과물이기에, 곧 죽음의 상징입니다. 그런데도 죽음의 상징인 성 캐서린 수도원의 유골들이 도리어 생명을 느끼게 하는 까닭이 무엇이겠습니까? 주님을 위해 살던 유골 주인들의 생이 유골과 더불어 끝난 것이 아니라, 유골을 뛰어넘어 여전히 살아 있기 때문입니다.

우리는 지난 시간에 오늘의 본문이 전해 주는 베드로의 설교를 통해, 나사렛 예수에 대한 질문과 해답을 생각해 보았습니다. 설교 가운데 베드로가 특별히 강조한 것은, 십자가에서 무력하게 못박혀 돌아가신 예수님이 하나님에 의해 부활하신 내용입니다.

> 그가 하나님께서 정하신 뜻과 미리 아신 대로 내준 바 되었거늘 너희가 법 없는 자들의 손을 빌려 못박아 죽였으나 하나님께서 그를 사망의 고통에서 풀어 살리셨으니 이는 그가 사망에 매여 있을 수 없었음이라(23-24절).

유대인들은 나사렛 예수를 십자가에 못박아 죽였지만, 하나님께서 그 예수를 사망의 고통에서 풀어 살리셨습니다. 우리말 '고통'으로 번역된 헬라어 '오딘ὠδίν'은 '사냥꾼의 덫'을 의미하는 히브리어 '헤벨חֶבֶל'의 대응어입니다. 사냥꾼의 덫에 걸린 동물은 스스로의 힘이나 능력으로는 절대로 그 덫에서 벗어날 수 없습니다. 베드로가 본문에서 죽음을 사냥꾼의 덫으로 표현한 것은, 일단 죽음의 나락으로 떨어지면 어떤 인간도 헤어날 도리가 없는 까닭입니다.

덫에 걸린 동물이 살아날 수 있는 길은 오직 하나입니다. 누군가가 덫에서 동물을 풀어 주는 것입니다. 그러나 덫에서 동물을 풀어 주는 것만으로 충분하지 않습니다. 덫을 설치한 사냥꾼이 때가 되어 덫이 있는 곳을 찾아옵니다. 사냥꾼은 자신이 원하던 동물이 걸려 있음을 기뻐하며 덫에서 동물을 풀어냅니다. 그것으로 동물의 생명이 보장되는 것입니까? 아닙니다. 사냥꾼이 덫에 걸린 동물을 풀어 주는 것은 자신이 목적하는 바대로 그 동물을 죽이기 위함입니다. 따라서 덫에 걸린 동물이 살 수 있는 단 하나의 길은 누군가가 풀어 주되, 살려 주기 위해 풀어 주는 것입니다. 이것이 베드로가 본문을 통해 하나님께서 나사렛 예수를 사망의 덫에서 풀어 주시기만 한 것이 아니라, 풀어서 살리셨음을 강조하는 이유입니다. 하나님께서 나사렛 예수를 사망의 덫에서 풀어 주신 것은, 또 다른 목적으로 죽이기 위함이 아니라 영원히 살리기 위함이었습니다.

이것이 얼마나 중요했던지, 베드로는 다윗이 예수 그리스도에 대해 예언한 시편 16편을 인용한 뒤 그 사실을 본문 32절에서 다시 강조했습니다.

> 이 예수를 하나님이 살리신지라 우리가 다 이 일에 증인이로다.

그러나 그것으로도 흡족할 수 없었던 베드로는 시편 110편 1절 말씀을 인용하였습니다.

> 다윗은 하늘에 올라가지 못하였으나 친히 말하여 이르되 주께서 내 주에게 말씀하시기를 내가 네 원수로 네 발등상이 되게 하기까지 너는 내 우편에 앉아 있으라 하셨도다 하였으니(34-35절).

이 시 역시 나사렛 예수에 대한 하나님의 말씀을 다윗이 예언한 것으로, 사망의 덫에서 나사렛 예수를 풀어 살리신 하나님께서 그 예수를 영원한 천지의 대주재로 삼으신다는 의미입니다. 베드로는 이 사실을 한 번 더 강조하는 것으로 설교의 결론으로 삼았습니다.

그런즉 이스라엘 온 집은 확실히 알지니 너희가 십자가에 못박은 이 예수를 하나님이 주와 그리스도가 되게 하셨느니라(36절).

놀라운 사실은, 나사렛 예수를 사망의 덫에서 영원히 풀어 살리신 하나님께서 우리를 당신의 자녀로 불러 주셨다는 것입니다. 그리고 하나님께서 우리를 위해 보내 주신 구원자가, 당신께서 사망의 덫으로부터 풀어 살리신 예수 그리스도이십니다. 그렇다면 우리는 하나님께서 예수 그리스도 안에서 우리를 부르시고 당신의 자녀로 삼아 주신 까닭을 확연히 알게 됩니다. 하나님께서 우리를 부르신 것은, 죄로 인해 사망의 덫에 걸려 죽어 가는 우리를 예수 그리스도 안에서 그 덫으로부터 영원히 풀어 살려 주시기 위함입니다.

예수님께서는 우리에게 다음과 같이 반문하십니다.

나는 부활이요 생명이니 나를 믿는 자는 죽어도 살겠고 무릇 살아서 나를 믿는 자는 영원히 죽지 아니하리니 이것을 네가 믿느냐(요 11:25-26).

"이것을 네가 믿느냐"라는 주님의 반문은 하나님을 믿는다는 것, 구원받은 그리스도인으로 살아간다는 것이 무엇인지 깨닫게 합니다. 그것은 하나님께서 우리를 사망의 덫에서 영원히 풀어 살리셨음을 믿고 살아가는 것입니다. 코끝에서 호흡이 멎고 땅속에 묻힌 육체가 썩어 문드러져 성 캐서린 수도원 수도사들처럼 몇 조각의 유골로 남는다 해도 우리가 죽음을 두려워하지 않는 것은, 하나님께서 예수 그리스도 안에서 우리를 이미 사망의 덫에서 풀어 살리셨음을 깨닫고 또 믿는 까닭입니다.

이 깨달음과 믿음이 중요한 것은, 하나님께서 예수 그리스도 안에서 우리를 풀어 살리신 사망의 덫이 반드시 육체의 죽음만 의미하지 않음을 또한 알게 하기 때문입니다. 하나님께서는 내 숨이 넘어가는 순간이 되어서야 마지못해 구원의 손을 내미시는, 그런 인색한 분이 아니십니다. 내가 하나님을 알기도 전에 죄로 인한 사망의 덫에서 나를 풀어 살리신 하나님이시기에, 육체를 지니고 이 세상을 살아가는 동안에도 나를 짓누르는 모든 의미의 덫에서 나를 풀어 살려 주십니다.

공생애를 시작하신 예수님께서는 누가복음에서 당신이 이 세상에 오신 이유를 이사야 61장 1-2절을 인용하여 다음과 같이 밝히셨습니다.

> 주의 성령이 내게 임하셨으니 이는 가난한 자에게 복음을 전하게 하시려고 내게 기름을 부으시고 나를 보내사 포로 된 자에게 자유를, 눈먼 자에게 다시 보게 함을 전파하며 눌린 자를 자유롭게 하고 주의 은혜의 해를 전파하게 하려 하심이라(눅 4:18-19).

주님의 말씀 가운데 "주의 은혜의 해"란, 레위기 25장을 통해 하나님께서 명령하신 '희년禧年, year of jubilee'을 의미합니다. 50년마다 돌아오는 희년은 모든 채무자의 부채가 탕감되고, 노예가 자유를 얻으며, 피치 못할 사정으로 고향을 등지고 살 수밖에 없던 사람들이 당당하게 고향으로 돌아가고, 땅의 경작으로부터도 안식을 얻는, 이를테면 해방의 해였습니다. 예수님께서는 이 땅에 오신 목적이 가난한 사람과 포로 된 사람, 눈먼 사람과 눌린 사람에게 이처럼 해방의 희년을 선포해 주시기 위함임을 친히 밝히셨습니다. 한마디로 예수님께서는 죄로 인한 사망의 덫을 포함하여 인간을 억누르는 모든 의미의 덫에서 인간을 풀어 살리시기 위해 이 땅에 오신 것입니다.

그러므로 우리가 하나님을 믿는다는 것은 예수 그리스도 안에서 가난 가운데서도 부요함을 누리고, 나를 구속하던 것에 더 이상 구속당하지 않으며,

이때까지 보지 못하던 것을 보고, 나를 짓누르던 것에서 자유로움을 얻는 것을 의미합니다. 우리를 둘러싼 상황에는 아무 변화가 없어 보여도, 그 상황에 임하는 우리 생의 의미가 달라지는 것입니다. 하나님께서 모든 의미의 덫에서 우리를 풀어 살리시는 분임을 믿기에, 어제와 똑같은 오늘의 현실에서도 하나님에 의해 새롭게 동터 오는 새 역사의 여명을 볼 수 있습니다.

하나님께서 이스라엘 백성을 이집트의 노예살이라는 사망의 덫에서 풀어 살리신 기록이 출애굽기입니다. 출애굽기 하면, 우리는 늘 모세를 먼저 떠올립니다. 그만큼 출애굽기에서 모세가 차지하는 비중은 크게만 여겨집니다. 그러나 출애굽기를 자세히 읽어 보면, 모세가 출애굽의 대업을 위해 이집트를 찾아가기도 전에 하나님께서 이미 노예살이의 덫에서 이스라엘 백성을 풀어 살리고 계셨음을 알게 됩니다.

모세가 태어날 때는, 이스라엘 노예에게서 사내아이가 태어나면 반드시 나일 강에 던져 죽이라는 파라오의 명령이 내려져 있었습니다. 그러나 모세의 어머니 요게벳은 석 달 동안 모세를 숨겨 키웠습니다. 석 달이 지나 더 이상 모세를 숨길 수 없게 되자, 요게벳은 갈대로 상자를 엮어 물이 새지 않도록 역청과 나무진을 칠하고 그 속에 모세를 넣은 다음, 나일 강에 띄웠습니다. 만약 요게벳이 파라오의 명령이 두려워 모세를 나일 강에 던져 죽였다면 모세에 의한 출애굽의 대역사는 일어나지 못했을 것입니다. 그러나 하나님을 경외하는 여인 요게벳이 모세가 든 갈대 상자를 나일 강에 띄우는 순간, 출애굽의 역사는 그때부터 이미 시작되고 있었습니다. 비록 볼품없는 갈대 상자에 담긴 태어난 지 겨우 석 달밖에 되지 않는 어린아이에 불과했지만, 한 여인이 믿음으로 띄운 갈대 상자에 의해 새 역사의 여명은 시작되고 있었습니다.

그 갈대 상자를 발견한 사람은 공교롭게도 파라오의 딸인 이집트 공주였습니다. 상자를 열고 보니 그 속에 히브리 아이가 있었습니다. 아버지의 명령을 따른다면 즉각 죽여야 할 아이였습니다. 그러나 하나님께서 공주의 마음을 강권적으로 붙들어 아이를 불쌍히 여기도록 하셔서 모세 개인을 사망의 덫에서 풀어 살리셨을 뿐 아니라, 이스라엘 백성 전체를 사망의 덫에서 풀어 살리기 시작하셨습니다. 그때 모세의 누나 미리암이 담대하게 공주 앞으로 나아갔습니다. 히브리 노예가 감히 이집트 공주에게 다가간다는 것은 목숨을 걸어야 하는 일이었습니다. 그러나 미리암 역시 하나님을 믿었기에 두려움에 맞서 나아갔고, 자신의 어머니 즉 모세의 생모를 모세의 유모로 삼는 데 성공했습니다. 공주의 보호 아래 요게벳이 잠시나마 자신의 품으로 모세를 히브리 아이로 키우게 된 것입니다. 그러므로 미리암이 죽음을 무릅쓰고 공주 앞으로 나아가는 바로 그 순간, 출애굽을 위한 새 역사의 동녘은 이미 밝아 오고 있었습니다.

그렇다고 이스라엘 백성의 삶이 당장 변한 것은 아니었습니다. 그들은 여전히 노예였습니다. 자고 나면 날이면 날마다 중노동에 시달려야 했습니다. 요게벳 역시 젖을 뗌과 동시에 모세를 공주의 양자로 돌려 주어야 했습니다. 암담하고 절망적인 노예살이가 끝도 없이 이어질 뿐, 실낱 같은 희망의 빛도 보이지 않았습니다. 그러나 이미 그때부터 천지를 창조하신 전능하신 하나님에 의해 출애굽의 대역사는 한 치의 오차도 없이 착착 진행되고 있었습니다. 80세에 이른 모세가 출애굽을 위해 이집트로 돌아가기 80년 전부터, 하나님께서는 이미 당신의 백성을 사망의 덫에서 치밀하게 풀어 살리고 계셨습니다. 하나님께서 그렇게 하신 것은, 이스라엘 백성을 반드시 가나안 땅으로 인도하시리라는 당신의 약속 때문이었습니다. 그러므로 그 약속의 말씀을 믿는 사람에게는 이집트의 노예살이가 더 이상 덫일 수만은 없었습니다. 그는 이미 동트기 시작한 하나님의 새 역사에 동참한 사람이기 때문입니다.

하나님께서 성경을 통해 이런 내용의 출애굽기를 우리에게 주신 까닭이 무엇이겠습니까? 단지 이스라엘의 역사를 일러 주시기 위함입니까? 출애굽기 속의 이스라엘 백성은 바로 우리 자신입니다. 삶의 현실에서 모든 의미의 사망의 덫에 갇혀 있는 우리를 하나님의 방법으로 한 치의 오차도 없이 풀어 살리고 계심을 일깨워 주시기 위함입니다. 바꾸어 말해 우리를 둘러싼 현실이 어떤 변화의 조짐도 없이 암울해 보여도, 우리를 위한 새 역사의 동녘이 하나님에 의해 이미 밝아 오고 있음을 말씀의 토대 위에서 믿음의 눈으로 볼 수 있게 해주시기 위함입니다.

사망의 덫에서 우리를 풀어 살리시는 하나님을 일깨워 주는 베드로의 설교는, 오순절 날 성령님께서 그에게 임하신 직후 행한 설교입니다. 그러므로 성령 충만한 사람이란 모든 의미의 사망의 덫에서 인간을 풀어 살리시는 하나님을 보고, 믿고, 그 하나님을 의지하여 오늘의 현실을 사는 사람임을 알 수 있습니다.

우리에게는 특별히 가까운 사람이 있기 마련입니다. 그 사람이 가족일 수도 있고, 친구일 수도 있고, 가족과 친구 모두일 수도 있습니다. 그러나 나의 분신처럼 아무리 가까운 사이라 해도 나의 코끝에서 호흡이 멎는 순간, 죽음의 길마저 동행해 주는 사람은 아무도 없습니다. 부모 형제도, 배우자도, 친구도 그것만은 할 수 없습니다. 그러나 이 세상 모든 사람들과 격리되는 그 순간에도, 나를 사망의 덫에서 풀어 살리신 하나님께서는 나와 동행해 주십니다. 그렇다면 당신의 독생자를 제물 삼아 죄로 인한 사망의 덫에서 우리를 영원히 풀어 살리신 하나님께서, 우리가 이 땅에 사는 동안에도 모든 덫에서 우리를 풀어 살리시지 않겠습니까?

　지금 여러분을 억압하는 것이 무엇입니까? 어떤 덫으로 고통스러워하고 계십니까? 비록 어제와 똑같은 현실이 오늘 반복되고, 여러분을 둘러싼 상황에 어떤 변화의 조짐이 없어도 결코 절망하지 마십시오. 가난한 사람과 포로 된 사람, 눈먼 사람과 짓눌린 사람을 해방시켜 주기 위해 이 땅에 오신 주님의 말씀을 믿으십시오. 여러분에게 임해 계시는 성령님의 빛 속에서, 여러분을 사망의 덫으로부터 이미 풀어 살리신 하나님께 시선을 고정하십시오. 그 하나님께서 여러분 각자를 위해 한 치의 오차도 없이 일구고 계시는 출애굽의 대역사를 바라보십시오. 하나님에 의해 이미 동트고 있는 새 역사의 여명을 바라보십시오. 그러면 어제와 똑같은 오늘의 현실에서도 삶의 의미와 생의 목적이 새로워질 것입니다. 세상이 새로워져서 내가 새로워지는 것이 아니라, 내가 새로워짐으로 현실과 세상이 새로워지는 것입니다. 이 사실을 일깨워 주시고 또 그렇게 살 수 있게끔 도우시기 위해, 성령님께서 지금 여러분에게 임해 계십니다.

　　예수 그리스도 안에서 우리를 사망의 덫으로부터 풀어 살리신 하나님 아버지. 그 사망의 덫이 육체의 죽음만을 의미하는 것이 아님을 일깨워 주셔서 감사합니다. 이 세상 현실에서 우리를 억누르는 온갖 의미의 덫으로부터 우리를 풀어 살리기 위해 우리를 불러 주셔서 감사합니다. 아니, 하나님께서 그 모든 덫으로부터 '이미' 우리를 풀어 살리고 계심을 말씀으로 깨닫게 해주셔서 감사합니다.

　　우리와 함께 계신 성령님의 인도하심을 좇아 하나님의 약속의 말씀 위에 굳게 서서, 우리 각자를 위한 출애굽의 대역사가 이미 시작되었음을 믿음의 눈으로 보게 해주옵소서. 동터 오는 새 역사의 여명을 보게 해주옵소서. 우리의 현실에 어떤 변화의 조짐이 보이지 않는다 해도 그 현실을 대하는 우리 삶의 의미가 새로워지게 하시고, 그와 같은 우리 삶이 가나안을 향한 새로운 여정으로 승화되게 하옵소서. 아멘.

30. 어찌할꼬

사도행전 2장 37-42절

그들이 이 말을 듣고 마음에 찔려 베드로와 다른 사도들에게 물어 이르되 형제들아 우리가 **어찌할꼬** 하거늘 베드로가 이르되 너희가 회개하여 각각 예수 그리스도의 이름으로 세례를 받고 죄사함을 받으라 그리하면 성령의 선물을 받으리니 이 약속은 너희와 너희 자녀와 모든 먼 데 사람 곧 주 우리 하나님이 얼마든지 부르시는 자들에게 하신 것이라 하고 또 여러 말로 확증하며 권하여 이르되 너희가 이 패역한 세대에서 구원을 받으라 하니 그 말을 받은 사람들은 세례를 받으매 이날에 신도의 수가 삼천이나 더하더라 그들이 사도의 가르침을 받아 서로 교제하고 떡을 떼며 오로지 기도하기를 힘쓰니라

우리나라는 매년 5월 셋째 월요일을 '성년의 날'로 지키고 있습니다. 그 날은 만 20세가 된 젊은이들이 성인이 되었음을 축하하는 날입니다. 이를테면 만 20세 이상이면 법적으로 성인인 셈입니다. 그러나 성인이 되었다는 말이 곧 성숙한 인간이 되었음을 의미하는 것은 아닙니다. 성숙한 인간은

나이로 결정되지 않습니다.

성숙한 사람과 그렇지 못한 사람을 구별하는 분기점은 누구 탓을 하느냐는 것입니다. 어린아이들을 보십시오. 무엇이든 자기 탓을 하지 않습니다. 대부분의 경우, 모든 것을 다 엄마 탓으로 돌립니다. 밥을 먹지 않는 것은 엄마가 음식을 잘못 만들었기 때문이요, 물건을 잃어버린 것은 엄마가 잘 챙겨 두지 않은 까닭이요, 심지어 학교에서 시험을 잘못 치른 것도 엄마가 새벽에 깨워 주지 않은 탓이라 합니다. 이것은 어린아이들의 특성으로, 아직 미숙한 상태에 있기 때문입니다. 그러나 성인이 되어서도 이처럼 미숙한 상태에서 탈피하지 못한 사람이 많습니다. 내가 출세하지 못한 것은 부모를 잘못 만났기 때문이요, 내가 행복하지 못한 것은 배우자가 이상적인 배필이 아닌 탓이며, 내 자식이 문제아가 된 것은 아내 혹은 남편이 자식을 잘못 키운 까닭이요, 내가 직장에서 두각을 나타내지 못하는 것은 상사가 나쁜 사람이기 때문이라는 식입니다. 자기 잘못은 하나도 없고, 모든 것을 남의 잘못으로만 돌립니다.

사람들은 이런 사람을 가리켜 유치하다고 합니다. 그러나 동일한 수준의 어린아이들을 가리켜 유치하다고 말하지는 않습니다. 어린아이들은 성숙한 미래를 향한 과정에 있기 때문입니다. 유치하다는 표현이 성인에게만 쓰이는 것은, 몸과 나이는 어른인데 생각하고 행동하는 것은 여전히 어린아이 수준에 머물러 있기 때문입니다. 그런 사람은 누군가의 희생과 헌신으로만 살아갈 수 있기에, 주위 사람에게 도움보다는 짐과 부담이 될 따름입니다. 반면 성숙한 사람은 문제의 원인과 책임을 먼저 자기에게서 찾으며 스스로를 교정해 갑니다. 성숙한 사람들이 자기 성찰과 자기 계발을 게을리하지 않는 이유가 여기 있습니다. 가정이든 사회든 성숙한 사람에 의해서만 바르게 세워질 수 있습니다. 신앙도 이와 마찬가지입니다.

우리가 믿는 하나님은 전능하신 창조주이십니다. 그분은 말씀으로 천지를 창조하셨습니다. 인간의 생사화복이 오직 그분에게 달려 있습니다. 우리를 예수 그리스도 안에서 죄와 사망의 덫으로부터 풀어 살리신 그분에게만 구원이 있습니다. 그분의 영이신 성령님께서 우리와 함께하시며 날마다 우리를 바른길로 인도해 주십니다. 이것이 전능하신 삼위일체 하나님에 대한 우리의 신앙고백입니다.

바로 여기에 우리가 경계하지 않으면 안 될 함정이 도사리고 있습니다. 하나님의 전능성에 대한 우리의 믿음이 자칫 우리 자신의 무책임에 대한 면죄부로 악용될 수 있다는 점입니다. 내가 하나님과 동행하는 삶을 살지 못하는 것은 하나님께서 나에게 필요한 힘을 주시지 않았기 때문이요, 내가 말씀을 좇아 살지 못하는 것도 말씀이신 예수 그리스도께서 은혜를 베풀어 주시지 않았음이요, 내가 그릇되고 망령된 행실을 끊지 못하는 것 역시 성령님께서 붙들어 주시지 않았기 때문이라는 것입니다. 한마디로 내가 아직 그리스도인답게 살지 못하는 원인이 자신에게 있는 것이 아니라, 삼위일체 하나님께 있다는 식의 그릇된 인식입니다.

놀랍게도 이런 사람이 의외로 많습니다. 그런 사람은 무슨 문제가 생길 때마다 하나님을 원망합니다. 자신에겐 아무 문제가 없고, 모든 것을 하나님 탓으로 돌리는 것입니다. 참으로 미숙한 신앙이요, 그런 신앙으로는 하나님의 도구로 쓰임 받을 수 없습니다. 하나님이 전능하시다고 해서 인간의 책임이나 의무가 배제되는 것은 결코 아닙니다. 오히려 하나님이 전능하시기에, 전능하신 하나님과 동행하기 위해 유한하기 짝이 없는 인간은 책임과 의무에 더욱 충실해야 합니다. 이것이 오늘의 본문이 우리에게 주는 메시지입니다.

오순절 날 성령님께서 제자들에게 임하셨을 때, 제자들은 성령님께서 말하게 하심을 따라 '다른 언어들'로 말하였습니다. 그것은 다른 사람이 알아들을 수 없는 소위 천사의 방언이 아니라, 세계 도처에서 온 사람들이 각기 자신들의 모국어로 알아듣는 이해 가능한 언어였습니다. 그 기이한 현상을 이해할 수 없었던 사람들 중에 제자들을 가리켜 술에 취했다고 조롱하는 사람들이 있었습니다. 베드로는 자신들이 술 취한 것이 아니요, 자신들에게 성령님께서 임하셨음을 밝히면서 그의 첫 번째 설교를 행하였습니다. 우리가 지난 4주 동안 살펴본 베드로 설교의 핵심은 '너희가 십자가에 못박아 죽인 나사렛 예수를 하나님께서 사망의 덫에서 풀어 살리시어 천지의 주재와 그리스도가 되게 하셨다'는 것입니다. 베드로의 이 설교에 대한 청중의 반응을 본문 37절이 밝혀 주고 있습니다.

> 그들이 이 말을 듣고 마음에 찔려 베드로와 다른 사도들에게 물어 이르되 형제들아 우리가 어찌할꼬 하거늘.

베드로의 설교를 들은 사람들이 모두 마음에 찔림을 받았습니다. 우리말 '찔리다'로 번역된 헬라어 '카타뉘소$\kappa\alpha\tau\alpha\nu\acute{\upsilon}\sigma\sigma\omega$'는 본래 말발굽에 움푹 파인 상태를 의미합니다. 마른땅이 말발굽에 파일 정도라면 땅을 짓밟는 말의 힘이 얼마나 가공할 만하겠습니까? 베드로의 설교가 듣는 이에게 그 정도로 충격이었던 것입니다.

그들 가운데는 제자들을 가리켜 술에 취했다고 조롱한 자들도 있었고, 예수님을 십자가에 못박아 죽이는 데 직접적으로나 간접적으로 동조한 사람들도 있었습니다. 그런데도 그들은 '너희가 나사렛 예수를 못박아 죽였다'는 베드로의 설교에 '나는 아니다'라고 화를 내거나, 빌라도 총독과 대제사장들의 짓이었다고 변명하지 않았습니다. 도리어 마음에 크나큰 찔림을 받았다는 것은, 그들의 양심이 살아 있었음을 일깨워 줍니다. 많은 사람이 진리의 말씀 앞에서 양심의 가책을 느낍니다. 그러나 그 가책에 반응하기보다 대부분 그냥 지나쳐 버리고 맙니다. 그런 일이 반복되면 인간의 양심은 진리에 전혀 무감각한, 죽은 양심으로 전락해 버립니다. 한 인간의 양심이 언제나 변함없이 싱싱하게 살아 있느냐, 혹은 시체처럼 썩어 가고 있느냐는 전적으로 자신의 탓이요, 책임입니다.

베드로의 설교를 들은 사람들은 마음이 마른땅에 말발굽이 파이는 것처럼 크나큰 찔림을 받았을 때, 아무 일도 없다는 듯 그냥 지나쳐 버리지 않았습니다. 그들은 양심의 아픔이 채 가시기도 전에, "형제들아 우리가 어찌할꼬?" 하며 지체없이 물었습니다. 그들은 자신들의 지난 삶이 잘못되었다면 그것은 누구 탓도 아닌, 바로 자신들의 과오임을 바르게 인식했습니다. 베드로의 답변은 다음과 같았습니다.

> 베드로가 이르되 너희가 회개하여 각각 예수 그리스도의 이름으로 세례를 받고 죄사함을 받으라 그리하면 성령의 선물을 받으리니(38절).

성경의 주註를 보면 '성령의 선물'을 '성령을 선물로 받으리라'로 번역할 수도 있다고 되어 있습니다. 베드로는 양심의 찔림을 받아 '어찌할꼬?' 통탄하는 사람들에게 하나님의 영이신 성령님과 동행할 수 있는 길을 제시해 주었습니다. 성령님과 동행하지 않고는 양심의 가책 없는 바른 삶이란 불가능하기 때문입니다. 이를 위해 베드로가 제시한 방안은 두 가지였습니다.

첫째, '회개하라'는 것이었습니다. '회개하라'는 동사 '메타노에오 $\mu\epsilon\tau\alpha\nu o\epsilon\omega$'는 '길을 바꾸라' 혹은 '가던 길에서 돌아서라'는 뜻입니다. 둘째,

예수 그리스도의 이름으로 세례를 받고 죄사함을 받으라는 것이었습니다. 원문을 좀더 정확하게 옮기면, '죄사함을 얻기 위하여 예수 그리스도의 이름으로 세례를 받으라'는 말입니다. 여기서 베드로가 세례를 언급한 것은 세례의 형식이 아니라 본질에 대한 요구였습니다. 세례의 본질은 그리스도와의 연합입니다. 그리스도의 죽음과 연합하여 죄의 노예이던 우리의 옛 사람은 죽고, 그리스도의 부활과 연합한 새로운 삶의 출발점이 세례입니다. 그러므로 베드로가 회개하여 예수 그리스도의 이름으로 세례를 받고 죄사함을 얻으라고 한 것은, 죄의 길을 떠나 구원자이신 그리스도와 연합한 삶을 살라는 촉구였습니다. 죄로 인한 사망의 길에서 돌아서서, 생명이신 예수 그리스도와 연합한 삶을 살라는 의미입니다. 지금 손으로 움켜쥐고 있는 것들, 머지않아 한 줌의 재에 불과할 것들을 내려놓고 영원한 진리이신 그리스도와 연합하라는 말입니다. 한마디로 지금 베드로가 주문하고 있는 것은 추상적인 관념이 아니라 구체적인 행동입니다.

그런데 헬라어 원문을 보면 중요한 사실을 발견하게 됩니다. 베드로가 '회개하라'고 말한 것은 2인칭 복수에 대한 명령형으로 기록되어 있는 반면, '세례를 받으라'는 말은 3인칭 단수에 대한 명령형으로 되어 있습니다. 이 문법적인 차이를 살려 원문을 번역하면 다음과 같습니다. '너희들은 모두 회개하고, 너희 각자는 자기 자신으로 하여금 세례를 받게 하라.' 이것은 참으로 귀중한 교훈입니다. 우리 모두 그릇된 지난 삶에서 탈피하여, 한날 한시에 한 교회에 등록하여 함께 신앙생활을 시작할 수 있습니다. 그러나 각자가 그리스도와 연합한 삶을 추구하는 것은 지극히 개인적인 일입니다. 바꾸어 말해 신앙의 시작은 집단적일 수 있지만, 신앙의 질과 수준은 철저히 각 개인의 소관 사항인 것입니다. 마치 학생들이 같은 날 같은 시각에 단체로 학교에 입학하지만, 졸업할 때 개개인의 성적과 수준은 각자의 노력

여하에 따라 달라지는 것과 같습니다.

  결국 본문은 신앙에 관한 한, 인간 각자의 책임과 의무를 강조하고 있습니다. 말이나 생각만이 아니라 행동으로 회개와 세례의 삶을 실천해 갈 때, 항상 성령 충만한 참된 그리스도인으로 살아갈 수 있다는 것입니다.

  혹 이런 이의를 제기하는 분이 있을 수 있습니다. 사도 바울의 경우 베드로의 설교 내용과 정반대가 아니냐고 말입니다. 베드로는 회개하고 세례를 받으면, 즉 그리스도와 연합한 삶을 추구하면 성령님께서 함께하신다고 설교했습니다. 하지만 사도 바울은 먼저 회개하거나 예수 그리스도의 이름으로 세례를 받은 적이 없었습니다. 도리어 그리스도인들을 핍박하는 데 앞장선, 철저하게 반그리스도적인 사람이었습니다. 그런데도 성령님께서 그를 찾아 주셨습니다. 이것은 확실히 베드로의 설교 내용과 상치되는 것처럼 보입니다. 그러나 이것은 성령세례와 성령 충만을 혼동한 데서 비롯된 착각입니다.

  우리는 5주 전에 성령세례와 성령 충만의 차이점에 대해 생각해 본 적이 있습니다. 성령세례는 주님의 은총으로 평생에 단 한 번 받는 것이지만, 성령 충만은 날마다 이루어야 할 그리스도인의 의무입니다. 베드로는 본문에서 성령세례와 성령 충만의 상관관계에 대해 설교한 것이 아니라, 성령세례를 포함하여 지속적으로 성령 충만한 삶을 살아가야 할 그리스도인의 책임과 의무를 강조하고 있습니다. 예수 그리스도의 대적이던 바울의 경우, 회개하기도 전에 그에게 성령세례가 먼저 주어졌다고 해서 그가 그리스도인으로서의 의무를 소홀히 한 것은 아니었습니다. 그는 그 순간부터 죽을 때까지 누구보다도 철저한 회개의 삶으로, 자신의 몸을 쳐 복종시키면서까지 그리스도와 연합한 세례의 삶으로 일관했고, 그 결과 평생 성령 충만한 삶을 살 수 있었습니다.

 이처럼 사람에 따라 자신에게 성령님이 임하셨음을 인식하는 시기와 시간은 다를 수 있습니다. 그러나 성령님과 동행하는 성령 충만한 삶을 지속하기 위해서는 중단 없는 회개의 삶, 주님과 연합한 세례의 삶이 수반되어야 한다는 대원칙만은 불변입니다. 그래서 본문 39절을 통해 베드로의 설교는 이렇게 이어지고 있습니다.

> 이 약속은 너희와 너희 자녀와 모든 먼 데 사람 곧 주 우리 하나님이 얼마든지 부르시는 자들에게 하신 것이라.

 회개 그리고 주님과 연합한 세례의 삶을 추구하는 사람이라면, 그가 누구든 상관없이 성령 충만한 삶을 살 수 있다는 말입니다. 그것은 하나님의 약속입니다. 그러나 이것을 역으로 표현하면, 회개와 세례의 삶을 추구하지 않는 사람에게는 그의 직책이나 직분에 상관없이 성령 충만한 삶은 불가능하다는 의미이기도 합니다.

 베드로의 설교는 마침내 40절에 이르러 다음과 같이 끝납니다.

> 또 여러 말로 확증하며 권하여 이르되 너희가 이 패역한 세대에서 구원을 받으라.

 '패역한'으로 번역된 헬라어 형용사 '스콜리오스$_{σκολιός}$'는 '곧다'의 반대 개념으로 '비뚤어졌다'는 의미입니다. 세상은 날이 갈수록 비뚤어져 가고 있습니다. 인간의 심성도, 생각도, 행동도, 삶도 온통 진리에서 벗어나 계속 비뚤어져 가고 있습니다. 그러나 회개와 세례의 삶을 추구하는 사람들에게는, 이 비뚤어진 세상에서도 바른 진리의 삶이 가능합니다. 그들은 연약하지만 성령님께서 회개와 세례의 삶을 추구하는 그들을 언제나 곧추세워 주시기 때문입니다. 그러나 이 말씀 역시 뒤집으면, 회개와 세례의 삶을 추구하지 않을 경우 이 패역한 세상에서 결코 구원의 삶을 완성할 수 없다는 의미가 됩니다. 그런 사람은 성령님과 무관할 수밖에 없기에, 성령님과 동떨어진 그의 삶은 마냥 비뚤어질 뿐입니다.

평생 회개와 세례의 삶으로 성령 충만한 삶을 살았던 사도 바울은 우리에게 이렇게 권면합니다.

> 내가 이르노니 너희는 성령을 따라 행하라 그리하면 육체의 욕심을 이루지 아니하리라(갈 5:16).

우리는 모두 육체의 욕심, 욕망의 노예 되었던 경험이 있습니다. 그 뒷맛은 언제나 쓰디쓴 소태와도 같습니다. 그래서 욕망이란 마치 물거품처럼 허망한 것임을 너무나 잘 알고 있습니다. 하지만 그 사실을 알고 있다고 해서, 그리고 우리가 원한다고 해서 욕망이 절로 사라지는 것은 아닙니다. 허망한 줄 알면서도 욕망에 더욱 빠져드는 것이 어리석은 인간의 실상입니다. 사도 바울은 육체의 욕심으로부터 자유롭기를 바란다면 먼저 성령님을 좇아 행할 것을 명하고 있습니다. 성령님을 좇아 사는 사람들의 심령을 진리의 빛으로 밝혀 바른길로 인도하는 것은 성령님의 책임이지만, 자신에게 임해 계신 성령님과 동행하기 위해 성령님을 좇아 회개와 세례의 삶을 행하는 것은 인간의 책임입니다. 이것은 성경이 일관되게 강조하는 하나님의 원칙입니다.

만약 아직까지 구원받은 그리스도인답게 살지 못하는 사람이 있다면, 그것은 결코 하나님 탓이 아닙니다. 진리의 소리에도 양심이 무딜 대로 무디어진 사람이 있다면, 그것은 남의 잘못이 아닙니다. 허망한 육체의 욕망에 사로잡혀 망령된 행실을 좇느라 황금 같은 인생을 어이없이 탕진하는 사람이 있다면, 그 역시 타인의 책임일 수 없습니다. 그 모든 것은 전적으로 이제껏 그런 삶을 살아온 자기 탓이요, 자기 잘못이며, 자기 책임입니다.

반대로 여러분 주위에 성령 충만한 삶으로 향기로운 진리의 꽃을 피워 가는 분이 있다면, 그분의 삶을 과소평가하는 잘못을 범하지 마십시오. 그 아름다운 인생은 그동안 그분이 추구해 온 삶의 결과입니다. 인생이란 자신이 추구해 온 삶의 결과를 보여 주는 전시대展示臺입니다. 허망한 삶을 추구한 사람의 인생이 지금 영원한 진리의 꽃을 피울 리 없고, 영원을 좇아 살아온 사람의 인생이 허망한 결과를 수반하는 법도 없습니다. 지금 우리의 모습이 그동안 우리가 추구해 온 삶의 결과라는 것보다 더 무서운 하나님의 심판, 더 공정한 하나님의 평가가 어디에 있겠습니까?

사랑하는 교우 여러분!

전능하신 하나님을 진정으로 믿으십니까? 예수 그리스도 안에서 구원받은 그리스도인답게, 날마다 진리 안에서 성령 충만한 삶을 살고 싶으십니까? 그렇다면 이제라도 성령님의 빛 속에서 회개와 세례의 삶을, 그리스도와 연합하는 성숙한 삶을 시작하십시오. 구원받은 그리스도인으로서의 의무와 책임에 충실하십시오. 그때부터 우리는 이미 우리에게 임해 계시는 성령님의 인도하심 속에서 패역한 이 세상을 새롭게 하는, 성령 충만한 이 시대의 사도들이 될 것입니다.

주님께서 이 세상을 다녀가신 지 2천 년이 지난 오늘도, 하나님의 말씀에 양심의 찔림을 받아 '어찌할꼬?' 통탄하는 사람들에게 주님의 대답은 여전히 동일합니다.

'너희가 회개하여 각각 예수 그리스도의 이름으로 세례를 받고 죄사함을 받으라. 그리하면 성령을 선물로 받으리라.'

오늘 하나님의 말씀에 비추어 본 나의 실상이 이제껏 내가 추구해 온 삶의 결과임을 깨닫게 해주셔서 감사합니다. 인생이란, 자신이 추구해 온 삶을 드러내는 전시대임을 일깨워 주심도 감사합니다. 오늘 내가 여전히 허망한 욕망을 섬길 때, 내일 하나님 앞에서 나의 실상은 더욱 패역할 수밖에 없음을 알게 해주심도 감사드립니다.

오늘 생명이 있는 이 순간부터, 하나님의 말씀 앞에서 '어찌할꼬?' 자문하면서, 구원받은 그리스도인으로서의 책임과 의무를 다하는 사람이 되게 하옵소서. 성령님의 빛을 좇아 죄로 인한 죽음의 길에서 돌아서서 회개와 세례의 삶을, 그리스도와 연합된 성숙한 삶을 추구하게 하옵소서. 평생 성령 충만한 삶으로 진리를 꽃피우며 살아가게 하옵소서. 그와 같은 우리의 삶이, 이 패역한 세상에서 생명의 이정표가 되게 하여 주옵소서. 아멘.

31. 삼천이나

> 사도행전 2장 37-42절
>
> 그들이 이 말을 듣고 마음에 찔려 베드로와 다른 사도들에게 물어 이르되 형제들아 우리가 어찌할꼬 하거늘 베드로가 이르되 너희가 회개하여 각각 예수 그리스도의 이름으로 세례를 받고 죄사함을 받으라 그리하면 성령의 선물을 받으리니 이 약속은 너희와 너희 자녀와 모든 먼 데 사람 곧 주 우리 하나님이 얼마든지 부르시는 자들에게 하신 것이라 하고 또 여러 말로 확증하며 권하여 이르되 너희가 이 패역한 세대에서 구원을 받으라 하니 그 말을 받은 사람들은 세례를 받으매 이날에 신도의 수가 **삼천이나** 더하더라 그들이 사도의 가르침을 받아 서로 교제하고 떡을 떼며 오로지 기도하기를 힘쓰니라

몇 해 전부터 국내 정치 상황과 관련하여 '포퓰리즘populism'이란 말이 심심찮게 언론에 등장하고 있습니다. '대중영합주의', '인기주의'로 번역할 수 있는 포퓰리즘은 정치인들이 대중적 지지를 확보하기 위해 이것저것 가리지 않는 정치적 편의주의를 의미합니다. 이를테면 옳고 그름을 떠나, 정치권력을

획득하고 유지하기 위해 수단과 방법을 가리지 않고 대중을 이용하거나 영합하려는 기회주의적인 이데올로기입니다. 그래서 포퓰리즘은 위험합니다.

대중은 수많은 사람의 무리를 일컫는 단어로, 더 구체적으로는 현대사회를 구성하는 대다수의 사람을 칭합니다. 이처럼 대중이 대다수 사람을 의미하지만 문제점은 구체적인 실체가 없다는 것입니다. 대중이라는 크나큰 허상 속에서 개개인은 익명의 존재로 전락하고, 이름 없는 개인의 집합체인 대중은 수동적이고 감정적이며 비합리적인 특성을 지니게 됩니다. 그 결과 대중은 항상 소수에 의해 이용당할 위험에 노출되어 있고, 또 소수의 뜻이 언제든지 다수의 뜻으로 손쉽게 조작될 수 있습니다.

그러므로 한 나라의 정치적 수준이 향상되려면 국민 개개인이 익명의 대중에 함몰하는 것이 아니라, 한 사람의 인격체로 깨어 있어야 합니다. 여야를 막론하고 대개 정치인들이란, 그들의 구호가 어떠하든 상관없이 자신들의 궁극적 목적인 권력을 위해 대중을 이용하려 하기에, 실체도 없는 대중 속에서 자신을 상실하지 않는 사람만 그들에게 적어도 이용당하지 않을 수 있습니다. 한 사람의 깨어 있는 인격체란 대중심리, 곧 군중심리에 빠지지 않는 사람입니다. 실체도 없고 누구도 책임지지 않는 군중심리에 빠져든다는 것은 이미 자기를 상실하였음을 의미합니다. 자기를 상실한 사람의 수가 바닷가의 모래처럼 많다면, 결국 누군가에게 이용당할 뿐인 그 수에 무슨 의미와 가치를 부여할 수 있겠습니까? 따라서 우리 사회가 진정한 대중사회로 발전하려면 이 사회를 구성하는 우리 각자가 대중으로 불리기 전에, 깨어 있는 인격체로서 자신을 지키는 일이 선행되어야 합니다.

우리의 신앙 역시 마찬가지입니다. 기독교 신앙을 한마디로 '연대'라 표현할 수 있습니다. 거룩하신 하나님께서 2천 년 전 이 땅에 오신 예수 그리스도 안에서 하찮은 죄인인 인간과 연대해 주셨습니다. 그러한 하나님과의 연대 속에서 인간은 죄와 사망으로부터 구원을 얻었습니다. 구원받은 그리스도인들이 그리스도 안에서 연대하는 공동체가 곧 교회입니다. 이런 관점에서 성도 간의 연대는 참으로 중요합니다. 성도 간의 연대가 결여된다면, 교회란 존재할 수조차 없습니다. 그런데 성도 간의 연대가 중요하면 할수록 성도 개개인의 하나님과의 연대는 더욱 중요합니다. 그리스도인 개개인이 하나님과의 연대 속에 깨어 있을 때 성도 간의 성숙한 연대가 비로소 가능합니다. 하나님과의 수직적인 연대 속에서 그리스도인으로서의 자기 정체성을 상실하지 않는 사람만 그리스도를 힘입어 타인과의 수평적인 연대를 이룰 수 있습니다.

그러므로 그리스도인에게 군중심리란 절대 금물입니다. 그리스도인이 실체도 없는 군중심리에 침몰한다는 것은, 하나님과의 수직적인 연대 속에서 깨어 있어야 할 자신을 상실하였음을 뜻합니다. 그런 사람의 수가 많아진다면 서로가 서로를 해치는 흉기가 되어 결국 수평적 연대는 깨지기 마련입니다. 모세가 하나님의 말씀을 받기 위해 시내산에 올라가 있는 동안, 이스라엘 백성은 금송아지를 만들어 경배하고 그 앞에서 춤추며 즐거워하였습니다. 그들은 무엇이 옳고 그른지 생각하려 하지 않았습니다. 군중심리였습니다. 가데스바네아에 이른 이스라엘 백성은, 가나안 땅에 무시무시한 거인들이 살고 있어 그 앞에서 우리는 메뚜기에 불과하다는 정탐꾼들의 선동으로 모세를 원망하며 돌로 쳐 죽이려 하였습니다. 자신들이 누구에 의해, 왜 이집트를 떠나 그곳에 이르게 되었는지 생각조차 하지 않았습니다. 군중심리였습니다. 예루살렘으로 입성하시는 예수님을 향해 온 성이 떠나갈 듯 호산나를 외치며 열광하던 예루살렘 사람들이 불과 닷새 후, 예수님을 못박아 죽이라며 이구동성으로 함성을 질렀습니다. 자신들이 예수님을 환영한 까닭은 무엇이며, 또 예수님의 죽음에 동조하는 이유는 무엇인지 도무지 생각하려 하지 않았습니다. 군중심리였습니다.

하나님과의 수직적인 연대를 상실한 군중이란, 아무리 하나님의 이름을 불러도 실은 진리를 등진 채 자기 묘혈을 파는 어리석은 무리에 지나지 않음을 성경은 누누이 강조하고 있습니다.

지난 시간 우리는 '어찌할꼬?' 묻는 사람들에게 베드로가 전한 답변에 대해 살펴보았습니다. 베드로는 회개, 그리고 그리스도와 연합한 세례의 삶을 추구하는 사람은 누구든지 그리스도 안에서 성령 충만한 삶을 살 수 있음을 일깨워 주었습니다. 그 깨달은 사람들이 어떻게 되었는지 본문 41-42절이 밝혀 주고 있습니다.

> 그 말을 받은 사람들은 세례를 받으매 이날에 신도의 수가 삼천이나 더하더라 그들이 사도의 가르침을 받아 서로 교제하고 떡을 떼며 오로지 기도하기를 힘쓰니라.

실로 놀라운 일이 벌어졌습니다. 그날 하루에 3천 명이나 되는 사람들이 세례를 받고 그리스도인이 되었습니다. 그들은 사도에게 하나님의 말씀을 배우고, 성도의 교제를 통하여 서로 연대하며 기도하기를 힘썼습니다. 하루 3천 명에 달하는 대군중의 회심, 그것은 일대 사건이 아닐 수 없습니다. 그러나 그것으로 그치지 않았습니다. 사도행전 4장 4절은 또 다른 사건을 증언하고 있습니다.

> 말씀을 들은 사람 중에 믿는 자가 많으니 남자의 수가 약 오천이나 되었더라.

하루에 3천 명이 세례를 받은 것만도 놀랄 일인데, 얼마 지나지 않아 무려 5천 명에 달하는 믿는 사람들이 또 생겼습니다. 며칠 사이에 8천 명에 달하는 거대한 무리가 그리스도인이 된 것입니다.

2천 년 전 예루살렘 인구수에 대하여 여러 견해가 있습니다. 남녀노소를 포함하여 3만 명이라는 견해도 있고, 5만 명으로 추산하기도 합니다. 그러나 학계에서 가장 널리 인정받는 수치는 〈성서고고학리뷰 Biblical Archaeology Review〉의 편집장 허셀 섕크스 Hershel Shanks와 에즈버리 신학대학 Asbury Theological Seminary의 벤 위더링턴 3세 Ben Witherington III가 그들의 공동 저작인 《예수의 형제 The Brother of Jesus》에서 인용한, 2천 년 전 예루살렘 인구밀도를 근거로 산정한 8만 명입니다. 물론 이 수는 남녀노소를 모두 포함한 것입니다. 오늘날의 도시 개념으로 보면 당시 예루살렘의 규모가 얼마나 작았는지 짐작할 수 있습니다.

그런데 그 작은 성읍에서, 불과 며칠 사이에 8천 명에 달하는 무리가 그리스도인이 되었습니다. 사도행전 4장 4절에서 그 수가 남자만임을 밝히고 있듯, 2천 년 전 유대인들은 사람 수를 셀 때 여자와 아이들은 제외했습니다. 따라서 그리스도인이 된 8천 명은 모두 남자 가장이었고, 당시는 한 가정의 종교가 가장에 의해 정해지던 시절이므로 결국 8천 가정이 예수님을 영접한 셈입니다. 당시는 대가족제도였으므로 한 가정이 남편과 아내, 두 자녀, 양가 부모 중 한 명 이렇게 총 다섯 명으로 구성되었다고 가정하면 무려 4만 명이 그리스도를 영접했다는 결론이 나옵니다. 예루살렘 전체 인구 8만 명의 절반에 해당되는 수입니다. 불과 며칠 사이에 예루살렘 전체 인구의 50퍼센트가 그리스도인이 된 것입니다. 즉 두 사람당 한 명꼴로 예수님을 영접한 것입니다. 생각할수록 엄청난 대기록이 아닐 수 없습니다.

이 부분에서 교회성장학자들은 힘을 얻습니다. 본래 예수님의 제자는 열두 명에 불과했습니다. 그나마 예수님을 배신한 가룟 유다를 제외하면 겨우 열한 명뿐이었습니다. 그 작은 수가 사도행전 1장에서는 가룟 유다의 자리를 대신한 맛디아를 포함하여 120명으로 늘어났고, 오늘의 본문에서 3천 가정이 더해졌으며, 4장에서는 또다시 5천 가정이 추가되었습니다. 교인의 수가 천문학적인 비율로 급증한 것입니다. 교회성장학자들은 이를 토대로, 교회는 끊임없이 양적으로 부흥해야 함을 역설합니다. 분명 일리 있는 주장입니다.

그러나 사도행전이라는 전체의 틀에서 본문을 냉철하게 조명해 볼 필요가 있습니다. 단 며칠 사이에 주님을 영접한 그 거대한 군중은 모두 어디로 갔습니까? 이로부터 약 30년 후, 바울이 세 차례에 걸친 선교 여행을 끝내고 예루살렘으로 돌아갔을 때, 그를 영접한 그리스도인들은 극소수에 지나지 않았습니다. 오히려 예루살렘에 살고 있는 대다수의 유대인들은 바울을 죽이려고 하였습니다. 유대인들은 그리스도의 사도가 된 바울을 반드시 제거해야 할 유대교의 배신자로 낙인찍고 있었습니다. 바울의 목숨이 풍전등화와도 같았지만, 위험을 무릅쓰고 살리려 나선 그리스도인은 없었습니다.

하루에 남자 가장만 3천 명, 5천 명씩 그리스도인이 될 정도였다면, 30년이 지나서는 예루살렘에서 만나는 사람 모두 그리스도인이어야 마땅할 것입니다. 그러나 실제로는 그와 정반대였습니다. 예루살렘 도처에 예수님의 대적들로 가득했습니다. 만약 예루살렘의 경비 대장이던 로마 군대의 천부장 루시아가 군대를 풀어 바울의 생명을 지켜 주지 않았다면, 바울은 로마 복음화를 위해 로마에 발을 내딛기도 전에 예루살렘에서 동족에 의해 살해되었을 것입니다. 바울이 예루살렘에서 이렇듯 절체절명의 위기에 처해 있던 그때, 그 많던 그리스도인은 다 어디로 갔습니까? 하루에 남자 가장만 3천 명이 세례를 받고 5천 명이 믿기 시작했음을 전해 주는 사도행전 2장과

4장을 넘어서면, 더 이상 거대한 군중의 자취를 찾아볼 수 없습니다. 사도행전 8장의 증언처럼 스데반의 순교로 촉발된 박해로 많은 그리스도인이 예루살렘을 떠난 것을 감안하더라도, 한 도시 인구의 절반에 해당하는 대군중이 일거에 삶의 터전을 등진다는 것이 현실적으로 불가능하다면, 한 가지 이유밖에 달리 설명할 길이 없습니다.

　주님을 믿겠다고 나선 그 거대한 군중을 30년이 지나 더 이상 볼 수 없는 것은 그들의 행위, 즉 남자 장정 3천 명이 앞다투어 세례를 받고 5천 명이 신자가 되겠다고 나선 것이 결국 군중심리였음을 일깨워 줍니다. 그들은 순간적인 분위기와 감정에 휩싸여 세례의 형식만 취했을 뿐입니다. 수천 명이 일거에 말씀을 배우고 기도에 힘쓰기는 했지만, 그리스도와 연합하는 본질에는 이르지 못한 것입니다. 다시 말해 그리스도 안에서 하나님과의 수직적 연대를 이루려 하지 않은 것입니다. 그래서 헬라어 원문 41절은 그들을 '프쉬케ψυχή'로 기록하고 있습니다. 개역한글 성경은 "이날에 제자의 수가 삼천이나 더하더라"로, 또 개역개정판은 "신도의 수가 삼천이나 더하더라"로 번역되어, 마치 그 거대한 무리가 모두 주님의 참된 제자나 신자가 된 듯한 뉘앙스를 풍깁니다. 그러나 헬라어 '프쉬케'는 제자나 신자를 뜻하지 않고, 단순히 생명과 영혼을 지닌 사람을 일컫는 단어입니다. 본문이 그들을 제자나 신도가 아니라 굳이 '프쉬케'라 한 것은, 비록 그들이 세례의 형식을 갖추고 성경 공부와 기도 모임에 참여했지만, 구원받은 그들 개개인이 하나님과의 수직적 연대 속에서 살아가는 주님의 참된 제자가 될지는 두고 봐야 한다는 사도행전 기자의 의도였습니다. 그리고 그의 판단 유보는 옳았습니다. 그로부터 30년 후, 이 거대한 군중은 성경에서 더 이상 만나 볼 수 없습니다. 그들 개개인이 하나님과의 수직적 연대를 갖지 않았기에, 그리스도 안에서 그들 간의 수평적 연대 역시 불가능했던 것입니다.

우리는 지난 시간에 매우 중요한 깨달음을 얻었습니다. 신앙의 동기는 집단적일 수 있지만, 그리스도와 연합하는 신앙의 질과 수준은 철저하게 개인적이라는 깨달음입니다. 달리 설명하면, 군중심리 역시 얼마든지 신앙의 좋은 동기가 될 수 있습니다. 분위기에 휩싸여 교회 문턱을 넘어설 수 있고, 사람들을 따라 성경 공부에 참여하고 세례를 받을 수도 있습니다. 그러나 그것은 단지 동기일 뿐, 그 이후에는 군중심리로는 안 됩니다. 개인적으로 하나님과의 수직적인 연대를 철저히 강화해 가야 합니다. 그래야만 갈대처럼 흔들리는 군중심리에 동화되거나 동요하지 않고, 자기를 상실한 군중을 진리로 인도하여 그리스도 안에서 그들과 참된 수평적 연대를 이루는 주님의 성숙한 제자로 살아갈 수 있습니다. 똑같이 그리스도인이라 해도 하나님과의 수직적인 연대를 개인적으로 얼마나 심화시키느냐에 따라 단순히 군중으로 불릴 수도 있고, 주님의 제자로 거듭날 수도 있습니다. 주님께서는 군중심리에 빠진 수천 명의 무리보다, 하나님 앞에서 깨어 있는 한 사람의 제자를 필요로 하십니다. 세상을 살리는 주님의 도구로 쓰임 받는 사람은 자기를 상실한 수천 명의 군중이 아니라, 홀로 깨어 있는 한 사람의 제자이기 때문입니다.

구원받은 그리스도인으로서 하나님과의 수직적인 연대를 심화하는, 깨어 있는 그리스도인이 된다는 것은 고독을 두려워하지 않는 것입니다. 고독 solitude은 고립 isolation이 아닙니다. 고립이란 자신은 사람들과 함께 있기를 원하지만 도리어 사람들로부터 소외당하는 것인 데 반해, 고독은 많은 사람이 자신을 원하는데도 자발적으로 자신을 격리시키는 것입니다. 두말할 것도 없이 하나님과의 수직적인 연대를 강화하고 심화시키는 것입니다. 하나님과 연대하는 그 수직적인 고독이 사람과의 수평적인 연대를 가능하게 하는 유일한 토대인 까닭입니다.

이 땅에 오신 예수님께서는 늘 군중과 함께하셨습니다. 그분이 오신 목적이 인간을 살리고 인간과 연대를 이루시는 것이었기 때문입니다. 그러나 군중 속에서 주님의 모습이 보이지 않을 때가 많았습니다. 그때는 어김없이 한적한 곳을 찾아, 홀로 하나님 앞에서 고독하게 깨어 계실 때였습니다. 그 시간은 고독 속에서 하나님과 수직적인 연대를 심화시키는 시간이었습니다. 그리스도이신 예수님마저도 하나님 앞에서의 고독을 통해 인간과의 연대를 완성하셨다면, 하물며 우리가 하나님과의 수직적 연대를 강화하려는 고독 없이 어찌 사람 간의 참된 연대를 이루는 진정한 교회가 될 수 있겠습니까? 한 시대와 한 사회는 하나님 앞에서 홀로 깨어 있는 고독한 그리스도인에 의해 새로워집니다. 홀로 깨어 있는 고독을 기피하는 것은 성숙한 그리스도인이기를 포기하는 것입니다. 말씀 묵상과 기도로 하나님 앞에서 고독해지지 않고는 하나님과의 연대도, 사람과의 연대도 불가능할 수밖에 없습니다.

잊지 마십시오. 신앙은 결코 패션이 아닙니다. 이벤트도 아닙니다. 하나님을 믿는다는 것은 하나님과 더욱 깊은 연대를 위해 수직적인 고독 속으로 뛰어드는 것을 의미합니다. 눈을 들어 겟세마네를 바라보십시오. 주님께서 가장 믿었던 베드로와 요한 그리고 야고보마저 잠에 곯아떨어져 있습니다. 캄캄한 밤, 죽음을 눈앞에 둔 마지막 시각, 그 외딴 동산 위에 깨어 있는 분은 오직 주님 한 분이셨습니다. 고독할 수밖에 없는 순간이었습니다. 그러나 주님께서는 고독 속에 당신을 던지셨습니다. 하나님 앞에서의 그 수직적인 고독이야말로 십자가의 죽음과 부활을 위해 절대 필요한 과정이었기 때문입니다. 그 숨 막히는 고독 속에서 주님께서는 땀방울에 피가 배어날 정도로 고독하게 절규하셨습니다.

내 아버지여 만일 할 만하시거든 이 잔을 내게서 지나가게 하옵소서 그러나 나의 원대로 마시옵고 아버지의 원대로 하옵소서(마 26:39).

주님께서 하나님과 더욱 깊은 연대를 위해 그 마지막 고독마저 두려워하지 않으셨기에, 수직적 고독의 씨줄과 인간을 살리고 인간과 연대하는 날줄이 교직交織하는 가운데, 십자가의 구원이 완성되었습니다. 우리는 군중심리에 사로잡혀 멀리서 주님을 바라보며 까닭 없이 환호하거나 배척하는 구경꾼이 아니라, 주님과 연대하는 그분의 제자가 되기 위해 지금 이 자리에 나와 있습니다.

우리는 그동안 깨어 있는 한 명의 그리스도인으로 살기보다는, 익명의 군중이 되어 군중 속에 우리 자신을 숨긴 채 군중심리와 세상 풍조에 휩쓸려 살아왔습니다. 그 결과 세상에서는 많은 것을 소유했을지 모르지만, 주님 앞에서는 무력한 벌거숭이에 지나지 않습니다. 우리의 이 어리석음을 용서하여 주옵소서.

하나님 앞에서 고독한 그리스도인이 되게 도와주옵소서. 말씀 묵상과 기도로, 하나님과 수직적 연대를 강화하기 위한 자발적 고독이 우리 삶의 기쁨과 원동력이 되게 해주옵소서. 그와 같은 우리 삶이, 자기를 상실한 수많은 군중을 생명의 길로 인도하고 그들과 더불어 사는 수평적 연대로 이어지게 하옵소서. 그 수직적 연대와 수평적 연대의 교직이 아름다운 십자가의 삶으로 승화되게 하옵소서. 아멘.

32. 나눠 주며 사순절 첫째 주일

사도행전 2장 43-47절

사람마다 두려워하는데 사도들로 말미암아 기사와 표적이 많이 나타나니 믿는 사람이 다 함께 있어 모든 물건을 서로 통용하고 또 재산과 소유를 팔아 각 사람의 필요를 따라 **나눠 주며** 날마다 마음을 같이하여 성전에 모이기를 힘쓰고 집에서 떡을 떼며 기쁨과 순전한 마음으로 음식을 먹고 하나님을 찬미하며 또 온 백성에게 칭송을 받으니 주께서 구원받는 사람을 날마다 더하게 하시니라

우리는 성경을 하나님의 말씀으로 믿습니다. 성경이 하나님의 말씀이라 함은, 성경에 의미 없는 구절이 없다는 뜻입니다. 그러므로 그리스도인이란 성경에 기록된 모든 내용의 정신과 의미를 자기 삶으로 구현해 가는 사람입니다. 인간을 창조하신 하나님의 인생 사용설명서인 하나님 말씀을 좇아 살 때 우리는 바르고도 영원한 생을 일구어 갈 수 있습니다. 그러나 그리스도인들의 불행은 절대적인 하나님 말씀을 자신의 편의에 따라 취사선택하려는 데 있습니다. 이를테면 자신에게 유익하게 여겨지는 성경 구절들만 선호

하고 그 외의 구절들, 특히 불리해 보이는 구절들은 거들떠보지도 않습니다. 인생 사용설명서인 하나님의 말씀을 그렇게 대해서야 행복하고 참된 인생을 꾸리기란 불가능합니다. 오늘의 본문은 그리스도인들에 의해 거의 사문화되다시피 한 구절로, 그리스도인들이 본문의 내용을 등한시함으로 그 삶이 얼마나 일그러져 있는지 일깨워 줍니다.

베드로의 설교에, 그날 하루 무려 3천 명의 대군중이 세례를 받는 엄청난 일이 벌어졌습니다. 하루는 24시간이고 1시간은 60분이므로, 하루는 1,440분에 해당합니다. 만약 한 사람이 간단한 문답을 거쳐 세례를 받는 데 1분이 소요되었다면 3천 명이 모두 세례를 받기 위해서는 3,000분이 필요하고, 한 사람당 소요 시간을 30초로 잡아도 1,500분이 필요합니다. 어느 경우든 만 하루 이상의 시간이 필요한 것입니다. 따라서 3천 명의 대군중이 하루 낮 동안 모두 세례를 받기 위해서는 열두 사도가 동시에 세례를 베풀었음을 알 수 있습니다. 3천 명의 대군중이 예루살렘 여기저기 물 있는 곳에 흩어져 줄지어 세례를 받는 모습은 생각만 해도 일대 장관이 아닐 수 없습니다. 본문 46-47절은 이후 그들의 삶이 어떠하였는지 밝혀 줍니다.

> 날마다 마음을 같이하여 성전에 모이기를 힘쓰고 집에서 떡을 떼며 기쁨과 순전한 마음으로 음식을 먹고 하나님을 찬미하며 또 온 백성에게 칭송을 받으니 주께서 구원받는 사람을 날마다 더하게 하시니라.

그들은 성전은 말할 것도 없고 집집마다 돌아가며 모일 정도로 모임에 열심이었습니다. 그들은 함께 모여 말씀을 배우고, 하나님을 찬미하며 떡을 떼었습니다. 떡을 떼었다는 것은 모일 때마다 성찬 예식을 가졌음을 의미합니다. 세상 사람들은 그들의 삶을 칭송하였고, 신자 수는 날로 늘어났습니다. 그러나 이 내용이 우리에게는 새삼스러울 것이 없습니다. 이 말씀이 우리의 삶에서 이루어지고 있기 때문입니다. 세계 어느 곳에서든 한국 그리스도인들은 열심히 모입니다. 교회 예배 시간은 물론이고, 성경 공부와 친교를 위해 구역 모임에도 열심입니다. 선교 100년 만에 전 국민의 4분의 1이 그리스도인이 될 정도로 교인이 급증하여, 교파별로 세계에서 가장 큰 교회는 거의 한국에 있습니다. 요즘은 교회마다 경배와 찬양이 유행하고 있습니다. 이처럼 본문 내용이 우리 삶에서 현실적으로 이루어지고 있지만 한 가지 다른 점은, 본문의 초대교회는 세상 사람들에게 칭송을 받은 데 반해 한국 교회와 그리스도인은 오히려 비판과 비난의 대상이라는 것입니다. 이 차이는 대체 무엇 때문일까요? 본문 44-45절을 함께 보겠습니다.

> 믿는 사람이 다 함께 있어 모든 물건을 서로 통용하고 또 재산과 소유를 팔아 각 사람의 필요를 따라 나눠 주며.

2천 년 전 그리스도인들은 자신들이 가진 것을 함께 나누어 쓸 뿐 아니라, 그들의 부동산과 동산을 처분하여 필요한 사람들에게 나누어 주기까지 했습니다. 이로부터 얼마 지나지 않아 5천 명의 군중이 믿는 무리에 합류했을 때도 똑같은 일이 벌어졌습니다.

> 믿는 무리가 한마음과 한뜻이 되어 모든 물건을 서로 통용하고 자기 재물을 조금이라도 자기 것이라 하는 이가 하나도 없더라(행 4:32).

다른 사람보다 더 많은 재산을 내어놓은 사람은 뽐낼 만도 하지만, 그런 사람은 한 명도 없었습니다. 이처럼 있건 없건 따지지 않고 모든 사람이 자기가 가진 것을 나누어 쓰는 유무상통有無相通의 삶이 초대교회의 특성이었습니다. 초대교회를 논할 때 반드시 유무상통의 삶을 전해 주는 본문이 언급되는 것은 초대교회에 관한 한, 이보다 더 큰 특성이 없기 때문입니다. 그럼에도 이 구절은 오늘날 그리스도인에게 철저하게 외면당하고 있습니다. 오늘날 이런 삶을 문자적으로 사는 그리스도인을 만나 보기란 거의 불가능한 일이 되었습니다. 따라서 앞서의 질문에 답하자면, 2천 년 전 초대교회 교인들이 세상으로부터 칭송받은 것은 유무상통의 삶을 살았기 때문이요, 오늘날 그리스도인들이 세상으로부터 비판받는 것은 물질에 관한 한 세상 사람보다 더 이기적이고 더 탐욕적이기 때문임을 알게 됩니다.

여기서 우리는 사도행전 전체의 틀 속에서, 한 걸음 더 나아가 2천 년 교회사의 관점에서 지난 주일과 똑같은 질문을 제기해 볼 수 있습니다. 오늘날 본문의 말씀을 외면하고 있는 현대 그리스도인은 차치하더라도, 이렇듯 이상적인 유무상통의 삶을 살았던 본문의 사람들은 대체 어디로 갔습니까? 모든 사람이 한마음 한뜻이 되어, 가진 것을 나누어 쓰면서도 제 물건을 제 것이라 뽐내는 이가 한 사람도 없었음을 전해 주는 사도행전 2장과 4장을 끝으로, 이 아름다운 유무상통의 삶은 성경에서 실종되어 버리고 맙니다. 대신 사도행전 5장부터, 물질과 관련하여 하나님 앞에서 정직하지 못했던 아나니아와 삽비라 부부의 수치스러운 이야기가 소개되고 있습니다. 게다가 안디옥 교회, 에베소 교회, 빌립보 교회, 서머나 교회, 빌라델비아 교회 등과 같이 신약성경에 등장하는 그 어느 교회에서도 본문과 같은 유무상통의 삶이 구현된 적은 없었습니다. 그 후 2천 년 교회사를 거쳐 오늘날 우리에게 이르기까지 교회는 항상 유무상통의 삶과는 거리가 멀었습니다. 굳이 따지자면 유무상통의 삶은 수도원에서나 명맥이 유지되고 있는 정도입니다. 그러나 본문은 세상을 등진 수도원이 아니라, 세상 한가운데 자리 잡고 있는 교회의 이야기입니다. 그러므로 한국 교회를 포함하여 2천 년 동안 세계의 모든 교회는 적어도 본문 말씀과는 동떨어져 있는 셈입니다. 대체 그 까닭이 무엇이겠습니까? 왜 유무상통의 이상적인 삶은 본문의 초대교회에서만, 그것도 초대교회 초기에만 잠시 나타났다가 사라져 버리고 말았을까요? 바꾸어 말해 초대교회 초기에 일시적이나마 그 같은 삶이 가능했던 까닭은 무엇이었을까요?

대부분의 신학자들은 그 해답을 초기 그리스도인들이 지닌 종말 신앙에서 찾습니다. 초기 그리스도인들은 임박한 주님의 재림을 믿었습니다. 이를테면 그들이 이 땅에 사는 동안 세상의 종말이 올 것을 믿었습니다. 초기 그리스도인들이 이처럼 임박한 종말을 확신했을 때, 그들은 예외 없이 물질에서 자유로울 수 있었습니다. 세상의 종말과 함께 영원한 하나님의 나라에 입성할 것을 생각하면, 그들에게 물질이란 단순한 필요의 충족 이상의 의미는 없었습니다. 그들에게 물질은 함께 나누어 쓸 도구일 뿐, 수단과 방법을 가리지 않고 축적해 둘 재산이 아니었습니다. 그러나 그들의 믿음과 달리 시간이 흘러도 종말은 오지 않았습니다. 오히려 그들에게 다가온 것은 세상의 박해와 핍박이었습니다. 그처럼 자신들의 믿음과는 전혀 어긋난 현실에서, 그들은 누가 먼저랄 것도 없이 물질을 신봉하던 옛 삶으로 돌아가 버리고 말았습니다. 그 결과 오늘날에 이르기까지 유무상통의 삶이란 사도행전 2장과 4장에만 국한된, 우리 삶과는 전혀 무관한 전설처럼 간주되고 있습니다. 그리고 그리스도인들은 주님을 섬기면서도 물질을 함께 섬기는 신앙적 갈등과 번민에서 헤어나지 못하고 있습니다.

예로부터 그리스도인이 갖는 신앙 갈등의 가장 큰 요인은 사람과 물질입니다. 많은 그리스도인이 대인 관계에서 말씀대로 살지 못하고, 물질 관계에서 신앙 양심을 지키지 못해 괴로워합니다. 그러나 대부분의 그리스도인이 사람과의 관계를 해치면서까지 물질을 더 소중히 여기는 걸 보면, 결국 그리스도인이 겪는 신앙 갈등의 가장 큰 요인은 물질입니다. 물질 때문에 부모, 자식, 형제 사이가 뒤틀릴 뿐 아니라, 어제의 친구가 오늘의 원수로 돌변하는 일마저 비일비재합니다. 이 그릇된 삶은 의식적이든 무의식적이든 그리스도인들이 본문의 말씀을 도외시하는 데 기인합니다. 만약 본문 말씀이 그리스도인의 삶에 아예 불필요하다면 성경에 애당초 기록되었을 리가 만무한데도 말입니다.

오늘날 우리는 자본주의 체제, 다시 말해 자유시장 경제체제 속에서 살고 있습니다. 이 체제의 근간은 사유재산 존중입니다. 사유재산을 인정하지 않는다면 자본주의는 그날로 무너지고 말 것입니다. 이와 같은 사회적 체제와 주위 환경은 그리스도인으로 하여금 본문에 나타난 유무상통의 삶을 더욱 어렵게 만듭니다. 우리 사회 전체가 하나의 거대한 수도원이 되지 않는 한, 유무상통의 삶은 현실적으로 불가능한 것처럼 여겨집니다. 그렇다고 하나님의 말씀이요 인생 사용설명서인 본문의 말씀을, 하나님을 믿는다는 그리스도인들이 지금처럼 사문화시키는 것이 과연 바른 믿음의 자세이겠습니까? 이 말씀을 외면한 대가로 마땅히 사랑해야 할 사람을 사랑하기는커녕 도리어 왜곡된 관계에서 영적 갈등을 겪으며 사는 것이 정녕 지혜로운 삶이겠습니까? 적어도 본문이 전하는 유무상통의 정신을 자신의 삶으로 구현함으로써 신앙 양심의 자유를 누리는 것이 그리스도인의 참된 도리요, 진정한 용기가 아니겠습니까?

주목할 사실은 지난 2천 년 동안의 교회사를 돌아보면, 종말설이 대두될 때마다 그것을 신봉하는 사람들 사이에 일시적이나마 유무상통의 삶이 실현되었다는 점입니다. 주후 2세기 중엽, 몬타누스Montanus가 임박한 종말을 주장하면서 많은 추종자가 생겼습니다. 그들은 모두 집단생활을 하며 유무상통의 삶을 살았습니다. 그러나 종말이 끝내 도래하지 않자 그들의 유무상통 역시 마침표를 찍고 말았습니다. 그 후 세계 도처에서 시한부 종말을 외치는 사람들이 등장하였는데, 그들의 공통점은 유무상통의 집단생활을 하다가 종말이 빗나가자 그와 같은 삶 역시 와해되었다는 점입니다. 우리나라도 예외는 아니었습니다.

여기서 우리는 매우 중요한 사실을 깨닫게 됩니다. 비록 시한부 종말론을 주장한 자들의 예언이 모두 빗나갔고 그들이 이끌던 집단이나 종파가 사교 혹은 이단으로 정죄되었지만, 역사적으로 사람들은 종말을 의식할 때만 현실 세계에서 비로소 물질의 노예 상태로부터 벗어날 수 있었다는 사실입니다. 바꿔 말해, 물질과 관련하여 하나님 앞에서 바르게 살 수 있는 길은 그리스도인 각자가 종말 신앙을 지니는 것입니다.

종말은 성격에 따라 두 가지로 나뉩니다. 먼저 '우주적 종말'입니다. 인류 역사에 종말이 임하고 주님의 재림과 더불어 하나님의 심판이 시작되는 것이 우주적 종말입니다. 몬타누스를 비롯하여 2천 년 동안의 교회사를 통틀어 시한부 종말론을 주장하던 사람들이 믿은 종말은 모두 우주적 종말입니다. 우주적 종말이 눈앞에 닥쳤다고 믿었을 때 그들은 모두 물질을 초월할 수 있었지만, 우주적 종말이 빗나감과 동시에 다시 물질에 예속되고 말았습니다. 그들은 자신들에게 또 다른 종말이 있다는 사실을 깨닫지 못한 것입니다. 또 다른 종말이란 '개인적 종말'입니다. 우주적 종말이 우리 생애에 도래할지는 아무도 알지 못합니다. 반면 개인적 종말은 우리 각자에게 반드시 닥칩니다. 이 세상에 태어난 사람치고 누구도 피할 수 없는 죽음이 바로 우리 각자의 개인적 종말입니다. 세상이 끝나지 않아도 우리 생은 이 세상에서 반드시 끝나기 마련이고, 바로 그날 우리 각자는 어김없이 하나님 앞에 서야 합니다. 이것은 하나님의 절대 불변의 원칙입니다. 이것을 믿는 것이 진정한 종말 신앙이요, 이 신앙을 지닐 때 우리 삶은 물질을 초월한 유무상통의 정신을 구현할 수 있습니다.

그렇다면 우리가 종말 신앙으로 이 세상에서 반드시 구현해야 할 유무상통의 정신이란 구체적으로 무엇이겠습니까? 본문의 초대교회 교인들은 그들의 생애에 종말이 임할 것을 믿었을 때, 자신들의 재산을 아무렇게 사용하거나 허비하지 않았습니다. 앞다투어 사재기를 하지도 않았습니다. 그들은 자신들의 재산을 하나님 앞에 내어놓고, 필요한 사람들에게 물질을 나누어 주었을 뿐 아니라, 자신들의 필요를 위해서도 사용하였습니다. 이를 통해 우리는 그들이 지닌 성경적 물질관을 알 수 있습니다.

첫째, 그들은 물질이 하나님께 속한 것임을 바르게 알고 있었습니다. 즉 물질에 관한 한, 자신들은 청지기에 지나지 않음을 분명하게 인식하였습니다. 둘째, 그들은 자신들에게 주어진 물질이 자신들만을 위한 것이 아니라, 반드시 타인을 위한 몫이 포함되어 있음을 깨달은 사람들입니다. 하나님께서 자신들에게 물질을 주신 것은 단순히 쌓아 두기보다 누군가를 위해 나눠 주게 하시기 위함임을 알고 있었습니다. 바꾸어 말해 자신들이 물질의 최종 종착역이 아니라, 물질을 교통 정리하는 통로임을 인식한 것입니다. 마지막으로, 그들은 자신들이 필요한 것 역시 하나님 앞에서 하나님의 말씀을 좇아 사용한다는 것이었습니다. 사도 바울의 표현을 빌리면 먹든지, 마시든지, 무엇을 하든지 하나님의 영광을 위하여 사용하는 것입니다. 이것이 종말 신앙을 지녔던 초대교회 교인들이 실천한 유무상통의 참뜻이요, 정신입니다.

초대교회 교인들이 이렇듯 물질을 초월한 삶을 살자 세상 사람들은 그들을 칭송하였습니다. 그뿐이 아닙니다. 본문 43절은 다음과 같이 증언합니다.

사람마다 두려워하는데 사도들로 말미암아 기사와 표적이 많이 나타나니.

사람들은 기사와 표적이라면 오병이어 사건과 같은 드라마틱한 기적을 연상합니다. 그러나 본문은 초대교회 교인들이 추구한 유무상통의 삶을 표적과 기사로 소개하고 있습니다. 비인격적인 물질의 노예가 되어 왜곡된 대인 관계 속에서 그릇된 삶을 살던 인간이, 하나님 앞에서 물질을 초월하여 유무상통의 정신으로 살아가는 것보다 더 분명한 표적과 기사는 없기 때문입니다. 그로 말미암아 믿지 않는 사람들이 믿는 사람들에게 두려움을 지녔음을 본문이 증언하고 있습니다. 헬라어 '프호보스$\phi\acute{o}\beta o s$'는 세상 사람들이 그리스도인들에 대하여 공포심을 느꼈다는 말이 아니라, 존경심과 경외심을 가졌다는 뜻입니다. 이것은 지금도 마찬가지입니다. 여러분이 신앙적으로 존경하고 경외하는 분이 있다면, 그분은 분명 하나님의 말씀 안에서 물질에 초연하여 살아가는 분일 것입니다. 물질에 초연하지 않고서는, 부러움의 대상이 될 수 있을지는 모르나, 주님 안에서 바르게 살기 원하는 사람들로부터 존경과 외경의 대상이 될 수는 없습니다.

누가복음 12장 16-21절은 어리석은 부자에 대한 주님의 말씀을 전해 줍니다.

한 부자가 그 밭에 소출이 풍성하매 심중에 생각하여 이르되 내가 곡식 쌓아 둘 곳이 없으니 어찌할까 하고 또 이르되 내가 이렇게 하리라 내 곳간을 헐고 더 크게 짓고 내 모든 곡식과 물건을 거기 쌓아 두리라 또 내가 내 영혼에게 이르되 영혼아 여러 해 쓸 물건을 많이 쌓아 두었으니 평안히 쉬고 먹고 마시고 즐거워하자 하리라 하되 하나님은 이르시되 어리석은 자여 오늘 밤에 네 영혼을 도로 찾으리니 그러면 네 준비한 것이 누구의 것이 되겠느냐 하셨으니 자기를 위하여 재물을 쌓아 두고 하나님께 대하여 부요하지 못한 자가 이와 같으니라.

쌓아 둘 곳이 더 이상 없을 정도로 많은 재물을 얻은 사람이, 새로 얻은 재물을 보관할 창고를 다시 지으려는 것은 얼마나 당연한 일입니까? 그러나 하나님께서는 그를 가리켜 어리석은 자라 하셨습니다. 그는 가장 중요한 세 가지 사실을 모르고 있었습니다. 자신에게 그 많은 재산을 맡기신 분이 하나님이심을 몰랐고, 그 재산 속에는 반드시 나누어야 할 타인의 몫이 포함되어 있음을 몰랐고, 무엇보다도 개인적인 종말이 자기 코끝에 임박하였음을 모르고 있었습니다. 결코 몰라서는 안 될 세 가지 사실에 무지함으로 인해, 그가 그 많은 재산을 모으는 동안 하나님과 사람에게 얼마나 못할 짓을 많이 했겠습니까? 그런 그가 세인의 칭송을 받거나 존경과 경외의 대상이 되지 못했을 것은 불을 보듯 뻔합니다. 게다가 막상 그의 호흡이 멎었을 때, 그는 태산처럼 쌓아 둔 재물 중 그 무엇도 들고 갈 수 없었습니다. 들고 가기는커녕, 그 모든 것을 어떻게 사용했는지 하나님의 심판을 받아야 했습니다. 그제야 자신의 그릇된 삶을 돌아보며 그가 얼마나 후회했겠습니까? 그러나 두 번 다시 기회는 주어지지 않았습니다. 모든 인간에게 인생이란 유일회적인 기회이기 때문입니다. 이런 의미에서 그는 진정 어리석은 자의 표본입니다.

오늘은 사순절 첫째 주일입니다. 사순절은 부활절 이전 6주 동안 우리를 위해 십자가에 못박혀 돌아가신 주님의 고난을 기리면서, 구원받은 그리스도인답게 살지 못한 우리의 그릇된 삶을 참회하는 절기입니다. 이 뜻깊은 사순절을 맞아, 우리 모두 주님을 믿는다면서 실은 주님께서 언급하신 어리석은 부자처럼 살아왔음을 회개하십시다. 우리 생애에 우주적인 종말은 없을지라도 우리 각자가 맞아야 할 개인적인 종말, 즉 개개인의 죽음은 시시각각 우리를 향해 다가오고 있음을 잊지 마십시다. 그날 하나님 앞에 가져갈 수 없는 물질을 섬기느라 하나님과 사람을 모두 잃어버리는 어리석음을 범치 마십시오. 철저하게 종말 신앙의 소유자들이 되십시오. 그때 우리는 물질의 노예 상태에서 벗어나, 유무상통의 정신을 구현하는 진정한 그리스도인이 될 수 있습니다. 물질로부터 자유로워지는 것은 온 세상을, 온 세상 사람을 얻는 것을 의미합니다. 물질로부터 자유로운 사람이 온 세상을 창조하신 하나님의 온전한 도구로 쓰임 받기 때문입니다. 베드로도 바울도 물질로부터 자유로웠기에 하나님 안에서 온 세상을 얻었고, 지금까지 세상 사람들의 칭송과 존경을 받고 있습니다. 진실로 하나님 안에서 물질에 초연하게 사는 것보다 자신을 더 존중하는 길은 없습니다. 그래서 사도 바울은 다음과 같이 고백했습니다.

> 내가 궁핍해서 이렇게 말하는 것이 아닙니다. 나는 어떤 처지에서도 스스로 만족하는 법을 배웠습니다. 나는 비천하게 살 줄도 알고 풍족하게 살 줄도 압니다. 배부르거나 굶주리거나, 풍족하거나 궁핍하거나, 그 어떤 경우에도 적응할 수 있는 비결을 배웠습니다. 나에게 능력을 주시는 분 안에서 나는 모든 것을 할 수 있습니다(빌 4:11-13, 표준새번역).

바울은 물질로부터 늘 자유할 수 있는 비결을 배웠고, 그 결과 주님 안에서 모든 것을 할 수 있다고 고백할 수 있었습니다.

우리는 예배당과 구역에서 모이는 데는 열심이면서도, 유무상통의 정신을 일깨워 주는 본문은 애써 외면해 왔습니다. 우리가 지닌 모든 물질이 주님의 것이라 입으로 고백하면서도, 그 물질 속에 타인의 몫이 있음을 인정하려 하지 않았습니다. 우리가 지닌 것 가운데 극히 작은 일부를 헌금하는 것으로, 남은 것은 내 마음대로 사용해도 되는 것처럼 살아왔습니다. 그 결과 세상의 칭송과 존경을 받기는커녕, 도리어 하나님과 교회를 욕되게 하는 어리석음을 범했습니다. 사순절 첫째 주일을 맞는 오늘, 이와 같은 우리의 잘못을 회개하오니 용서하여 주옵소서.

이제부터 철저한 종말 신앙으로 살아가게 하옵소서. 세상이 끝나지 않아도, 내 생이 끝나는 개인적인 종말이 1초 1초 다가오고 있음을 잊지 말게 하옵소서. 그날 나를 결코 책임져 줄 수 없는 물질을 섬기느라, 그날 나를 책임져 주실 하나님을 잃어버리는 어리석음을 범하지 않게 하옵소서. 사람을 살리는 도구로 사용해야 할 물질을 위해 오히려 사람을 해치는 무지를 범하지 않게 하옵소서. 하나님께서 나에게 물질을 맡기신 것은 나를 그 물질의 종착역이 아닌, 그 물질을 나눠 주는 통로로 사용하시기 위함임을 잊지 말게 하옵소서. 단순히 쌓아 두는 것이 아니라 누구에겐가 나눠 주기 위해 수고하며 일하게 하셔서, 내 삶을 통해 유무상통의 정신이 아름답게 구현되게 하옵소서. 천지를 창조하신 하나님 안에서 물질로부터 자유로워져 온 세상과 사람들을 얻게 하옵소서. 사도 바울처럼 물질에 더 이상 예속당하지 않고, 내게 능력 주시는 분 안에서 모든 진리를 행하는 진정한 그리스도인 되는 기쁨을 누리게 하옵소서. 아멘.

33. 떡을 떼며 사순절 둘째 주일

사도행전 2장 43-47절

사람마다 두려워하는데 사도들로 말미암아 기사와 표적이 많이 나타나니 믿는 사람이 다 함께 있어 모든 물건을 서로 통용하고 또 재산과 소유를 팔아 각 사람의 필요를 따라 나눠 주며 날마다 마음을 같이하여 성전에 모이기를 힘쓰고 집에서 **떡을 떼며** 기쁨과 순전한 마음으로 음식을 먹고 하나님을 찬미하며 또 온 백성에게 칭송을 받으니 주께서 구원받는 사람을 날마다 더하게 하시니라

작년에 한 교우님이 찬송가와 관련된 재미있는 글을 보내 주셨습니다. 크게 한번 웃고 머리를 식히라는 뜻이었습니다. '애송찬송', 즉 '즐겨 부르는 찬송'이라는 제목의 그 글에서 몇 가지만 소개해 드리겠습니다.

〈돼지꿈을 꾸고 로또 대박을 노리는 사람의 애송찬송〉(490장) '주여 지난 밤 내 꿈에 뵈었으니 그 꿈 이루어 주옵소서'

〈몽유병 환자의 애송찬송〉(134장) '나 어느 날 꿈속을 헤매며'

〈해양 경비대원의 애송찬송〉(500장) '물 위에 생명줄 던지어라'

〈목욕탕 주인의 애송찬송〉(426장) '곧 씻어서 정결케 하옵소서'

〈가오리의 애송찬송〉(323장) '부름 받아 나선 이 몸 어디든지 가오리다'

〈감방 죄수의 애송찬송〉(495장) '보내 주소서 보내 주소서'

〈며느리의 애송찬송〉(325장) '예수가 함께 계시니 시험이(시어미) 오나 겁 없네'

〈변비로 고생하는 분의 눈물의 애송찬송〉(544장) '울어도 못하네, 힘써도 못하네, 참아도 못하네, 믿으면 되겠네'

누가 생각해 냈는지, 참으로 즐거운 유머입니다. 더욱이 단순한 즐거움을 넘어, 예배 때마다 찬송을 드리는 우리의 자세와 마음가짐을 성찰하게 해줍니다. 방금 읽어 드린 유머가 재미있는 것은, 그 유머를 만든 사람이 자기 나름대로 해당 찬송의 의미를 찾아냈기 때문입니다. 의미 파악이 따르지 않았던들, 이처럼 유쾌하고도 신선한 유머는 불가능했을 것입니다. 그런데 우리는 어떻습니까? 찬송을 드릴 때 단순히 음률을 좇아 소리로만 노래할 뿐, 과연 찬송의 의미를 되새기며 노래하고 있습니까? 만약 그렇지 않다면, 의미를 상실한 찬송이 과연 참된 의미의 찬송일 수 있겠습니까? 의미가 도외시된 찬송이 음률의 차이를 제외하고 세상의 노래와 진정으로 구별될 수 있겠습니까?

이것은 비단 찬송에 국한된 이야기가 아닙니다. 신앙이란 의미의 추구입니다. 우리는 태초에 하나님께서 천지를 창조하셨음을 믿고 있습니다. 우리 가운데 누구도 태초에 그것을 목격한 사람은 없지만, 우리는 모두 그것이 진리임을 믿고 있습니다. 그 내용을 전하는 성경 말씀이 곧 하나님의 말씀임을 믿기 때문입니다. 그러나 태초에 하나님께서 천지를 창조하셨다는 것이 대체 무슨 의미입니까? 하나님께서 태초에 천지를 창조하셨다는 것이 21세기 첨단 과학 시대를 살고 있는 우리의 삶에서 구체적으로 무엇을 의미하는 것입니까? 이와 같이 그 의미를 생각하고 자신의 삶으로 추구하려 하지 않을 때 하나님의 천지창조는, 여자로 변한 곰이 낳은 아들에 의해 우리나라의 역사가 시작되었다는 것처럼 신화로서 의의는 지닐지라도 21세기를 사는 우리 삶과는 전혀 상관없는 이야기가 되고 맙니다. 신앙이 추구해야 할 본래의 의미를 상실할 때 우리는 살아 있는 신앙 공동체가 아니라, 생명과는 무관한 허울뿐인 종교 집단으로 전락하게 됩니다.

하나님께서는 모세를 통하여 이집트의 파라오에게 이스라엘 노예들을 해방시킬 것을 명령하셨습니다. 그러나 하나님을 믿지 않던 파라오는 하나님의 명령을 묵살해 버립니다. 이에 하나님께서는 재앙을 내리셨는데, 그 마지막 재앙이 온 이집트의 모든 장자와 짐승의 첫 새끼를 치신 것입니다. 그것은 하나님의 무서운 심판이었습니다. 이집트 집집마다 장자를 잃은 곡성이 울려 퍼졌습니다. 심지어 무소불위의 권력을 휘두르던 파라오마저 장자를 잃을 정도였으니, 삽시간에 이집트 전체가 통째로 거대한 초상집이 된 셈입니다. 그러나 이스라엘 백성은 어린아이 한 명, 짐승새끼 한 마리도 다치지 않았습니다. 하나님께서 양의 피를 이스라엘 백성이 거하는 집의 문인방과 좌우 설주에 발라 두게 하심으로 하나님의 심판을 면하게 해주셨기 때문입니다.

결국 살아 계신 하나님의 능력에 굴복한 파라오는 이스라엘 백성을 해방시켜 줄 수밖에 없었습니다. 이스라엘 백성의 입장에서는 화살 한 촉 쏘지 않고, 죽어서나 면할 수 있는 노예살이에서 자유를 얻은 것입니다. 하나님께서 행해 주시지 않았던들 상상조차 불가능한 일이었습니다. 그러나 뒤늦게 마음이 변한 파라오는 이집트의 전 군대를 동원하여, 이미 이집트를 떠난 이스라엘 백성을 추격하였습니다. 홍해 앞에서 이스라엘 백성이 독 안에 든 쥐마냥 되었을 때 하나님께서는 홍해를 갈라 그들을 구하셨고, 뒤쫓던 이집트의 전 군대를 홍해 바다에 수장시켜 버리셨습니다. 하나님께서 이집트의 장자를 포기하시면서 이스라엘 백성을 출애굽시키고, 이집트의 전 군대를 수장시키면서까지 그들을 구해 내신 까닭이 무엇이겠습니까?

여호와께서 너희를 기뻐하시고 너희를 택하심은 너희가 다른 민족보다 수효가 많기 때문이 아니니라 너희는 오히려 모든 민족 중에 가장 적으니라(신 7:7).

하나님께서 이스라엘 백성에게 그토록 은총을 베푸신 것은 그들이 잘나서가 결코 아니었습니다. 오히려 그들이 가장 작고 보잘것없었기 때문입니다. 그런 그들에게 그 큰 은총을 베푸신 이유는 또 무엇이겠습니까?

여호와께서 다만 너희를 사랑하심으로 말미암아, 또는 너희의 조상들에게 하신 맹세를 지키려 하심으로 말미암아 자기의 권능의 손으로 너희를 인도하여 내시되 너희를 그 종 되었던 집에서 애굽 왕 바로의 손에서 속량하셨나니(신 7:8).

하나님께서 가장 작고 보잘것없는 이스라엘 백성에게 그 큰 은혜를 베푸신 것은 그들에게 하신 당신의 약속 때문이었고, 그 약속의 토대는 그들에 대한 하나님의 일방적 사랑이었습니다. 하나님께서 사랑하시는데, 그 사랑 앞에서 이스라엘 백성의 미천하고 보잘것없음이 무슨 문제가 되겠습니까?

전능하신 하나님께서 사랑하는 당신의 백성을 위하여 홍해인들 못 가르시겠으며, 무슨 방도인들 강구하지 않으시겠습니까?

하나님의 그 절대적인 사랑을 기리기 위해 하나님께서 자손 대대로 지키게 하신 절기가 이스라엘 백성의 최대 명절인 유월절입니다. 유월절의 특징은 일주일 동안, 누룩을 넣지 않은 떡을 먹는 것입니다. 누룩을 떡에 넣지 않음은 물론이요, 아예 눈에 보이지도 않게 모두 치워야 했습니다. 그 기간을 무교절無酵節이라 부르는 까닭이 여기에 있습니다. 그 후 이스라엘 백성은 매해 누룩 없는 떡을 먹으며 유월절을 기념하였습니다. 그때 그들이 먹는 떡은 단순한 떡이 아닙니다. 그것은 이집트의 노예살이에서, 그리고 모든 장자와 짐승의 첫 새끼가 죽는 하나님의 심판에서 자유를 얻었음을 기리는 감사의 떡이었습니다. 홍해의 죽음으로부터 구원받았음을 기념하는 생명의 떡이었습니다. 그뿐 아니었습니다. 누룩은 죄의 상징이었습니다. 따라서 누룩 없는 떡이란, 하나님의 택하심을 받고 하나님의 구원을 얻은 하나님의 백성답게 살지 못한 자신의 그릇된 삶을 참회하는 회개의 떡이었습니다. 한마디로 하나님께서 베풀어 주신 일방적인 사랑에 빚진 마음으로, 이 세상에서 그 사랑의 통로로 살아야 할 자신의 정체성을 재확인하고 거듭 다짐하는 것이 유월절 본래의 의미요, 참뜻이었습니다.

그러나 세월이 흐르면서, 이스라엘 백성은 이 본질적 의미를 상실하고 말았습니다. 그들은 매년 유월절을 민족 최대의 명절로 지키면서 일주일 동안 어김없이 누룩 없는 떡을 먹었지만, 누룩 없는 떡을 먹는 의미가 무엇인지, 유월절이 그들의 삶에 무엇을 의미하는지 전혀 생각하지 않았습니다. 그들은 단지 누룩 없는 떡을 먹는 것만으로 종교적인 의무를 다하는 것으로 간주하고, 스스로 하나님의 택함 받은 선민임을 자랑하는 교만의 덫에 빠져 버렸습니다. 해를 거듭할수록 유월절 행사는 거창해졌지만 반드시 지켜야 할 유월절 본래의 의미는 실종되었고, 결과적으로 그들 스스로 하나님의 사랑을 저버린 셈이 되었습니다.

이처럼 이스라엘 백성이 유월절을 포함하여 하나님의 명령에 대한 의미 추구를 외면하였을 때, 그들이 신봉하던 유대교의 공동체는 천지를 창조하신 하나님을 믿으며 온 세계를 품는 살아 있는 신앙 공동체가 아니라, 생명과는 거리가 먼, 세상에서 가장 배타적이고 이기적이며 독선적인 종교 집단으로 전락해 버렸습니다.

베드로의 설교에 하루 3천 명이 회개하고 세례를 받는 대역사가 일어났습니다. 그 직후 그 큰 무리가 무엇을 했는지 사도행전 2장 42절이 밝히고 있습니다.

> 그들이 사도의 가르침을 받아 서로 교제하고 떡을 떼며 오로지 기도하기를 힘쓰니라.

그리고 오늘 본문 46절 역시 다음과 같이 증언하고 있습니다.

> 날마다 마음을 같이하여 성전에 모이기를 힘쓰고 집에서 떡을 떼며 기쁨과 순전한 마음으로 음식을 먹고.

이상 두 구절은 공통적으로 그들이 함께 '떡을 떼었음'을 전하고 있습니다. 특히 오늘의 본문인 46절은 그들이 '집에서' 떡을 떼었음을 강조하고 있습니다. 헬라어 '카트 오이콘 $\kappa\alpha\theta'$ $o\hat{\imath}\kappa o\nu$'은 특정인의 집이 아니라 '집집마다 돌아가면서'라는 의미입니다. 유대교인들이 성전에 가야만 하나님을 뵐

수 있다고 잘못 생각한 반면, 초기 그리스도인들은 처음부터 하나님께서 무소부재한 분이심을 알아 집집마다 돌아가며 모임도 갖고 예배드렸습니다. 그들은 그때마다 함께 떡을 떼었습니다. 이것은 그들이 늘 함께 사랑과 교제의 식탁을 나누었다는 뜻이 아닙니다. 본문은 그들이 애찬愛餐을 나눈 것은 "순전한 마음으로 음식을 먹고"라고 표현함으로, 떡을 뗀 것과 식사한 것을 분명하게 구별하고 있습니다. 지난 시간에 말씀드린 것처럼, 신약성경에서 '떡을 떼었다'는 표현은 성찬 예식을 가졌다는 의미입니다.

초기 그리스도인들은 모일 때마다 성찬 예식을 행하였습니다. 주님의 명령을 이행하기 위해서였습니다. 주님께서 고난을 당하시기 전에 제자들과 함께하신, 이른바 최후의 만찬 석상에서 제자들에게 성찬 예식을 직접 명령하셨습니다. 이와 관련하여 사도 바울은 다음과 같이 증언합니다.

> 내가 너희에게 전한 것은 주께 받은 것이니 곧 주 예수께서 잡히시던 밤에 떡을 가지사 축사하시고 떼어 이르시되 이것은 너희를 위하는 내 몸이니 이것을 행하여 나를 기념하라 하시고 식후에 또한 그와 같이 잔을 가지시고 이르시되 이 잔은 내 피로 세운 새 언약이니 이것을 행하여 마실 때마다 나를 기념하라 하셨으니 너희가 이 떡을 먹으며 이 잔을 마실 때마다 주의 죽으심을 그가 오실 때까지 전하는 것이니라 (고전 11:23-26).

성찬 예식은 주님께서 재림하실 때까지 우리의 죗값을 대신 치르시기 위해 십자가에서 돌아가신 주님을 기념하는, 주님에 의해 제정된 예식입니다. 성찬 예식의 떡은 십자가에 못박히신 주님의 몸을, 포도주는 십자가에서 흘리신 주님의 피를 의미합니다. 그래서 신약성경에서 성찬 예식을 언급할 때는 '떡을 먹는다'고 표현하지 않고, 반드시 '떡을 뗀다'고 기록하였습니다.

우리말 '떼다'로 번역된 헬라어 '클라오κλάω'는 '찢다'라는 뜻입니다. 그 떡은 곧 우리를 위해 십자가에서 찢기신 주님의 몸이기 때문입니다. 또한 신약성경이 성찬 예식을 '떡을 찢는 것'으로 표현할 뿐 포도주에 대해 말하지 않은 것은, 2천 년 전의 관습상 포도주는 언제나 떡과 함께 있기에 포도주를 굳이 따로 언급할 필요가 없었기 때문입니다.

이제 2천 년 전 본문 속으로 들어가 보십시다. 성전에서든 집에서든 모일 때마다 떡을 찢으며 성찬 예식을 행한 이들이 누구입니까? 그들은 십자가에 못박혀 몸이 찢어지고 피를 흘리며 돌아가신 주님을 직접 목격한 사람들입니다. 당시 예루살렘의 인구는 남녀노소 통틀어 약 8만 명으로 추산할 수 있음은 이미 2주 전에 말씀드린 바 있습니다. 1988년 서울 올림픽이 치러진 잠실종합운동장의 올림픽주경기장 최대 수용 인원이 10만 명임을 감안하면, 8만 명이란 그 운동장도 가득 채울 수 없는 적은 수입니다. 그 작은 예루살렘 성읍에서 공개적으로 행해지던 사형수의 십자가 처형은, 별 구경거리가 없던 그 시절 최대의 볼거리였습니다. 십자가 처형이 있는 날이면, 거의 모든 예루살렘 사람이 사형장으로 모여들어 인산인해를 이루었습니다. 예수님께서 못박히시던 날도 마찬가지여서, 웬만한 사람은 모두 골고다에 모여들었을 것입니다. 두려움에 사로잡혀 있던 제자들은 주님의 고난을 보며 자신들에게 화가 미칠까 줄행랑을 쳤고, 대부분의 구경꾼들은 십자가에 못박히신 예수님을 조롱하며 즐거워하였을 것입니다.

그런데 그렇게 무기력하게 돌아가신 주님께서 죽음을 깨뜨리고 부활하셨습니다. 주님께서 그토록 몸이 찢어지고 피를 흘리신 것은 당신의 허물로 인함이 아니라, 죄와 사망에서 인간을 해방시키는 영원한 유월절을 인간에게 주시기 위함이었습니다. 성령님의 은총으로 뒤늦게 그 사실을 깨닫고 믿게 된 사람들이 본문에서처럼, 주님의 명령을 좇아 모일 때마다 떡을 떼고 잔을 나누었습니다. 그것은 더 이상 단순한 떡과 잔이 아니었습니다. 그들이 자신들의 두 눈으로 똑똑히 목격한, 자신들을 위해 찢기신 주님의 몸이요, 자신들을 위해 흘리신 주님의 붉은 피였습니다. 한마디로 그들은 주님의 몸과 피를, 주님의 생명을 먹고 마신 것입니다. 아니, 그들은 떡을 떼고 잔을 나눔으로 이미 그들에게 임하신 주님의 생명을 재확인하곤 하였습니다. 그때마다 그들은 당신의 몸과 피를 제물 삼아 자신들을 살려 주신 주님의 일방적인 사랑에 감격하면서, 주님의 생명을 먹고 마시며 사는 사람답게 주님의 손과 발이 되어 살아갈 것을 굳게 결심했을 것입니다. 다시 말해 주님의 사랑에 빚진 마음으로, 세상 만민을 구원하시려는 주님의 도구로 부름받은 자신들의 정체성을 재확인하였을 것입니다.

이것이 성찬 예식의 참된 의미요, 주님께서 성찬 예식으로 당신을 기념하라 하신 까닭입니다. 성자 하나님께서 당신의 살과 피로 우리를 영원히 살리시고, 우리에게 영원한 유월절을 주셨다는 것이 성경의 핵심이자 복음의 참된 의미이기 때문입니다. 이 의미를 알고 살아가는 사람은 매일매일의 삶이 성찬 예식이 됩니다. 날마다 떡을 떼고 잔을 나누는 성찬의 외적 형식은 갖추지 않더라도, 주님의 말씀 안에서 먹고 마시는 주님의 살과 피, 주님의 생명으로 참되고도 영원한 삶을 살 수 있음을 아는 까닭입니다. 반면에 매일 성찬의 외적 형식은 반복하면서도 그 본질적 의미를 등한시한다면, 그것은 생명과는 전혀 무관한, 단순한 종교의식에 지나지 않습니다.

오늘 우리는 사순절 둘째 주일을 맞았습니다. 사순절이 우리를 위해 십자가에서 돌아가신 주님의 고난을 기리며 구원받은 하나님의 자녀답게 살지 못하였음을 참회하는 기간이라면, 사순절을 맞는 참된 자세는 우리의 삶에서 성찬 예식의 의미를 회복하고 추구하는 데 있음을 알게 됩니다.

우리를 살리기 위해 주님께서 십자가에 못박히신 언덕 이름은 '해골'이라는 의미의 골고다입니다. 이스라엘 천지에 많고 많은 장소 가운데 주님의 십자가가 하필 '해골' 위에 자리 잡았다는 것은 얼마나 놀라운 복음입니까? 그 장면을 머릿속에 그려 보십시오. 해골의 정수리에 주님의 십자가가 세워졌습니다. 그 십자가에서 찢긴 주님의 몸에서 붉은 피가 십자가를 타고 해골로 흘러내립니다. 그와 동시에 주님의 피에 젖은 해골이 죽음의 올무에서 벗어나 새로운 생명으로 살아납니다. 이것이 복음의 핵심입니다. 어찌 복음을 이보다 더 간단명료하게 설명할 수 있겠습니까? 인간을 살리기 위해 십자가에서 몸이 찢어지고 피를 흘리심으로 주님께서 당하신 고난의 참된 의미를 인간에게 가장 확실하게 일깨워 주기 위해서는, 주님의 십자가는 '해골' 위에 세워져야 했습니다. 그렇다면 그 해골은 구체적으로 누구입니까? 주님의 은총으로 구원을 얻은 우리 각자입니다. 죄와 사망의 올무에 빠져 해골에 지나지 않았던 우리 각자의 심령에 십자가가 세워졌습니다. 그리고 십자가에서 찢긴 예수 그리스도의 몸에서 흘러내린 보혈이 우리에게 임했습니다. 그 보혈 속에서, 그 보혈의 수혈에 의해, 해골이었던 우리 각자가 새로운 생명으로 살아났습니다. 그리고 구원받은 그리스도인으로 우리는 이 자리에 나와 있습니다.

　그런데 우리의 실제 삶은 어떻습니까? 주님의 말씀 안에서 주님의 살과 피를 먹고 마시는 사람답게 생명의 삶을 살고 있습니까? 아니면 여전히 해골의 삶을 답습하고 있습니까? 우리의 손과 발은 세상을 새롭게 하는 주님의 지체로 사용되고 있습니까? 세상을 허물어뜨리는 해골의 도구로 오용되고 있는 것은 아닙니까? 결코 간과해서는 안 될 사실은 우리가 주님의 보혈 안에서 주님의 생명으로 살아가지 않는 한, 이 세상에서 아무리 많은 것을 갖고 큰 업적을 쌓아도 우리 삶은 결국 해골로 끝날 수밖에 없다는 점입니다.

사랑하는 교우 여러분!

사순절 둘째 주일을 맞이하여 복음의 핵심인 성찬의 의미를 우리 삶으로 회복하십시다. 골고다에 세워진 십자가의 의미를 우리 삶으로 구현하십시다. 당신의 살과 피로 우리를 살리신 주님의 생명 안에서, 우리의 생명이신 주님을 좇아 살아가십시다. 그때 이 사순절은 찬란한 부활로 이어질 것이요, 100주년기념교회는 주님 오시는 날까지 유명무실한 종교 집단이 아닌, 주님의 생명이 날마다 역사하는 명실공히 살아 있는 주님의 몸 된 교회로 쓰임 받을 것입니다.

내가 그리스도와 함께 십자가에 못박혔나니 그런즉 이제는 내가 사는 것이 아니요 오직 내 안에 그리스도께서 사시는 것이라. 이제 내가 육체 가운데 사는 것은 나를 사랑하사 나를 위하여 자기 자신을 버리신 하나님의 아들을 믿는 믿음 안에서 사는 것이라(갈 2:20). 아멘.

부록

100주년기념교회 담임목사 취임사
2005년 7월 10일

용인순교자기념관 위임 취임사
2005년 11월 17일

2005년 7월 10일
100주년기념교회 담임목사 취임사

지난 4월 21일 오후 1시, 한국기독교100주년기념사업협의회를 대표하여 부이사장 정진경 목사님, 상임이사 강병훈 목사님, 사무총장 김경래 장로님께서 저를 찾아오셨습니다. 그리고 방문 이유를 이렇게 밝히셨습니다. 선교 100주년을 기념하기 위해 초교파적으로 결성되어 한국 교회사에 큰 족적을 남긴 100주년기념사업협의회는, 선교 100년의 믿음과 정신을 계승하고 200년을 향한 새로운 비전을 함양하는 교회를 선교 100주년의 상징인 이곳 양화진에 세울 것을 2년 전에 결정했고, 6개월 전부터 그 교회의 목사직을 제가 맡아 주기를 기도해 오셨다고 했습니다. 이 말씀을 하시면서 어르신들께서는, 자식뻘인 제 앞에서 눈물을 보이셨습니다. 당신들의 표현대로 "이제 나이가 들어 요단 강가에 서 있다"는 어르신들의 눈물은 제 마음과 눈시울을 적셨고, 말할 수 없는 감동과 차마 거부할 수 없는 영적 중압감으로 다

가왔습니다. 더 정확하게 표현하면, 잠잠히 순종할 것을 요구하시는 하나님의 거룩하신 임재가 저를 사로잡았습니다. 그럼에도 제가 멈칫할 수밖에 없었던 것은 당장 예배당이나 교인 한 명 없는 허울뿐인 교회여서가 아니었습니다. 지난 몇 년 동안, 더 이상 교회 목회를 하지 않는 것이 저 나름대로 주님께 충성하는 길이라 믿어 온 신념 때문이었습니다.

저는 10년에 걸친 주님의교회 목회와 3년 동안의 스위스 제네바한인교회 사역을 마치고 교회 목회 현장을 떠났습니다. 그것이 제가 주님을 따르기 위해 져야 할 십자가요, 주님께서 제게 부여하신 사명이라 믿었기 때문입니다. 그동안 제가 국내외 여러 교회의 청빙을 모두 사양한 것은 이런 연유였습니다. 따라서 제가 100주년기념교회 목사직을 받아들인다면 그것은 교회 목회를 다시 시작함을 의미하기에, 하나님의 거룩하신 임재를 느끼면서도 굳게 지켜 온 제 신념을 즉시 떨쳐 버릴 수 없었습니다. 세 어르신께서는 제게 당신들의 제의를 놓고 기도하기를 당부하시고 30분 만에 자리에서 일어나셨습니다.

그로부터 한 시간 후, 강병훈 목사님과 김경래 장로님께서 재차 저를 찾아오셨습니다. 평생 주님과 교회를 위해 전 생애를 바쳐 오신 그 어르신들과 다시 얼굴을 마주하며 그분들의 심정을 대하는 순간, 그때 제가 할 수 있는 것은 '무조건적인 순종'뿐이었습니다. 저의 뇌리에 딴 생각이나 주관적인 판단이 개입될 틈을 주지 않으시려, 불과 한 시간 만에 당신의 노종들을 다시 보내신 하나님의 절대적이고도 신비스러운 권위가 저를 압도했습니다. 하나님의 부르심과 권위 앞에서 그간 주님을 위해 견지해 온 신념, 다시 말해 더 이상 교회 목회를 하지 않는 것이 주님께 대한 충성이라는 제 신념은, 애벌레가 나비로 비상하기 위해 절대적으로 필요하지만 때가 되면 버려야 되는 고치와도 같았습니다. 2005년 4월 21일 오후 2시 30분, 주님께서는 단 1시간 30분 만에 저의 인생행로를 그렇게 바꾸어 놓으셨습니다. 4년 전 제네바한인교회 사역을 끝으로 주님을 위해 스스로 떠났던 교회 목회 현장으로 주님께서 저를 다시 불러내신 것입니다. 그 결과 저는 이 시간, 이렇게 이 자리에 서 있습니다.

저는 100주년기념교회 담임목사의 역할을 양화진 묘지기로 받아들이고 있습니다. 앞으로 저는 한국 개신교의 시발점이자 정점이며 200주년을 향한 못자리판인 양화진의 묘지기로서, 신앙 선조들의 믿음과 정신을 계승하고 새 세대에 전수하기 위해 사랑과 연합, 화해와 일치, 봉사와 헌신의 밀알이 되고자 합니다.

미천하고 부족한 저를 믿어 주시고 이 귀한 사역을 맡겨 주신 강원용 이사장님을 위시한 100주년기념사업협의회 어르신들께 감사를 드립니다. 이 자리에 참여하신 교우님들, 그리고 앞으로 100주년기념교회 교인으로 주님 안에서 저와 함께 삶을 나누실 교우님들께도 깊이 감사드립니다. 무엇보다도 우리의 판단과 상상을 초월하여 이 모든 일을 친히 이루신 주님께 온 마음을 다해 찬양을 드립니다. 주님께서는 20년 전 저를 이곳 양화진 자락으로 인도하셨고, 지난 20년 동안 저는 거의 매일 양화진을 찾았습니다. 묘지와 묘지 사이를 거닐며, 때로는 벤치에 앉아, 사람들을 위해, 교회들을 위해, 나라들을 위해, 주님과 얼마나 많고도 긴 대화를 나누었는지 모릅니다. 20년에 걸친 그 길고도 긴 준비 과정을 거쳐 주님께서는 당신의 섭리에 따라, 이미 제 삶의 일부가 된 양화진을 이제 제 인생의 전부가 되어야 할 목회 현장으로 바꾸어 주셨습니다. 시간과 공간을 초월하여 이 신비스러운 역사를 주관하신 주님께 모든 영광을 돌려 드리며, 저를 부르신 주님의 말씀으로 취임사를 끝맺겠습니다.

내가 진실로 진실로 네게 이르노니 네가 젊어서는 스스로 띠 띠고 원하는 곳으로 다녔거니와 늙어서는 네 팔을 벌리리니 남이 네게 띠 띠우고 원하지 아니하는 곳으로 데려가리라(요 21:18).

2005년 11월 17일
용인순교자기념관 위임 취임사

모태 신앙을 갖고 태어난 저는, 참혹했던 6·25전쟁이 휴전으로 종결된 지 약 10년이 지났을 때부터 교회에서, 이미 순교의 시대는 끝났다고 배웠습니다. 우리는 이른바 은혜의 시대에 살고 있다는 것이었습니다. 그러나 1970년 12월 1일, 대학 졸업과 동시에 사회에 첫발을 내디딘 저는, 이미 순교의 시대가 끝났다는 말은 전혀 사실이 아님을 확인하였습니다. 외국인 회사에 입사한 제게 외국인이 제일 먼저 시킨 주요 임무는, 당시 서울 변두리 집 두 채 값에 해당하는 금액의 뇌물을 공무원에게 전달하는 것이었습니다. 대학을 갓 졸업한 대한민국의 젊은이가 외국인의 명령을 좇아 대한민국의 공무원에게 뇌물을 전달하는 것은, 젊디젊은 저 자신의 정의감과 신앙심을 내려놓지 않으면 안 되는 곤혹스러운 일이었습니다. 그렇지만 저는 외국인의 명령을 거절하지 못했습니다. 이유는 한 가지였습니다. 제게 순교의 정신, 순교의 신앙이 없었기 때문입니다. 그리스도인으로서 진리의 말씀보다는, 35년 전 외국인 회사가 제게 보장해 준, 당시 국내 기업에 비해 세 배나 많은 봉급이 더 중요했기 때문입니다. 그 후 제가 사업을 하며 어려움을 겪으면서도 탈세를 하지 않은 것은 그때의 쓰라린 경험 덕분이었습니다.

순교의 시대는 결코 끝나지 않았습니다. 특히 1990년대 공산권의 몰락이 자본주의사회의 승리로 받아들여진 이후, 우리 시대는 맘몬이라는 물신이 인간을 지배하고 있습니다. 이 황금만능 시대에 참된 그리스도인으로 살아가기 위해서는 자신이 몸담고 있는 조직에서 인사상의 불이익을 당하거나, 능력에 비해 상대적으로 적은 수입에 만족하며 살아야 합니다. 그것은 순교의 정신 없이는 불가능합니다. 목회의 길이라고 해서 예외인 것은 아닙니다. 우리의 목자장이신 주님의 심정으로 교우님들을 사랑하며 진리를 좇아 살기 위해서는 스스로 자신을 부인하는, 순교의 정신과 믿음이 필수적입니다. 순교의 시대는 끝난 것이 아니라 여전히 지속되고 있습니다. 더욱이 휴전선 이북에서 매년 수백 명의 그리스도인이 오직 주님을 믿는다는 이유로 처형당하고 있음에야 두말해 무엇하겠습니까? 순교의 시대는 주님께서 다시 오시는 날에야 종식될 것입니다.

이런 관점에서 16년 전, 한국기독교100주년기념사업협의회가 이곳에 세운 순교자기념관의 중요성은 아무리 강조해도 지나침이 없습니다. 그리스도인이 이 세상을 살아가는 동안 결코 상실해서는 안 될 자기 부인의 정신, 순교의 정신을 확인하고 본받을 수 있는 산 교육장이기 때문입니다.

100주년기념사업협의회는 이렇듯 소중한 순교자기념관에 대한 관리 및 보존 책임과 권한 일체를, 100주년기념사업협의회에 의해 창립된 100주년기념교회에 위임하였습니다. 이에 100주년기념교회 교우님들과 저는 두렵고 떨리는 마음으로 100주년기념사업협의회 어르신들을 통한 하나님의 뜻에 순종하면서, 양화진선교사묘역과 선교기념관 그리고 이곳 순교자기념관을 한국 개신교 최고의 성지로 가꾸고 보존하여 선교 200주년을 기념할 후대에 넘겨줄 것을 주님과 여러분 앞에 겸손하게 약속드립니다. 그리고 순교자기념관의 효율적이고도 체계적인 관리를 위해 세 가지를 다짐 드립니다.

첫째, 앞으로 순교자기념관에 성함이 등재될 수 있는 분의 자격 및 등재 시기와 관련된 원칙을 먼저 명문화하겠습니다.

둘째, 통일이 이루어졌을 때 북한에서 순교한 분들의 성함까지 이곳에 등재할 수 있는 대책을 미리 강구하겠습니다.

셋째, 한 개인 혹은 특정 단체가 두드러져 보이는 장소가 아니라, 기독교가 이 땅에 전래된 이래 신앙과 목숨을 맞바꾼 모든 순교자의 정신과 믿음이 한데 기려질 수 있는 명실상부한 순교자기념관으로 가꾸어 가겠습니다.

이를 위해 많은 기도와 관심으로 도와주시기를 부탁드립니다.

감사합니다.